北大讲座

第十二辑

《北大讲座》编委会

北京大学出版社
PEKING UNIVERSITY PRESS

图书在版编目(CIP)数据

北大讲座.第12辑/《北大讲座》编委会编.—北京:北京大学出版社,
2006.8

ISBN 978-7-301-10927-4

Ⅰ.北… Ⅱ.北… Ⅲ.①社会科学—中国—文集②自然科学—中国—文集 Ⅳ.Z427

中国版本图书馆 CIP 数据核字(2006)第 089863 号

书　　　名:	北大讲座(第十二辑)
著作责任者:	《北大讲座》编委会
责 任 编 辑:	胡利国
标 准 书 号:	ISBN 978-7-301-10927-4/G·1910
出 版 发 行:	北京大学出版社
地　　　址:	北京市海淀区成府路 205 号　100871
网　　　址:	http://www.pup.cn　电子邮箱:hlgws0380@sina.com
电　　　话:	邮购部 62752015　发行部 62750672　出版部 62754962
	编辑部 62765016
印 刷 者:	北京山润国际印务有限公司
经 销 者:	新华书店
	650mm×980mm　16 开本　20.25 印张　301 千字
	2006 年 8 月第 1 版　2010 年 8 月第 3 次印刷
定　　　价:	21.00 元

未经许可,不得以任何方式复制或抄袭本书之部分或全部内容。
版权所有,侵权必究
举报电话:010-62752024　电子邮箱:fd@pup.pku.edu.cn

北大讲座

季羡林

《北大讲座》编委会

主　　任：许智宏
副 主 任：张　彦
成员单位：北京大学党委宣传部
　　　　　北京大学学生工作部
　　　　　北京大学教务部
　　　　　北京大学教育基金会
　　　　　北京大学科学研究部
　　　　　北京大学社会科学部
　　　　　共青团北京大学委员会
　　　　　北京大学艺术学系
　　　　　北京大学出版社
编　　委：沈千帆　刘雨龙　郑清文　卢　亮　尹鹤灵
　　　　　傅　鹏　李　鳃

《北大讲座》(第十二辑)编委会

编　　　委：沈千帆　刘雨龙　郑清文　卢　亮　尹鹤灵
　　　　　　傅　鹏　李　飓
主　　　编：沈千帆
执 行 主 编：刘雨龙　郑清文
执行副主编：卢　亮
编辑委员会：(按姓氏笔画排序)
　　　　　　傅　鹏　沈启超　陈　苏　李　墨　王天昱
　　　　　　王小艺　赵　晶　黄　莉　阎　婕　刘滢滢
　　　　　　姬　晨　李　飓　严　兢　姚　杰　潘钜桐
　　　　　　谢宇宏　杨　薇　朴音花　杜　月　赵旭婷
　　　　　　黄　苓　曾水兰　杨　月　郭　晗　赖琳娟

目 录

沟通是一种能力/敬一丹/1
企业家思维、核心竞争力与执行启蒙/姜汝祥/17
从连宋大陆行看两岸关系/李义虎/49
转型时期的中国与律师行业的现状和未来
　　——兼论律师的职业规划/李　庆/69
新《公司法》的突破与创新/赵旭东/87
我们永远在路上/王春芙/115
快速成长期大学校园历史文脉的传承与创新
　　——兼谈北京大学校园(海淀校区)总体规划构想/吕　斌/129
青年领袖意识和能力的培养/李家华/143
产权、治权和地方差异/张晓波/153
何处用心？何处用脑？
　　——学经济的一个困难/周其仁/172
自下而上的力量：通过公众参与建设法治政府/王锡锌/198
中国传统文化的衰危与出路/张祥龙/217
学习、学术与大学生活/朱天飚/246
现代化第三次浪潮与亚洲世纪/陈峰君/261
伊朗核问题的由来和它的前景/华黎明/270
当代中国歌剧掠影兼析歌剧《原野》、《楚霸王》、《杨贵妃》/金　湘/283
中国的土地问题/蔡运龙/293

沟通是一种能力

■ 敬一丹

　　敬一丹,1955年生于哈尔滨。在哈尔滨读小学、中学。1972年下乡到黑龙江省清河林业局,修路、栽树、种菜、播音,在林海雪原生活了近五年。1976年进入北京广播学院学习,1978年分配到黑龙江人民广播电台做播音员。1983年考入母校攻读硕士学位,从师齐越教授,研究方向为节目主持人。毕业后留校任教。1988年调入中央电视台,任记者、编辑、主持人。先后主持《经济半小时》、《一丹话题》、《东方时空》、《焦点访谈》、《声音》、《新闻调查》等栏目。多次担当重大、特别节目的主持工作,如香港回归、澳门回归、《感动中国》等。主创的节目多次获全国优秀奖,并连续三次获全国电视十佳节目主持人金话筒奖。现任中国广播电视协会播音主持委员会副会长兼副理事长、中国电视艺术家协会主持人专业委员会副主任、北京大学电视研究中心特聘研究员、中国传媒大学兼职教授,为第九届、第十届全国政协委员。

　　今天是记者节,我特别高兴能和北大同学一起度过自己的节日。2000年11月8日,中国第一次有了记者节的时候,北京开了一个盛大的庆祝会。在这个庆祝会上,我作为记者代表有一个发言。当时有这么几段话:"我们这些记者有幸赶上了新中国第一个记者节,那么我们做了什么,社会为什么让我们享有这种节日?凭什么呀?三百六十行,凭什么要给记者这个节呢?"——这确实是我当时在想的。我就觉得,我们这一行在今天得到了更多的关注和重视,公众看记者的眼光在有了这个日子以后,可能会多一些期待,也有理由多一些挑剔。在记者节那些天,我想的更多的是记者节这个日子其实是用来警示自己的,就是提醒我们,无论世事如何变幻,我们都应该把握自己的社会角色。为新闻工作者设立

一个节日,体现了社会对这一份职业的尊重,我们承受这一份社会奖赏,更要强化自己的职业意识,做时代忠实的记录者和积极的推动者,国家、社会、人民通过这种方式在提醒我们,要负责任,要如履薄冰,不辱使命。从2000年第一个记者节到今天2005年,我感觉到媒体在中国社会中已经变得越来越活跃,记者也成为很多年轻人向往的职业。

我刚才特别自恋地用那么长时间来祝贺我们自己的节日,其实,在这儿我想跟同学们交流的是:记者这一行,它是干什么的?主持人是干什么的?它是职业地跟人打交道的这么一行,它以沟通为使命,它应该是在社会上、在人群中最具有亲和力的一群人。沟通不仅是记者的职业能力,也应当是现代人的能力。

我们看看电视台,有各个工种,这个大家看任何一个电视节目的片尾字幕就看得出来。在那么多工种里面,比如说编导、策划、监制、摄像、出镜记者、主持人,还有灯光、制作、技术等等,太多了,都是人才。为什么选择这个人而不是那个人站在镜头前来和观众交流?为什么?

你可能说,这个人聪明啊!那台长不聪明吗?这个人有判断力?台长比你还有判断力!台长的这种角色,就像船长,制片人也是一样,就是看他有没有带领一个团队,奔向一个目标的那种能力。他对方向的判断要超过常人。这样的人,往往就成了制片人、台长。

还有一种人,就是策划,出主意的,特别能出招,另类思维的人,善于异想天开,这种人就特别适合当策划。其实原来电视台没有专门的策划,编导本人策划能力比较强的就自己策划,这些年电视发展起来,就出来这么一个新的工种,有很多都是过去的报人,过去的文化人,"触电"以后就把他那种思维上和笔头上的优势用到了电视上面,成为了策划,策划占有资讯,他运用资讯的能力应该说是超过别人。点子大王,就是策划。

我们刚才说了,这种有判断力的人,有方向感的人,能出点子的人,都各有各的用场。那么,直接和观众交流的人,到底有什么样的本事使得他站在镜头前呢?他在电视这个团队里具有什么样的核心竞争力,使得他被镜头选择?被镜头选择实际上就是被观众选择。你们感觉,到底什么样的人能被镜头选择?

(学生回答:有亲和力、应变能力、口语表达能力的人。)

我都不用讲了,你们都说出来了。在这里,我们用最白最通俗的话说,什么人能够被选择?就是最善于沟通的人。表现在:有人缘、会说话。其实就是这么简单。主持人不是按他(她)好看不好看被选择的,而是看他(她)有没有人缘。大家想想是不是这样?早些年的中国电视,特别幼稚的时候,选人是按挂历上的模样选的,周正、漂亮、挑不出缺点。后来中国电视进步了,标志之一,就是崔永元当了主持人。崔永元最让你接受的难道不就是他的人缘吗?他多有人缘啊!我发现不论是在什么场合,一提到崔永元这三字,观众整个面部表情的线条就变得柔和起来,就像说自己家人一样,至少也像是邻居大妈家那个二哥,完全是"自己人效应",这在传播上太重要了。你不觉得他是外人,这就叫认可。

  人缘是怎么产生的?在人际交往中,有很多种类型,有些人是先天的,生来就有人缘。你把他搁到人群里面,他特快活,特有沟通欲望,没有障碍;有的人先天就不具备这样的特点——这不是优点缺点,大千世界,人生来就是各种各样的;有的人很矜持,我心里不是不想交流,可是看见你的时候,我不愿意讲话;还有的人愿意和喜欢的人交流,对于不喜欢的人,不屑与他交流;有的人在人际交往中有戒心;还有的人过于羞涩。我们从职业的角度,琢磨自己先天的因素,我适合干什么,如果发现自己潜质里愿意和人打交道,一放到人群里如鱼得水,在人群中挺受欢迎,交流没有障碍,那么可以选择和人沟通的这一行,比如说当老师、当主持人、当记者等。如果说有的同学不愿意和人打交道,嫌闹得慌,说话都嫌烦——这不是缺点,他就是这样的个性,比方说情愿和机器打交道,那就不要选择新闻这一行,可以选择和机器打交道的职业。我觉得,在我们设计自己职业生涯的时候,是不是能以职业的角度来重新琢磨琢磨自己的性格。如果说你性格中有这个倾向,那么你选择这个职业后就可以事半功倍;如果说你性格中没这个倾向,而你还非得选择这个专业,那就不是快乐工作,而是变成了刻苦工作。我不太赞成刻苦工作。我们当时上大学的时候,我是工农兵学员,当时是一个特殊的时期,高考制度被废除后,就从农民、工人、解放军里面选拔一些优秀者来上大学,同学一入校水平参差不齐。我们班有一个湖南人,普通话说不明白,却阴差阳错地让他学播音,他非常刻苦,但一说话就像毛泽东似的,其实他写文章写得挺好的,他要是转一个专业,转编采专业不就完了嘛。可是那时候不知为什么没转。我觉得他上大学这几年,在专业上,没有快乐,到最后他也没有取得过专业上的自信。我觉得这是挺不幸的一件事。一个人学的专业是自己不擅长的,不喜欢的,又不能改;相反,有一些人对这个专业能够跟玩似的,这是最好的境界,跟玩似的,就不吃力了。有一点职业意识,把自己潜在的东西调动起来最好了。

现在我说的是一个人可能先天具有那种沟通优势,有的人不太具有那种优势,就要用职业眼光,来重新判断一下自己。崔永元就是一个先天具有沟通优势的人,他那种沟通优势不表现在滔滔不绝,没完没了地说话,他话也不是那么多,但是他跟人在一起的时候不会让人觉得有距离,他天生就是这样的性格,他不让人有距离,他不让人有压力。他看人的眼光确实一直都保持平视,这到底是表现出口才还是这个人的为人态度呢?我想更多的是一种态度。比方说,你不会看他肉麻地吹捧谁,同时他面对最普通的人的时候,也不会俯视,他在节目里表现出对各种各样的人一种由衷的尊重,我最欣赏崔永元的就是这点。其实从表面来看,他轻松,他幽默,他有意思,他可爱,但仔细想想骨子里的东西,是什么让你对他有好感呢?是他对人的尊重,你听他什么时候在嘉宾或者观众面前说过一些显得自己很高的话?比如我们有的主持人会这样说:"观众朋友们,说到安徽,您可能知道,可要说到'安徽'这两个字的来历,您可能就不知道了。"你怎么知道我不知道呢?这句话,表现出主持人在有意无意之间低估了观众,这就是不尊重,你什么时候听过崔永元这么说过话?就算是你假设观众不知道,然后你来讲这事,你也不能这么说啊。你可以这样说,"我们可能还不太清楚……"这句话不是一个技巧,真的是一个态度,崔永元有这种先天的平等的意识,这种诚恳的待人态度,当然也有后天的训练积累。在成为中央电视台节目主持人以前,他在中央人民广播电台《午间半小时》当过几年记者,采访各种各样的人。当时中央人民广播电台《午间半小时》是全国广播节目里办得最好的,崔永元在那里的记者中也是最好的之一,我就是从他的稿子里认识他的。当时我在北京广播学院读研究生,到这个栏目去做调研,人家给我提供了一批稿件,"看,这是我们最近的获奖稿件!"我发现有一个系列稿叫《边关行》,写得特别好,大气磅礴,特老到,稿件上署名:崔永元。我没有想到,他后来成为我的同事了。当时我一点都没有想到小崔会是一个幽默的人,看了稿子感觉他是一个特别有分量的人。他出现在办公室的时候,他们说"这就是小崔",我感觉和写稿子的就不像是同一个人,他表现得像是没睡着或是刚睡醒一样。后来他到我们这个节目里当策划,也是属于很善于出点子的人,谁也没有把他往主持人那里想。《实话实说》开办以后就开始试主持人,大家推荐了很多人都来试,看谁能当主持人,试了这个不行,试了那个不行,试了无数人,像走马灯一般,小崔同志就在眼皮底下,谁也没想到。最后,头儿说:"那你试试!"就那么简单。小崔往镜头前一站,他原来是广播人,不熟悉电视环境,很多摄像机,看也看不及,不知道看哪个。有经验的人就知道,灯亮的那个就是在拍你的,但他不知道。这个时候,时间,启用他的制片人——大家都知道,如雷贯耳哦,时间对中国电视做过很多贡献,其中一个就是把崔永元推出来了,后来接着把白岩松推出来了——当时,时间就做了一件听起来特简单,但是非常合乎规律的事:他到现场一看,看小崔有些六神无主,他说:"你们怎么能要求崔永元看摄像机呢?你们不要让崔永元找摄像机,你们要让摄像机找崔永元!"于是,崔永元就没有了压力,他就没有了那些技术性的顾虑,他的全部精力就在跟人交谈中,按节目的方向走话题,这就把崔永元的长项发挥出来了,而短项避开了。当然,崔永元经过这么多年的锻炼,现在已经深知什么时候看哪个摄像机了。当时,时间那是一个很关键的举动,很多人不是没有交流的才能,但是一到镜头前,镜头会让一个人的自信心瞬间损失一大半。有些人没过这关就被淘汰掉了。崔永元很幸运,碰见一个明白人,这样崔永元这种和人打交道的才能,就得以充分地展示。

我再顺带说一下白岩松是怎么出台的。白岩松刚过来也是策划,策划策划着,也是时间突然告诉他说:"你来采访吧,《东方时空》。"他还没有这种心理准备,那时候他是一个特消瘦的文学青年的样子,"哎呀,我不行,不行。"时间说:"大早晨你搞这个节目谁看啊?"——《东方时空》是早间节目,还得到一个美誉:改变了中国人早晨不看电视的习惯。在那个时候,中国人早晨真不太看电视,所以时间一句话让白岩松领悟,"啊,就是,谁看嘛!"其实这是一个非常有效的心理暗示,一下没了负担,没了负担白岩松就和崔永元一样,也把他的聪明,和人沟通的长处,全部发挥出来了。他没有了那种技术性的顾虑,而技术是好学的,那是拿镜头练出来的,那是靠时间堆积出来的。当然也有天生不惧镜头的,比如说方宏进。我一直觉得方宏进是我们《焦点访谈》最优秀的主持人,现在他走了,到上海东方卫视。他就属于在镜头前和平时一样的人,不惧镜头的那种人。对方宏进本人来说,他太省事了,而且他节省了多少培训费用、培训成本啊!因为他没有试用期,他上来就能说啊。

刚才我举的几个例子,都是大家的熟人,他们把自身的长处非常合适地和自己的职业结合起来,先天的优势加上后天的锻炼,使得这几个人成为了非常职业的电视节目主持人。刚才说到这几个人的时候,我说了两个条件,一个是有人缘,一个是会说话。有人缘,是说先天的性格可爱,随和,爱和人打交道,用职业的角度来看,还有,就是这个人在媒体中,他的眼光,他看问题的角度是让多数人喜欢的。比方说他的关注点。我一直觉得,人们看一个节目主持人有没有人缘,人们能不能从心里接受他,可能有这样一些指标。比如说,你是更关注你个人呢,你还是更关注别人。有一些节目主持人在镜头前的时候,他比较关注的是自己,这观众能看出来,比如说他采访的时候,会顾虑到他是侧面对着镜头,而侧面不是他最佳的角度,那他是更在乎采访对象告诉他的内容呢,还是他自己的角度?看起来是件很小的事,其实一看这个镜头,人们就能判断出他在乎什么。一种真正的被明眼的观众接受的主持人,多半都是更在乎别人,更在乎外界,而不是更在乎自己。刚才说的那种过于在乎自己的采访方式要是细说的话,违背了好多种规律:它违背了人际间最常见的一种交流习惯,比方在跟别人交流的时候要看着对方,表示尊重;在他谈的过程中,我要和他有呼应,以支持他把话说下去,可是以那种采访方式,即使采访对象原本想说,也没有说的欲望了。一个过度关注自己的人,不会有真正的人缘。

关注别人,还要关注弱势。比如说要采访一个高官,一个名人,有些人就不由自主地用仰视的眼光;一到了弱势人群的时候,就有意无意地居高临下,甚至漠视。这样的人我觉得也不会获得真正的人缘。有些记者在和弱势人群打交道的时候有种透出来的强势人群的优越感。比如说谈到农民工的时候,他们会这么谈:"如果他们的生活不能安顿,将影响到这个城市的形象。"我看到这句话的时候,觉得我们首先要关注的不是城市形象,而是他们自己的生活质量,他们的公平权利。我们站在城里人的角度说,"你们的违章建筑,影响到我们城市的形象",你要是不仔细听,他们乱盖小房子,搭建违章建筑,影响城市形象,好像说得挺有道理,但仔细想一想,这是平视的角度吗?这完全是骨子里透出来的城里人的强势人群的优越感。比如说对农民子弟的学校,有的教育主管部门就当着孩子的面,把那种简陋的民工子弟小学推倒,这种做法丝毫不去理会孩子们的感受,一个孩子会记一辈子,我的学校被你推倒了。这埋下了什么样的种子?那我们记者到现场,主持人到现场,以什么样的态度说话呢?是,那些学校可能是违章建筑;是,那教学质量可能没有达到标准。但是这道理那道理,硬得过这些学生要上学的道理吗?如果只从表面看问题,对一些事情采取漠视的优越的居高临下的态度,我觉得这种人永远不会获得真正的人缘。

如果对一些很显要的、比较有地位的人不知不觉采取一种仰视的态度,也会让人觉得特别不亲和。我给大家举个例子,有天我听一个广播电台的音乐节目,主持人请来一位歌手,然后主持人就压抑不住那种兴奋,那是一个女主持人,"哎呀,我特别喜欢听你的歌!"我是从半截听的,我根本就不觉得她是一个主持人,她所有的姿态就是一个"粉丝"。你到底是谁啊?你如果是主持人的话,你要有自己适当的态度。你在生活中也可以是歌迷,可是你在自己的职业位置上,你有自己得体的态度吗?大家熟悉沈力老师吧,我们看看沈力老师对人的态度:早年前,沈力老师在荧幕上还非常活跃的时候,有一次她在节目里头改了一个句子,我想对我们这些晚辈来说真是一字之师。她采访演员刘晓庆,编辑给她写的稿子是这样的:"我们想采访刘晓庆,刘晓庆答应了。"沈力老师这样改的:"我们和刘晓庆相约见面。"大家感觉一下,这是什么样的视线?这是平等的视线。不是说我特别想采访你,你终于答应了,你一来我们蓬荜生辉,这不是一种最舒服的人际交流方式,最舒服方式的是平视。大家如果以后当记者的话,免不了也会有这种场合,采访别人的时候,你千万别那样仰视,那特别不利于接近。别人自己可能也不希望被仰望,那是不舒服的一种眼光,最舒服的一种眼光就是平视。

怎么平视?不要一心告诉自己要平视,要平视,一开口就变成"我特别崇拜您……"有的时候这种仰望是不由自主的。比方说我们走进北大,那些教授我们能不仰望吗?你要是作为一个学生那是应该的,但是作为一个记者采访的时候,这个分寸就要拿捏得准。当你采访的时候,尽可能地让你的目光让公众能接受。我有一次采访李宁,那时李宁刚刚成为体操王子,有一个镜头特别美:当国旗升起的时候,李宁望着国旗升起,闭了下眼睛,一个很经典的镜头,他闭眼睛和国旗叠在一起的时候,我觉得特别有诗意。后来采访李宁的时候,我就得使劲压着自己的这种仰望,他虽然年轻,但并不妨碍我仰望他,但我知道,如果我接下来仰望他的话,将影响我们之间的交流。仰望不可能带来合适的交流,我一直在想,我怎么和他说话呢?我第一句和他说什么?我不能说"李宁你这个镜头太美了,我从来不看体育节目都把我迷住了。"怎么和李宁说话呢?我这样说的:"李宁,你最近是不是挺累的?"这是我开始的第一句话。他说:"啊,我刚下飞机。"我们第一次见面,我没有跟他说"你好,感谢光临我们的节目"之类的,过分的客套也会造成距离,这就是要一种熟人般的效果,在熟人里面还有一种——我不知道他感受到了没有——就是我理解了他的辛苦,人家刚下了飞机,就跑到电视台来录节目,所以这里有一种我的谢意在里面。我就感觉到这样的交流就营造了一种气氛,接下来我们的话题就比较自然。我要是仰望着的话,就可能带来很多不自然,让观众看起来也是一样,除了我们之间的交流以外,还有观众看起来是不是舒服,这些东西加在一起,一个人的倾向、态度、语言方式包括遣词造句都在影响着他在人群中的形象。

一个人有人缘,没人缘,很多时候就是一种感觉,可能他一句话都没有说,就感觉想和他说话,例如崔永元。崔永元最有本事的还不是他自己能说话,他特别能怂恿别人说话,这是一个主持人非常好的职业素质。如果有本事把走进演播室的人,本来想看个热闹的人,撩拨得想说话,这就是主持人的成功。

什么叫会说话?会说话比有人缘好像更可感,它已经外化了。我们刚才说的是一个人内在的东西,你可能感觉到也可能感觉不到,会说话你是能听得到的。会说话这一点上,我们也不否认人的天赋:有些人天生就会说话;有些人一说就错,不说还好;还有一些人文章写得特漂亮,给女生写信特动人,一说话还不如不说。我们同样用职业的要求来衡量,作为一个电视人的会说话,就表现在他善于和各色人等说话,善于和不同的人打交道。这一点对于在校学生好像是一个难题,让一个戴着眼镜的文绉绉的北大同学出去和三教九流说话,你怎么找这感觉?怎么找到这种说话的感觉?咱们同学一开口全是那种校园味儿,大家可能不察觉,尤其是没有工作过的同学。工作过以后,和各色人等打过交道以后,就不像从高中直接进入大学那样的学生,一说话全是校园味道。比方说,说"我"的时候前面总要加许多修饰,"刚刚走出大学校门,在人生十字路口徘徊的我",哪有这么说话的?说的,是口耳相传的话,不是字,是要听的,这里有很大的差别。

我觉得我们国家从基础教育开始就培养人写作文,不注重培养人说话。你们现在在中学的时候有说话的课程吗?我女儿小学里写作文是这样的,叫《春天里的公园》,"我走进公园,公园的东南角是假山",然后从东南面走到东北角,"东北角是迎春花",然后又走到中间是喷水池,然后一个一个走过来,都走完了,"啊!春天里的公园真美啊!"我说,你能不能就写一个公园的绿,比如说树是怎么绿的,草是怎么绿的,这样不行吗?我女儿就觉得我特别不懂,说:"那样就不能得一等文。"把学生训练得这样写字!到了说话的时候,更有问题了,从基础教育开始,我们就不太培养人说话。校园里的演讲比赛,背稿子,甩词,花里胡哨。大学辩论,我当过评委,每个人都滔滔不绝,但往往是在自说自话,既然是辩论,要体现辩才,话得有针对性,而咱们大都是背卡片。我们平常这种口语的训练太少了,一开口就是校园味道,一出门会有很多很多问题。比方特别文绉绉的,一开口就跟人客气,跟人客气半天,就是不能接近,尤其是大家走出校门,不再是那种单纯的环境,要接触一些特殊人群的时候,各色人等开口的第一句话,就要有能交流下去的基础和气氛,那就要从眼神,从打招呼的方式开始。这个,咱们都不由自主带着一些校园味道。我们那里刚毕业的大学生都是这样,采访农民的时候,"大爷您好",而你能不能这么打招呼,"您吃啦,大爷?"一般女生听到这种建议的时候都面露难色,这多土啊,多俗啊。其实要是真能俗下来,咱们还就到了一种境界了。打招呼,你和卖菜的大爷怎么说话,见着教授怎么说话,见着国务院总理怎么说话,见着流浪儿怎么说话,跟一个大毒枭怎么说话。如果大家将来有机会当记者,这都是可能的,就是不当记者,也有一个和各色人等打交道的要求。比如马上毕业的时候去求职,跟主考官怎么开口,如果一见主考官目光闪烁,半天定不下来,或者是话太密,有些人话特多不是他特能说话,是紧张的一种表现,他不能承受冷场。他虽然话挺满,可是言多必失,他话一多,就说错,错了以后一慌张,更错。实际上,我们每个人都有可能有必要去和各色人等沟通。见什么人说什么话,这一听是贬义词,说人会看眼色,其实,真的能见什么人说什么话,沟通起来就自如多了。

徐滔是北京电视台《法制进行时》主持人,她跟警方特别熟。有一次一个人劫持人质,她被派去跟劫持者谈判,相持九个小时。我们想想,警方那么多人,为什么让一个电视节目主持人去当谈判代表?就因为她会说话,能沟通。当时劫持者在北京西站,有点歇斯底里,几乎不能控制自己,手里拿着尖刀,架在一个女售货员身上,一动不动,现场有录像,这是一个男的,四十来岁,十分紧张,倒不是十分穷凶极恶。徐滔进去了,第一句话:"宝贝儿,你这是干什么呀?大老晚的,也不让我们睡觉!"我真是想不到她竟然能想出这么一句。徐滔进去以前,警察说她的任务就是舒缓松弛气氛,她这么一说,劫持者笑了。大家仔细琢磨,看似随口这么句话,里面有种心理揣摩,其实,采访就是运用采访心理学揣摩对方的过程。

张军是重庆的一个杀人魔王,极为凶残。警方和他较量了好多年,就是抓不住他。他有几个情人分散在不同地方,最后他在看最小的情人的孩子的时候,被警方抓获。记者去采访,跟他面对面的时候,闪过一个念头,如果张军扑过来扼住他的喉咙怎么办?他在监狱也可能把记者当人质,反正怎么也是死,我为什么要配合你记者?为什么要成全你呢?在这种情况下,记者怎么样让他开口说话,这就是本事。那个记者看着张军,第一句话是"我知道你不怕死"。对这句话,怎么听里面的褒贬?观众听起来会这样判断:你是个亡命徒;张军听起来可能会觉得这是男人和男人之间的评价,他可以不把它理解成否定性评价,这句话可以多种理解。采访的时候不能说悄悄话,"你成全哥们一下啊",电视采访是要记录给观众看的,所以记者当时这句话,可以让观众有那样的理解,让张军有这样的理解。后来记者就说到"你小女儿的名字挺好听的",直触到他心里最柔软的地方。到后来,张军居然托付记者,"我跟她们说几句话,你把磁带带给她吧"。

还有胡长清,他拒绝和媒体说话,怎么让他说呢?后来去了一个《焦点访谈》特别资深的记者,有一定年龄、经历,他很诚恳地和他说:"这也是你面对公众说话的一个机会。"这句话打动了他,他除了在法庭上没有说话的机会了。这是对胡长清的独家采访,内容后来被很多家媒体采用。

这些都是很特殊的人群,大家可能觉得自己一辈子都不会和大毒枭、死刑犯打交道,那我们还是说些平常人。比如说老人,大家觉得六十岁以上才算老人吧,我经常看见一些报纸说"一个五十多岁的老汉",他怎么这么说话呢!可能因为我到了这个年纪吧,就觉得五十多岁怎么算老人呢?我的意思就是,你对人的称呼是直接影响人的心理的。有的商店里的售货员小姑娘太能说会道了,从你一进商店开始,"这特适合您……卖得特好……"说到后面"……这最适合你们中老年了。"顾客立刻转身就走。什么叫会说话,什么叫不会说话,不是话多就是会说话。很多媒体中的老年节目,就这样直接称呼"我们现在请来×××老人",很多老年节目就是这样请嘉宾,哪有这样称呼的呀?他们可能还会想,我敬重你还不行吗?把你当成老人家还不行吗?还真不行,它有一种副作用。我这点体验,有很多是从我爸爸那里来的。大家可以想一想,在和自己家的家长打交道的时候,体会一下他的感觉。我爸有一天很不高兴,说:"我今天到医院,那护士长管我叫'敬老'!"我说:"叫'敬老'挺好啊,那你觉得应该管你叫什么呢?""她可以管我叫'老敬'啊。"想想,这里有什么区别?"老敬"是工作状态,"敬老"是离休状态。就这么一个称呼,在他心里头的反应!人家好心好意,特别周到,没想到老人家回去一晚上郁闷。有一次我带我爸到深圳,深圳的"世界之窗"对七十岁老人免票,当时我觉得真好,还想为此在《东方时空》做一节目介绍呢,深圳是比较早实行这种做法的,对老年人特别尊重。那年,我们带着四位老人,我爸妈公婆,只有我爸一个人满七十了,其他人都是接近,差几个月没到。那天我爸就免票,我心情特好,看到了一种文明的做法,还省了钱。第二天早晨我妈跟我说:"你知不知道你爸昨天晚上特别不高兴?""怎么了?""你爸说:'真没用了!人家票都不管我要了。'"大家知道怎么跟老人打交道了吧,他们非常敏感,尤其是老头。女的要是退下来也无所谓,回到家也挺好,恨不得早点退休呢,她比较适应,回到家是很自然的一件事情。可是很多人,特别是男的,到了这个年龄的时候,你要称呼他的时候,你宁可给他称呼成"老张"、"老王",不要管他叫"张老"、"王老"。

我原来曾经很简单地理解这种敬老,比方说在采访的时候会不由自主地去搀扶上点年纪的嘉宾。有一次我看王刚的采访,王刚属于那种人情练达的人,他特细微,他那天的嘉宾是一位美籍华人,赵浩生先生,是资深老报人。他到演播室以后,怎么请他上台?如果是我以前,肯定是主动地迎上前去,把赵老先生请上来,做扶老状。而王刚老师是这样做的:从自己位子上起来,"现在我们有请赵浩生先生。"然后迎上前去,恭敬地作一手势,没有身体接触。赵老先生非常矍铄,步履轻快,走到前面来了。哎呀,我当时想,这分寸多合适啊。你只要一接触他,就变成扶着他了,而对于一个常年在美国,在西方环境下生活的中国老先生来说,他和山沟里的老大爷是不一样的。山沟里的老大爷,他觉得你扶我是敬我。对赵先生,你扶着他,他可能会拒绝,意思是,我还行。

在前年的《感动中国》有一位获奖人,高耀洁,她是民间抗癌特别可敬的一个妈妈形象的英雄。《感动中国》需要所有获奖人物走下一个台阶,她已经七十五六岁了,跟我妈妈同龄,走台阶的时候有些蹒跚。头一天演练的时候,就是白岩松扶着她一只手,她搭着这只手,特别像母亲和儿子,走下台阶,这是演练。第二天实录,当白岩松特别自然走上去,伸出手要扶高耀洁的时候,老太太做了一个手势,表示:不用。白岩松立刻就理解了老太太,不离左右,不远不近地陪着她,一点也没有接触。老太太是靠自己的力量走下来的,她要的就是这样一种形象。而白岩松如果远远看着她,也不是一个合适的动作,白岩松就隔着一定距离,特别关切的目光追随着她。可见,见什么人,说什么话,已经不光是有声语言了,还包括形体语言。眼神、动作、举止、姿态,这都是一种副语言交流方式,在人际交往中有语言不可替代的作用,它和有声语言一起,形成了语言沟通的手段。

在一类人里面还有"这一个"的问题。同学们在和一个个体打交道的时候,得找到最适合的沟通方式。讲到这些,同学们可能会觉得,这里是不是有什么技巧?我觉得,技巧不是最重要的,就算是专门从事语言沟通的职业工作者,技巧也不是最重要的。在人际沟通中,态度是最重要的。我有一个同事,不会外语,走了好几个国家。怎么走出来的?她说,笑啊,笑就是通行证。我能想象出她那种状态,那一定是非常坦率的,同时又不失自尊,又希望得到帮助的那种诚恳的眼光。所谓副语言交流方式,比如说笑,就像通行证一样,帮她走过了那么多关卡。我上次去一所大学,我和与我联系的同学通了几次电话,见面的时候,我看迎面两个同学的样子,像是来接我的。"你是×××吗?"我问那个女生。"嗯",奇怪的是,她的目光立刻转向和她一起的那个男生。这是一个很细节的东西,我没有和那个男生通过电话,和我联系的是那个女生。我现在把这个动作分解重放:她为什么要躲开我的目光,看着那个男生?我揣摩:她可能有点不好意思,求助于那个男生,希望那个男生说话。可是那个男生和我没打过交道,也不知道应该说什么,我们当时就干干地站在一起。沟通的障碍有时就是由这样的细节引起的。后来我特别想告诉这个女生,以后你和别人说话的时候,尤其是第一次见面的时候,要直接看着对方。这是第一步,当你没开口的时候,人的目光是最能沟通的。

早先,我看书上说人际沟通的时候,目光要专注地看着对方的眼睛。我就简单地机械地实践去了。有一次我把一个接受采访的人看得屡屡躲开我的目光,后来我很执著地说:"您还是要看着我,不然我这节目没法编了。"可是他还是不行,后来他说:"我不习惯长时间看一个女士。"我就想,我这里出什么问题了?我过于机械理解要看着对方的眼睛,看的时候过于专注,给人压力。所以大家琢磨琢磨这目光,既要很坦诚,表现出一定的兴趣,同时又不让人产生心理压力。我教大家一个办法,这个大家以后面试的时候可以用。面试的时候你要坦然地看着考官,但不要一进门就盯着主考官,"老师,我来自北大,我是……"目光要活泛灵动,要敢于和别人对视,这是第一步。以前在学校里看到老师躲着走的同学,现在要迎上去,然后目光直视,面带笑容,"老师好!"目光首先给人一个好感。

我听说有一个学生,学财会的,面试总是失败,找不到工作,他就把自己的郁闷写在网上,谈自己在应聘中的种种遭遇,大家看了以后觉得特有意思,你写得这么好,干脆去当记者得了,然后他到一个媒体一试,成了。你说这事有意思吧,他在招聘的失败中发现了问题,他能够非常准确地写出自己的内心感受并且得到别人的同情。他在招聘中和人打交道的过程中,他也在揣摩。我们现在谈沟通特别功利,都谈到找工作上了!如果谈得长远一些,一个人是不是个有魅力的人,是不是一个大家觉得很愉快的人,很大程度上是看他是不是一个很会沟通的人。在现代社会,这是一个人的能力。现在我们的官员,在百姓中问起来,什么样的领导有魅力,他肯定是那种特别善于交流的。那种拿着稿子,"现在开会"、"起立"、"请坐下",一点都不能自主交流的人至少不是现代色彩的人,应该有点意识,比平时多说几句话,多琢磨琢磨,将来和外界沟通时不成为障碍。大家这么好的专业背景,来自这么好的北京大学,如果因为沟通上产生障碍,不知不觉之间影响我们的前程,那就不合算了。

我就说到这里,接下来我们开始对话,我就看同学们沟通的能力了。

现场答问

问：刚才您谈到主持人在面对名人时要保持平视的态度，我想到了央视比较有名的节目《艺术人生》，请到的每一期都是名人，主持人朱军是面对名人最多的，面对这些确实值得我们尊敬的大师，您觉得朱军保持了一个平视的态度吗？或者说面对这些真正值得仰视的大师的时候，我们还必须要保持这种平视原则吗？谢谢。

答：就整体来说，我觉得朱军拿捏得还是很有分寸，比如说他在那些特别老的艺术家面前，表现得还是像晚辈。如果和一个老者平起平坐，大家看着也不舒服。我们一个记者这样说话："'你'1938年参加革命的时候……"一个二十多岁的小姑娘，还"你"、"你"的，能这么说话吗？平视不能失去尊重，我觉得这一点朱军把握好了。在一些细节上，比方说嘉宾触到特伤心，特动情的地方，我主张还是要尊重人家。前几天我看了曲向东的一个采访，中央电视台一套的《大家》，在《大家》里，曲向东一出现，我觉得这个人特别让人信任，他那次是采访梁思礼，梁思成的弟弟，火箭专家。梁思礼在谈到"文革"中他的一个儿子夭折的时候，说不下去了，抑制着。这个时候，曲向东说："梁老师，您如果不想说的话，我们不说。"我特别欣赏主持人的这种态度，这不是每个主持人都能做到的，当时曲向东表现了极大的尊重和善意，梁先生非常理智，非常有自控能力，说，让我冷静一下，然后接着说了下去。最后他表示，我之所以支持你们的工作，也是为了让我们不要忘记这段历史。我觉得这个回合让人感觉到升华了，不是说眼泪掉下来就成功了。

问：您刚才在讲座中提到了很多您的同事，比如说崔永元、白岩松。凤凰卫视在内地也是一个非常有影响力的电视台。我想请您从艺术的角度评价一下这样三对主持人风格的差异，一个是崔永元和窦文涛，一个是您和吴小莉，一个是水均益和阮次山。

答：硬要这样对比一下吗？比方说我和吴小莉，我比吴小莉老，我不具有吴小莉那样的国际视野，我也没有吴小莉那么靓。至于崔永元和窦文涛——他们俩，我觉得我更欣赏崔永元，这不仅仅因为他是我的同事。

崔永元做的节目我觉得有一种人性的光辉。这话不能当着面说,太肉麻了。但我真的觉得。崔永元做的一些调侃的节目,都不是他最本质的东西。他最本质的东西是对于人,对人性的尊重。他的一个节目,应该说是他的一个代表作,叫《老师,对不起》,写一个学生在"文革"中曾经很不公正地对待他的老师,以后他成为一个画家,他出家了,他忏悔。这样一个节目,我觉得是最能够表现崔永元能做什么想做什么的。在窦文涛的节目里,有自如,有轻松,我看得不是那么多,我一时还没有感受到这样的色彩。因此,就我个人来说,我更喜欢小崔。第三对,水均益显然比阮次山帅呀,但阮先生是一种凤凰现象的代表,我很欣赏凤凰的几个"老头",特别好。现在的中央电视台,还有很多地方电视台,特别缺有些经历有些沧桑的成熟的男主持人。我们怎么就没有产生曹景行、阮次山、杨锦麟呢?杨锦麟读报读出水准、读出智慧来了。现在最大的期待就是等到小水和小白长大了以后。

问:您从事了这么多年主持工作,您觉得主持这门艺术给您的生活带来最大的帮助是什么?

答:它能让我在有限的时间里接触到那么多种人生,那么多种经历。记者这一行,生活密度比较大,就是在单位时间里,经历多,接触人多,因此就可能会有很多参照,看看人家不同的活法。还有一个就是它所给我带来的快乐,就是这个工作特别的新鲜,永远都很新鲜,很多工作都很容易厌倦,所以我特别佩服理工科的工作。比如说实验室,你们能体会其中之乐,但我不行,我数理化是一塌糊涂,我当时化学得过四十多分。但是在我现在这一行里,跟人打交道,接触新鲜事,这都能让我觉得有快乐。还有就是当我看到我做的节目,尤其是舆论监督类的节目,比如说《焦点访谈》,对社会走向文明有推动作用时,我就享受到了自己职业的成就。我一直觉得从事让自己有点崇高感的工作是很幸福的事。我觉得自己是幸运的,可以从事自己喜欢的工作。当然我所说的也不是那么理想化,任何职业都有几面,既有让我享受的地方,也有让我必须承受忍受的地方。

问:作为一个记者和主持人,当您要采访陌生人时,您怎么接近他?您是否要装着理解他?

答：我为什么要装着理解他呢？我就是因为不理解他我才走近他。就算我了解他了，我在很大程度上都是代表观众的，我要以观众的角度向他提问题。主持人在采访别人的时候，其实是要引发别人讲话，如果装作我什么都清楚，那何必要采访呢？

问：记者在从业当中如何抗拒金钱的诱惑？

答：这个有很多约束，就看你心里想要什么了？你要是对心里想要的东西特别明确，一切诱惑都没用。如果是你心里很模糊，不知道自己要什么，那么可能就有问题了。

问：我们老师这一辈在高中和大学读书的时候面对的诱惑要比我们少得多，我们现在面对外界的诱惑太多太多了。所以希望您以一位母亲的身份给我们这一群您孩子辈的人一些忠告和建议。

答：哎呀，我女儿都没有对我提出这样的要求，她从来都觉得她不用这个，好像她比我还行。我觉得你们应该感到幸运，你们现在有很多诱惑，而我们那时候还没有很多选择呢。我现在觉得我们这一辈和你们这一辈最本质的区别就是人生的选择。我们那时候最鼓励的就是不让你选择，而让你做一块砖、一个螺丝钉。我们小时候没有这种教育观：你要做一个人，独立思想的人，有选择的人。很多时候，我们是没有选择的，就包括上大学，我是很幸运的，作为最后一届工农兵学员上了北京广播学院，恰巧又非常幸运地到了一个我自己喜欢并且能胜任的专业，这是我赶上了。有那么多我的同龄人，没赶上，这都是缺少选择的结果。你们现在诱惑比较多，感觉到困惑也比较多，这可能就是选择太多。我有一同事，特年轻，有一天，郁闷，唉声叹气，说：“我真倒霉！"怎么了？她开汽车，被人碰了一下，她就满脸不高兴。我说你有什么可不高兴的，年纪轻轻的就有车可撞了，我们那时候连自行车还买不起呢！机会多，选择多，好事啊！但机会、选择都有底线，面对很多诱惑的时候，就看你能不能抗拒得了。你能提出这个问题，说明你已经看到了，这就看你自己的定力了。我相信，一个人到了一定年龄后，都会有自己的判断力，有判断力的人就是一个有根的人了。

(2005年11月8日)

企业家思维、核心竞争力与执行启蒙

■姜汝祥

> 姜汝祥,北京大学经济社会学博士,著名企业战略专家,中国企业执行第一人,中华海外归国创业十大人物;曾在摩托罗拉公司担任市场经理与战略规划经理,后受邀到美国哥伦比亚大学商学院做访问学者,回国后负责北京大学光华管理学院高层经理培训,现任北京锡恩管理顾问公司总经理。在美国期间,与美国哥伦比亚大学商学院 Schon 教授共同主持了《跨国公司核心竞争力》研究项目,是 TCL、格兰仕、中化、北汽福田、华北铝业等多家大型企业的高级顾问,并著有畅销书《差距》、《真正的执行》、《榜样》等。

今天见到北大这么多同学,我非常高兴,因为我也是一个北大人。上一次在清华管理学院演讲,我半开玩笑提了一个观点,我说:"现在应该是轮到北大人领导潮流的时候了——我们已经不当老大很多年了!"

刚才主持的同学介绍的时候,说我是比哈佛教授还贵的专家,这在市场上倒是真的,我的讲课费是一般哈佛商学院教授的两到三倍。不过我自己知道,这是一个泡沫——当我一天讲课的收入能够相当于我的爸妈工作一辈子的收入时,我觉得这就是一个泡沫,因为我确实知道我没有那么大的本事。

什么叫做泡沫?

直观地说,就是有很大的需求、很多人想请我,但是我又讲不了那么多,所以他们就不断把价格往上涨。事实上,我现在讲课的价格比刚才那位同学讲的 8000 美元还要多,现在已经到了 10 万元甚至更多。大家可能会好奇:为什么你讲的东西就能够值钱呢?

其实我没有讲什么大道理,我不过是给大家讲一些简单而有用的东西。这样吧,我给大家举个例子,你们看看到底值不值钱?

比如,我对企业家讲:"你知不知道一个结论,这个结论就是,薪酬,对于执行力基本上是没用的! 也就是说,工资,对执行力不起多大作用!"

我相信,当所有老总听到这句话的时候,一定会很奇怪,因为他们正在花很多钱来激励员工的执行。但我现在告诉他一个结论,薪酬对于企业员工的执行力是没有用的。也就是说,那给的钱有相当一部分是被浪费掉了,他们如何想? 是不是觉得会省了一大笔钱,同样能够激发员工的积极性呢!

我这样讲是有科学依据的。

薪酬是什么?

我们学经济学的都知道,薪酬是劳动力价格,也就是这个人在劳动力市场上值多少钱。

比如说,我在摩托罗拉做过战略经理,那你要聘我起码你要付多少?大约30万一年,因为这就是摩托罗拉的战略经理在外面的市场价格——你要是不给我这么多钱我就不去!

所以,薪酬就是我们个人的市场价格。市场价格就主要与"公平感"有关——你给我少了、我的价值就被低估了。所以,薪酬跟公平感有关系,跟执行力没有直接的关系。

那什么叫执行力呢? 或者执行力与什么有关呢?

所谓执行力,就是说,在我做一个工作碰到困难的时候,没有执行力的人通常放弃,而有执行力的人即使碰到困难,也要把它做到底。

那么,什么对执行力有帮助呢? 执行力主要与成就感有关,而成就感主要来自于"即时奖励",而不是简单的薪酬。

例如,员工工作做好了,作为领导的你要立即走过去,拍拍他肩膀说:"你干得很好!"如果你是这位员工,你的心理会发生什么变化? 是不是会充满"成就感"? 就像我现在跟大家讲课,你给我多少钱,这是我的市场价格——给少了,我就不来;但是,我来这里之后,你要我讲好,你们要给我什么? 对! 就是掌声! 你给我的掌声多,我就有极大的动力把这个课讲好。

这不是一个游戏,这句话对很多企业家来讲就很值钱。因为,我们现在的很多企业家很吝啬自己的夸奖,很吝啬自己的笑容,很吝啬自己跟员工的沟通……他们只会花很多钱说:"OK,我给你这么多钱,你就给我好好干活。"因为他们以为用金钱就可以买到人的干劲。

但是我告诉他们,他们错了!他们不仅花了很多冤枉钱,而且对员工也是一种耻辱,员工在这些企业被当成一个简单的为钱而工作的工具,而不是充满创造力与激情的活生生的人。

对任何一个员工来说,薪酬是重要的,没有钱,何必上班?但人工作却不完全是为了钱,在同样的薪酬下,为什么不同的企业执行力差别如此之大?当我能够回答这些问题的时候,我讲课就比较值钱了——他们这样一算:对哦,我请你一次只花个十万八万,你把这个道理一讲明白,帮助我节省的岂止这么多?特别是在听你这么说了之后,我的员工一定会感到非常 happy——他们的总裁今后会非常地关心他们,非常地关注他们……

其实,我们每个人在一生中,都在寻找一样东西,那是什么?重要感!

想想吧,我们生下来的时候都是光着屁股在婴儿床里,没有任何差别,但是为什么我们希望我们死的时候能不一样?答案很简单,如果我们生下来的时候和死的时候大家都一样,那活着还有什么意思?

我们一生都在渴望一种人生价值,这就意味着有些人会露尸荒野,而有些人会被国葬——这个之间的差别就是一个人奋斗一生的差别。

而这就是你我奋斗的源泉!

这就是我在今天很想跟大家交流的一个非常有价值的主题:我们这一代人如何创造财富?如何与上一代人不一样,如何与其他人不一样?为此,我主要讲三个部分:第一,企业家思维,有钱不等于你是企业家;第二,核心竞争能力,我会告诉你,大部分中国企业都是没有核心能力的;第三,执行启蒙,我们如何建立真正强大的企业?

第一部分 企业家思维:有钱不等于你是企业家

环境并不是我们宽容现状的理由

我本人是在贵州的农村长大的,那是个非常贫穷的地方。初中以前,我都是在煤油灯下看的书。

煤油灯和电灯有什么区别?煤油灯下看书与电灯下看书最大的差别就是:人早上醒来的时候鼻孔全是黑的,因为煤油的不完全燃烧。我从小一直到初中鼻孔都是黑的,就是在这样的环境下长大的。

现在,我们经常看到一些触动人心的图片:每年大学录取的时候、开学的时候,大家都会看到这样的场景——有不少优秀的小孩考上了大学,却没有钱上。我想,你们大家都曾看见这样的眼睛,一双双因贫困辍学、渴望读书的孩子的眼睛,今天,只需要大家往中国的边缘地带走一走,我们都会看到无数双这样的眼睛。

就如我上面所提到的一样,由于小时候,我周围或者说我自己曾经经历过类似的场景,所以,当我看到这样的眼睛的时候,我可以这样跟大家讲:一方面我感谢社会上很多人都起来帮助他们、赞助他们,包括我本人也在帮助他们;但是,另一方面,大家知不知道,我心底里有一种恨!

恨什么?恨他们的父母,我真的恨他们的父母。我是经历过那个过程的,现在我仍然有同学——他的孩子上了大学之后,他没有钱给他的孩子读书。当然,我们可以找出一万个理由来说他没办法——天气不好,身体有病,周围的环境很恶劣——可以找出一万个理由。

但这些理由的背后,我们真的尽到了自己的责任吗?让我们来看一看这样两幅图片吧。

第一幅图片上,我们可以看到一个乞丐,他的腿断了,一个断了腿的乞丐躺在大街上,他是不是可以说我值得你们帮助?而且我相信,在帮助他之后,他没有任何资格埋怨你。

我们再来看第二幅图片,在云南丽江,著名的玉龙雪山下面,有一个书斋,叫做"和志刚书斋"——请大家注意看,主人和志刚的双手是断的!但是和志刚有一位非常美丽的太太,从他的书斋的样子你可以看出来他不会很穷,因为他的书斋装潢得非常漂亮。他11岁就失去了双臂——和同学出去玩,高压电把双臂打断了。他不仅是用嘴写书法,并且他的书画受到很多人的珍藏,也就是说,在书法上它本身是很有价值的。

现在,我想请问大家:"一个腿断了的人和一个断了双手的人,谁更难?"

对!断了双手的人更难。那为什么断了手的人在过着富裕而令人尊敬的生活,而只断了腿的人却在冬天的寒风中乞讨?

所以,我觉得我们可以找出一万个理由为我们没有尽到责任来做解释——因为你有足够的理由,没有人埋怨你。可是,请问,在同样的甚至更差的情况下,为什么断了双手的人却能够自食其力而且很富有?

非常有幸,我有机会在他的书斋见过这位传奇人物。

我问他:"是什么力量支撑你做到今天?""你没有想过去乞讨、或者让别人帮助你什么的,那没有问题的啊,没有人会说你的啊。"

他回答:"我想过,但我没有这样做,因为我在想另一个问题,什么问题?如果人类在几万年、几亿年的进化的历史里,本来就是没有双手的,人能够活下来吗?如果人类天生就没有双手,人类会毁灭吗?会不会?"

"不会。"我顿然醒悟。

"对啊!那为什么我没有双手就不能自食其力呢?谁规定书法只能用手写?谁规定的?没有人规定。既然没有人规定,那就意味着'可能'。既然可能,我就想去试一试。如果我做不到,那就再说。但问题是我试了以后,我做到了!"

这个故事,我经常提问自己,也经常用来提问我服务的客户。

这,就是我有理由对那些不能支持孩子上学的父母,抱有一丝憎恨的原因:因为你的生命不再属于你,你有了孩子——他很上进,而你却没有钱让他上学,这是什么?我觉得无论如何,这都是一种值得我们憎恨的罪恶!

也许,你有一千、一万个理由可以宽恕你自己,但是,我觉得有一点你必须要承认:你作为上帝创造的一个人——我们说上帝是公平的——既然上帝是公平的,请问你做到了什么?你们认为上帝是公平的?你可以说你不同意,可是,在和志刚面前,你就不得不同意上帝是公平的了。

此刻,在这里和大家一块儿交流"我们凭什么创造财富、我们这一代人如何创造财富"这个论题的时候,我觉得,我们有一万个理由可以解释我们有很多、很多的事情不能做,我们也有一万个理由为我们今天所处的环境去抱怨,但是,对于我来讲,或者说,对于我个人的人生态度来讲,我对比的对象就是和志刚;当我碰到很多困难的时候,我思考的背景就是和志刚。

提一个正确的问题:如果李嘉诚是我,他如何办?

我是个咨询师,我的客户主要是企业家,我接触过成千上万的企业家。我觉得你们这些正值青春年少、才华横溢的北大学生,与外面的那些企业家相比,你们也有很优越的地方:他们有钱,你们有地位——北大学生,这是个非常高的地位。

为什么我们随处可见不少企业家做了3000万、做了2个亿之后就小富即安了,为什么?OK,你可以举出种种理由,可以说国家政策有问题、贪官腐败有问题,也可以说中国的员工不职业、没有职业经理人,这样不公平,那样不公平……

同样,在今天,当问到身为"优秀精英"的你们:你们一年到底做了多少事?你们一定可以找出很多理由来告诉自己:我今年是因为这样、那样……所以,最终——很多事情没有做成。就像那个乞丐一样——腿断了嘛,我没有办法嘛。

但是,请大家试想一下,当李嘉诚看我们的时候,我们这些企业家,这些北大精英是不是都是乞丐?因为李嘉诚就跟和志刚一样,与我们比起来,他"双手是断的"。论外在条件,李嘉诚只比我们差、不比我们好——大家都知道李嘉诚是一个什么样的出身,是个什么样的奋斗历程。相信大家都知道李嘉诚的学历,大家也都知道他艰难的奋斗过程。如果那样一个人成为全华人的首富,这意味什么?

我们再举一些离我们近一点的例子。

黄光裕,国美的老总,你们知道他的奋斗过程吗?他十七八岁来到北京,指着3000块钱,大家就可以想象他的学历水平与当时奋斗的条件了。可现在他是中国的首富!我们去看一下比尔·盖茨吧,比尔·盖茨大学没毕业就退学;我们去看一下戴尔吧,戴尔大学上了几个月以后退学。

当全球首富、华人首富、中国首富……在我们看来都是一些在学历与条件上"缺胳膊断腿"的人,我觉得,在他们眼里我们才是乞丐!

因为我们会有无数个理由告诉自己:做不到。

但是在同样条件甚至更差的条件下,他们是否做到了呢?

他们做到了!

当年,我之所以决定离开北大,之所以不愿意把目标定位在做北大教授,而要去做一个小公司,就是因为我在问自己一个问题,这个问题就是:北大优越的条件就能够注定我成功吗?为什么我们这些商学院教授只会说,而黄光裕、李嘉诚却能够做出来?为什么?

对比一下这些财富大家,我就曾经对很多企业家讲,我说你们每一个人、包括我自己都是有可能做出一番事业的,我们都可以把每个人的value去double若干倍。但是,为什么没有double呢?我们的敌人是谁?

我觉得,答案一定要"大声"喊出来——是"我们自己"!如果我们对这个敌人搞不清楚的话,我们很容易就找到很多理由来宽恕我们自己。

我们都是唯物主义者,我们都知道人不能把头发拔起来往上走。但是,李嘉诚、黄光裕、比尔·盖茨的过程告诉我们:这个世界存在着若干我们认为不可能但是确实可能的东西。

有时候,正确提出问题比解决问题更重要,请大家与我一样问自己:如果李嘉诚在我的位置上,他如何办?这才是正确的提问!我们有多少人,用一生的时间去回答那些错误的问题呀!

伟大的榜样:IBM、WALMART、万科为什么如此强大?

你们知道IBM的创始人老Watson吗?大家知道IBM奉为至高无上的一个词"THINK",是怎么来的吗?

IBM的创始人老Watson创立IBM的时候已经四十岁了,那时他是一家叫"国民收款机公司"的销售人员。在那家公司的时候他就发现,销售人员老找借口、不行动,于是,他就写了一个词叫做"THINK"——而那个词是当时他的老板告诉他的。

在成立了 IBM 以后,他要求每一个员工的桌子上都贴上这个词——"THINK"——要思考,要行动。直到今天大家还看到,IBM 的笔记本上还是"THINK"。

再让我们看看沃尔玛的总裁山姆。

山姆也是四十多岁才创立沃尔玛,到今天,大家知道它的销售额是多少吗?2800 亿美金!相当于我们 GDP 的十分之一了,可以说是富可敌国。

在沃尔玛,每天早晨全球的员工,都要集聚在公司门口,欢呼著名的"沃尔玛口号",这是什么?"激励"。

沃尔玛的老总到韩国去的时候,发现韩国公司的员工早晨都起得非常早,还会集体喊口号。大家都知道,沃尔玛是一家做大卖场的公司,如果你是它的一位员工,劳动量之大可想而知。沃尔玛有个非常著名的"三米微笑":沃尔玛发现,人与人之间在三米左右的时候,就可以用眼神交流了——太远了,看不见;太近了,别人就会感到压力;三米的时候,最好。

请大家想象一下,你若在超市工作,每天会碰见多少人?你每天这样笑下去的话,我估计任何一个女士都不会干,因为你的皱纹马上就会很多。

但在沃尔玛,"三米微笑"就是一个 policy,这是一个政策——你要员工对顾客很好的话,他们就需要精神的激励,需要动力。

因此,在今天,无论在地球上任何地方的沃尔玛,他们都会在一起欢呼"沃尔玛口号"。这些口号的意义在于,每天清晨欢呼的时候,他们就感觉到:OK,今天,我发出这样一个承诺,我对我的顾客要天天关照。

再来看看翱翔在中国企业天空中的一只"雄鹰"——万科。

前几年,我们公司非常有幸为万科做了一年的战略规划,去了它很多的社区,感觉万科的服务非常好。为什么?

在二十年前,万科是做录像机进出口生意的。那个时候,录像机、照相机、照相器材全球做得最好的公司是 SONY 公司。万科在和 SONY 做生意的时候,就发现 SONY 公司对它的售后服务等做得特别好,所以在那个时候万科就下定决心:向 SONY 学习——这才有今天的万科物业服务。

如果大家有机会的话,可以去看一下万科的房子,体验一下它优质的物业服务。如果你们不相信,可以去万科的社区坐一坐、走一走,去切身感受一下。

大家注意没有,我从 IBM 讲到山姆讲到万科,我在讲一个什么东西?

我都在讲:他们每一样看来似乎很伟大的东西,其实都是从哪里来的?是从"学习"来的!

这就叫"企业家思维"——你成功并不是因为你自己伟大,而是你善于学习与利用他人的智慧!

企业家思维——不是自己能干,而是利用别人能干

一个人的成功,通常有三个阶段:第一阶段,是向成功的人学习;第二阶段,跟随成功的人工作;第三个阶段,让成功的人为你工作。真正的企业家,都是在第三阶段的人——让那些有能耐的人为自己工作!

这就是李嘉诚为什么是全华人首富的原因:因为他不懂微分方程,也不懂数理结构,高深的东西他几乎都不懂,因此他要做任何一件专业的事,都要找人特别是那些有所成就的人来做才行。

这就是企业的成长机制——企业家之所以是企业家,前提是:他不像我们这样能干,或者干脆就不会干。

我想,这就是我们这些读了很多年书的人,为什么做不了企业家的原因!

比如我自己,光上学就上了 23 年,如果包括在美国做研究的时间,那还要更多。但现在,大部分像我这样的人是做什么呢——到公司或者研究所做一个技术人才。想想吧,你说你很有能力吗?你说你很厉害吗?还是雇佣你的人厉害?

前几年,我在做咨询公司的时候,是很有些洋洋自得的。因为中国最优秀的企业家都来找过我,比如柳传志啊、李东生啊、张瑞敏啊……你们想得出来的企业家都来找过我,我是很自豪的:看我多牛,因为你们再厉害不也要找我吗?

但是,现在我怎么想?现在,我就觉得自己很可怜,真正厉害的是他们!为什么?因为我学了 23 年,见面的时候,我得把浑身解数都使出来,使出来为谁服务?更重要的是,他绝不仅仅找你一个人,他一定还会找很多优秀的人——他能够找你,就能够找很多人,全世界最优秀的人都会成

为他成就事业的工具。

而我们自己,作为一个工具还认为自己很牛。其实,你就是一个螺丝刀,而他们找你,不过是要把电灯拧紧一下的时候才找你,拧紧了,就过去了——而我们自己却洋洋自得,这是不是很可悲?

当然,并不是说当螺丝刀就有什么不好,但当螺丝刀却认为自己很牛,就大大的不好了。懂得了自己的无知之后,我环顾四周,发现像我这样自以为是的人,还真的不少。所以,我现在给很多公司的老总上课时,就告诉他们:大家记住,大部分公司的老总,并不是企业家,有企业并不是企业家。别人把你当企业家,就像把我当成管理学家一样,不过是个泡沫——中国经济高速增长的泡沫!

也就是说,现在有很多人拥有企业,就像我目前一天讲课收费十多万一样,那不是你真值十多万,那也不一定是因为你真的有能力经营如此大的一个企业,那是中国经济高速增长之下,山中无老虎,猴子称大王呀!

在任何一个层次,大部分人都是平庸的,优秀的永远是少数

前面讲过,我本人是从农村走出来的。考大学考得很差,所以进了洛阳工艺学院,一个很一般的学校。后来,我的博士是到北大读的,我又到了美国的哥伦比亚大学学习——这是全球最好的大学之一。在这期间,我到摩托罗拉工作了三年,摩托罗拉也是全球最好的公司之一。

可以说,我是知道中国最好的学校是什么样子,也知道全球最好的大学是什么样子,更知道全球最好的公司是什么样子。当我从一个农村孩子,从一个很一般大学的学生,到全世界最好的大学,公司,体验过了之后,我就发现一个奇怪的现象,那就是在任何一个地方,优秀的永远是小部分,大部分人都比较平庸!

比如,我没上北大的时候,就觉得北大的学生肯定都很厉害——你在外面的时候会这样想:能够考上北大,不得了啊。但是,当进了北大,你会发现北大80%的人是很平庸的;我到美国的哥伦比亚大学,发现那里面80%的人也是平庸的;我到摩托罗拉之后,发现80%的人也是平庸的。这就意味着,在任何一个level,真正优秀的人都是一小部分。

这才是问题的关键:为什么在任何一个环境,优秀的人都只是一小部分呢?差距在哪里?

差别,就在于不同的思维方式。

为什么北大的学生里真正卓越的人是少数呢?原因在于,优秀的这部分人,他上了北大,却不把上北大当一回事。而是说:OK,我上了北大,这只是我前进的一步——这样的人就一定不一般。

可更多的人,是如何做的呢?他们把北大作为"幸福的归属",觉得进了北大,就是中国最优秀的人了,这样想的这部分人,最后就一定沦为平庸。同样的,你就是到了美国哥伦比亚大学,只要你把它当作归属,你一样会沦为"平庸"——尽管可能瘦死的骆驼也比马大。

我觉得,优秀的人,大多是"企业家思维"的人。而所谓"企业家思维",就是黄光裕、李嘉诚、比尔·盖茨这批人的思维——因为他们不会把我们看得很重的东西当成宝,比如比尔·盖茨是从哈佛退学的,有几个人有这样的勇气?

所以,在今天,当我们在一起讨论如何创造财富的时候,大家记住,首先,我们要具备一个创造财富的思维,然后才有所谓的创造财富的能力,否则,我们一生都可能在用尽全力奋斗,可我们却在回答一个错误的问题!

道理很简单,财富不是一个人创造的。财富,注定是一群人、是整个社会创造的,一个人是不可能创造出多大财富的。

既然财富是由全社会造就的,是由很多的人通过 teamwork 造就的,那么,创造财富最重要的才能是什么?

回答是"利用资源"、"整合资源",就是让各种各样的资源加在一起去创造财富——这才是创造财富的本质,而企业家就是整合资源的人。当我们在说市场的时候,实际上我们是在说企业家,没有企业家,就无所谓真正的市场,因为没有企业家的市场,就像没有马达的车,是不可能运转的。

我曾经写了篇文章——《百度和盛大不是我们的榜样》,发表之后,引起了很大的反响。有人也许会反对我,但我要表达的意思是,我们目前所谓的一些高科技公司,把上市当成成功,这其实是一个误导,这些公司成长的周期才刚刚开始。

当我们要谈在规律层面的成功时,我们至少要以二十年、五十年甚至一百年为一个周期去看,才能叫规律。我们都学过数学、都懂得基本的常

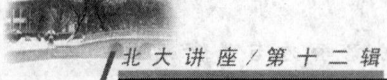

识,如果以很短的时间,去做财富统计的话,那叫"以成败论英雄",完全谈不上什么成功。

比如,我们刚才所提到的 IBM 是九十多年的公司;沃尔玛是 1962 年左右创立的,到现在是四十多年的公司;万科是二十年左右的公司。这是一个长周期统计的结果,就比较接近规律。而丁磊这批富豪们,才刚刚开始。锡恩是一家战略咨询公司,我们认为战略就要回答这类最本质的东西。

第二部分 核心竞争力:为什么中国大部分著名公司的成功,都不是战略意义上的成功?

什么是核心竞争力?

在中国,讲"核心竞争力"最著名的人中,有位先生叫张维迎,到处讲核心能力,但他基本上不懂什么是核心竞争力。比如在他那里,核心竞争力是什么呢?是"偷不去、买不来、拆不开、带不走、溜不掉"……反正他告诉你说,什么不是核心竞争力,但从来就不告诉你,什么是核心竞争力。

照他这样的逻辑,我们可以推理,什么是人呢?人不是狗,人不是猪,人不是大象——这就是人的定义吗?

于是,张维迎跟企业家讲:中国目前企业打造核心能力最需要的是什么呢——第一点,就是核心技术。这就是典型的外行话。

什么叫"核心竞争力"?

第一,我们要回答什么是核心。大家知道,我们团结在以胡总书记为核心的党中央周围——九个政治局常委,必须有一个说了算,那就叫核心。所以我们说"核心"、"core"就是"说了算"、"决定"。企业有很多能力,其中只有一个能力起决定作用,那个能力就叫"核心竞争能力"。

如果有人说核心能力有好几个,就如同说政治局中有好几个核心,那不是在把自己搞乱吗?我们很多企业家,把自己认为重要的,就当核心能力,这实在是一个极大的误会。

第二,什么是竞争力?既然是力,就必须与员工有关,而且不能是一个人的能力,否则,那个人一死,企业不就很有可能完蛋了吗?所以,这个能力必须是组织性的、团体性的能力。由此出发,我们就清楚了,一切与员工无关的都不是核心竞争力。什么技术呀、规模呀,显然就无法与核心能力沾上边。

第三,竞争力,既然是竞争的能力,那就一定是一种商业的能力,即一定要能够为企业赚钱。因此,如果这个"核心竞争能力"不挣钱,那就肯定不是核心竞争能力——你别告诉我你能力很强,但你的能力就是不挣钱。

在企业经营中,既说了算又能够赚钱的唯一来源是客户价值。

所以,核心竞争力就是能够给客户创造独特价值的团队执行力。核心能力由两部分构成,对外与对内。对外是独特的客户价值,对内是组织执行力。

你能够给客户创造独特的价值,你就有独特的利润。特殊的利润只能来源于特殊的价值。就像空气——很有价值,但是它不特殊,所以它不值钱;如果你能把阿尔卑斯山的空气用软包装装来的话,它就值钱。同样,这也是矿泉水能卖钱的原因:水是不值钱的,但是水被污染了,所以纯净的水就值钱了——你不信你拿矿泉水到农村,你看他们买不买?因为农民的水大部分都是洁净的,它不完全是购买力的问题。

而对内,提供独特客户价值是由组织执行力来保证的,这来自于企业全部的员工,绝不会来自于某一个人。

战略首先是放弃,没有放弃就没有战略!

战略是什么?

战略,首先是"放弃",有"放弃"才有"重点",而没有放弃就没有战略!因此,"放弃"和"重点"就是"核心能力"这个词最重要的表达。

我想告诉大家,为什么很多人都没战略:因为他们什么都想要。比如,我们很多人都很想对家庭忠诚,但他们不懂忠诚就意味着放弃,或者说只有放弃才有忠诚。那什么叫放弃?那就是让自己不接触美女!很多人不这么认为,他觉得:有什么呢?我接触,但我不动心不就好了?

这就是没有战略的人!他们懂得战略:家庭是重点;但他们懂的却是假战略:身边美女如云。然后他们每天都在与自己较劲——要在美女如云中忠诚家庭多难呀!

这就是战略的含义,战略就是放弃,放弃才有重点。你如果把出国作为战略,那么,一切与出国无关的事都可以放弃。你把一切都放弃了,只有出国一条路,出国自然就是重点了。

中国目前这批著名企业大部分的成功,为什么大都是没有战略的成功?道理很简单,我们没有市场经济环境,逼那些企业只能通过客户价值获得回报。他们可以有若干种方法来获得回报,客户价值就成了假重点。没有对其他资源的放弃,你如何获得客户价值这个重点?

为什么华为的胜利不可以高估?

一旦我们懂了核心竞争力这个词所包含的意义,你就会发现中国现在很多公司的兴盛是很值得警惕的。

比如,华为的胜利值得我们大大的赞赏与尊敬,但却不可以高估。

华为的胜利为什么不能高估呢?我们从客户价值这个角度看,华为的客户是什么客户?按照我们的说法叫 B to B 的客户,它的最终客户不是 end users——终端消费者,而是一些电信运营商,所以,华为的胜利主要来自于一些大厂商的购买。超过两百亿的销售额,看起来很大,但可能也就是几十个电信运营商。

好,我们的问题是:为什么这些电信运营商要购买华为的产品呢?大家知道,最近这几年来全球的电信市场不怎么景气。在不景气的时候,电信运营商采购主要考虑的是什么?是价格。而价格突破,则是华为的看家本领。所以,我们会发现,华为的胜利很大的程度是来源于它的价格。《时代周刊》就曾在把任正非评为"年度全球 100 名最有影响力的人"时警告他:价格政策正在使公司的利润减少,要引起重视。

事实上,比利润下滑更值得警惕的是,在低价的采购背后,对方并不真正从心底里尊重你,特别是我们在一些运营方式上,过分讲究速度而牺牲的流程与制度。

与此相对应的是,在全球,也有很多 B to B 的公司,比如说 Intel,比如说固特异。Intel 的客户是谁?是联想,是 IBM,是惠普。Intel 为了能够获得自己的持续,它天天在那里说"Intel inside"——它是想告诉你:你用的计算机的 CPU 是我的;同理,很多像"固特异"那样的轮胎公司要告诉你:那个"宝马"车是"宝马"的,可是那个轮胎是我的。

为什么要这样?就是要锁定终端客户。

为什么要锁定终端客户?因为 B to B 的商家知道,大厂商是靠不住的,真正的客户价值,是要由终端客户决定的,如果终端客户对你不忠诚的话,那么这些大厂商在一夜之间就可以把你干掉——所有的厂商只忠诚于客户,不会忠诚于你。所以,像华为一样的胜利很好,但不可以高估。

为什么蒙牛的胜利值得警惕?

再如现在的蒙牛,蒙牛能够在短短几年之内如此成功,能够在短短的几年内做到上百亿,的确值得我们为它鼓掌。但为什么我又要写文章提醒蒙牛,要警惕这种表面的胜利,说它靠不住?

我们再次重申一下,核心竞争能力是什么?是为客户提供独特价值的能力,这个能力不仅仅是要能够为客户提供独特价值,而且必须是团队的能力。

那好,我们先从蒙牛的产品说起。蒙牛是做什么的?牛奶。牛奶是从哪里来的?奶牛。牛又在哪里?草原。草原在哪里?内蒙古。现在,你懂了吧?因为牛只能从牧场产生,牧场是不能搬走的,它只能在草原,而中国最大的草原是在内蒙,所以中国最好的乳业厂就只能在内蒙古。

在这个时候,我们要问的是,草原生产的奶是充分市场化的吗?由此可见,蒙牛的胜利中,存在不少资源的依赖性。

也就是说,一家公司如果它的成功很大程度上依赖资源的话,那就是今天中国的中国石油、中国移动、中国粮油的处境——你钱是很多,但是我们大家都知道,这值得警惕。

为什么国美的胜利不是战略层面的胜利?

下面说国美——国美的胜利也远远不是战略的胜利。

国美是给客户提供了特殊的价值。大家知道,它特殊的价值就是低价与服务。但是,你们知不知道国美这样一种能力是建立在什么基础上的?大家都知道,如果你想做到低价的话,应该让你的运营效率比别人高,在同样的价格下,你就拥有由于运营的效率带来的利润。

我们去看沃尔玛,沃尔玛怎么做到天天低价呢?关键在它的供应链的整合。举例说,我们在沃尔玛买东西,"哗"一刷,我们的卡刷一下的时候,它的信息可能就直接通到了宝洁的工厂。宝洁与沃尔玛的库存就大大减少了,资金流动也大大加快了。那你可以想象一下,这样一个链条节省下来的钱是多少?可能能够达到10%,就是100块钱可以节省10块。

这就是沃尔玛做到天天低价的原因。

另一方面，沃尔玛如何做到服务至上的？沃尔玛有一句名言：你要想要你的员工善待顾客，你要首先善待你的员工。

回过头来，我们看国美是怎么办的呢？国美绝对没有沃尔玛这样一套供应链系统，但它也要天天低价，它的低价是从哪里来的呢？它对供应商说：你得低价。为什么你得低价给我呢？因为我的卖场特别多，你只要不跟我做生意，你就死了。

这是若干供应商对国美又爱又恨的原因，也是为什么国美要大力扩张的原因——它的店愈多，它讨价还价的能力就愈强，这是不是一种霸王式的作风？

哪里有压迫，哪里就有反抗。那怎么反抗？我相信会有不少厂商想方设法贿赂国美的采购人员，国美要保证体系的稳定，每隔一段时间就要换人才行，因为它必须要通过人员的调配来制止权力的腐败。

只有核心能力能够解释企业的兴衰

当我们以客户价值的角度来看公司的兴盛，会发现百度、盛大、网易……这些企业都是没有核心能力的企业——它给我们提供了什么独特的价值没有？没有。它唯一的好处就是先入为主，即 first-move advantage。但大家都知道，在世界上的所有产业里，第一批成功的，往往很难走到最后。

想想吧，改革开放初期第一批彩电公司现在还有多少？当然也不完全是这样，比如微软就是先入者，它并没有死。我曾专门写过一篇文章来分析微软的团队开发过程，微软的软件是怎么开发出来的。

限于时间我不在这里讲，我想说，微软的这种团队项目开发能力，是我们中国软件公司做不到的，不是因为我们的人不够聪明，而是因为我们的人太聪明了，所以你构不成团队。

现在有人给了我一个绰号，叫"姜战略"，就是因为我凡事都讲战略——在木匠眼里，什么都是钉子。我们这么看这是不是有点片面？但我觉得，既然是讲战略，我们就要用战略的逻辑来看问题。

在战略层面，没有核心能力是不能持续的，就像今天我在外面讲课能够十万块钱一天，我一定告诉自己：我是泡沫。

当你知道自己是泡沫的时候，你怎么办？赶紧学习，赶紧往前跑，千万别跟自己说:哇,牛啦,我很棒啦,然后我怎么怎么样……那你就离死不远了。这叫什么?这就叫战略。

所以,大家看微软对它的员工说:微软离破产永远只有18个月——全球最好的公司说自己离破产只有18个月。我们离破产还有多少个月?如果我们没有这样的思维的话,我们如何活得长?

当你在繁荣之中,经常"东方不败"时,唯一能够给你制造危机的,就是你自己,因为你已经习惯繁荣了。这时,你就要给自己提一个问题——我离死还有多远?就像你考上北大后,第一个问题就是:我离被淘汰还有多远?

这才是正确的问题。

第三部分　执行启蒙:我们的出路在哪里?

在表面的繁荣后,要警惕小农文化死灰复燃

明白了什么是企业家的思维,什么才是核心竞争能力,接下来,我们来谈谈第三个问题:执行启蒙。

在我曾经写过的一本书《差距》上,我说过:到目前为止,中国的企业还没有摸索出如何做大企业的经验,或者说,大公司的成长与管理机制中国人到今天为止还没搞清楚。

我们可以把"神六"放到宇宙中去,我们的人可以上天然后回来,但始终有个基本的问题没解决,这个问题是什么呢?这个问题就是:我们中国如何把一个企业从小做大、做到世界级?

这是一个历史性的问题。

我的博士论文写的主题,就是中国明清以来到改革开放90年代为止中国整个社会的变迁。那时我就惊奇地发现:原来我们中国古代的商业是非常繁荣的!(看看《清明上河图》,想象一下当时的繁荣景象。)但是,那个繁荣是建立在什么基础上呢?是建立在一家一户的基础上。其实,中国从总量上已经创造出了全球无与伦比的财富和生产力,就繁荣而言,在历史上早就实现了,甚至和今天的大企业差不多的企业也都出现了。我印象中,山西的日升昌每年的销售额曾经做到了几百亿,这大致相当于

今天华为的水平。也就是说,在中国的历史上,我们靠这种人情关系、靠一家一户,已经创造了繁荣文明,但这种文明为什么会在西方的进攻下不堪一击?

有个伟大的历史学家叫黄仁宇,黄仁宇先生想:中国人为什么打不过日本人呢?他就去当兵,一当兵,他就发现,中国的军队一进去就要开始认兄弟:连长是大哥,某某是二哥,某某又是三哥,大家在排兄弟。排兄弟之后,整个军队就变成了"家天下"。试想,你提拔人的时候提拔谁呢?提拔兄弟嘛。在这种情况下训练,是兄弟就不用好好训练,就可以休息一下呀,如此等等。这种军队,如何管理,又如何打胜仗?

人情关系下的组织管理,是中国的企业做不大的重要原因。企业是一个经济组织,一个经济组织要做大自有其经济逻辑与成长机制——比如商业人格、职业化、商业化、制度化、流程化等等。可中国人一进公司,就自然地要去认兄弟,要找老大做依靠,这样的组织如何"长大"?

事实上,在中国的文化里,有两套体系,一个叫"生人",一个叫"熟人":我不认识你的时候我们是"生人",生人讲规矩,讲利益,讲法制;我认识你的时候,我们是"熟人",成为熟人之后就什么都不讲了,只讲咱们哥俩的关系——举个例子,如果我有件事要你帮忙,你脑子里是不是首先闪出个念头:有没有熟人?也就是说,在我们的体系里,一办事就想有没有熟人,而从来不想这个事的规则到底是什么。

这是很可怕的,因为任何伟大的制度在熟人文化之下,都将被摧毁得体无完肤——在熟人体系下,警匪都可以是一家!所以,任何规则在熟人体系里都将被摧毁,这也是为什么我们所有最有价值的东西,到最后一定要"臭"得不得了的原因之一。

比如在过去,博士很"吃香",现在你看博士"满大街"了、"臭"了;比如MBA过去很香,现在臭了;出国留学过去很香,现在也臭了——现在,我们公司反而有些从国外回来的不要,因为那些大学我们从来没有听说过,所以我们现在是宁愿要国内好大学的,不要国外那些没听说过的大学的。当然,对于国外好学校的我们仍然是给得很高的。但是现在的,来投简历的国外的,至少有三分之二的大学我们不知道——我好歹在国外呆过的,结果那些学校的名字我从没有听说过,只是看了之后似像非像,什么南加州的什么大学……但是我们网上一查,就知道这不是什么正规的学校。

启蒙,就是让我们每个人获得大写的我:独立人格

我们的出路在哪里?

有个企业家跟我讲,他在首都机场看我的光碟,飞机误了两班,为什么呢?就是因为兄弟俩之间在很多问题上,总是矛盾,然后一看我那个《狼性总经理》VCD,就觉得说得很对:商业逻辑是一头狼,如果我们不把"狼性"贯穿始终的话,你在原则上一软,企业就乱七八糟。所以,靠"熟人"文化,企业迟早要出问题的。

我这些年写了不少书,讲了不少课,我做这些事的核心是在做一件事情,叫"启蒙"。

什么叫启蒙?

人们研究中国近几百年来的历史规律时发现,近代中国的优秀人物都犯了一个错误,那就是总想通过物质强大来强大中国,这就是所谓的科学技术"情结"(complex)。他们认为中国人不能够强大的原因,是我们没有强大的武器与枪炮。于是,我们就把军舰买来,把机器买来,把设备买来,把博士学位拿到,以为从此我们就强大了,就不再是农民了。

但我从自己的经历中非常清楚自己的内心,那就是,如果我不完成自我启蒙,那即使我念到了哥伦比亚大学,我还是一个农民,骨子里还是农民,因为文化的东西是不容易被改变的——它跟你买什么枪炮没关系。

到今天,我们终于发现,西方为什么强大呢?他们的枪炮强大是结果,什么才是根本?他们的理性、他们保护个人权利、他们保护私有财产,这才是经济发展的动力。所谓两条腿——物质一条腿,精神一条腿,并不是并列关系,机制与文化是原因,物质与技术是结果。

懂得了这一点,我们就会发现所谓启蒙,就是一定要让我们的员工是独立的员工,要让他们在工作中感受到,"我"是英文里面的"I",而不是"me"——大家知道,在考 GRE 的时候,写作文要用"I",同样一个表达用被动语态"me"就判你错,因为 GRE 是培养商业人士的,这些人要 active,要主动,要有独立的人格,要有主见。

我觉得,在今天的企业中,在我们表达一个意思的时候,请大家用主动语态,不要用那些被动语态!我们再也不是任何一个企业家下面的"小爬虫"了,我们是一个人,一个大写的人,我们是有个人尊严的人。问题是,这个人要获得的人的尊严从哪里来?我觉得这才是正确的提问。

真理往往在地狱的入口处,企业员工的独立人格与尊严,如此伟大的东西来自于地狱入口:我们首先要承认自己是劳动力市场上的一个商品,要懂得出卖自己的劳动力才能获得自由之身,要懂得你的价值是由市场而不是任何一个人决定的,必须有这样的承认,才让你获得真正的经济人格,人被剥离了一切枷锁,人就独立自由了。

这就是中国企业现在最伟大的使命——启蒙。

但问题是,这个过程与我们传统的文化观、幸福观都是矛盾的,所以,困难之处不仅在于形式,而且在于内在价值的冲突。当我们在改造自己的时候,会发现内心的痛苦无法言表,你毕竟是中国人,你毕竟喜欢熟人文化,你毕竟难以超越人情世故,因为你是中国人!

但我对自己说,我经历,所以,我存在。为此,我给自己一个使命,我把自己定义成这样一个使命的代言人:致力于打造商业人格,建立全新的企业成长支点。

也许我自己不足够强大,但是我首先让自己有经济人格,这就是,我不再依附北大这样的地方,去赚北大牌子的钱,我出来做一家小公司,从头做起,我所有的钱都是我自己挣来的。我们公司是国内第一家承诺无效退款的公司,我敢退款!请问中国有几个公司敢做到无效退款?你敢吗?在学校,你的老师敢说"我教得不好,我退款"吗?我在国家计委工作过,在北京大学工作过,在摩托罗拉工作过,我发现,做官员说话可以不负责,做教授说话也可以不负责任——我讲错了你找我?但是,摩托罗拉的员工一定比国家计委、比北京大学的员工负责,因为做商人说话一定要负责任——你敢乱说话吗?你当然可以乱说,但是乱说就没人给你钱了。

旧锁链之所以难以砸碎,是因为旧锁链大多在现实看来很宝贵

从个人的经历里,我深切地体会到,我也希望大家跟我一样,坚守一个基本的道理:一定砸碎旧锁链!那些旧锁链是很多人看来非常宝贵的,比如我在北大毕业、到国家计委工作,大家都会认为这个工作一定很爽——但是,对不起,我把它砸掉了;我到了摩托罗拉去,在摩托罗拉工作了三年之后——大家也会认为这个工作很爽——但是我觉得,在中国的摩托罗拉,那样的竞争态势并不能代表美国的摩托罗拉,所以我离开了它到美国去。在今天,我可以告诉你们,我当时的同事有一大半被摩托罗拉 lay off 了。

我曾在回答记者提问的时候讲,过去大部分跨国公司的中国区总经理都将被干掉,因为他们在中国当总经理的历史是做销售人员、是卖东西的,而今天中国已经成为全球市场的一个重要部分,要有战略了,而我们很多的总经理无非是香港、台湾这些做 sales 的,他们远远没有战略思想。

当年,我从哥伦比亚大学回来之后,进了北大负责做企业家的培训,看看周围一些教授,我就有一个结论:三年到五年以后,如果光华的某些教授还能够继续做教授的话,你来找我——也许这个结论"张狂",但是道理非常简单,因为我知道什么样的人是商学院的教授,我见过真正的商学院教授,而他们不像。

我们每一个人都有自己的大脑,有自己的眼睛,有自己的感觉——别人说那个皇帝穿了衣服,你看到他没穿,你就要相信自己的眼睛,你不能怀疑自己的眼睛。

所以,我们现在面临的最大考验,就是让我们所有的人获得独立的人格,这个独立的人格在于:请大家多一点雇佣感,请你们把什么主人翁责任感通通打掉!

在我们锡恩公司,我们从来就开诚布公地讲:我们公司不是家,所以你不需要跟我们讲什么家庭——这是没有的事。我们之间是雇佣关系,我们之间是商业交换关系。如果你提供的价值多了,请你提醒我你要涨工资;但是,如果你提供的价值不足够,请你降低工资,如果不降我就干掉你——因为这就叫市场规律。

如果我们不能让这种最简单的东西立足,哪有人性化的管理呢?

人性化是建立在法制基础上的。没有一个残酷的规则,就没有人性,这是我个人在经营公司中的惨痛历程中学到的——我学到了惨痛,然后找到了法制化的出路,而更多的企业家经历了惨痛,他们找到了人治的政治家智慧,所以,我敢肯定,大部分企业家成功之后,一定会重归传统,中国传统基本上是一个人际关系,是一个政治家的权谋智慧。

道理很简单,没有法制的明确,就像我们讲父母和孩子的关系一样——如果不把孩子当成一个成人看待,你哪怕 50 岁了,在你妈的眼里你总是个孩子。就如现在,我把妈妈接来一起住,我跟我妈妈一起最痛苦的地方就是我妈妈永远都把我当孩子。我对妈妈说:"我都快40岁了,请你把我当大人吧。"妈妈回答:"我要是不叫你起床上班,你上班不会迟到吗?"我说:"我知道应该什么时候上班,所以你不要叫我起床。"

看看这个例子,表面上这是一种爱,是一种亲情,可是你们知道吗?这对我们的社会来讲是一个非常大的阻碍。反过来看,正因为西方把孩子当作成人,所以他的孩子就具有独立性。例如,他们的财产是怎么继承的呢?只有老大才能继承,其他人滚蛋,所以西方的财产就可以不用争夺;咱们中国呢?子女均分——好,只要有财产,一分之后三代准完蛋!

寻找我们的出路:我在《差距》《榜样》《真正的执行》中想表明什么?

有人说:"你总说中国企业比外国的差,那你说怎么办呢?"那好,我给你找个"榜样"来。去年,我就写了一本书叫《榜样》。

在《榜样》里,我专门花了其中三分之一的篇幅来写"IBM如何从最小做到最大"——大家都知道,IBM是代表美国的一家公司。

如果IBM代表美国,那么哪一家中国的公司代表中国?你觉得海尔代表中国吗?你觉得联想代表中国吗?你觉得北大方正代表中国吗?它们不仅不代表中国,而且我认为它们的成功,是20世纪中国企业"三大神话":第一,是海尔服务体系中,将服务做成免费,然后用服务替代质量的做法,满足的是中国面子文化背后的消费者,这是利用消费者的不成熟,所以,海尔的国际化完全无法复制它的中国经验。

第二,是北大方正的技术,北大方正这个神话,就是技术救公司神话的破产,所以,你看到张维迎讲"技术是核心竞争力"之类,其实完全颠倒了企业的持续逻辑。技术必然地为客户创造价值吗?不!否则摩托罗拉做的"铱星",那不是高技术吗?那为什么没人买单呢?所以技术不必然地为客户创造价值。

第三,联想分拆为杨元庆和郭为的两个公司,这是典型的因人设事,就是两方面摆不平,所以就把公司分成两半让他们拿去玩——这完全就如同是分家产。大家知道联想是最不该分拆的。我写了一系列的文章讲,联想唯一的出路在于将神州数码和联想合并,不合并就没出路——你人为地把一个公司拆开,这是很荒唐的。因为时间的关系不能细讲,在我的书里都讲得很清楚。这就是20世纪企业三大神话。为什么叫神话呢?

因为到今天,这些错误的东西仍然被当作主流的经验在流传。

最近,我又写了一本书——《真正的执行》。如前所述,我在书里面开宗明义就讲:中国企业的唯一的出路就在于建立每一个员工的大写的"我",如果员工没有大写的"我",这个企业家就没有大写的"我"——有什么样的员工就有什么样的企业家!

所以,我在这本书中强调三个词:"结果启蒙"、"商业人格"、"客户价值"。我觉得中国的企业、中国的员工、所有的人我们要做这三件事,这三件事有一个主题,叫"执行启蒙"。

为什么叫"执行启蒙",而不叫"理性启蒙"呢?

我觉得我们道理讲得太多了,请大家行动吧!ACTION——我觉得这才是我们想做的。

因此,我现在怎么做战略呢?我就跟企业家讲:什么叫战略?行动起来以后找方向,那就叫战略——战略来自于行动,不行动就不需要战略!只要一出门就必须有战略,因为战略是方向,出门没方向你往哪走啊?跑得最快的人是最需要战略的,跑得最慢的人却是最不需要战略的,坐着的人根本不需要战略——你坐在那里要什么战略呢?

独生子女一代是我们未来的希望,请不要将他们妖魔化

我们平常老是指责企业家独裁、造神、恶劣,他为什么恶劣?那不是因为你纵容他恶劣吗?我们过去老说父母管我们太严了,父母让我们太难受了,为什么呢?那是因为我们子女很多时,我们就让爸爸妈妈独裁。今天你看只有独生子女的时候,父母还会独裁吗?小孩会跟妈妈说:"你再打我,你就没儿子了。"这是现实,社会学里这叫"权力结构的改变"。

我就跟企业家讲,你只有一个员工的时候,你看谁是老大?员工就是老大嘛,因为只有一个员工的时候,他会说:"你开除我,你就当不了官啦。"这就是政府机构膨胀的原因——它必须膨胀,不然它就会被员工统治,所以它一定要搞很多人在下面争斗,他在上面就是官了。

过去,我在研究中国企业时,很悲观,我都觉得中国企业没希望——至少在我们这一代没希望了。但是,最近我看了"超级女声",我觉得终于感受到了一些希望,感觉有一片曙光。

我是学社会学出身的,社会学一直痛苦着一件事:中国文化是通过家庭传递,通过学校传递,所以中国的家庭与学校是我们文化的温床。但是,中国的独生子女政策,彻底地把家庭关系改变了,我们过去孩子的这种依赖,包括我们为了生存的小农思想——总是怕哥哥或妹妹比自己拿得多了,这都是从小养成的。

可是,现在这一切在独生子女那儿就没了:从一生下来开始,他就是父母的主宰,他就统治着整个家庭结构,从爷爷到父母,所有人都围着他转——这在社会学里怎么讲呢?就是这一代人是个人的自私和主体意识最强的一代。这是现实,是生长环境造成的,从小他就很独立,这个独立无所谓好、无所谓坏。

可是我们非常不适应这种独立。于是,大家就可以看到父母还用过去的方法来教育独生子女。现在90%的老师认为现在的独生子女是不负责任的一代,所以大家看到独生子女他们怎么办呢?他们就自杀,他们就离家出走,他们就沉迷于网络,为什么?他们必须反抗。政府不懂这一点,想通过网络采取"3个小时的限制"来制止,这很荒唐——当整个一代人是被压抑的、不被这个社会接受的时候,你怎么卡得住?

同样,看美国在二三十年前的时候,也恰好有过一代人,这一代人的名字叫做"X一代"。这一代人也曾经被美国的上一代人骂成"懒惰"、"没有进取心"……反正你们想得出来的所有恶劣的词全骂出来了。可今天怎么样呢?我们发现今天的微软、戴尔、雅虎、eBay 全是这一代人创造的。非常讽刺的是,批评他们的一代人现在叫 active adult,现在怎样呢?他们老了,他们很活跃——活跃着享受。

今天,我们看独生子女的时候,我们发现一个特别可怕的现实:整个中国社会比美国还要过分地压抑这一代。而"超级女声"正式地宣告:他们已经在登上历史舞台,他们正在接管社会权力。

但是,我们根本没有做好这个准备。在 2005 年 11 月 9 日,我在北京召开了一个新闻发布会,这个发布会就叫"独生子女上台,优秀企业家退休"——我想呼吁整个社会,我们要向独生子女学习,因为他们是我们的未来,他们身上的很多毛病是因为我们戴着有色眼镜看他们,他们的很多问题是因为我们造成的。

中国的管理理论需要一个全新的创新:重新制定出发点

请大家研究一下管理理论——"学习型组织"是什么?

我的研究发现,彼得·圣吉开创的"学习型组织",实际上是当年美国针对下一代的一套管理理论。所谓的"学习型组织",就是说,我们要用"系统思考"。

什么叫系统思考呢?

就是说如果发生一个问题的时候,我们不要作为第三者,说"这是你的问题"——因为我们是一个系统、是一个回路,所以你的问题很有可能是我引起的。这就是美国社会对 X 一代实行的管理理论。但是,请问中国目前有这样的理论吗?

所以我觉得这个是我们的使命,是中国管理学的使命,我们锡恩就是要定义自己做这件事。

我们是一家做战略的公司,也许我们现在还很小,也许我们做的事微不足道,但是,就像我当年在农村一步一步上到洛阳工学院、到经贸大学、到北大、到哥伦比亚的一系列过程一样,在我的心灵深处始终有一个信念,就是:我不相信任何表面的繁华——不管它是北京大学这样辉煌的大学,还是像国家计委这样的权力体系,还是像摩托罗拉这样的跨国公司……我只相信一样东西,就是"基本的规律"!

我觉得,所谓的"五十而知天命",天是什么? 大家知道中国古代平均年龄就四十多岁,五十岁就快死了——人之将死,其言也善,就是真正懂得规律了。也有一句话叫"天令其亡,必令其狂"。所以,我觉得"天"就是我们讲的"历史的规律"。

因此,我们锡恩的定位是什么呢? 我们这样告诉自己:我们要与我们的客户一起建立伟大的公司,而不是做伟大的个人! 中国没有伟大的公司,伟大的公司是符合客户规律的公司。我们要致力于中国企业的正规化、国际化和持续化。

我们怎么实现?

我们要"像上帝一样思考,要像魔鬼一样行动"。

像上帝一样思考,要像魔鬼一样行动

什么叫像"魔鬼一样的行动"呢?以下是我参加央视"对话"节目的一段录音稿:

姜汝祥:我个人坦率地讲,刚才听到出井伸之先生的一些谈话的时候,我是感觉有失望的。我觉得这个层面更多地谈到了一个产业选择、国家经济的一些问题。但是,我反过来提一个问题,如果SONY选择了正确的道路的话,一定能成功吗?上个世纪90年代,IBM的衰亡现在大家看起来是因为机会被微软给抢走了,但事实上仔细去研究一下你就会发现,所有比尔·盖茨的东西、所有微软的东西IBM早就有了。那是什么原因使IBM错失了这个机会呢?是因为它认为自己太成功了。我们再反过来看一下三星公司,实际上现在SONY所做的一切努力,其实三星公司在八年前就已经做了,那我们现在看三星公司为什么成功的时候,我们讲只有一个结论,就是他们不仅仅抓住了机会,而且完成了对自己的成功的超越。所以,从这个角度,我们再来看SONY的时候,我们现在的SONY其实最大的问题就在于两点:第一要有足够的勇气,也就是像李健熙先生讲的"除了老婆孩子都得变",那SONY公司有这样的勇气吗?这是第一。第二,要在方向定下来后,比任何公司都更关心它的消费者。这一点上,我其实特别想提醒SONY公司注意,SONY公司在过去是很多中国公司学习的榜样,但是我特别希望SONY公司注意一个现实:现在大部分的中国公司,都把韩国的三星或者把美国、欧洲的公司作为榜样。这个我觉得是非常能说明问题的。谢谢。

现在,出井伸之已经下台,不再担任SONY的CEO。

无论你是SONY那样的一流公司的CEO,还是这些中国的企业家,对于我来讲,规律就是规律。不瞒大家说,我在哥伦比亚商学院上学的时候,我上了一个学期就不去听课了。因为我觉得全世界哪都一样——好老师都很少,即便在世界一流的学校,大部分老师还是不行,听了之后不是那种味道。于是,我就花了更多的时间去读那些案例,在企业咨询中心跟他们做一些研究项目——这就是你永远都要相信你的背后有个真理,而不要相信权威,不要相信表面的繁华!

我很小的时候就有这种概念,包括我上了学之后我从来不做笔记,因为大家知道做笔记就是老师讲的,我在想那个教科书是这么多人编出来的,那一定比讲的要好。我花很多时间去研究教科书,我从来不听那个老师讲什么考试绝招,我的分都考得不高,但我现在有一个足够强的能力,这就是足够强的学习能力!

现在,我有一种感觉,就像当年离开北大办公司的时候,有老师对我说:"汝祥啊,行吗?有客户吗?"我说:"我的前面有一根标竿,这个标竿就是一个商人,他们能够活得下去,我怎么会活不下去呢?"记得当年我在北大读书,在舞厅有次有个女孩嘲笑我不会跳舞,我说你记住我能够把高阶微分学懂,我学不会跳舞?后来我不仅学跳舞,而且学国标——跳最难的,照样跳得很好。

这世界只要我们看到一个标竿,那我就一定会做!怕的就是看不见、不知道——那就叫蒙昧。

只要知道,我就一定可以学习!

我做公司之后,我就把我的客户,把身边的企业家、小商小贩当成榜样,我就向他们学。我甚至提出个口号叫"凡事想起来的按照反方向去做就对了"。既然我们知识分子想的就是和商人不一样,那么反过来不就一样了吗?于是,我开始坚持这么做下去,包括刚开始我为了把那个虚荣心打掉,那时候我强迫自己每星期去迪厅。到那个地方,你就发现:你有什么了不起嘛,没人理你!你就知道你自己其实是个很没意思的东西,你到那去就知道,你摇摇头就很舒服,你要觉得自己是一个博士、一个归国创业人员,那你就惨了——永远没人理你,要理你的,你却不敢理他!

这,也就是我特别希望跟大家共享一样东西,叫"像上帝一样思考"。

就是我们要走正道,一定要走正道,不走正道不是我们锡恩的做法。

这就是我们锡恩提出的理念,或者说我觉得这是我个人这些年奋斗的一个结论。

走正道——我们要像上帝一样思考,就是凡是我们觉得错的就不能干,人如果偏离了这一点我觉得那就没意思了。但是,要实现这个怎么办?得"像魔鬼一样行动"——我们总觉得我们像上帝一样思考,所以就天天等在那个地方,想着"上帝把幸福赐给我们吧"。可我们最终发现,坏人最讲方法。

不信,你们看抢银行——全世界最好的团队协作就是抢银行。让我

43

们分析一下,从战略、到调查研究、到客户目标、到行动方案、到售后服务,都很好——抢银行绝对是这个世界上最好的 teamwork!

所以,我认为全世界有两支队伍是我们最值得学习的:一个,是全世界质量最好的公司——波音公司,因为它不敢不好,它不好飞机就掉下来了,因此"六个西格玛"很难,但是波音公司早就实现了。因为如果按照"六个西格玛",那么每天就要三四架飞机掉下来——每百万次3.4,全世界起飞的飞机一天没有一百万?那不是每天要掉3.4架飞机吗?你敢坐吗?

另一个,就是抢银行——绝对的 teamwork,绝对的 project 管理,就是项目管理。我们要注意,他们都有个前提,就是如果他们做不好,波音的飞机就要掉下来,抢银行的就要进公安局。我认为,这才是真正的问题:我们为什么不能把事情做好?就是因为我们有退路!咱们抢银行抢不成了,还可以干别的,所以你一辈子都碌碌无为。如果你把每一次都当作抢银行,抢不成就进公安局,你不用说考托福,你考两个托福都没问题!

这就是我从一个学者转为一个商人的体会,所以我讲的东西那么值钱,那么有道理,因为这背后我是付出了极大的血和泪的代价。我最后发现,我为什么很多事情做不好呢?就是因为很多事情我"像上帝一样思考,像上帝一样行动"。

所以,人要走正道,要像上帝一样思考,但是我们行动的时候就得学习抢银行,我们就该假定,如果做不成就得进公安局。

这就是我在锡恩公司倡导的,我们在公司经常讲,不行就要 PK 掉。就是你要把自己当成要被干掉的,你才能把事情做好。一个人丧失了危机感,就不能把事情做到极致。

像上帝一样思考,我们走正道;像魔鬼一样行动,我们挣大钱。

像沃尔玛一样,从感动自己做起

一直以来,我非常喜欢一家公司——沃尔玛。这是世界上最伟大的一家公司——它从上个世纪60年代创立到现在已经有四十年,做到世界第一,而它没有任何的技术,没有任何的品牌,没有任何我们认为了不起的东西——这样的公司是我非常敬重的。

经常有企业对我说,世界一流公司有没有什么秘密?我们总觉得它们做得如此好,一定有特殊的秘密。每当这个时候,我就会把这些企业家聚在一起,然后我说,你们一起与我站起来。

一站起来之后,我说,suppose,假设,你就是沃尔玛的一个员工,你想不想体会到沃尔玛这家公司是怎么赋予它的员工以激情、以尊严的?如果想,那么请你把你的领带解开,请你把你的尊严放下,请你跟我一起,我们假设自己就是沃尔玛的员工,我们一起来喊,我们感受一下,世界第一到底是什么样子:

  来一个W!
  来一个A!
  来一个L!
  来一个M!
  来一个A!
  来一个R!
  来一个T!
  我们就是!
  天天平价!
  顾客第一!
  沃尔玛!沃尔玛!向前进!
  沃尔玛!沃尔玛!向前进!!
  沃尔玛!沃尔玛!向前进!!!

喊完这一切,你再问自己,你企业强大的基点在那里?不在于伟大的构想,而在于你的员工、你的客户如何感受你!

这就是沃尔玛总裁山姆在他的自传中的结论,衡量一家公司的优秀,不需要什么标准,你只需要到他的店里走一走,然后问自己,我下次还会再去吗?如果这家公司能够做了什么让你值得回去购买它的产品,而不是买别人的,那么,你就告诉自己,这家公司一定会强大!

沃尔玛就是这样强大的,我想,中国企业家也不可能找到比这更好的办法。一句话:中国今天的问题是,道理其实我们都懂,问题是你愿意不愿意做,你又愿意做到什么程度!

现场答问

问：什么是企业家思维呢？

答：企业家思维特别简单：如果一个人太有能力了，他就一辈子当员工；如果一个人把自己当成无能，然后凡事都从社会各个地方找各种资源聚合在一起，做大了，这个人就有企业家思维。因为这个世界上任何一件事情的成功，表面上是一个人的成功，其实都是很多人在一块合作的成功。因此作为一个人，想成功，就必须懂得承认自己是渺小的。

问：商业人格指的是什么呢？

答：好，这个问题特别好。什么叫做商业人格呢？我们首先讲什么叫人格。人格的意思是说，有了这个东西，你就是人，没有这个东西你就不是人。商业人格是什么意思？就是有了这个东西你就是商人，没有这个东西你就不是商人。接下来我们去问，什么东西让一个人成为商人呢？什么东西没有了他就不是商人？我们就会发现，为什么我说中国的很多人不是商人或企业家呢，因为他用政治手腕就成功了，这样的人不是商人。人际关系搞得很好，就成功了，这也不是商人。我们发现做商人只有一样东西能支撑他，永远都立于不败之地，这就是"客户价值"。只有客户，让他拥有人格，没有客户的人就不是商人，无论多么成功。所以在我们看来，中国石油那都不是商业经营，因为它心里都没有我们，它涨价从来不告诉我们。

问：到底怎么行动呢？

答：怎么样行动呢？我觉得特别清楚，就是向坏人学习，明白了吗？比如我们讲你一个小伙子，你没女朋友，我就告诉你，你向那个赖汉学习。大家都明白吗，为什么美女嫁给了赖汉，懂吗？就是那个家伙有行动能力！

问：我提出一个和您说的相反的观点，我觉得现实里有很多做"人脉"的老板也很成功。

答：首先我讲个结论：中国的这些暴发的老板，并不是我讲的这些企业家。实际上大家去看一下中国大部分的老板，他们在利用市场资源时是非常非常低能的，因为他们只能对政府官员采用贿赂的方法。在我看来贿赂政府官员那是很低能的。就像踢足球一样，贿赂裁判的那是最差的球队。有本事你在场上踢好嘛，在场上你怎么去把队员做 teamwork，那是伟大的本事。所以我专门写了一系列的文章，我的结论是，中国的地产商、中国的金融商，这些是水平最差的，因为他们的要素是垄断的，像中国石油这些的都不要讲了。所以在这个意义上讲，在我看来，大家要有信心——中国的富豪都为我们赚钱，因为他们的钱很快就要输光了。真的，现在他们的钱越多，对我们越好。因为越有钱的人是越不愿意把钱在那里放着，他一定要拿来投资，拿来做企业，一做他就垮。所以，不信我跟大家打个赌，大家用长远一点的眼光去看，中国的第一批百万富翁到现在已经基本上没有了。第二代的百万富翁就是现在的这一批企业家。我现在只做珠三角和长三角的客户，国有企业我很少做，因为我觉得我一定要和那些纯正的商人打交道，我才能获得未来，这个是我的战略。所以当我跟那些江浙的企业家打交道的时候，我也很担心他们的未来。因为我们现在的江浙的繁荣，与清明上河图的繁荣有多大区别？比如我们的毛巾销量是全世界的 40%—50%，但你们知不知道，所有的毛巾厂家有 70%—80% 是一家一户造出来的。他们采取的是勤奋、很辛苦的一家一户的协作做起来的，这是很可贵，但是这在世界的产业链条里是绝对没有前途的。中国政府和欧盟、美国的贸易争端大家就看出来了，为什么中国政府很难受，就是因为后面的企业太不争气了，他们就会造毛巾，他们就是不会设计毛巾——而大家知道不会设计的话那毛巾就不值钱。那怎么才能设计毛巾呢？你必须有规模，有规模才能有利润，有利润才能投资研发，才能去跟人家比，一家一户是没可能的。所以从这个意义上的结论就是：

第一，你说的那些企业家，其实是没有前途的。

我讲的人脉是什么人脉？比如说我跟企业家讲的时候我就会问他：有没有猎头公司的朋友？有没有定期到你的那个专业所属的大学里面去做讲座？——比如说你是做建筑的，你就到建筑学院去；做 IT 的，就到清华或者其他理工大学去讲座。有没有十个到二十个客户朋友？有没有十个到二十个外面的企业家的朋友？如果都没有的话，我就会告诉他，你基

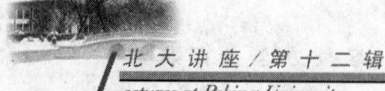

本上做不大,因为你不知道利用社会资源。当然我最后会问他,有没有像我这样的咨询师朋友?就是说你找不找我不重要,但是一个企业家他要去用市场的力量,这个不仅仅是一个人脉,我觉得他本身上是种市场的力量。

第二,我反对用任何非法的手段去获取利润。我现在跟大家讲,我从国家计委出来的,我很自豪地跟你讲,我没有一单生意是政府的包括国家计委的,一单都没有!我就敢这样讲,你请我我也不做。你要知道这个世界的前途是什么,所以你虽然现在小一点,但是我们讲,什么叫做老大:不是说你钱多就是老大——你像老大一样地说话做事,你就是老大。

(2005年10月26日)

从连宋大陆行看两岸关系

■李义虎

李义虎,北京大学国际关系学院教授、博士生导师、北京大学台港澳与世界事务研究所所长、北京大学国际和平与安全研究中心执行主任、青岛大学政治学与国际关系学院院长。社会职务有:全国高校国际政治研究会秘书长,北京高校国际政治研究会会长,国防大学、中央财经大学和外交部党校兼职教授,国务院台办和国务院新闻办专家组成员,海峡两岸关系研究中心兼职研究员,香港《中国评论》学术顾问。主要学术成果有:《均势演变与核时代》(浙江人民出版社1989年版)、《世界的裂变与弥合》(湖南出版社1992年版)、《世界经济政治与国际关系》(合著,高等教育出版社1993年版)、《超级智者基辛格》(学苑出版社1996年版)、《台湾十大政治事件研究》(主编,黑龙江人民出版社1993年版)、《海峡季风——多棱镜下两岸关系透视》(主编,文化艺术出版社1996年版)、《政治赌博中的台湾》(主编,中国友谊出版公司1999年版)、《香港模式与台湾前途》(主编之一,中国国际广播出版社2004年版)、《国际格局论》(北京出版社2004年版)、《国际政治与两岸关系新思维》(自选集)(香港中国评论出版社2005年版)。主持国家哲学社会科学课题"香港模式与台湾前途",主持教育部课题"国际新秩序与中国外交",主持国务院台办课题"从战略威慑角度对东海军事演习及其理想目标的考察"、"朝韩高层会谈与两岸谈判比较研究"和"台湾参与国际非政府组织问题研究"等,主持台湾联合报文教基金课题项目"中国和平统一模式研究"。

另在国家一级学术刊物和国际问题核心期刊发表论文50多篇,在一般学术刊物或报纸发表论文、文章50多篇,在国外和台港学术刊物发表论文多篇。

49

主持人:

丰富首都人民的生活,展现首都人民的风采,为人文奥运的实现营造一个良好的氛围,是北京公益讲堂的宗旨。我们希望通过这样的一个活动让更多的专家学者走出校园,走向社会,给更多的首都人民带来丰富的精神文化大餐。今天我们非常荣幸地邀请到了北京大学台港澳与世界事务研究所所长、北京大学国际关系学院国际政治系主任、博士生导师、全国台湾研究会理事李义虎教授作为我们今天的主讲嘉宾,让我们以热烈的掌声欢迎李义虎教授今天的光临。

李老师今天将为我们带来一场《从连宋大陆行看两岸关系》的讲座,在讲座的最后将有半个小时的提问时间,大家可以将自己的问题写在提问条上交给我们的工作人员,谢谢大家。下面让我们再次用热烈的掌声欢迎李老师给我们带来精彩的讲座,有请。

李义虎:

各位同学、各位老师、各位朋友,你们好,今天很高兴来到海淀剧院,在北京公益讲堂这样一个非常好的也是非常特殊的场合,和大家谈一下连宋大陆行以及连宋大陆行对两岸关系可能产生的影响。大家现在非常关心台湾问题和两岸关系,我们知道前不久中国国民党主席连战和亲民党主席宋楚瑜分别率两个党的代表团来大陆访问,与胡锦涛总书记举行了会见和会谈,也都达成了重要的公报,应该说这两个访问取得了积极的成果。今年是一个独特的年份,本来有很多的纪念日,比如抗日战争胜利60周年纪念日、反法西斯战争胜利60周年纪念日、联合国成立60周年纪念日和台湾光复60周年纪念日。尽管有很多的纪念日,但是我觉得今年是台湾年,因为在我们这样一个特殊的年份,在两岸关系中间、在台湾问题上已经发生了很多重大的事件,而且可能即将还要发生很多重大事件。比如说,春节期间包机的双向对飞获得成功,给两岸春节期间带来一种祥和的气氛,春节包机的成功之后,又提出了包机的节日化、常态化的问题。前不久,台湾的"陆委会"("大陆事务委员会")也表示愿意推动货运直航、货运包机的模式,如果这个也得到执行,就朝着两岸直航、三通迈出了很重要的一步。在3月27日,国民党副主席江炳坤率领一个国民党的参访团来大陆访问,并且和贾庆林会面,达成了十二项共识,给两岸关系带来了非常好的影响。紧接着不久,4月26日连战主席率领国民党的参访团来我们这里访问,举行了举世瞩目的胡连会。在5月3日结束访问之后,紧接着5月5日宋楚瑜率亲民党代表团来大陆访问,并举行了举世瞩目的胡宋会。连宋大陆行显然是今年两岸关系中非常重要的事情,也可以说是最重要的事件之一。除此之外,今年下半年,两岸关系中间还有一些重要事件,比如说10月份在重庆举行的亚太城市市长峰会,重庆市长已经向台湾的八位市长发出邀请,其中包括台北、高雄这两个"院辖市"(台湾"行政院"直辖的市,相当于大陆的直辖市),还包括两位民进党的市长。如果在那个月份台湾当局不刻意阻挠,这些市长可以来参加峰会,我们可以说,到时两岸的城市而且是比较大的城市之间的交流就可以启动了。过去我们的《人民日报》,甚至我们的学术论文都喜欢给他们的市长打上引号,包括原来研究生写论文的时候,都要给他们的市长甚至县长打上引号,我们对他们的"立法院"、"外交部"、"行政院"、"行政院院长"和"外交部长"都要打上引号,因为我们不承认他们,我们说北京是中国的法统所在,不承认那边的政权,所以原来给他们打引号。但是现在如果重庆市邀请这些台湾的市长来,那么你不能打着引号让他们来,你报道的时候就要去掉引号了,这个也很有意思,是两岸关系向前发展的一个标志。也就是说可以落实贾庆林和江炳坤的共识里面很重要的一条,就是双方以后要进行县市之间的对口交流而且形成交流的机制。以后我们这里的县市可以和台湾那边的县市进行很密切的交流,这也是交流的很重要的一种形式。因为过去我们之间的交流基本上是民间的交流,而现在县市之间的交流至少是地方政府之间的交流,这就很有意义。所以说,到时候(前提是台湾当局不阻挠这些市长来,或者仅仅是民进党的市长不来)国民党、其他党派或者无党派市长能够来参加这个峰会,这也是两岸关系中非常重大的事件。所以说,全年来看,在两岸关系之中就有这么多重要的事件接连发生,同时在我们的对台政策调整方面也有非常重大的调整,比如说在1月底,全国政协主席贾庆林在纪念江泽民"八项主张"十周年的会议上发表一项重要讲话,这个讲话里面透露出很多我们在对台政策方面的新意,表明我们的对台政策将有重大调整,所以贾庆林的讲话引起海内外的高度关注。3月4日,在全国政协、民革、台盟和台联的联组会上,胡锦涛总书记到场发表重要讲话,就是胡锦涛的"四点讲话"。这四点讲话是我们现在对台政策的最高指导方针,意味着中央的对台政策进行了新一轮的重大调整。这个调整带来了后面两岸关系所发生的变化,可以说我们已经掌握了两岸关系的主导权,后来发生的江炳坤的访问、连宋的访问以及今天所发生的一些事情,都跟胡锦涛所领导的中央集体对对台政策的战略性调整有直接关系。因为我们提出了非常务实、非常理性、非常有新意的政策,我们坚持了原则,也表现了非常大的灵活性,所以两岸关系才发生了这么大的变化,扭转了局面。在3月14日全国人大又通过《反分裂国家法》,把我们很多政策法律化,这是我们为遏制"台独"、稳定台海局势制定的一部专门法、特别法。这部法律很特殊,我们从来没有为了防止分裂制定专门的法律,这是1949年以来制定的第一部,所以非常重要。应该说,我们的政策、我们的法律的调整对两岸关系影响是非常大的,也可以说我们就此打开了对台工作的新局面,因为胡锦涛同志的讲话和《反分裂国家法》的通过意味着我们有一种非常动态的、灵活的两手政策。正像海外的评述那样,我们的对台政策是硬的特别硬,我们有硬的一手,如果台海有事或者台湾独立,我们该出手时就出手,出手就能管用,大棒足够的硬;另一方面,我们软的一手也非常到位,正如海外评论的那样,胡萝卜足够的甜,给台湾人民很多实实在在的实惠,我们现在这两手做的非常好,可以说是非常的协调。我们的对台政策进行重大调整带来了两岸关系新的局面,下半年我们领导人可能还会有一些重要的讲话,这样就使我们的对台政策调整更加成熟、更加成型。所以我们说,已经发生了很多重大事件,也即将发生很多重要事情,现在台湾有大陆热,我们大陆有台湾热等等,这些都意味着今年是个台湾年。当然还有台湾内部的很多事情,比如5月14日台湾"国大代表"选举结束、年底是台湾县市长的选举,这在台湾内部也是很大的事情。所以大家看,今年全年就是个台湾年。

在做了这样一个简单的开场白之后,我准备这样讲,首先,讲一下连宋大陆行的一些成果、一些情况,很多情况大家已经很清楚了,因为当时电视热播,有很多专题节目,开辟专门时段进行长时间的报道,大家对基本情况很熟悉,而我将比较一下连宋大陆行的相同点和不同点,然后分析连宋大陆行的意义,主要是分析对两岸关系会有什么影响。最后如果有时间我再把我们对台政策的调整做个简单的说明。

首先从连宋大陆行谈起。这两个党的主席率领代表团来大陆访问,两岸社会高度瞩目,国际社会也高度瞩目。这两个访问虽然时间很短暂、安排很紧凑,但是成果是很丰硕的,有很实际的成果。大家可能会问,国民党的代表团和亲民党的代表团来访问,是不是有什么不一样的地方,台湾人很关心这个问题,我们大陆人也想知道他们有什么不一样的地方。首先,这两个代表团来大陆访问有很多相同的地方,也就是说这两个访问具有高度的同质性。我们说这两个党在岛内都属于泛蓝阵营的主要在野党(因为国民党、亲民党和新党属于泛蓝阵营,台湾政党政治属于颜色政治,蓝色代表国民党的党旗青天白日,亲民党的旗子颜色是桔色的,但是广义上它属于泛蓝的阵营,而且亲民党很多是从国民党分出去的,包括宋楚瑜本人,而且宋本人担任过国民党中央秘书长。当然还有泛绿阵营,即民进党、台联党,它们被称之为泛绿是因为民进党的旗帜是绿色的),他们基本上是坚持一个中国、认同"九二共识"、主张发展两岸关系、反对"台独"的,这两个政党在两岸政策、统独问题上的立场基本一致。所以他们来大陆访问和中国共产党之间进行政党的对话交流和互动,其基础就是双方都要坚持一个中国的原则、认同"九二共识"、反对"台独"、积极推动两岸关系发展,这是中国共产党和这两个政党进行互动的政治基础。他们都接受上述原则,所以才能够来大陆访问,所以我们说这两个访问有很显著的相同点。

大家非常关注两次访问有什么不一样的地方。当然有人会说两党访问的路线安排不一样。连战国民党的团是南京、北京、西安、上海,这个访问统称和平之旅,但如果细分的话,在南京是缅怀之旅,北京是和解之旅,西安是寻根之旅,上海是希望之旅;亲民党宋楚瑜的团先到西安拜黄帝陵,然后到南京拜中山陵,然后到上海、北京,中间还有从上海回湖南,到湘潭祭祖的行程,他的路线安排顺序是"民族、国家、自家",然后是到北京和胡锦涛的会谈。从表面上看,访问的路线图不一样,但是访问的实质内容有什么不一样呢?我们主要从公报里来看,胡锦涛和连战的会谈发表了"新闻公报",和宋楚瑜的会谈发表的是"会谈公报"。在这次访问之前,亲民党和宋楚瑜曾经把这次访问叫做"搭桥之旅",或者叫做"工作之旅",在宋访问的前几天我们不太提"搭桥之旅"的字眼,也不提扁宋会的背景。在新闻报道中可以看到,访问的前几天我们的报纸、电视台没有出现过"搭桥之旅"这四个字。但是在5月12日胡锦涛会见宋楚瑜的时候,胡锦涛对宋楚瑜说到"搭桥之旅",胡锦涛用了这个词之后,大陆的报纸也就放开了,但是胡锦涛对"搭桥"作了界定,他说"搭两党互信之桥"、"搭两岸民众沟通之桥",这样的界定很清楚,排除了给陈水扁搭桥、给民进党当局传话的含义。因为原来在2月24日宋楚瑜和陈水扁有个"扁宋会",达成了"十项共识"。这"十项共识"应该说包含一些积极的成分,也就是说陈水扁在和宋楚瑜会谈的时候放下了"台独"的身段,实际上向他几年前提出的"新中间路线"作了一个回靠,重新靠近"新中间路线"。"新中间路线"从两岸来讲就是主张两岸和平、两岸和解,不搞激进"台独",但是也不和大陆统一,首先维持现状。从岛内来讲,就是促进族群的和解、和谐,因为台湾的族群矛盾很激烈,本省人和外省人之间有很深的矛盾。但是在陈水扁前面四年中实际上放弃了"新中间路线",后来他又提出"一边一国论",在岛内搞法理"台独",搞文化"台独",搞去中国化,所以我们和他的关系搞得很紧张,我们也批判过陈水扁的"一边一国论"的政策。但是在这次和宋楚瑜的会谈中达成"十项共识",就意味着他重新向"新中间路线"回靠,因为它里面确定了仍然奉行"四不一没有"的政策。因为在2000年5月20日就职时陈提出"四不一没有",就是他在任内不搞台湾独立,不会推动"两国论"入宪(因为李登辉提出了"两国论",搞两个中国,而且有人想把"两国论"写入宪法,但是陈水扁说自己不会推动"两国论"入宪),不会搞涉及统独问题的公民投票,不会修改国名("台独"分子想把国名变成台湾共和国或者台湾国),因为陈水扁这个具有"台独"党章政党的人物上台执政,大家比较关注他会不会修改"中华民国"的国名。他公开表示不会修改国名。尽管现在岛内还有人推动"台湾正名"的运动,李登辉、台联党以及一些急独的人还在推动"台湾正名",但是陈水扁明确表示他不会修改国名,这点他对李登辉说得很清楚,"你十二年主政,你都没做到,我也做不到",就是说他不敢修改国名。"一没有"就是没有废除国统会和国统纲领的问题。所以在今年2月24日他仍然表示他还是遵守承诺,奉行"四不一没有"的政策,这就表示没有马上搞"台独"的问题。当然从岛内政治考虑来讲,他还表示遵守"宪法一中"("宪法"中的一个中国),他不会推动法理的独立(比如搞统独问题的公投、搞国家主权和领土问题的公投,那就要表示"台独"的结果)。所以我们说宋楚瑜的访问,尽管宋楚瑜自己也表示不会给谁传话,不当谁的特使,然后胡锦涛界定了搭桥之旅是"搭两党互信之桥"、"搭两岸民众沟通之桥",好像是排除了台湾执政党方面的因素。

但是,我们注意到胡宋会的公报和胡连会的公报有一些不太一样的地方,胡连会的公报的话是比较原则性的,三个体认五个促进,都是比较原则性的话,比如坚持"九二共识"、反对"台独"、寻求两岸稳定,当然也有建立军事互信机制、结束敌对状态、推动两岸经贸发展和建立共同市场等等,总的来说比较是比较原则的。而用北京话来说胡宋会中有一些比较"干货"的东西,它有这样的成分,比如胡锦涛和宋楚瑜达成六个共识,第一项是关于"九二共识"的,"九二共识"是两岸恢复谈判的基础,再次强调了这一点,同时又强调"九二共识"应该受到尊重,此话的含义是"九二共识"在岛内没有受到尊重(民进党陈水扁不承认有"九二共识",只承认有九二精神或者九二成果,但是就是不提"九二共识",甚至否认它),这个问题现在显得很重要,"九二共识"是否受到尊重是两岸是否能够恢复对话甚至谈判的前提和基础。因为"九二共识"的内涵是一个中国的原则,也就是说陈水扁承认一个中国有困难,那么承认"九二共识"就行了,因为"九二共识"的内涵就是一个中国,但是陈水扁还是不承认,他说只有九二精神没有"九二共识"。在这种情况下,我们这个公报里再次强调"九二共识"应该受到尊重,因为它是个历史的事实。在公报里面,我们对"九二共识"采取了两个特殊的处理,把"九二共识"变成一个比较实际的东西。一个是在强调"九二共识"应该受到尊重之后,在括号之中将1992年台湾海基会和大陆海协会如何表述的"九二共识"原文写出,这是一个在公报中很特殊、很罕见的做法。正因为陈水扁否认"九二共识",所以在现在就将原文摆在这里,一字不差,这就是历史事实。其实在两年以前台湾的媒体采访我时,我当时就提到过,两岸在"九二共识"方面有很多的分歧,民进党陈水扁甚至否认它,不承认它。既然双方有很大的歧见,不如将"九二共识"概括为"一个中国,原版表述",就是原来版本的表述。道理是这样的,海基会和海协会的表述比较长,但是如果将复杂概括为简单之后,反而事情越多,麻烦越大,矛盾越多。所以不如照抄原文,这样事情反而简单了。第一,"一个中国"的原版表述就是尊重历史,实事求是。第二,由复杂而简单,表面看来我们这样做是比较麻烦,但是矛盾、歧见反而比较容易减少,至少能够减少到最低限度。所以这次胡宋会的公报括号中照录原文的做法我非常赞成,因为照录原文一方面说明我们避开和泛蓝阵营在"一个中国,各自表述"方面的矛盾,另一方面给民进党、泛绿阵营和陈水扁造成了一定的压力,因为这些是历史事实。在胡宋会的公报里面我们采取了比较特殊的做法,而在胡连会中我们只是重申了我们坚持"九二共识"的原则,胡宋会的公报里面我们的处理是非常独特的。

还有一点,在表述时,在"九二共识"之后再次用括号引入了"两岸一中"的概念,这是一个新的概念,表明在"九二共识"同等意义上有个新的概念诞生了,即"两岸一中",这个概念过去没有,表明我们看到让陈水扁短时间内接受"九二共识"还是有一定难度的,因为他在党内的压力和泛绿阵营的压力比较大,尤其是深绿的李登辉和台联党的压力特别大。连战决定访问大陆,陈水扁开始攻击阻挠,但后来又祝福连战的访问,结果民进党内部开始反弹,甚至提出要开除陈水扁党籍,民进党"立法院"党团包括党主席苏贞昌都对陈水扁不满,所以说陈水扁是有压力的,让他在一定时间内接受"九二共识"是有困难的,考虑到党内的压力和绿营的压力,他是不会一下子接受的,所以我们在"九二共识"之后用括号引入"两岸一中",意思是如果你接受"九二共识"有困难,你可以接受"两岸一中"。"两岸一中"是一个替代名词,这种做法是比较特殊的,这种新的概念等于给陈水扁一个新的台阶,也向陈水扁发出了明确的政治信号,关键在于陈水扁是否接受。所以说胡宋会的公报里面有一些新的概念、新的表述,有向陈水扁发出政策信号的含义。

公报中还有一段包容了扁宋会"十项共识"的基本含义,我们之所以将它放到公报里面,就是希望台湾当局领导人遵守2月24日和宋楚瑜达成的"十项共识",遵守所做的坚持"四不一没有"和不推动台湾法理独立的承诺。这个也就是扁宋会"十项共识"的前三条内容,在公报中提出来就是希望台湾当局遵守诺言,表明我们非常重视此事。把扁宋会"十项共识"的一些基本意思引述到公报中,这个在和连战的公报中没有。宋楚瑜和陈水扁有过会面,通过这个公报向陈水扁发出了明确的政策信号,你应该遵守承诺,告诉陈水扁你不能做什么。所以我们说,胡宋会的公报有一些新的概念、新的提法值得注意,无论是对"九二共识"的原版表述还是"两岸一中"概念的提出,以及对军事互信机制建立的提出,这些都是有针对性的,是有可操作性的,是比较具体化的,这是跟胡连会公报不同的地方。当然在经贸关系里面,胡宋会公报也有一些新的概念和具体化的措施,比如说建立两岸自由贸易区,而在胡连会公报中则是建立共同市场;提出了直航的时间表,就是在2006年年底之前落实直航,再就是三通,而在胡连会的公报中只是原则性地提出要推动三通,胡宋会则提出了具体的时间表。对农产品问题的解决、台生在大陆就学的待遇、奖学金问题、台商权益保护的问题、台商服务机制的问题,针对这些问题胡宋会的公报中说的都比较具体。所以连宋的大陆行有很多相似的地方,而且是非常显著的一致,就是他们和共产党互动的政治基础是一样的。当然,也有一些不一样的地方,体现在公报里面的条款内容确实有不太一样的地方。连宋访问之后大家比较关心会不会举行胡扁会,亲民党透底说10月份有可能,当然对此宋楚瑜否认,台湾"总统府"的人也否认。大家之所以比较关心是因为这里面向陈水扁发出了一个政策信号,等于给陈水扁铺设了一个台阶。接下来的路如何走,两岸关系接下来如何发展,尤其是作为执政党的民进党和他的领导人陈水扁能不能和中国共产党之间进行对话,乃至会不会进行非常重要的胡扁会,都是大家接下来比较关心的问题。

接下来我说一下访问的意义及对两岸关系产生的影响。根据上面我所说的,应该说两个访问的成果非常显著,从达成的公报里面都可以看出来,无论是胡连的新闻公报中的"三个体认、五个促进",还是从胡宋的会谈公报中的"六项共识",都说明成果是非常显著的,很有收获,是两岸关系中的重大事件。我想可能有以下几点意义:

首先,有利于推动两岸关系的缓和,使两岸关系朝着和平稳定的方向发展。我们知道,从陈水扁2000年5月上台以来,到去年"3·20"大选陈水扁取得连任,他将执政八年,在这期间岛内的"台独"势力很猖狂,搞了很多"台独"活动,提出了很多"台独"的主张,其中还包括很多激进的"台独"主张,比如说搞公投制宪,要搞出一部新的宪法,这部新宪法可能对它的版图做出新的规划,因为"中华民国宪法"第四条是关于领土的规定,按照第四条,"中华民国"的领土是包含大陆的,不仅包含大陆,而且外蒙古也是它的一部分。这是一个大中国的框架。你去台湾访问,台湾学者或者政界人士会递给你名片,名片左上角会有"中华民国"的地图,地图会比我们的地图鼓出来一块,因为包括蒙古在内。我们到台湾政治大学一个所长的办公室里,办公室桌子后面是一张很大的"中华民国"地图,地图上标明外蒙古是属于"中华民国"的,这是根据"中华民国宪法"规定的,"台独"分子还有民进党的一部分人要修宪甚至制宪,就要修改领土范围,领土范围中的大陆、外蒙古都放弃了,主权仅限于"台、澎、金、马"地区,这就是"台独"式的"中华民国"。如果它的名字不改,但是领土变了,同样是"台独"。在蒋介石、蒋经国时期,两位蒋先生还是坚持一个中国的原则,还有民族主义的气节,虽然他们反共,声称法统上代表整个中国,但是在主权的范围包括中国大陆乃至于外蒙古这一点上,两位蒋先生是很明确的。"台独"分子要放弃海峡对岸的领土,"主权不及于中国大陆和外蒙古",就是"台独",而不论国名叫做"中华民国"还是其他。实际的内容变了,领土变了就是搞"台独",所以说他是否修改"中华民国宪法"的第四条很关键,所以有人说搞"台独"也很容易,把"宪法"第四条变了就是"台独"了,修改几个字而已。"中华民国宪法"原来是在中国大陆时期制定通过的,第四条说得很明确,有"依固有疆域"这几个字,这条只要改一个字就是"台独",将"依固有疆域"改成"依现有疆域"就变成只有"台、澎、金、马"了。"台独"分子要修改第四条,会引起两岸关系的危机,引起我们极大的反弹。我们为什么要出台《反分裂国家法》,因为台湾那边在搞法理"台独",通过公投、修宪甚至可能制定新的宪法的形式来搞"台独",我们当然要拿起法律的武器来加以反对,我们也要依法行事,所以我们才制定《反分裂国家法》,就是针对台湾出现的"单方面改变现状",你要修宪就是单方面改变现状,我就要采取非和平的方式。所以几年以来当然也包括去年,两岸关系非常紧张,出现了危机的状态,甚至在战与和的边缘做选择。今年年初以来,两岸出现一些缓解的迹象,我们调整了政策,也采取了制定《反分裂国家法》这样的手段,拿起法律武器,打法律战来遏制法理"台独",表明自己的反"台独"立场决不妥协,该做军事准备的做军事准备,而且军事准备着眼于实战。同时我们对台湾人民释放出极大的善意,我们要做很多符合台湾人民利益的事情,而且用胡锦涛3月4日的讲话来说,"这些事我们一定能做到"。我们既然要去做这样一个对台湾人民的承诺,我们一定能够做到、做好。胡锦涛有句话对台湾同胞影响很大,即"这是我们的庄严承诺","庄严承诺"四个字不是一般的话,所以我们做台湾人民的工作都做到实处。包括现在的农产品问题、出入境手续简化问题、台湾学生在大陆就学的问题、台商的权利保护问题等等,我们都可以做很多实际的事情。这些都是实实在在的事情,让你看得到,摸得着。比如台湾中南部盛产水果,水果都烂在那里,陈水扁也不管,农民的实际利益受到损害,农民收入下降,台湾经济又不好,所以农民问题很突出。执政的民进党不解决这个问题,共产党帮助你台湾解决三农问题。现在通过连宋的访问,具体推动农产品销售到大陆市场的问题,连宋回去之后,首批台湾的水果已经过来,在北京市场上已经可见到台湾水果了。我们帮助他们解决这些问题,就能使台湾农民得到实惠,而中南部的农民原来是民进党的票仓,他们支持陈水扁,支持民进党。但是陈水扁不给农民做事,陈水扁搞政治运动,不关心农民的生计问题。现在我们在做很多实事,台湾人民逐渐会感到这些诚意和善意,而且我们帮助他们解决具体困难和具体问题时会有很多有效的措施,用胡锦涛的话说就是"帮着你做好事、做实事、解难事",我们这样做台湾人民的工作。所以今年以来,包括春节包机的成功,包括胡锦涛讲话里有很多对台湾人民善意的表示,两岸关系出现缓解。那么再通过连宋的访问,这种缓解的势头进一步得到强化巩固,两岸朝着和平稳定的方向发展,那种激进"台独"的势头被遏制住了。

另外,前几年岛内的气氛让"台独"分子搞得很混乱,乌烟瘴气。大家不敢认自己是中国人,一切都是台湾第一。连宋来访问一个好处就是冲破了这种政治禁忌,来大陆下了机场就宣称自己是中华民族、华夏儿女、炎黄子孙,宣称自己是中国人,要做一个扬眉吐气的中国人。宋楚瑜到西安公开讲"两岸兄弟一家亲,炎黄子孙不忘本"。宋楚瑜不断强调不忘本,用他的话说就是"要不忘本,要了解根"。敢这样大声地说并且是来大陆说我是中国人,这样就冲破了岛内的政治禁忌,使岛内的政治气氛一下子就改变过来了。原来这几年不敢说自己是中国人,不敢说是中华民族,不敢说是炎黄子孙,现在至少岛内一半多的民众可以说自己是中国人,我们是中华民族,我们要中华民族的振兴,中华民族也是非常值得自豪的,所以气氛和话语就要发生一次变化,不说自己是中国人或者否认自己是中国人的人只是一小部分人,越来越多的人敢说自己是中国人,这个在岛内政治是非常重要的。通过几个民调我们可以看到,岛内民意朝着求和平求发展的方向凝聚,多数民众和主流民意要求和平,要求发展两岸关系,所以在连战访问期间,连战和国民党的支持率就上升了,陈水扁和民进党的支持率下降了。还有一个民意调查,对于两岸关系缓解、两岸和平、两岸发展关系持支持态度的占68%,支持马上实现直航当时是61%,这在台湾这样的多元社会是一个比较高的支持率,表明绝大部分的台湾民众是支持两岸关系朝着和平稳定方向发展,支持两岸交流、交往向前发展的,这是主流的民意。虽然说现在支持马上统一的民意还是比较低的,但是至少现在反对"台独",认为"台独"会带来灾难的这种民意是多数的,这是主流的民意,也就是说维持现状这种民意是绝对的主流,对这一点我们要看到也要有信心。

这几天大家可能会有一个小小的问题,5月14日"国大代表"选举,刚好在连宋访问之后,民意又都支持两岸关系发展,那么为什么"国大"选举民进党成为第一大党,获得127席,国民党117席,亲民党18席,台联党21席,张亚中联盟(泛蓝)5席。怎么民进党又得第一,台联党还比亲民党多获了几席,为什么没有因为连宋访问使得民意变得像大陆报道得那样好,我觉得大家要用非常理性的态度来看待这个问题。台湾民意确实比较复杂,岛内的政治也很复杂,那样的政治生态的分布很难使我们按照大陆思维来理解,我们往往按照大陆思维来看问题,像一些媒体评论那样,连宋访问大陆如此有成果,好像和平统一在望了,或者说迈出了重要的一步,或者说全新局面出现了。由于他们可能不是做这方面研究的,对台湾内部很多东西都不了解。台湾内部非常复杂,族群的因素、省籍的因素、政党政治的因素、统独的因素、国际岛内的因素、文化的因素,非常多的因素交融在一起了。我们不能希望一次连宋访问就实现统一了,统一是后面的事情。我只是说这次访问有利于遏制"台独",我们现在的主要目标也是遏制"台独"而不是促统。所以说5·14选举的结果我们应该如何看待,我想有下面几个因素需要关注。首先这次选举的投票率很低,只有23%,我们知道去年总统选举时投票率高达80%,去年年底的立委选举投票率69%,但是这次选举的投票率只有23%,在台湾选举史上是非常罕见的少,这也是可以说明问题的。这次投票率是台湾历史上最低的一次,出奇的低,所以说23%确实比较难说明问题,很难说清楚民众到底支持谁。这个因素说明泛蓝阵营的选民投票的很少,泛绿选民尤其是深绿选民是对民进党死心塌地的,无论什么因素都要投票。投票日那天有两个因素,一个是下雨,一个是周末,泛蓝的选民绝大部分是中产阶级,生活比较富裕稳定,这些人很可能周末出去度假去了,而且这样的选民容易受偶然因素的影响,比如天气好坏就会影响是否去投票,而民进党的死忠派选民就是下刀子也会去投票,而泛蓝的选民出来的显然比较少。还有就是说,这次任务性"国代"选举之所以叫做任务性是因为选出来的"国大代表"任期就一个多月,他们要做的事情就是把去年"立法院"的几个议案加以复决,其中一个议案就包含废除"国大",就是表决自己政治生命的结束,这几个议案主要是岛内选举制度改革的问题,例如单一选区两票制、"立委"席位减半等议题,所以这次选举的议题主要是岛内的议题,而不是两岸的议题。所以选民投票情况主要看你对改革的态度而不是对两岸的政策,这是选民选择的取向,所以这个选举涉及的是岛内的议题。如果是"立委"的选举,那可能涉及两岸的政策,选民会比较慎重,会看它两岸政策的取向,所以说这是一个内部问题。民进党和国民党主张"修宪",主张改革,因为它们是大党,它们不怕单一选区两票制、"立委"席位减半,因为两个政党比较大,有充足的经费和从上到下的组织系统,可以打组织战,而那些小党如亲民党和台联党都反对"修宪"。亲民党这次得票很少才18席,因为它们对改革持反对态度,选民自然会考虑这个因素。大家可能会问亲民党为什么会败的如此之惨,除了上述因素之外,亲民党的代表团来大陆的5月5日到13日之间正好是选前的紧张时间,亲民党主席宋楚瑜和副主席张昭雄率团来大陆访问,亲民党34个立委中有25个随团来大陆,也就是说它的党的骨干都来大陆访问了,在北京和胡锦涛会谈时,亲民党有一个叫李永平的立委也来了,所以说这就是连战在北大讲演时说的话,"立委不能全来,不能放空营"。亲民党这次有点放空营,被人偷袭了,有一点点这方面的因素。但据我和台湾智库的人交换意见,最主要因素是扁宋会对亲民党的影响,因为宋楚瑜去和陈水扁会面,他的选民很不理解,他的选民主要是泛蓝阵营中的深蓝,是特别反对"台独"的,宋楚瑜去和陈水扁会面,去搞这样一条路线,这样选民就很不理解,这很显然对亲民党"国代"投票产生很重要的影响。而且我们知道昨天它的一个重量级"立委"李庆华宣布退出亲民党,主要是反对扁宋会,这个对亲民党会有一些负面影响。5·14"国代"选举不如"立委"选举重要,它说明一些问题但不说明全部问题,我们一般考察两岸关系的指标主要是看"总统"选举和"立委"选举,这个是涉及两岸和统独问题的,而"国大"主要是内部的话题,所以要辩证地看。总之,支持两岸关系缓解、支持两岸和平稳定、支持两岸发展关系、支持"三通"的民意并没有发生变化。台湾的民意是复杂的、多层的，支持两岸关系好与支持哪个党有时未必具有重合性。如果大家有机会去台湾和岛内的人接触就会感觉到民意确实非常复杂，所以支持两岸向好的方向发展的民意是主流这一点没有问题，我们说主流的民意是求和平、求稳定、求发展是没有错的。

最后，我把我们的对台政策做一个说明。通过今年对台政策的调整，我们基本上掌握了对台政策的主导权和主动权，我们处在一个比较主动的位置，陈水扁处于一个比较被动的位置。前几年我们是较为被动，"台独"势力比较猖獗，四处活动，不断地引起台海危机，甚至使我们自己也进入了战与和的决策边缘。到底做什么样的选择，我们好像必须在二者之间作出一个抉择，这就牵扯到和我们现代化建设大局的关系，因为发展是第一要务，经济建设是中心，但是如果台海有事，我们的现代化进程就要受到很大的影响，而不是一般的影响，所以我们要处置好这个关系是很难的。但我们通过了一系列对台政策的调整，现在基本上扭转了比较被动的局面，遏制了"台独"发展的势头，稳定了两岸关系，所以现在我们又处在一个比较主动的位置，我们接连出招，非常主动，从胡锦涛讲话、《反分裂国家法》的通过，接连邀请连宋这样密集的访问，使陈水扁都感到胡锦涛出招出的太多，他接都接不过来了。所以我们说陈水扁比较被动，昨天5月20日按照道理陈水扁本来应该要讲话，他没站出来讲话而是去物资回收站参加义务劳动去了。5·20是陈水扁就职一周年，按照以往惯例陈水扁要出来讲话，总结一年政绩的，但是现在两岸政策不好讲，因为连宋访问之后大陆表示出善意，给他也有政策信号，但是岛内泛蓝在推动两岸关系发展，而绿营对它有牵制，李登辉对他有很大的制约，所以这话他不好讲，就到物资回收站参加义务劳动，用此来度过他就职一周年。他不出来讲话是因为他比较被动，不知道该怎么样讲两岸政策。所以我方较为主动，对方主要是陈水扁较为被动，我方掌握了两岸关系的主导权。

应该说，对台政策的调整是很有效果的。这一切基本是在胡锦涛的主持下做出的，因为我们知道胡锦涛现在接手中央对台领导小组组长职务，直接领导对台工作。在他的主导之下，我们的对台政策做出了一系列重大调整。大家可以想到，去年两办"5·17"声明发表，提出了一些新的提法，今年1月份贾庆林的讲话、3月4日胡锦涛的讲话以及国台办负责人的一些谈话等等，以及胡连、胡宋的公报，我们提出了很多新的政策，还包括《反分裂国家法》的通过,进行了一些重大政策的调整。这些政策调整,我们更加务实、更加理性,也更加有针对性、更加灵活。我们一方面坚持了一个中国的原则和反"台独"立场,这一点没有变化,但是同时我们的一些政策也做出了一些调整,可以说是与时俱进,比如说对一个中国的现状的描述有了有新意的提法,"大陆和台湾同属于一个中国","两岸一中"无非是它的一个缩写。我们现在把做台湾人民的工作寄希望于台湾人民的战略位置上,而且用具体的措施去落实它。今天我们可以做很多事情来体现我们的战略方针,使台湾人民能感受得到,比如前面所说的农产品等问题的解决,我们的政策非常具体化,具有可操作性。另外关于谈判的政策,我们有很大的改变,从胡锦涛的讲话中我们可以看出来,在一个中国的原则下什么都可以谈。当然江泽民同志也说过这样的话,十六大报告里提到了三个可以谈。到了胡锦涛的讲话里,除了三个可以谈以外,只要涉及台湾关心的问题都可以谈,这样就更加的开放,对台湾人民更加有吸引力。当然我们的对台政策还在调整,我们还期待胡锦涛这样的领导人在下半年或者其他时候再做出一个重要的讲话,使我们的对台政策调整更加系统、更加成熟。我觉得在这个基础上会做一个新的和"江八点"平列位置的重要讲话,我们的对台政策就会更加清晰了。我想这样的决策对推动两岸关系的发展,对于遏制"台独"会起到非常好的作用,所以我们说胡锦涛这样一些讲话会成为我们对台政策的最高指导方针。在对台工作中贯彻这些讲话的精神,就能进一步打开两岸关系更好更新的局面。就先讲到这里,下面就我所知回答大家的提问。

现场答问

问:有很多民调显示,台湾主流的民意倾向于两岸维持现状、不统不独的政策,您觉得连宋的大陆行是不是对民意起到了一些改变作用?

答:是的,我想这个问题很现实,因为看两岸关系的发展,台湾当局的政策还是要看民意的,民意对当局是否有压力,如果民意有压力,当局就不得不做出改变。在前面我说过,这一段通过连宋访问,台湾的民意又有一个新的动向,支持两岸关系和缓,支持两岸和平,支持两岸关系发展,就是支持所谓维护现状的民意是绝对占主导地位的,上面提到是占68%,

基本上是占六成以上的。在这个民意里面有一个新的值得注意的地方,原来维持现状的含义有很多种,台湾的民意很复杂,维持现状至少也有三种:一种是维持现状,以后统一;一种是维持现状,以后独立;一种是维持现状,以后再说。所以我们在研究中要很定量化的研究,要做很细致的甄别,在这份民调中,68%支持两岸关系维持现状的民意中,反对"台独"的民意上升了,知道"台独"是对台湾有危害的,是会给台湾人民带来灾难的,"台独"就是战争。通过今年这几个月份的变化,岛内所谓的"台独无害论"已经破产了,原来认为"台独"没事,"台独"是很爽的事情,民进党的候选人出来喊"台独",台下喊爽、痛快。但是,现在人们认识到"台独"对台湾人民是一条死胡同,对台湾人民是有害的,"台独无害论"破产了,陈水扁也表示不敢搞激进"台独"的主张,只能回归"新中间路线",这是民意的压力。所以说现在的主流民意是维持现状,在维持现状的人群中反"台独"的民意成分增加了。通过连宋又进一步巩固了这种民意,这是好事。当然你也不能希望台湾民意一下子支持统一,这也不现实,我认为要他们支持统一需要双方长期的磨合过程,因为台湾的历史太复杂了,台湾人的遭遇太复杂,台湾的文化心态和思想观念用我们大陆的思维很难去理解。所以这个需要一个过程,现在看连宋访问开了一个很好的头,这个态势要进一步巩固。

问:此次连宋大陆行,美国在其中扮演着什么样的角色,在两岸关系中,日本是不是仅仅是美国政策和立场的追随者?

答:两岸关系中美国因素确实是一个非常重要的因素,我们说台湾问题上最大的外部因素是美国因素。因为从台湾问题的产生、演变来看,美国因素一直都存在。所以我们的政府经常对美国政府强调,台湾问题是中美关系最核心、最敏感的问题,是症结所在。美国虽然在两岸问题上起一些作用,但是美国的作用我们要很准确地去估价。小布什政府这一段时间确实对台湾当局施加了很大的压力,尤其是在"台独"、公投问题上美国表明了自己的态度,就是它反对台湾这样做,原来是不支持,不支持这个词比较含糊,反对这个词说得比较明确,意味它要采取行动。所以美国的态度表达得很明确,美国这种压力对民进党是比较管用的,因为民进党觉得自己的后台就是美国。美国人这样说话了,所以它感到所谓一旦台海发生战事,美国必然帮助台湾的神话破产了,就是陈水扁制造的美国是台湾守护神的神话也就破产了。所以美国因素是有,但是我们主要是要求美国不能干涉中国,不能在台湾问题上指手画脚,美国有作用,但是要发挥恰如其分的作用,扮演这样一个角色。所以我们希望美国不要向台湾当局发出错误的信号,比如卖军舰、搞军售或者对"台独"动作说模模糊糊的话,而是希望美国向台湾当局发出一些正确的信息,比如说坚持一个中国的原则,恪守三个公报,反对"台独",我们希望美国政府在台湾问题上做出这样的表示,来发挥它一定的作用。所以说美国政策的作用是存在的,但是作用应该恰当。

至于说日本,在台湾问题上日本是跟随美国的,它是美国的一个伙计。我们知道日本在历史上占领台湾五十年,经济文化联系很多,所以日本对台湾确实是怀有一种野心的,加上它的太平洋的航道问题,日本很看重台湾的地缘位置,它是希望台海保持一个分裂的状态,不要统一,日本人心里肯定是这样想的。但是从外交政策上讲,它看美国脸色行事,美国在台海问题上怎么表态,日本跟着怎么表态,不会超过美国的政策表态的界限。这和欧盟、俄罗斯不同,欧盟和俄罗斯可能在台海问题上有独立的政策,有区别于美国的表态,而日本跟美国在这个问题上是比较一致的。但是对日本暗中的做法我们要警惕,在外交上我们对美国施加压力,也对日本施加压力,就是要求它们坚持一个中国的政策,坚持和中国达成的公报和条约中阐明的立场。

问:连宋大陆行的确是引起了两岸关系一个新的高潮,有人建议我们应该趁热打铁,借此机会制定一个有明确期限的两岸统一的时间表,您是怎么看待这个问题的?

答:我觉得这个问题可以说两点,首先是对待统一问题大家不要心急,大家都希望统一,都希望在香港、澳门回归之后,台湾是我们统一的第三站,现在应该解决这个问题了,但是台湾问题确实跟港澳问题不一样,它很复杂、很特殊,它牵涉到很多因素,牵涉到美国因素,牵涉到岛内的因素。我们现在主要的任务是遏制"台独",胡锦涛的讲话和《反分裂国家法》的作用主要是遏制"台独",目前的主要任务还不是促统。刚才由于时间原因我来不及说的是,胡锦涛的重要决策是解决了前几年在遏独和促统的关系上,到底把重心放在那里的问题,说实话前几年这个问题我们自己不是很清楚。胡锦涛对台政策的重要调整是把主要的任务确定为遏独,而不是促统,所以我们通过的是《反分裂国家法》。《反分裂国家法》第一条说得很清楚,就是遏制和反对"台独",维护台海的现状。为什么我们没有制定《国家统一法》,一旦制定《国家统一法》就要明列国家统一时间表了,但是现在主要的任务不是促统,你要促统反而容易产生相反的效果,你要争取台湾人民和你一起反对"台独",至少大多数台湾人民来共同这样做。现在台湾民众中主流民意是维持现状,在维持现状者中还有将近20%的人是不愿意统一的,是要独立的。民意的现状是两头小、中间大,就是维持现状、以后再说的占大多数,以后独立的占一小部分,以后统一的也占一小部分,这就是民意的分布。所以你要争取台湾人民,要等时机和条件成熟,主要是民意中绝大多数至少过半数民众愿意统一的时候,当然还有其他的条件,包括国际条件,美国现在也不希望立刻统一。我们邀请连宋访问谈台海和平美国是支持的,但是如果要谈统一美国肯定会阻挠破坏。所以我们现在主要的任务是遏独,还不是促统,我们先不要着急,我们先把"台独"遏制住,先控制住局面,等我们的综合国力强大了,我们的国际地位提高了,所谓国际地位的提高,就是我们能用国际的力量一定程度抵销美国的因素,到那个时候,我们统一的时机和条件就更加成熟了,这个需要有耐心。统一要分两步走,在江泽民和胡锦涛时期分步骤的政策思想是比较清晰的,不是一步到位,这一点我们要认识清楚。

第二点,跟这个话题相关的,原来有一种"和平统一无望论",前几年台海形势很紧张,战与和的问题出来了,国内喊打主战的强硬的声音很多,学者里也有强硬派学者。也就是认为和平统一无望,只有武力统一,因为已经到了最后关头。还有一种跟"和平统一无望论"并列的观点叫"做台湾人民工作无用论",就是认为做台湾人民的工作没有用。台湾人民还有主张"台独"的,陈水扁的群众基础是深绿群众,甚至包括我们买他们水果的农民,里面很多就是要搞"台独"的,而陈水扁恰恰也是他们选上来的,所以做台湾人民的工作无用。就是打,台湾问题的对立不是两个当局的对立,而是两种社会之间的对立,是大陆人民和台湾人民的对立,原来有这种论调,所以和平统一是无望的。但是我们说,我们通过对台政策调整以及连宋访问这些事情,在大陆内部"和平统一无望论"这种思想基本上大大下沉,"做台湾人民工作无用论"消失了。尽管有些台湾人民对我们的工作还不理解,我们还是要做,他们还不了解大陆的真相,通过连宋来访问的镜头,台湾民众可以通过电视台看到西安、南京和北京以及上海的真实情况,以前这些宣传是少量的甚至是歪曲的,大陆在很多台湾人心中是一种很落后的状态,连宋大陆行使民众可以看到大陆实际的情况,这个对他们有好处,他们对大陆情况的了解,对大陆政策的了解在逐步改观,这就是一个好的开始。我们在加强和台湾人民互动,帮助他们做一些实事,包括旅游开放和出入境的方便,来往的多了,两岸人民的情感联络会使民意发生变化,我们不要指望一两次访问就会发生重大的变化,这需要一个过程。去年喊打主战的声音还很强烈,但是现在"和平统一无望论"和"做台湾人民工作无用论"都消失了。所以说,通过这一段调整和访问,岛内"台独无害论"没有市场,我们自己内部"和平统一无望论"的声音也小了。但是我们也不能掉以轻心,我们应该看到台湾问题是复杂的,所以我们要巩固目前的形势,要进一步采取措施,要发挥自己的主观能动性,很多事情事在人为,政策对头,局面就会越来越好,政策不对头,局面会越来越坏,这就是"马太效应",所以我们要发展巩固目前好的态势,还要做很多细致的工作,使台湾的民心发生质的变化。

问:对我们大学生或者普通市民来说,在推动两岸统一的问题上我们能做哪些力所能及的事情,您有哪些建议?

答:大学生是我们国家和民族的精英、是民族的脊梁,北京市民是我们雄厚的群众基础,所以在推动两岸统一上会发挥重要的作用。大家不要小看一些比较一般的交往,我给大家举个例子,我们学院和台湾政治大学有个交流协议,我们的一个副教授带两个研究生过去学习,他们的副教授带两个研究生来我们这里学习。他们除了看长城、天坛、故宫之外,还去看了一些胡同。他们在雍和宫和一个卖东西的小伙子谈了一会儿,回来感慨北京市民很有政治水平,谈两岸关系和国家改革问题也很有一套。原来和学者、老师和学生的交流比较多,后来跟普通市民一交流,发现市民的政策水平也很高,也很了解台湾问题,说明他们是经常看报纸的,这个交往对他印象极为深刻。这种交往是比较好的,以后两岸人员来往会更加密切,来来往往的人会很多,大家也有机会通过旅游去台湾,有很多两岸互动的机会。大学生之间的交流机会是很多的,经常有教师团和学生团来这里访问,他们喜欢和我们的学生座谈或一同游玩,我就希望大学生多学一点关于两岸的知识,了解台湾问题的真相,因为我们从一般的资讯中了解到的是表面的知识,就容易得出要统一的结论。其实台湾问题很复杂,台湾社会也很复杂,你要去深入地了解,摸透这个社会一些真实的东西,这对我们解决这个问题就会有好处。所以大家要利用机会多看点台港的报纸,多看一些台湾人写的反映台湾人心态的东西。宋楚瑜在清华讲话里讲到的台湾意识,这个东西确实存在,我们说我们有中国意识,而台湾人有台湾意识,这是台湾的文化心态,有了这个你才能理解台湾为什么会有那么多稀奇古怪的事情。了解这个你就可以破解这些问题,所以在学好自己专业的同时,多了解一些台湾问题的知识,会在两岸交流中发挥非常重要的作用。尤其是做台湾青年人的思想工作就落在你们这些大学生身上了,台湾的青年受到很多扭曲的教育,通过和你们的交流互动,思想会逐渐有调整和改变,所以任务是很艰巨的,也是很光荣的,你们将会扮演很重要的角色,也希望在两岸的舞台上看到你们的光辉形象,这是我的一点希望。

(2005 年 5 月 21 日)

转型时期的中国
与律师行业的现状和未来

——兼论律师的职业规划

■ 李　庆

　　李庆,曾用名李尚公,1958年生于贵州贵阳,祖籍湖南邵东。"文革"十年期间正好在贵阳读完小学、中学,1978年考入西南政法大学法律系本科,此前曾下过乡、扛过枪。1982年大学毕业后任昆明军区直属军事法院审判员,1984年曾在中越边境战场度过一段难忘时光。1986年考入北京大学法律系,就读法理学研究生。1989年获法学硕士学位后,任中央军事委员会法制局法制员,参与过不少法律法规的起草论证工作。1994年主动离开军队,转业在北京自谋职业创办律师事务所。现为北京市尚公律师事务所主任,同时兼任北京市律师协会党委委员,北京大学、清华大学、西南政法大学法律硕士校外导师。1999年曾被评为北京十佳律师,排名第一。

　　各位同学晚上好! 非常高兴能和大家见面。首先声明,我觉得我今天来不是来做讲座的,而是来和大家漫谈的。以后大家要是有机会再见面的话,千万不要叫我李老师,叫我李律师就好。我和我的大学同学贺卫方教授在电视台做节目的时候,有人问我在学校应该怎么上学,我自己是很讨厌上课的,大学本科的时候基本上不去教室,都是自己看书,所以我很同情你们,我自己站在这里也很惶恐,不知道该讲点什么对你们有用的东西。今天这个漫谈题目整理得有点啰嗦,简明地说,我是想谈谈市场经济和律师行业的关系。我今天讲三个话题,它们之间都有逻辑关系。

　　首先,我想讲讲我以一个职业律师的身份来感受中国的市场经济实际上是怎么回事。第二个话题我想讲的是我认为中国现实的市场经济在理论上应该是怎么回事。第三个话题是在说清楚了市场经济应当是怎么样和现在实际上是怎么样的基础上,说明律师是怎么回事。我始终认为在大学需要学习的不是很具体的技能,而是一种思维方法。社会上现在总是评价法律硕士没有本科的基础,用那么短的时间同时补基础课和学习法律实务,而老师在法律实务的教授上也没有什么太大的作用,所以法律硕士的基础相对于法学本科生要差。但我想说的是法律硕士的年龄要大一些,思维也要比本科生敏锐一些。讲一个我的故事。我1978年上大学,那时候"文革"刚结束,阶级斗争学说还很厉害。当时上"国家与法的理论"这门课。我很认真地听课、做笔记、看课外辅导书,讲课的老师人也很和善,但期末考试的时候全年级的同学几乎都得了良好和优秀,只有两个人得了及格,其中一个就是我。天知道我是在大学前就认真通读过了《马克思恩格斯选集》和《毛泽东选集》,还有其他的很多相关著作!我可谓是特别认真地学了个"及格",而且还在第二学期开学的时候在老师做的"教大家怎么考试"的辅导上,被评价为"下笔千言,离题万里"。这是老师不点名地给了我一个得及格的解释。我的考卷比谁的都长,可是离标准答案太远。当时我是认为答案不应该那么简单,就包括马克思、恩格斯、列宁他们的很多看法都不像我们的教科书写的那么简单,于是老师就说我把简单的问题复杂化了,只得了一个及格的分数。从此以后我就不再花那么多时间上课了,我把剩余的时间都用来看哲学书了,因为我比较喜欢哲学。1977年我第一次高考考上了哲学系,因为某些原因没有上;1978年考了西政的法律系;1985年考研我第一次考上的是人民大学的哲学系,又因为某种原因没有读成;然后第二年考上了北大法律系。在大学,刑法课和刑诉课我一节都没有上过,考试的时候有老师辅导,传说去老师的办公室转一圈就能及格,转两圈就能得良好,三圈就是优秀了(据说是根据打探到的消息临时抱佛脚),所以以后我的成绩就没有及格的了,都是良好和优秀。大学毕业后我被分到部队的军事法院。那是"文革"后第一批毕业的学法律的大学生,一点社会经验都没有,什么都不懂。特别是我,号称学过刑法刑诉什么的,其实也并没有学过。拿到第一个案子后就靠自己去研究,临时翻教科书、套犯罪构成要件、翻条文、看过去的案例。前三个案子我的意见和那些老法官都不一样,他们更没有系统地学过那些法律知识了,他们说一直就是那样判的。具体案例我记不清楚了,但是我说肯定不能像你们那样理解这些条文,包括罪名。最后三个案子都因为我们法官的意见不统一提交到上级法院,甚至最高法院,那些上级法院都认为我的意见是对的。从此以后我所在的部队法院,甚至我们部队的副政委,都认为我能代表正确的意见。我说这个例子的目的是要告诉你们,不要怕时间短,基础差;虽然说要是学的时间再长些那就更好了,但是我知道现在学费也挺贵的,还有其他的现实要面对。现在不要奢望接受什么系统的实务性的教育,大学里的实务教育条件不足,都没有什么实际意义,本科的理论学习时间又短,不可能掌握得很熟,有时间不如多读点哲学书,我一会儿要讲的很多问题都和哲学有关。转型时期的中国,前人没有见过、没有做过的事情实在是太多了,我们现在学的很多知识,包括实定法都是在不断与时俱进的。在大学,尤其是在北大这样充满灵气的大学,最重要的是我们要学会一种观察问题的方式和方法,怎么样把自己的悟性提高,怎样使自己看问题的角度更高、更广,我觉得这是你们在学校应该学习的最重要的东西。现在进入我今天谈论的第一个话题——市场经济是什么。

一、市场经济应该是什么

我们经常会听到一种说法,说市场经济就是法制经济。不知道你们思考过这个问题没有?这种说法和现实生活中应有的逻辑上的概括是有很大出入的。任何经济都离不开法,都是由国家强制力保证实施的,不管是封建时代的纳贡经济,还是计划经济,其实计划经济更体现法制的刚性要求。所以这种说法根本没有把市场经济关键的地方给点出来,而且在实践中很容易被那些主管部门、政府机关作为根据来制定一大堆的法律条文对市场主体进行管、卡、压。我的观察是,对市场经济最准确的概括是一种契约经济,它和计划经济正好相反。我们搞市场经济说白了就是,一让市场主体、公民个人可以决定自己的行为,不像计划经济总是依靠国家计划;二是自己有自主权,包括经营自主权、财产处分自主权、自己决定怎样和其他平等主体间进行交易、怎样签合同,这是市场经济真正的本质,而不是那个所谓的法制经济。我想这个概念很重要,市场经济是契约经济。市场经济基础之上的上层建筑,在法律层面上是以契约法或民商法为基准的法律体系。这是个很重要的观点。

对于一个很重要的概念的理解一直以来都是错误的,就是什么是法,法是什么?我们现在有一个很大的误解,认为我们现在搞市场经济,立了很多的法就行了。其实,立法是国家的一种主动的行为,对民间的市场主体确实能有影响,不管是促进的还是制约的,但是那些法律不能取代整个市场经济运行过程中所需要的游戏规则。任何一种经济形态、社会生活都离不开游戏规则,在市场经济条件下的游戏规则和在计划经济条件下的游戏规则的一个重大差别是:原来是靠行政命令来决定的事务,现在是靠平等的市场主体之间的契约来实现的,包括我们找工作签订劳动合同、聘用合同等都是一种契约行为,契约才是构成我们这个社会真正的游戏规则的主体。而所谓的法,只是人和人之间、企业和企业之间在签订合同、制定你们自己玩的游戏规则的时候,必须要考虑到的代表公共利益的国家裁判的要求,不能去违反这些要求。以后大家要是去做律师或者法官就会发现,我们很多律师或者法官只懂书本上的理论条文,他们压根不懂现实生活中的这一整套游戏规则。换句话说,他们只知道游戏规则的外部条件,而不知道游戏规则本身。所以我想提醒大家的是:不要以为读了法律系以后就是法律专家了,因为社会上真正需要的法律人是要在懂得那些基础,不犯大规的前提下,能够帮助自己、帮助别人完成游戏规则的人。这些人才是游戏规则的专家,他们掌握的这些东西才是我心目中理解的法学院应该教给大家的东西。我们很多律师,包括法学博士、教授、博导们,他们要是去做律师,都是特别蹩脚的。他们只能当顾问,不能当律师。举个例子吧。很多年前,我给北大法学院建议,能不能改造一下法学院的教育,我愿意把我们的事务所变成同学们的实习平台,我提了一个方案,当时法学院党委研究觉得挺好的,但是后来没有实现。我在那个过程中总是说他们捧着金饭碗讨饭吃,守着那么强的一个北大法学院却到处讨赞助。为什么?法学院的教授可能比别的院的教授好一点,但确实条件还是非常差的,核心原因是他们总是在真正意义上的法律外面绕圈圈,不能帮这个社会做什么实际的事情,也就挣不到钱。四通请北大法学院的教授作了一个内部职工持股方案,给了他们五千块钱;同样的事情,我们帮山东一个企业作了一套企业改制的方案,他们给了我们将近二百万。教授做的东西才给了五千,你觉得五千是为什么给的呢?我们是做那个方案本身,整个从头至尾都要我们做出来。而教授们做的那个是什么呢?是我们做那个方案时候的参考资料,比如说是附件第一百二十八,并不是做的游戏规则的本身。我们现在在学校里要学的,都是以后做游戏规则的时候需要知道的一些常识性的问题,而那些东西临时看看书本就都知道了,不必那么费劲地学。

市场经济是法制经济,更是契约经济。法制经济指的是:我们社会生活的整个一套游戏规则,是由国家制定的法律、法规构成的市场主体之间交易时要遵循的外部规则。除此之外,企业和企业之间在做交易的时候还有很多事情是需要设计的,这时就需要一些和立法一样的原理性的东西,比如说讲公平。什么样叫公平?什么样的设计才是比较公平的、规范的?可能会涉及哪些问题?这个概念比较重要,说市场经济是法制经济更是契约经济,规范在一起说就是以契约为基础的法制经济。这是个核心的概念,不管以后你们干什么可能都用得着。这是第一个问题。

二、市场经济实际是什么

第二个问题我认为应该这样阐述:现实生活中中国的市场经济是个什么样的情况呢?我们中国以市场为导向的社会转型,就是真正地走市场经济的道路,准确地说是在 1992 年,邓小平视察南方讲话以后才实实在在开始的,在此之前一直是观念上的讨论而没有实际地施行。到现在为止总共才十四年的时间。我想各位同学应该有个很明确的概念,对中国这样一个有几千年历史的古老民族来说,才十四年的社会转型(虽然说古代也有市场经济,但那不是中国社会的主流,农业社会里还是以自然经济为核心的),社会中存在着很多不规范的东西是一点都不值得奇怪的。我记得有一次我参加一个金融立法研讨会,会上的老教授们和一些年轻的同志都把我国的金融立法批得体无完肤。轮到我说的时候,我说我不敢说,因为我们都不懂这个,制定规则的人也不一定就懂,你们批评的人也不一定懂,我们都是十来岁的孩子,谁也不敢说谁就懂些什么东西。在过去,我们共产党把马列主义普遍真理和中国国情相结合能够完成国家统一,现在我们国家面临的问题是怎样把市场经济的普遍规律和中国国情相结合,真正实现中国社会的转型和整个民族的腾飞。这个过程一定是非常漫长的。大家以后遇到什么问题,都可以用"十多岁的孩子"来想象。十多岁的孩子第一好动,第二不懂事儿,所以是经常要跌跟头、犯错误的,这都很正常,但他是一定会长大的。

中国的市场经济实际上是个什么情况呢?我想,中国市场经济的图景大致是由五个"5%"构成的,这是一个比较定性的分析而不是一个定量的分析。是哪五个"5%"呢?

1. 由于信息不对称,市场主体交易的成功率在5%左右。谈一百单生意,大概能成五单就很不错了。虽然说买卖不成情义在,谈不成很正常,但是我说的这个5%很多是由于信息不对称,沟通不够而导致的。找工作也比较符合这个5%的概率,跑二十家大概才能最后签约达成协议。

2. 由于缺乏交易经验、不懂游戏规则,经常是法盲甚至文盲签合同,所以达成协议的交易最后能够顺利履行的大概只有5%。大家以前都是农民出身的,只知道老天爷有信用就行了,风调雨顺就好。和人打交道就比较复杂了,由于没有经验,如果交易有一个履行过程,双方的义务期有一个时间间隔,就会出现很多问题。所以谈成的一百单里面大概只有五单能够顺利履行,最后双方握手约定下次合作。

3. 当双方出现矛盾纠纷的时候,大概只有5%的争议大家能够互谅互让,好说好散,通过重新调整解决矛盾。因为我们中国人受狭隘的农民意识的影响,不太懂得宽容,不太能理解一些事情。现在要命的是我们没有大家都认同的价值观,不单包括伦理道德上的价值观,也包括商业上的价值观。所以,一百单里有五单能够主动和解,就很不错了,和解不了就会打官司或者申请仲裁。中国现在诉讼仲裁为什么那么多?除了和人多有关外,也和比较喜欢打官司有关。

4. 有5%的案子能够得到公正及时的处理。现在都说中国的法院黑,但是我不这样看,我觉得是整个社会都不成熟,不光是法院的问题。很多合同写的时候就很不清楚,游戏规则设计得没有预见性。而且大家都嫌麻烦,很多事情没有约定或者约定得不清楚,履行过程中又没有证据概念,不去保护相关证据,再加上我们的立法本身有很大的弹性,再好的法官也只能"葫芦僧判葫芦案",很多民事案件和商事案件伸缩的余地是非常大的。另外对法官的社会分配严重不公,他们承担很重的责任却拿很少的薪水,律师代理一个案子就得到很高的报酬,加上现在案子过多,所以导致一百个案件大概有五件能得到公正及时的处理就很不错了。当然公正的标准有待于进一步讨论。简单地说就是有5%的案子双方当事人都能够服判。现在有很多案子一审完了二审,二审完了再审,你们去看最高法院的接待站,每天都是人山人海的。

5. 执行难在中国已经是个众所周知的老大难问题了。就算判了、裁了,一百件案子有五件能得到及时和足额的执行就很不错了。

所以说在中国做生意实际上是很危险的,虽然我们经济发展得非常快。我认为,这五个"5%"是比 GDP 更重要的经济指标。如果这五个"5%"能够提高一个点,对整个中国经济的拉动,对整个和谐社会的创建就有十分重大的意义。我是从一个很特殊的角度来归纳的,中国实际上的经济生活状态就大概是这五个"5%",虽然在有些地方可能是10%、20%,但总体来说差不多就是这五个"5%"的状态。这是我想介绍的第二个问题。

三、律师是干什么的

律师的社会作用、社会定位,在中国这个转型社会中是怎样的呢?实际上中国社会的转型,是以价值观为核心的观念的转变、游戏规则的转变和裁判制度的转变为先导的。

改革开放以后,舆论放得比较开了,官方也提倡这种转变,所以虽说这个观念转变的工作还远未完成,但还是在很快地进行着的,包括我们上大学受教育,实际上也是要转变很多观念、形成很多观念,这方面需要学者、老师和宣传部门做很多的工作。

第二个转变是游戏规则的转变。从中国的游戏规则来看,谈恋爱、夫妻关系就和前几千年不一样了,以前的父母之命、媒妁之言肯定都靠边站了,倒是出现了试婚啊、婚前财产公证之类的东西,游戏规则确实变了很多。包括邻里之间的关系,原来都是居委会、派出所、房管所就能解决,现在出现了业主委员会、物业公司方方面面的东西。小到我们身边具体的事情,大到国家宪政,我们整个社会的游戏规则都面临一个怎么样以契约精神、市场经济为基础进行转变的问题。我们搞了几十年的计划经济的实践,最后证明我们这个民族要想生存下去、发展下去,靠那种垄断式的规则肯定是搞不下去的——不管是对政治权的垄断,还是对经济决策权的垄断。我们现在已经把经济方面放开了,所带来的问题一定会影响到上层建筑,只不过这个过程是循序渐进的。在这里,方方面面的规则都面临着转变,包括我们的学制,法律硕士从三年转为两年又转为三年之类的。我想问的是关于权利义务的关系,涉及到经济利益关系的游戏规则,整个中国社会谁来帮我们寻找这种规则?西方发达国家的那套游戏规则是通过几百年的时间吸收了古罗马的规则自然演化而成的。我们中国没有这个演化过程,我们是后发国家,是被动地接受了市场经济。在这种情况下,西方的经验拿给我们照搬照抄虽然有很大的参考价值,但是在中国的国土上最终还是不适合的。比如说公司里的独立董事制度,我也尝试了一下但并不成功。一个独立董事一年给个三五万块钱,要是请个名人董事那他什么事情也不可能去监管,可是证监会不但给他施加各种压力,上市公司独立董事还要承担一大堆的责任,却不考虑其权利和利益。这个例子说明,中国以市场角度来看的游戏规则,虽然有很多地方要去学习西方——包括中国的公司制度,但是严格说来,中国人的传统文化和中国人的心理习惯、伦理道德观念,还有做事方法,与西方发达国家有非常大的不同。我不是说否认这套东西,一定相信西方发达国家用了几百年时间逐渐形成的这套游戏规则是先进的,但这套东西是人家玩的,不是我们玩的。我们要学习,也要和我们国家的特殊情况结合起来,才可能是可操作的东西。那我们也要等个三五百年慢慢形成一套适合的游戏规则吗?那五个"5%"要等好久才能上升到"50%"。所以我们现在有个提法,叫做培育市场。但问题是谁来培育、怎么培育?

所谓培育市场,很核心的一条就是要改变经济生活的游戏规则。如果只有观念没有具体的制度,那观念就是空的、抽象的,它一定要落在具体的交往方式上,更具体地说是落在契约制度上。我们来分析一下,中国市场最迫切需要的就是这套游戏规则,不管是企业内部的、企业和员工之间的、企业和企业之间的交易关系、企业和政府之间的管理关系还是企业和社会之间的这方方面面的游戏规则。如果我们不能等到几百年后自然生成,那我们需要谁来培育这种规则?靠大学学者?西方那套规则的形成中,大学学者确实起了很重要的作用。但是记住,真正的作用是帮助社会制定现实可行的游戏规则,不是拿出外国或历史上的规则来作介绍。

我们现在这套制度还在生成之中,很多东西还看不清楚,包括像我这种独立思考、认真观察的人都觉得很多问题说不清楚。所以我说不敢当老师,是因为没什么可教的,生活中还没有形成什么对大家有用的东西。由此看来靠大学学者不现实。靠政府官员、立法部门我觉得也不现实。要能帮助社会进行各种交易,组织一套能被广泛接受的规则不是一件开玩笑的事情,有点像比尔·盖茨开发微软,需要很多高智商的人在一起琢磨,琢磨出来以后再试验,最后逐渐被大家接受,还要人为地去推广,它所包含的技术和价值被社会接受了以后,这套游戏规则才能被整个社会所接受。政府官员很难做这种事情,他们忙于各种具体事务,而且时间精力有限,他们要重点管理行使权力的事情,况且政府官员不可能有很强烈的创业冲动,这个事情是要包含许多学问、艰辛甚至经济投入的。

我在北京律协管了几年行业发展研究,我给我们律师行业找到一个很伟大的定位:全中国要从职业来划分的话,恐怕只有这十几万不断壮大的律师队伍是最合适来帮助这个社会的方方面面发现、研究、营销一种新的游戏规则的职业。律师有基础的法律知识,他和临床医生一样,天天在处理因为游戏规则而产生的纠纷,所有的律师业务都和规则有关——包括诉讼,诉讼就是在法庭上讨论各自对游戏规则的理解,然后请个裁判裁决一下。中国的律师行业已经彻底个人化了,每个人都为自己办案,他们有投资能力,又有投资冲动,而且在律师行业中能够生存下来的人,他们的平均素质可能比机关工作人员和学者都要高一些。所以说律师在市场经济条件下的定位,就是帮社会拟定一些以后能逐渐推广、被大家所接受的新的游戏规则,进而维护这种游戏规则。我在很多场合都说过,中国律师行业的前景和空间,是怎么想象都不过分的。大家知道,美国那个社会基本上是被律师统治的一个社会,参议员、众议员和历任总统中律师的百分比都很高。那是因为美国是个全新的国家,它遇到一个全新的问题的时候就需要游戏规则专家来对待,它不像欧洲大陆的很多国家,那些国家的游戏规则是很多年慢慢积累起来的,有很多约定俗成的东西在里面。美国独立后突然发现很多事情都要自己来做,游戏规则的专家就开始起作用。中国现在面临的情况也一样,1992年的时候突然醒悟要搞市场经济,原来的很多传统没有办法再照搬照用了。在这种情况下,我一定相信:未来这两个最伟大的民族(我们人最多,美国钱最多)对律师的需求都会是很特别的。如果我们坚持按照民主法制、契约精神推进我们社会的话,那么对律师的需求将是巨大的。律师每年增加的很多,未来可以做的事情很多,也是可以很自主地去做的,等到我们有很强的投资能力的时候,可以有一个很好的事务所来尝试做一个交易的撮合者。比如说我是一个游戏规则的专家,我对某种交易研究透彻并且有很好的声誉——例如房地产,我对国家相关法律和实践操作都很熟悉,那我就可以作为一个交易的撮合者。我帮助双方设计游戏规则,帮助他们保管质押物、抵押物,监督双方协议的履行,保管证据,约定仲裁规则等。假如中国有这么一个行业能够在实践中总结怎么样能使交易更便捷、更安全,怎么样才能做到交易成本最大化,怎么样能把刚才说的那五个"5%"变成"6%"、"7%",那我想没有一个行业比律师更适合了。所以我觉得律师在中国市场经济中的定位是:他应该成为未来社会游戏规则的研发者、营销者。这是我心目中的理想状况,但是现在远远没有做到。

很多有正义感的同学可能认为律师应该是有正义的、公平的,这应该是其职能。律师有两个大的职能,一个是对社会的经济职能,另一个是政治职能。民主、政治和市场经济是律师行业发展的最重要的支撑。没有民主政治就意味着会有人专断独裁,这就不需要有人和他讲道理了,就不需要律师了。据我的观察,虽然政治职能和经济职能都是律师存在的意义,但是经济职能是最根本的。我的很多同行都说现在中国律师的社会地位太低,在我看来他们的虚荣心都太强了。在这个社会里你不去做好你份内的事情,帮助社会减少纠纷、提高交易效率,而跑去参政议政是没有任何意义的。做好你的本职工作,发挥好律师的经济职能,政治职能不用刻意去做就能实现。有一些啤酒企业,它们实行地方市场封锁,地方保护主义很厉害,严格说来这种做法是不符合国家立法和国务院规定的,但是没有办法打破。国外的经验就是要形成一种利益集团,把大家分散的地段集中起来,制定一种更严厉的游戏规则,这是推动问题解决的办法。但是现在我国还没有,如果有的话,帮助制订规则的一定是律师。如果在座的同学毕业后想做律师的话,我劝你们一定先从经济方面的事务着手,而且这方面也比较能挣钱。

我以漫谈的方式说了这三个问题:什么叫市场经济,现实的市场经济是什么样的以及律师的职能和作用。我主要说了我的想法,有同感的人可以顺着这个思路去思考,还有更好的观点欢迎大家和我联系交流。下面我想简单介绍一下我们北京律师行业和我所知道的中国律师行业的情况。

北京律师行业和中国律师行业的现状

北京目前大概有八九百家律师事务所,一万多名律师,他们在北京市常住人口中的比例已接近很多发达国家了。各发达国家的律师大多都聚集在首都,比如巴黎、东京。去年北京市整个行业的收入大概是五十五亿人民币左右。以后想做律师的同学你们要知道,现在律师行业中的游戏规则也是比较乱的,因为这个行业发展的时间非常短,总共也就才十来年的时间。北京律师事务所绝大多数是合伙制,但是在其他地方还不行,因为有的地方全县都没有一个律师,为了扶贫,国家就办一些律师事务所养着他们。稍微发达一点的地方律师事务所都应该是合伙制的。所谓合伙制,就是符合条件的几个人(北京地区要求执业满五年,没有不良记录)发起成立律师事务所,他们既是股东又是出资人,既是董事又是管理人。现在整个行业的生存条件都不是太好,市场空间非常有限,北京算是全国律师业务拓展面最宽的了,但依然很不饱和。大概还有80%的律师在从事诉讼业,只有20%的律师从事比较新的业务,如金融、证券等。这是关于律师的宏观情况。

关于律师的微观情况,我按照市场需求把律师事务所员工大概分为五类:

1. 出卖自己体力的,从事一些技术含量不太高的工作。比如说前台、卫生员等勤杂人员,包括实习的学生。

2. 律师助理,多为刚刚毕业踏入社会,还没有工作经验的学生。他们学过一些法律,但是还不能独立地承接业务,只能跟着老资格的律师学习。我觉得准确地说他们应该叫做带薪学徒。这些人卖的是学过的一点点书本知识和文字能力。这个阶段的年薪大概是2万到6万不等。其实中国现在很缺专业的好助理,但是现在法律系毕业的本科生(更不要说硕士生了)都不愿意做助理,当然给助理的报酬确实也不高。

3. 律师。做了一段时间助理以后,考过了律师执照,可以独立地承办案件。但这种律师是聘用的,因为他们没有案源,不可能自己办理律师事务所。这种人需要别人给他们发工资,他们出卖自己的职业经验和办案技能,工资的高低就根据经验和技能的多少来确定。这一类型的薪金水平大概是一年 6 万到 12 万左右,当然这是工薪制律师。有很多律师事务所是不给律师发工资的,律师都要自己找案子接,然后事务所给提成,事务所不会承担律师的薪金成本。

4. 合伙人,是出卖客户资源的。市场经济中,掌握资源的人才是甲方,不然永远只能是被聘用的。有些合伙人为了留住有经验技术的被聘用律师,通常也会给他们合伙人的身份,让他们参与到事务所日常事务中来,但实质上这些律师还是被聘用的,因为离开了掌握资源的合伙人之后,他们是没有办法生存下去的。大家现在看到做律师很挣钱,但可能都不知道这钱是怎么挣来的。你得琢磨怎样才能有业务来源,成千上万的律师大家都在竞争,你有怎样的优势能够在这样激烈的客户竞争中占到一个较大的份额呢?如果没有这一点,你可能永远不能当事务所的老板,也不要去指望赚大钱了,因为工薪毕竟是有限的。这里面就有一个职业生涯的设计问题,我觉得比较理想的设计是:毕业后到一个重要的职能部门去,结识一些对以后有用的朋友,多一些这样的资源。因为基本上很多事务所的业务都是熟人之间介绍来的。要想做最后能成为事务所老板的大律师的话,一般有两条路径:一条是在事务所跟着有资源的合伙人慢慢干,在这个过程中建立自己的客户资源,但这种方法比较被动;第二种是去大企业、大机关工作,这样可以被很多人认识,因为律师这个行业也是要讲营销的。你一定要让你所有的熟人,特别是那些很可能有业务推荐给你的人认识你,知道你是个有能力、敬业、对朋友真诚的律师,这样你才能掌握稳定的案源。所以说这第四种人是出卖资源的。

5. 最后一种人是出卖信用的。很多人都有相似的专业背景和人际资源,为什么推荐他而不推荐别人呢?大多数情况下还是靠你的信用程度来决定的。要赢得客户资源就必须要有信用,这也造就了大律师和小律师的差别。你们知道美国很多高官,包括当年的基辛格都是学法律出身的,他们下台以后到律师事务所占有 1% 的份额,帮助事务所提升信用水平,这 1% 就是很可观的一笔收入了。

律师行业中的职业划分大概就这几种,所以你们以后要是决定做律师的话,一定要做好准备从带薪学徒做起。

现场答问

同学提问:我们现在很多同学都出去实习,您觉得我们去律师事务所应该着重学习什么呢?还有我们去找工作的时候,各大律师事务所会怎样看待我们的实习经验呢?

答:坦率地说,现在的实习是很不规范的,学校没有统一的要求,也没有专门的人来管理。所以现在的律师事务所很少注重个人的实习经历,都知道是不正规的。我也经常帮朋友的孩子盖章,证明实习过了。谁也不会看你的这个实习证明,只是学校要有这个证明而已。现在学校只是概念上需要一个实习,这也是因为学校现在条件不足,这是可以理解的,是我们整个教育体系的问题。其实我觉得实习对你们真正的意义是,如果你们对未来没有打算的话,可以趁还没有毕业去实习单位找找感觉。事务所其实并不欢迎这些学生来实习,因为时间很短,不能完整地走完一个业务过程,帮不上什么忙;而且大家没有经验,要是让你们做个什么东西还要费半天事来教你们,没准刚把你教会你就实习期满走人了。除了检察院、法院等计划内的机构,大部分律所对学生来实习都不是很感兴趣。

同学提问:您能谈一下中国律师行业现在的状况吗?

答:现在中国律师行业最发达的地方大概有这么几个:北京、上海、深圳和广州。其他的内陆地区,特别是在中国西部,律师行业还很不发达,基本上都是在围绕法院办理刑事、民事案件,新业务类型很少。我去年到过陕北一个北京律协资助的希望小学所在的县,全县只有一个律师事务所三个律师:一个律师跑省城去了,一个律师去延安发展,剩下一个整天呆在家里面。那天我们下车后非常累,就想找个洗浴中心洗洗脚放松一下,结果发现那里看大门的老头仪表非凡,很有国家干部的气质,我就过去了解情况,发现他是一个退休的法律工作者。我就问他现在县里律师资源那么缺乏,他为什么不去当律师,结果听到了一席非常真实的话:"做律师既没钱也没用,还不如我看大门呢。"在中国的转型时期,我们在北京呆着看到的好像和发达国家差不多,但在西部地区,或者说在中国大部分地区,律师的意义非常小。

大家如果要做律师,对北京、上海和广东这三个地方进行选择的话,我可以给大家一些意见。北京律师有机会做一些和中央的政治经济学比较有关系的业务;上海的律师与市场、企业和社会结合得更紧密,专业化程度和涉外程度也更高,做的业务更加规范,这和上海的具体情况有关;广东的律师挣钱比较多,但是做的业务不是十分规范,也就是说发横财的机会比较多,这和那里接近港澳、经济比较发达有关。

同学提问:我觉得现在社会上对律师这个行业的评价不是很高。您能谈一下您对这个问题的看法吗?

答:这个问题很难展开说,但是功利地说现在哪个行业的社会评价高啊?警察好么?法官好么?包括教师好么?都会有骂名的。只不过律师行业给人感觉赚钱比较多,惹人眼红,在中国的传统观念中,律师是非国有经济的组成部分,相当于个体老板这种概念,所以大家对这个行业有些不好的看法。大家记住我实事求是的话,至少以北京的情况来看是这样:不管是从职业培训还是基本素质来说,我认为律师行业在整个法律行业中是最好的一个行业。现在社会评价不高是因为某些因素在起作用,也包括我们律师协会应该做的工作没有做好。但是有一条:我们这些在市场经济中生存的人,如果自己不在乎自己的声誉和形象,就会毁了自己的工作,甚至整个行业都会因此而受到影响。所以,我觉得律师行业的自律性是比较好的。

同学提问:在您成功的律师生涯中,您觉得哪次机会对您来说是最重要的呢?讲讲您的成功之道好吗?

答:实实在在地说,我觉得我自己一点都不成功。我做律师的这十二年中,理论上确实挣了很多钱,但是很多钱都不知道花到哪里去了,我老婆因此对我意见很大,就是我不会理财。比如说我揽了一个很大的案子大家一起来做,到最后分钱的时候大家都嫌自己分到的钱少,我这个人又心软,那就给大家都多一点吧,结果分到最后大家都多了而我自己却没有了,结果别人很可能还不满意。从这个例子来看我很不成功。但是我不知道你所谓的成功的标志是事务所挣了很多钱还是老板拿了很多钱回家？从前一种意义上说我比较成功,从后一种意义上说我很不成功,不过也许后一个不成功是让我很好地赢得前一个成功的原因。

在座的比较年轻的校友们,你们以后是要走上社会的,说干什么事情要做的好呢,其实我是比较反感用成功来衡量什么事情的。当年我评上十佳律师以后有很多媒体采访我,老是问我成功经验什么的,那时我最反感这四个字了。最后我想了半天有了我自己的回答,此后我也经常在事务所讲,但是他们听了以后都不会做,让人很着急。对于人的分类,我还有一种分法,就是把人分为贫农、中农、富农和地主。如果用处理耕耘和收获的关系的方法来比喻这四种人的话,"不问耕耘只问收获"的一定是贫农,他们靠着祖上留下来的地,没有耕耘能力和劳动技能只知道怎么消费,这种人一定是贫农。市场经济条件下我们都是中间两种人。"一分收获一分耕耘",你给我多少钱我就给你办多少事,你不给我钱我就不给你办事的这是中农,是很被动的,他们的耕耘能力取决于他们的收获,这种人拿了钱还是能够去办事的,能发点小财,但还是只能当中农。第三种人是"一分耕耘一分收获",就是有什么事情我先干了,事后再拿收入。这种人的人生比较主动,所以他们能比第二种人多挣点钱,耕耘能力更强,但这种人也当不了地主,因为他们喜欢计较。这种人一旦觉得收入和支出不对等,就会闹罢工。而第四种人则是"不问收获只问耕耘"的人,做什么事情都不计较最后的成败得失,只要是自己认为重要的、正确的就会一直做下去,这种人比较容易达到世俗意义上的成功,但是很多人难做到。比如说我,大家知道公共关系并不是靠套近乎就能处理得好的,如果你不能赢得别人发自内心的尊敬的话,再怎么花钱套近乎也是得不到那种人际关系的,如果你比较容易赢得别人的尊重,那么不花什么钱也能得到良好的人际关系。北大百年校庆的时候曾经请了几个著名的律师举办了个成才之路的研讨会,就有同学提出问题:毕业之后很多人都想做律师,但是据说现在打官司就像"打关系",搞得大家都很害怕,问我们几个律师怎么看待？我觉得律师这个行业在世界任何国家都一样,如果你不会"打关系"就不要去做律师,美国的律师也经常在议会的走廊上做游说,这些都是在拉关系。重要的不是要不要拉关系,这个答案已经是肯定的了,重要的是为什么目的、用什么手段去拉关系,这才是问题的实质。要回顾起来,我认为我这一辈子之所以能够得到这么多朋友的帮助,可能是因为我这一生都很乐于助人,很敬业。我原来在中央军委办公厅法制局搞部队立法,那个和做律师根本一点边都不沾,但是我在那个单位留下了很好的口碑,你们以后也一定要记住做到这一点。所以一辈子要只做好事不做坏事,尽可能地去帮助别人,以后在你需要的时候,就会有很多的人来帮助你,同时要一生不断地学习,不断提高自己的耕耘能力。

同学提问:对于刚刚从业的律师,您对他们有什么开拓市场的建议?另外请介绍一下北京律师行业的新业务。

答:刚刚从业的律师还不具备开拓市场的能力,对他们的建议就是做一个"不问收获只问耕耘的人",找一家愿意为优秀的、有前途的人提供发展空间和工资的律师事务所,踏踏实实地跟着有经验的律师做事情,因为现在他们还不具备拓展市场的能力,除非是通过自己的亲戚,这又另作他论。

北京律师行业的新业务大概有下面几种类型,我是从挣钱多少来说的:

第一是证券类的公司上市的问题,尤其是海外上市,这些每一单都是上千万的律师费。

第二种是公司重组,现在证券行业的股权分制等的方案都需要律师去做,律师要在里面出具法律意见书。这些每一单的费用倒不是很多,但是牵扯到很大的量的时候,报酬就比较可观了。

新业务中还有一个刚起步的房地产按揭业务。据我所知,有一个律师在十年前国内刚搞房地产开发的时候去香港出差,在香港翻看楼盘广告,发现很多香港律师介入的房屋买卖业务在大陆却没有。于是他找了一个在香港做律师的同学了解情况,回来后就和两个做房地产业务的朋友合作,把这项律师业务搞起来了——给买方提供咨询,慢慢做大到银行开始介入要求北京的房地产买卖百分之一百要有律师的介入,帮助银行办理一些事情。这个业务不是法律业务,纯粹是市场换出来的。这件事就体现了我说的一种新的游戏规则,但是这个规则设计得不好——现在是银行推荐律师,强制让买方出钱聘请,双方发生纠纷的时候,律师往往不知道帮谁说话。

所以我觉得你们毕业后要是想去律师事务所,最好去综合性的律师事务所,那里什么人都有,可以看到、学到很多东西。但是我也经常和新来的人说,你们第一阶段一定是带薪学徒的,不要把工资看得那么重要,对你们来说,一个好的机会是最重要的,一定要先选择事务所再考虑工资的事情。

同学提问:我们怎样去训练我们的思维能力呢?现在市场又需要哪些方面的律师?

答:我一直相信一个人如果没有那么一种过程,就不会很专注地、很安静地去训练自己的思维。我大二时的暑假,看完了黑格尔《法哲学》的导论,我觉得只有早上7点到11点能够看得进去书。我想强调的是,每个人都应该花点时间去精读几本哲学书,越早越好,这些书都是很锻炼人的思维的,在上大学期间是训练思维的很好的阶段(有同学说反对李教授的上学专业课不重要,要多读哲学书的观点),对于这个问题,我觉得是这样的:人成功不成功其实不是特别重要,我有很多同学现在当了大官或者大款,但是人到了四十岁以后是活在境界上的,自己感觉好不好才是最重要的。这个与年轻时候的人生规划有很大的关系。我认为西方哲学是训练我们的思维方式,而中国的哲学则是给我们一种价值观。这些东西才是我们最终要学会的。

同学提问:目前法学院想当律师的毕业生应当怎样设计自己的职业生涯?

答:首先,每个人应该琢磨一下自己是否适合做律师,没有哪个职业绝对比另外一个职业好,只能是哪种职业更适合哪种类型的人,适合自己的就是最好的。比如说我自己感觉做律师的人应该是灵活性比较强的、不太喜欢单调生活的、喜欢冒险的人,如果你是这样的人,就适合做律师。相反,保守的、稳重的人则不太适合当律师。

然后,你要对自己有一个认识,你是适合做一个很好的律师事务所的经营者还是适合做一个专业型的律师?这也和人的性格有很大的关系。有的人是工程师型的人,做什么事情都是认真负责的,他比较善于和事情打交道而不是和人打交道,这种人就要走专业律师的道路,并且适合到一个规范的、分工较细的事务所，这样可以专门从事一个领域的工作，充分发挥你的专业技能和专业方面的经验。其实这两种人在一开始都是一样的，只是到一定阶段以后一部分人有了经营的资本和经验，就转而去做律师事务所的经营了，而另一部分人成了专业的权威。

同学提问：律师事务所培养律师的过程是什么呢？一般的公司会不会给我们这样的法律硕士提供学习成长的机会呢？

答：我的律师事务所来实习的人很多，但因为不可能向社会敞开提供这个机会，所以一般都是熟人、朋友的子女亲戚。一个比较规范的律师事务所通常是师徒制的，就是去了之后给某个律师当助理，然后就是你跟的那个律师带着你，教你怎样写东西，怎样处理一般的事务性工作。另外事务所还会专门组织业务方面的培训。一般就是通过这两种方式来培训律师的。

（2005 年 11 月 25 日）

新《公司法》的突破与创新

■ 赵旭东

赵旭东,男,1959年9月生,山东省栖霞县人。现任中国政法大学教授、博士生导师、中国政法大学民商经济法学院副院长兼商法研究所所长、中国法学会商法学研究会副会长、北京市法学会民法经济法研究会副会长。

自1985年以来,一直致力于民商法,尤其是法人制度、《公司法》、证券法、合同法方面的教学和研究。著有《企业法律形态论》、《法人制度论》、《公司法学》等学术著作。在《中国社会科学》、《法学研究》、《中国法学》《政法论坛》等刊物上发表有多篇学术论文。1999年被评为北京市优秀中青年法学家,2002年被评为全国十大杰出中青年法学家,2005年入选教育部新世纪优秀人才支持计划。同年,作为首席专家中标承担国家社会科学基金重大项目A级课题"和谐社会建设中的利益冲突及其法律调整研究"。

自2004年《公司法》修改工作启动以来,担任国务院法制办《公司法》起草专家小组成员,参与了《公司法》修改的许多具体工作。在《法制日报》主持了专题栏目《公司法修改论坛》,主编、创刊了由人民法院出版社出版的《公司法》专业刊物《公司法评论》。

主持人:
由北京大学法学院主办、法硕联合会承办的百年院庆名家讲坛第十六讲现在开始,今天我们的主题是:新《公司法》的突破与创新。我们非常荣幸地邀请到了此次《公司法》修订专家小组成员,来自中国政法大学的赵旭东教授。让我们用热烈的掌声欢迎赵教授。我们也非常荣幸地邀请到法学院甘培忠教授来给我们做主持,现在有请甘老师给我们做一下介绍。

甘培忠：

赵教授是我的 close friend，我们非常亲密。赵老师在《公司法》学界里出道比较早，根基扎得比较深，是江平老师的博士开门弟子。在这一次《公司法》的修订中，他是民商法领域的杰出代表。现在新《公司法》出来了，从里边可以看出赵教授的很多杰出贡献。大家看问题有不同的视角，今天赵老师来演讲能够给我们带来一些新的解读，可能跟我的讲课有不同之处。我们还是欢迎赵老师来说吧。

赵旭东：

非常荣幸能够来到北大神圣的讲台，北京几个高校的法学院都去过了，人民大学去过了，清华大学也去过了，唯一还没有拜访的就是我们北大的讲坛，所以今天我分外高兴。新《公司法》的修订是近一段时间社会上的一个热点，新《公司法》的颁布引起了整个社会的关注，各方面都在评说、研究这部新的《公司法》，我们的院校、我们的学界更是对《公司法》品头论足，对它进行全方位的解读。那么今天我也从自己的视角谈一下对新《公司法》的感想、体会和认识。

早在两年以前开始启动新《公司法》修改工作的时候，社会各界就对它有各种各样的期待，各种各样的预测，预测这个法规怎么改、改多少。因为在这之前我们的《公司法》已经改过两次，自1993年颁布以来，1999年修改一次，2004年又修改一次。1999年改了两条半，2004年改了两条，合起来五条，总的来说改得非常少。所以大家很关注这一次是大改、小改还是中改？对这种大中小方案的问题，立法机关给出的回应是：我们最好不要预设目标，不要事先确定一个框框，我们最好根据现实的需要，根据主观的可能，能改多少就改多少，需要改什么就改什么。经过这两年的立法工作，《公司法》现在已经大功告成，呈现在我们面前的这部《公司法》，可以说是实实在在的一次大修大改，变动范围非常大，改的条文也非常多。我统计了一下，在原来总共230条的《公司法》当中，这一次增、删、改的条款200多条，也就是说整部《公司法》原封不动的条文只有10%左右，所以称得上是一次大手术。但是我更关注的还不是表面形式上条文的变化，更有实质意义的是《公司法》制度和规则的根本性改变，是《公司法》制度和规则、《公司法》立法理念和指导思想的突破和创新，这些对我们来说可能是更具深远意义的，这也是今天我想跟大家交流的一个主题，主导思想就是：新《公司法》的突破和创新。

谈到《公司法》，我先简单地做一下评价，也就是这部《公司法》到底改得怎么样？10月27日新《公司法》颁布以来已有一个多月，虽然时间不长，但各方媒体和整个社会的评论很多。总的来看都比较好，甚至可以说好评如潮。不是因为我们参与立法修改就说好，我们自己当然津津乐道，当然感觉非常好，但是更重要的是我们听到各方面的反应，都对它给予了很高的评价，尤其是相对于同时颁布的《证券法》，它的成功就更为突出。

那么新《公司法》好在什么地方？前几天我们中国政法大学在昌平有一个大型的论坛，当时《中国律师》的主编刘桂明先生问了我们一个问题：大家都说新《公司法》好，好在哪儿，你能不能评说一下？当时刘俊海教授摆了7个好，这7个好我都记不住了，后来我觉得言犹未尽，我说，"还不够，我至少还可以给您补上3个，正好够得上十全十美"。后来另一位教授说还不够，他还可以补充上一个，合起来就变成十一个，比十全十美还要好。可以说新《公司法》大家都会从自己的角度作出解读，好的地方很多，这里我只用两句话给大家做评价，那是我在《法制日报》一篇专访当中的一个评论："新《公司法》够得上21世纪最为现代化、最先进的《公司法》；新《公司法》在某些方面可以引领世界《公司法》改革的潮流。"这两句话看起来有点大，但我自己觉得是恰如其分的。这是我们学者的一个评价，也是立法上的一个成就。说新《公司法》好，不是我在说好话，不是因为我的参与而对它有一种感情，而是实实在在的一个理性评价。那么新《公司法》到底好在什么地方，先进在什么地方，为什么说它是最先进的《公司法》，为什么说它在某些方面可以引领世界《公司法》改革的潮流？我是有根据的，我下面将做一下论证。

第一方面，《公司法》的重大突破和创新。我分两个小方面来谈：一是《公司法》在立法理念和价值目标上的突破和创新。在《公司法》修改工作启动之初，我们就发现一个很有意思的问题，大家对《公司法》修改有各种各样的建议，但是这些建议往往是互相对立的，几乎没有一个问题大家能够形成共识。任何一个制度和规则，要改要立要破都有不同的声音。比如公司资本制度，大家就提了一些很具体的要求和建议："原《公司法》规定的最低资本额是否太高了，公司设立的门槛是否太高了，是否应该降低？原来规定的有限公司10万、30万、50万，股份公司1000万，是不是应该降下来?"同时我们还听到了相反的意见,有人说:"办一个公司投资10万元,高什么呀?这太正常了。如果是在上个世纪80年代,我们国家还不太富裕,老百姓手里还没有多少钱的时候,10万块钱办一个公司也许还有点吃力,到了现在21世纪我们国民财富已经增长到了如此的程度,要办一个公司,几个人还凑不上10万元,还做什么生意,一点都不高。"就在这样一个具体的问题上,你就会发现有着完全相反的意见。又比如谈到一人公司的问题,原来《公司法》是不承认一人公司的,但近几年理论研究都认为,我们应该承认、肯定一人公司,这次《公司法》修改条件已经成熟了,应该对它做一个彻底地修改。但是,我们同样听到了完全相反的意见,两年前在昆明召开的一个小型《公司法》修改研讨会上,当时参加的有法工委、法制办、法院的人,本来我认为学者之间应该是没有争议的,因为这几年我见到了很多硕士、博士论文,研究的结论一致认为一人公司是大势所趋。但没想到在这次会议上先后有几位著名的《公司法》学者旗帜鲜明地反对一人公司,包括南京大学的范健教授,国家检察官学院的石少侠教授,他们认为一人公司现在条件不成熟,现在还不到承认的时候。当时我就有一个感想:任何一个《公司法》制度和规则的修改、突破和创新,都不能指望有完全相同的意见。很多问题到了我们学者这个地方,一定会有不同的声音,学者们如果没有不同的声音似乎就不是学者了。理论上可以争论,学者当中可以讨论,但立法总要做出一个抉择,该如何在各种分析中做出一个最终的判断和取舍呢?这就使我们联想到一个更为宏观的问题:《公司法》的立法指导思想、立法目标和价值取向应该是什么?通俗一点地说,《公司法》的立法是为了什么,要达到一个什么样的目的?在这样一个问题上,其实我们有很多的经验可以总结,很多的教训可以汲取。事实上对《公司法》使命和功能的认识,在我国有一个不断发展的过程。上世纪80年代,我们把《公司法》当作一个治乱的法,是一个治理公司混乱的手段。那时候出台的有关法规、规章目的就是治乱,清理整顿。第二个阶段,我们把《公司法》当作一个行政管理的法,这就导致公司立法当中,形成了很多行政性规范,行政管理的色彩很浓。第三个阶段,我们把《公司法》跟国有企业改革联系在一起,把《公司法》当作国企改革的法。我们要对原来的国有企业进行改革,进行公司化、股份制,所以我们觉得需要制定《公司法》,这样一种认识也制约和影响了《公司法》改革立法的进程。刚才跟大家说过,其实《公司法》已经改过两次,1999年修订的准备工作也是非常充分的,进行了大改的准备安排,但最后改了三条就不了了之,一个具体的原因就是跟国有企业的改革有关。通过这一个过程我们能够认识到,对《公司法》的性质、使命、价值、目标和定位的理解和把握,实际上会影响到《公司法》立法的发展和进程。进入21世纪以后,我们这一次的修改应该遵循什么样的目标,我们应该有什么样的价值取向呢?是不是还是为了治乱,为了管理,或仅仅为了国企改革呢?不是的,这些作用肯定有,但远远不是新《公司法》的全部作用。《公司法》更重要的作用和使命应该是更加重视鼓励投资和创业,应该推动公司和企业的设立和发展,应该以此来创造更多的就业机会,应该以此来推动整个社会经济的发展,提升我们国家在国际经济中的竞争力,这是《公司法》应该承载、应该完成的更大的历史使命。有了这个目标,我们可以看到以前的《公司法》确实存在一个很大的反差,在原来的认识之下,更多的是强调限制、规范、管理、约束,表现在它具体的制度和规则当中,资本额定得很高,股东出资形式规定非常严格,一人公司不能承认,公司的设立需要严格审批等等,形成管理性、约束性的规则。因此我们现行的《公司法》应该进行一个彻底的反思,要做出一个彻底的变革,在这一点上我们立法者、整个学界、整个社会达成了相当一致的意见,大家都认为《公司法》的确应该寻求一个更高的价值、更高的目标。就是在这样一个目标之下,我们非常高兴地看到原《公司法》的很多制度和规则被突破了,一些影响公司投资和经营的制度被破除了,一些鼓励公司投资和发展的新的规则被引进或创造出来了,包括承认了一人公司,降低了最低资本额,放宽了股东出资方式等等。从这一点来说,我的一个切身体会就是立法目标和价值取向的突破和创新的确是整个《公司法》制度突破和创新的前提和根本。没有这样一个立法观念的突破,具体制度、规则的突破是不可能的,也是不可能消除具体问题上的分歧和对立的。这就是我今天要谈的第一个突破:《公司法》在立法观念、立法理念和价值目标方面的突破和创新。

第二个突破是强化公司自治,尊重公司经营自主权,为公司的设立和发展提供更大的自治空间。具体来说就是要对《公司法》的制度和规则,对它的强制性和任意性做出重新的定性和定位,解决《公司法》的强制性和任意性问题。长期以来,《公司法》的强制性和任意性问题被我们的立

法、理论和实践所忽视,现在提出来,有些人还是觉得它只是一个理论性问题,是一个学者们讨论的问题。那么在立法当中这个问题有什么价值呢?应该说这既是一个很深层次的理论问题,也是一个非常现实的实务问题。这里我以几个比较典型的例子来说明其实务性,从而也就能说明这个问题的理论价值了。有一个公司法律部的负责人给我来电话:"最近我们公司董事会通过了一个决议,根据《公司法》,决议的内容是属于董事会职权范围的,后来股东对这个决议有不同意见,就召开了一个股东大会,把这个董事会决议给否决了。"他的问题是:"股东大会能否否决董事会的决议,这个否决有效吗?"我看到有些同学在点头,我当时也点头。我的第一个直感告诉我应该是可以的,从逻辑上来分析应该是有效的。因为在公司的权力结构当中,存在着股东大会、董事会、监事会、经理这样的一个基础设置,就是所谓的四驾马车。股东大会是其中最高的权力机构,公司的一切重大事项是由股东会来决定的,包括董事会的人选。既然如此,董事会的决议有什么不可以推翻呢?董事会是在股东大会之下执行股东大会决议,向股东大会报告工作的执行机构,连你这个董事会成员都是由我来选举产生的,你的决议我有什么不可以推翻的呢?但是转念一想我就觉得有点含糊了:如果说公司的股东会可以随意地否决董事会的决议,今天否定这个决议,明天否定另外一个决议,不仅可以否定董事会的决议,连监事会的决议都可以否决,那么这个公司会不会出现股东大会大权独揽、一统天下的局面,股东会会不会全部取代董事会、监事会,那么《公司法》为所有公司设计的这一套权力分工和制约机制,所谓的现代法人治理结构还如何实现?这样的公司还称得上是公司吗?如果所有的公司都这么干,《公司法》的制度设计还有什么用呢?我觉得这个问题很复杂。问题的答案在哪儿呢?这就是我们今天所探讨的问题,就是关于《公司法》规范的属性,《公司法》中不同的机构执掌不同的权力,这一制度设计和规定是强制性的,还是任意性的,是必须不折不扣地执行,还是允许公司根据自己的情况加以变通?这个问题不回答就没有答案。如果说公司董事会的权力是法定的,不能变通和改变,股东会再高也不能侵犯董事会领域内的权力;反过来,如果这个规定是任意性的,公司就可以做出自己的安排。在这之后也遇到另一个类似的问题,一个公司的董事长问我:"最近我们公司在修改章程,准备把股东大会的权力下放给董事会,这样的修改合不合法,有没有效?如果以后董事会根据章程对某个原来由股东大会决议的事项作出决议,有股东起诉到法院要求认定决议无效,结果会是什么?"我当时马上联想到了另外一个情况,如果另一个公司修改章程,不是把股东会的权力下放,而把本来属于董事会的权力全部上收到股东会来进行决策,可不可以?这两个事例还只是一般的非诉讼问题,我们设想着可能要打官司,打官司的结果会是怎么样?几个月后,我遇到一个真正诉讼中的问题。一个地方高院的法官给我打电话,说最近有一个案子,法官争执不下。这个案子是关于有限公司股权转让的纠纷,一个股东把它的股权通过签订股权转让合同,卖给了公司之外的第三人。合同签订了,对方也付款了,这时别的股东提出股权转让无效,根据是公司章程中规定本公司的股权只能在本公司股东之间进行转让,不得转让给公司之外的第三人,而这个股权正好转让给了第三人。一种意见认为章程的限制本身就违反了《公司法》的规定,《公司法》规定有限公司股权既可以内部转让也可以外部转让,只不过在转让给第三方时,公司股东有优先受让的权利。章程剥夺股东对外转让的权利是违法的,因此股权转让是有效的。另一种意见认为章程的规定并没有违反《公司法》规定,《公司法》恰恰允许章程对一些特殊事项作出不同于《公司法》的变动,因此股权转让是无效的。那么这个问题怎么看呢?我当时回答,法官有两种意见很正常,这两种意见都有道理,争议的原因在于一个根本的问题我们没有明确解决,这就是《公司法》中关于有限公司股权转让的这种规则是强制性的还是任意性的。如果是强制性的,当事人没有权利变动它,如果变动了就可以说是违法无效;如果是任意性的,公司就可以根据自己的情况做出规定,公司的规定是优先于法律规定的。比较了这些具体性问题,我们要回到一般性问题上,也就是今天我要说的强制性和任意性的问题。表面上看来是一个理论性问题,其实是一个再实务不过的实践问题。那么这个问题我国《公司法》是怎样处理的呢?《公司法》到底应该是强制性的还是任意性的?两句话:第一句,《公司法》应当具有一定的任意性。《公司法》一定要有任意性,为什么?简单地说这是《公司法》本身的性质决定的,《公司法》根本的性质是属于公法、私法体系中的私法。私法是调整私人关系的法,是体现私人意志和利益,以实现私人的利益为终极目标的法。《公司法》就是这样的一种法,它调整投资者之间的关系,调整股东之间的利益冲突关系,是为投资者和股东服务的法。对这样一种关系进行法律调整的规范,当然应该具有任意性,当然应该最大限度地尊重当事人的意愿和当事人的选择。因为当事人最清楚自身的利益所在,自己的欲求所在。说到这一点,我们《公司法》上还有一个这几年来大家了解得越来越多的理论——《公司法》的合同理论。我记得北大的一个博士生的毕业论文题目就是《公司法的合同理论》,这是近几年来比较有代表性的一个学说。从这个理论看来,整个《公司法》就是一份合同,一个标准合同,立法机构为当事人准备的一份现成的合同条款,它的作用就是免去了每一个公司的设立者在设立公司时进行一对一的谈判,省却了交易的成本。因此,《公司法》为什么不可以是任意性的呢?当事人为什么不可以在《公司法》之外做出自行安排和选择呢?这个道理也是很充分的。这就是《公司法》为什么要有任意性。第二句话,《公司法》也必须具有强制性,原因也很简单,因为《公司法》不仅要调整股东之间的利益关系,不仅要调整公司的内部关系,一个公司的设立和活动,还会涉及其他主体,包括相对人、债权人、交易安全和整个社会秩序的稳定,那么这些外界的当事人或者民事主体,仅仅靠公司内部当事人事先的约定和安排是无法得到保障的,因为当事人都是按照利益最大化的原则行事的,他们很可能为了自身利益最大化而以损害第三人的利益为代价,那么这些外部当事人的利益靠谁来保障呢?必须依靠法律的介入和干预,由此形成的法律规则必须具有强制性,一体遵行的效力,这就是《公司法》具有强制性的原因。

接下来我们看一下原来的《公司法》。对原来的《公司法》做一个检讨和总结,我们会强烈地感受到它的强制性过度而任意性不足,甚至可以说任意性缺失,呈现在我们面前的几乎全是强制性的规范和规则。对原《公司法》规范怎么解释?学理上没有一个明确的结论。但是在很多场合我们的理解都是强制性的,因此在实践当中,公司的行为跟《公司法》不一致的时候,我们的当事人都会说这个行为不符合法律,进一步说这个行为是违法的,到法院打官司时说违法的行为是无效的。我们的法官面对这样的情况很难回答,确实违法了,但很多人说这样的违法根本不伤害别人呀,那是股东之间事先达成的协议,当初就是完全自愿接受的,过后有些人反悔了不讲信用了,《公司法》反而助长了这种不诚信的行为,有的时候根本就是不合理的。但是没有办法,因为我们对《公司法》的理解更多的是强制性的理解。在这个强制性的理解之下,有很多非常有意思的现象,其中最典型的就是造成了我们国家公司章程的无用。说起来公司章程是公司的根本规则,是公司设立和活动的根本依据。一个国家有宪法,一个公司有章法,这是我们解释章程作用的时候说的一句话。章程对于公司相当于宪法对于国家一样是至高无上的一个文件。但是在现实当中我们感受到的远远不是这样。我们在座的各位同学很多都没有社会经验,我面对很多社会在职人员的时候,他们都很有感受,说你说的根本不是那么回事,在我们的实践当中,公司章程其实是最没用的文件,它的用处就是公司在注册时提交给工商局,公司注册下来以后章程就被束之高阁,放在那儿没有人去翻它了。为什么章程会变得可有可无呢?一个原因是各个公司的章程都一样,大家制订章程时你抄我的,我抄你的,或者大家一起抄法律条文。当公司出现矛盾和纠纷,官司打到法院的时候,法官说这个问题法律没规定,看看你们公司的章程对这个问题什么规定?当事人的律师说,我们公司的章程不用看,法律上有的我们都有,法律上没有的我们也没有。接触实务的人很多都有这样一个体会,在公司里别指望能从章程中找到点对你特别有用的证据,章程千篇一律。为什么会导致这种情况呢?根本原因是《公司法》的强制性过度,没有留给当事人多少自治的空间,没有允许当事人在法律之外做自己的规定。久而久之,当事人也就习惯了,根本也不想了。有些行政机关、执法部门的行为又加剧了章程无用的现象。最典型的有两个机关。第一个是工商局,我们的工商部门是管公司注册的,要办公司必须有章程。但是有一个要求,章程必须规范,因此就给你准备了两个文本,有限公司的章程范本,股份公司的章程范本。你的任务就是填空,你照着我给你留的空,把你的内容填上去。有一次我帮一个当事人设立公司,好不容易起草了一个章程,给工商局的工作人员一看,"你这是什么东西呀,你这不规范,拿回去修改,照着这个改,依次改得差不多就规范了"。好不容易我们当事人自己想作点儿主,加点私货进去,结果被当成犯规干掉了。还有一个机关是中国证监会。中国证监会有一个很有名文件叫《上市公司章程指引》,要审批上市公司,要发行股票,最重要的文件是章程,章程怎么定?证监会的要求更严格了,所以专门出台了一个章程指引。我记得清华大学的王保树教授对这个《章程指引》非常反对:本来这些章程都没用,还来一个指引,那就全没用了。那个指引跟工商局的范本一样,告诉你如何写,给你留出一些空让你填。这就是我们中国的现状,法律强制性过多,任意性不足,使章程变得没用,根本的原因就是法律强制性和任意性的定性和定位出现严重偏差。

那么这次《公司法》修改怎么办?毫无疑问我们应该寻求突破、寻求创新,应该改变过度的强制性,应该强化公司的自治。我们修改后的新《公司法》当中增加了很多任意性规范,把原来的一些强制性规范变成了任意性规范。其中特别有代表性的条文,我数了一下有十多个,一个是股权继承问题。有限公司的股东死亡以后,他的股权能不能继承?这是一个理论上和实践当中都有争议的问题。股权是公民享有的一项非常重要的资产,而且随着社会的发展,股权资产可以在公民资产当中占据越来越大的比例,公民死亡以后不继承怎么行呀?当然要继承。但是也有完全相反的意见,股权跟别的财产不一样,有限公司是具有人合性的,股东之间存在着密切的人身关系和人身信赖。当初我们几个股东走到一起组建了这个公司,是因为彼此信赖,精诚合作,我们能够一起去创业,同甘共苦。如果其中一个死亡以后,换他的子女或他的妻子(丈夫)进来,可能就不存在信任和合作的基础。他的子女很可能就是一个品性不端的人,一个败家子类的人,公司原来没有他我们可以一起去赚钱一起去收益,他进来以后可能会把公司搞得一塌糊涂、一败涂地。这个时候有人就说股权不能当然地继承,要继承只能继承其中的财产权利或者把股权卖掉以后的价值,而不能当然继承股东资格。在这两种观点当中很难确定哪一个是唯一正确的选择。有些公司不允许继承,于情于理都不通呀。比如有些民营企业,最大的股东是一个民营企业家,他死亡以后他的股权难道不能继承吗?比如山西的民营企业家李海昌被人杀害了,他名下的资产都是以公司的股权存在的,在这个公司可能有80%甚至更多的股权,其他的几个股东都是他的亲戚好友或者随便拉的几个人,是凑数的。他去世后他的股权难道不应当由他的继承人继承而转给别人吗?在一般民众的观念当中,真正的民营企业、家族企业怎么能转让给别人呢?如果法律这么规定完全脱离了人情至理,所以在这样的问题上我们会感觉到很矛盾,这样的问题怎么解决?立法机构就提出了一种非常民主的立法来,就是把它变成一个任意性条款。新《公司法》是这样规定:股东死亡以后股权资格由他的继承人继承,但公司章程另有规定的除外。这样,一般情况下可以继承,但是这个公司股东间的人身关系非常密切,不能接受因为股权而发生的变化,那么公司的章程一开始就应该做出这样的决定,这就是任意性条款。在新《公司法》当中,这样的条款还有几条,关于股权继承的问题,关于股东盈利分配的问题,有限公司股权转让的规则,优先权的问题,现在都把它变成了任意性规范。那么这样一个调整改变之后,我想以后我们的公司实践一定会发生很大的变化,公司的自治空间扩大了,当事人在公司的设立和活动当中应该充分地利用自己的自主权,应该总结以往公司设立和经营的经验和教训,就自己可能遭遇到的法律风险或矛盾、各种可能引发纠纷的问题,在公司章程当中预先做出规定。前几天,北京律协请我给他们讲课时特别提了一个问题:新《公司法》颁布以后对律师业务有什么影响?我说别的影响我还想不到,但至少一个影响会有,就是我们的律师可以更多地帮公司制定章程,设计自治规则了。因为你见的东西多了,你见的纠纷多了,你知道公司会遇到什么问题,存在什么风险,在公司设立的时候你就给公司做预先防范的规章。说起来制定一个章程就像设计一个工程图纸一样,一个工程图纸的设计多么复杂,设计一个章程就是设计一个公司,对公司的法律关系、利害关系做出一个全面的设计。所以我们当事人应该为自己的公司设计一个合身、合用、能够充分自治的章程。这是我谈的第二点,《公司法》的立法理念、价值目标的突破和创新。

今天我要谈的第二个大问题是《公司法》的制度安排和规则设计的突破和创新。第一个问题是宏观的,第二个问题是微观的。在具体的规则和制度上,新《公司法》是如何实现突破和创新的?这个要说的话就太多了,我把《公司法》梳理了一下,突破和创新的应该有三四十条之多,但是在这么短的时间内,不可能把所有的问题都谈到,所以我这里选择几个有代表性的例子。

第一个是关于转投资的问题。学过《公司法》的同学都知道,原来的《公司法》对转投资是严格限制的。《公司法》第十二条规定,一个公司对外投资总额不能超过公司净资产总额的50%。自《公司法》颁布以来这一条一直受到广泛的争议,因为它跟公司运营实践时常发生冲突。这个规则的限制是比较严厉的,很多公司在投资安排的时候,一不小心就会触犯这条禁令。实践当中一个公司可以有很多的资产,有的公司的资产可能有一个亿,一个亿就是公司可能运用的资产,但是可能只有很少的净资产,如果有9000万的负债,净资产只有1000万,那么投资的数额只有500万,500万就是公司的投资能力。如果公司虽然有一个亿的资产,但全是负债,没有净资产,那就等于丧失了投资的能力。这样的规定,就给很多公司的运作造成了严重的障碍。大家知道这几年最热的就是资本运营、资产重组,很多时候所采取的就是转投资的方式,就是在不同的公司之间你给我投资我给你投资,你在我这占股我在你那占股,通过这样一种调整来实现所谓的资产重组。而在转投资这样一个限定之下,很多重组都是无法进行的,要做的话就是违法。这种情况国有企业尤为严重,有很多国有企业长期经营不善,资产结构非常恶劣,资产很大,净资产没有或很少,却非常需要对外投资。特别是一些公司改制成上市公司的时候,要把原来的资产进行剥离,把优良资产投入到新组建的上市公司时,投资数额多数情况下都会远远超过净资产的50%,有时甚至是整个资产的90%,原来的公司变成空壳了,资产全走了。《公司法》的这一条规定是根本无法操作的,中国证监会在审批当中,这条就没有严格执行。也正因为如此,这一次修改中,中国证监会向国务院提交的修改意见当中,强烈呼吁修改这一条,如果不改的话意味着它过去批准的上市公司一直都是处在非法状态。有一次,一个投资咨询公司的董事跟我聊起来,他说,"你是搞《公司法》的,你对第十二条怎么看?就我们的体验,这一条根本无法执行,我们咨询公司所做的资本运作项目当中,100%的项目都超过,没超过转投资限额的不叫资本运作,那也没法运作,这一条实在太不合理"。现实和法律的冲突,给我们新《公司法》的修改提出了一个直接的要求。我们的法律是要回应实践的,这一点在立法当中达成了共识,大家都说一定要改,最后怎么改呢?分成两步。第一步在国务院只做了一个放宽:可以让投资比例扩大到净资产的70%,但更重要的一句话在后面的一句话:当公司的章程另有规定的除外。这下就厉害了,通过公司章程就可以完全突破法律限制,应该说这是一个重要的突破,彻底的放宽。这个修改的法案一直到法工委都没有什么意见,第一审、第二审都通过了,在第三次审议之前发生了一个很有意思的变化,全国人大在讨论这个草案的时候,有一位领导说,我看不懂这一条,一方面规定70%,另一方面又说公司的章程另有规定除外,这什么意思呀?是不是说公司的章程另外规定比例,就不受前面法律的限制?我们的工作人员解释说,是这样的。领导问:是这个意思那还要前面的限制干什么呢?后来为了这个问题,法律工作委员会有关领导专门走访有关机关,包括国家工商总局等,听取他们的意见。后来各个部门的意见基本一致,说这一条确实脱离实践,完全应该改掉。国家工商总局说,这一条在他们工作当中很难执行,操作性不足。最后把转投资限制给拿掉了,呈现在我们面前的新《公司法》中已经看不到任何限制的字眼了。大家可能还会说,都不见了你还说它干嘛,说了半天没用啊。应该说这条虽然取消了,但再提它还是有用的。一个重大改变的背后隐藏着一个真实的法理和我们对法律的认识,不是说取消了就没有意义了。假如足球比赛零比零,就白踢了吗?零比零也是一个结果,转投资限制取消了也是一个重大的突破,这是新《公司法》的第一个代表性的突破。

第二个是关于法定最低注册资本额的降低。新《公司法》颁布以后,媒体上报道最多的可能就这几个:标题是"现在三万块钱就可以办公司了","一个人就可以办公司了","人人都可以当老板",最低资本额是一个很容易引起社会关注的问题,原来《公司法》的最低注册资本分别是有限公司10万、30万、50万,股份公司1000万。在修改当中很多人认为太高了,公司设立的门槛太高,应该降低,这次一步降到3万,所以很多人觉得吃惊,怎么会降这么多呀?有什么计算的依据、测算的公式吗?现在我跟大家说,这个数字很难说有什么具体的依据,很难用公式计算出来。国民生产总值有多少,中国13亿人口分配下来每个人的财富有多少,我们都没有做过这些计算。我们学校一个老师就说,这说明我国的《公司法》是没有通过科学合理的论证,是拍脑袋拍出来的。我不赞成这种说法,不是说没有公式的立法就很轻率。其实应该说也有论证,只不过它的依据不像数学公式那么具体、那么精确,其实即使在数学上我们也有模糊的论证,也有模糊的理由。至少我觉得有这样几个宏观上的判断和立法理由。第一,尽管我们以前规定最低注册资本是10万,但有些地方在新《公司法》出台前所谓的试点改革中,早就突破了《公司法》的规定,包括北京中关村科技园区就规定,公司注册资本最低是5万。前些日子我从上海回来,上海工商局近期落实了一个举措,他们也搞了一个公司改革的方案,把注册资本放低了,这就反映了现实对立法的需求。第二个考虑就是东部和西部发展的差异。我们国家这么大,经济发展不平衡,老百姓投资的能力和手中的资源是不一样的,而我们的法律是全国适用的,不仅用在东部,还用在相对比较贫穷的西部,就要考虑到西部投资者的投资能力和需要。北京、上海这种全国经济发达的地方你才定5万,到了西部定3万应该不算低吧?对西部地区3万块钱的规定就有充分的根据了。第三个,这样的规定实际上是规定了公司设立的基本费用和支出保障。设立一个公司,要租个场地,要雇人,要支付办公、交通、通讯的费用,两三万元的资金应该是最基本的。我想这样一个规定应该有比较宏观的考虑。当然就我个人的意见来说,在商法研究会向国务院提交建议稿中,我曾经主张最低资本一万。因为最低资本的规定并不是《公司法》的金科玉律,并不是《公司法》都必须有这个规定,其实很多国家的法律都没有最低资本问题。这里涉及更深层次的理论问题,就是如何认识资本的作用。在这个问题上,我自己有一个思考,也写过一篇文章《从资本信用到资产信用——公司资本信用的检讨》,发表在2002年的《法学研究》上。这篇文章中我提出了公司的资本信用和资产信用问题,我认为公司资本的高低没有太多的意义,或者说关于资本的问题主要不在于数额的高低,不在于高多少低多少一个的简单的数字加减,更重要的问题在于资本是干什么的,规定一个最低资本额的用途和功能是什么?我们国家的立法或整个《公司法》的学理基本上都贯穿着一种理念,就是资本信用,也就是把公司的信用基础建立在公司的资本上,认为确定一个最低的资本额,维持一个公司的资本,就可以保障公司的生产能力,就可以保障债权人的安全,在法律上就形成了一整套以最低资本额为基础的严格的资本制度。这么多的实践告诉我们,其实资本的作用是有限的,一个公司的生产能力及对债权人的最终保障远远不是最初的注册资本,而是公司实际上拥有的、所支配的、可以变现的资产。因为公司是用所有的资产在承担债务,而公司现有的资产跟当初的注册资本很可能是完全脱离了,一个资本一千万的公司可能会有一个亿的资产,反过来有一个亿资本的公司可能只有一千万的资产,用资本来判断公司目前的信用和能力,有的时候是完全失真的,是不能够正确客观地反映公司实际信用和能力的,所以我在文章中提出我们《公司法》的理念是不是应该从资本信用向资产信用进行转变,我们是不是应该从过多的关注资本信用转向对资产信用的重视和关注,我们是不是应该放弃以资本信用为基础建立的那套严格的资本制度,而重新建立一套以资产信用为基础的新的制度和规则?如果是这样,建立在资本上的那套制度,包括最低资本额,包括股东出资的严格限制,包括股份回购的严格禁止和限制等等,都是可以放宽甚至取消的,这就是为什么在很多国家的《公司法》中没有最低资本额的规定。我们知道,在美国,在香港地区,《公司法》是没有最低资本额的要求的。在理论上,在这些国家和地区就算是办一美元一港币的公司都是可能的,难道在这些地方的公司没有信用的吗?债权人没有保障吗?恰恰相反,他们比我们的信用要高,比我们的保障要更有效。很显然,他们指靠的不是公司资本,而一定是资本以外的某种制度和机制,这就是我提出这一意见的根据,这就是我提的没有最低资本,有一万元也行的道理所在。当然,一万元说说而已,三万块钱已经很不容易,立法过程中我们一直担心,会不会又给改了。到了法工委的时候确实有人说太低了,当时有些意见是一定要改到 5 万或 10 万,最后能确定为 3 万应该说确实是一个很不容易的突破,在它的背后一个是刚才我们谈到的鼓励投资的指导思想起到了很大的作用,另外一个是大家对资本作用的重新认识。

  第三个问题是股东出资形式,股东可以用什么来出资。原来的《公司法》实行严格的法定出资,不是根据股东有什么,公司需要什么,而是法律一刀切,规定了五种法定的出资方式:第一是货币,第二是实物,第三是土地使用权,第四是工业产权,第五是非专利技术。那么除此之外是不是就没有其他的投资需求了?不是的。在现实当中我们看到很多的投资者有很多的其他财产、其他资源是可以投资的,而公司的经营实际上也是需要这些其他投资资源的。股东愿意投入,公司愿意接受,但是法律没有规定。这些投资形式当中我们见得最多的,实践当中表现得最突出的,莫过于股权和债权。很多人说我没有货币,我没有实物,只有对外投资形成的股权。股东权益有没有价值?当然有价值啊。我投资的时候是一千万,现在说不定增值到两千万了,也可能贬值了,但不管怎样,它总是可能有价值的,那么能不能投入到公司去呢?又比如说债权,我没有钱没有物,但是别人欠着我的钱,我有一个一千万的债权,我能不能投入到公司去呢?这是股东的需求,公司也愿意接受,但是法律上没有依据。这就产生了现实和法律的又一个经常性冲突,而且这个冲突是特别普遍的。尤其在我们国有企业改制过程当中,很多国有企业经营不善,要改制组建一个上市公司,要剥离它的优良资产,优良资产由什么构成呢?当然最好的资产就是货币,真金白银啊,但是咱们的企业最缺的就是现钱。工资都发不出去,看着资产很多,但是流动资金没有,拥有的实物常常是破旧的厂房、落后的设备、卖不出去的产品,根本不值钱。但这时它可能有很大的对外投资的股权,或者债权,这是很多国有企业在改制组建时占相当大比例的一种出资形式,法律是没有规定的。很多公司这么做,严格来说存在着很大的违法嫌疑。实践当中也有很多当事人打官司,告对方出资不到位、出资不合法或出资无效。除了股权和债权之外,还有没有其他出资形式呢?还有。比如说经营权、采矿权能不能出资?要办一个矿山公司,这个公司最必需的资源不是钱,不是设备,最需要的是采矿许可证,这不是谁都能拿到的。我没有别的,就有一个采矿证,价值连城啊,这是公司所需要的,但是法律没有规定。又比如说高速公路的收费权。首都机场的公路,一年收入几个亿,这个收费权比什么都管用,肯定能收到钱的,当然也有价值了。在现实生活当中你会发现有很多的财产、很多的资源都是可以投资,公司可以利用的,但我们的法律把它框死了,因此在股东出资方式问题上,现实呼唤着法律的突破和改革。

　　那么怎么改呢?在国务院法制办起草的草案提交给人大的过程中只做了一个适当的放宽,也就是除了原来的五种之外(当然把工业产权改成了知识产权,也包含了著作权),另外一个变化是增加了股权,本来是打算增加两个,股权、债权都有,结果在债权的讨论过程当中遭遇到了反对的意见。有的人说债权出资后找不到债务人了怎么办,这样怎么能出资呢?所以就把这个内容给否了。但是另外一个突破很重要,就是之后加了一句话,不是章程另有规定的除外了,而是"等法律法规允许的其他形式",也就是给其他的立法留了一个口,那么将来别的法律规定可以做出规定,比如说矿产资源法当中规定采矿权可以出资,承包经营权的立法当中规定承包权可以出资,那就可以了,在这留了这么一个活口,使出资形式有了弹性。到了全国人大法工委审议的时候,我们非常高兴地看到在这个问题上又有了进一步的突破。这个突破不再是简单的加一种或减一种的变化,而是做一个立法技术的调整,不再简单地列举哪几种形式,而是将列举和抽象出资标准相结合。列举了四种,比原来还少了一种,同时增加了两个特别重要的法律要件,第一个是股东的出资可以用货币估价的,第二是可以依法转让的。只要具备了这两个要件就可以作为合法有效的出资。这就把股东出资的形式完全放宽了,把这个标准的判断交给了公司和股东,当然也需要相关的中介机构的评估技术来解决。只要能够用货币估价,只要能够依法转让的都可以作为有效的出资,这就使公司的资本运作具有了更大的弹性,这就是关于出资的形式问题。

要说的话还有很多,比如劳务能不能出资,信用能不能出资,在这些问题上比前几种还难达成一致,学者之间往往会发生尖锐的意见冲突,而我本人是其中的少数派,是被多数人否定和攻击的对象。我认为劳务和信用同样也可以出资。出资是干什么的?出资就是确定股东的股权,从而确定股东之间利益分配、权利分配的依据,就是你凭什么有50%的股权,你凭什么有30%股权,这个依据就要根据出资。至于出什么,应该根据公司的需求,根据股东的需求。股东拥有,公司需要,就可以。办公司不是有一句话"有钱出钱有力出力"吗?你有钱你出钱,我有力我出力,我这力不是一般的劳力,不是出苦力,我出的是很高的经营能力,高智商的劳务的管理。我以我15年的劳力来出资行不行?有什么不可以?我愿意,公司需要。有什么不可以呢?信用也是一样,大家可能会说,信用怎么出资呀?很多人特别是实务部门的人听起来很新鲜,说我没看见信用在哪儿,更不用说用来出资了。其实信用出资在现实生活当中是经常可以看得到的。我给大家举一个生动的例子,大家就可以体验到什么是信用出资了。1999年《合同法》颁布的时候,整个社会都在学习《合同法》,很多单位都在办培训班。办班当然有两个目的:一是社会效益,二是经济效益。当时我想大家都在办培训班,那么我们学校是不是也应该利用这个机会呢?因为我们有很丰富的资源和得天独厚的条件,我们有好几个老师参与《合同法》的起草,特别是我们的江平教授是《合同法》起草小组的负责人。如果要办班的话我们是最有条件的,对不对啊?那么我们要怎样办班呢?前期的投入,做广告,还有很多的办公费用,要花各种成本。但是不发广告就招不到学员,就是说一定要投资,怎么办?我们就搞一个投资,类似于合伙的形式,我们赚了钱以后,除了教研室留下来作为大家共同事业发展的资金,其他的我们可以在老师之间分配。这样我们的老师就要出资,大家以一千元为单位,一股一千元,到时候赚了钱我们就以这个比例来分配。但是这就涉及一个问题了,我们办班一个重要的条件就是要充分利用江平教授的影响力,我们要在广告当中特别突出地写明,本培训班当中有担任《合同法》起草负责人的江平教授担当主讲,这是我们对外招生最有利的一个旗号了,大家说管不管用?管用!就是因为有了这个优势我们才敢办班。我们赚了钱要在出钱的老师之间分配,那么将来给不给江老师分配呀?他来讲课给他讲课费,但是他除了讲课之外是不是也应该参与分配呢?分配就要出资的,我们是不是也叫江老师掏点钱?想了半天实在不好意思开口,要他老人家给我们讲课已经是对我们最大的支持了,还要人家来掏钱,这太不近情理了。这钱不能掏,但要分配,凭什么?要说的话就是信用,他无形的影响力。当然这个信用不一定是商业信用,而是学术的影响力,这对我们办班是一种资源,为什么不可以做出资呢?我们的法律不同意,法律不允许信用出资。但是信用的出资是存在的,在生活当中有很多这种现象。不过新《公司法》在这一点上没有突破。新《公司法》要求财产要能够依法转移,而劳务和信用是难以转移的,它附载在人的身上。所以法工委开会的时候,当时有一位入会的同志就问,可以用货币估价,可以依法转让的非货币财产是不是包括劳务和信用?法工委同志马上说:没包括!没包括!劳务信用不在内。意思是如果把劳务和信用包括进去这一条就通不过了,至少现在很多人接受不了,这就需要我们在未来《公司法》理论上作进一步的论证、突破,并且能够形成一定的共识,才可能最后变成立法的一个方案。这是关于出资的形式问题。

另外还有一个出资的比例结构问题。原来《公司法》规定,无形资产在整个公司资产总额中不能超过20%。所谓无形资产就是工业产权、非专利技术。1999年《公司法》修改的时候把这一条作了松动,允许高新技术的出资可以到35%。但这远远不够,在现实当中很多公司的设立,股东的投资安排,这一条规定是不能满足的。有很多高科技公司,无形财产出资的一方要求更高比例的股权。我举一个跟北大有关的例子,五六年前北大校办产业公司跟山东的一个公司要办公司,开发一个专利技术产品。校办产业公司有技术专利,山东那边有钱。双方协商:你付钱我出技术,股权比例各占50%。双方完全同意,但是在最后制作法律文件的时候就遇到了障碍,因为按照《公司法》的规定,技术出资最多20%,就算是高新技术也不能超过35%,这就决定了北大校办产业股权的比例最高只能是35%,想要拥有50%的股权,就要另外掏钱,另外出实物或者别的途径。但是当时的约定是50%,要北大校办产业掏钱不可能,我没钱,有钱我也不愿出,我就要50%的股权,再少了我不干。怎么办?山东公司也不愿意,后来只能进行法律的设计,先让山东公司借钱给北大校办,然后以北大校办的名义投入,公司设立后再另外掏点钱买这个技术,买了技术以后再把钱返还给山东公司。或者山东公司免除北大校办债务,或者双方约定山东公司替北大校办出资,总之要做各种各样的设计。设计了一大圈发现肯定是有漏洞的,搞不好哪一环节出了问题,过后就有纠纷,搞不好一方反悔了以后就无效。所以当时我就想,无形资产出资比例问题能不能交给当事人自己来安排呢?为什么一定要严格限制呢?这次新《公司法》修改又一个突破是,把无形资产出资的比例彻底删除了,20%、35%都没有了,唯一留下来的一个限制就是公司股东货币出资的比例不得低于资本的30%,就是只要有30%的货币,就能保证公司的资金流动,其他的不作任何限制。理论上,其他70%可以全是无形资产。

关于突破与创新,我想来论证我说过的一句话,新《公司法》是目前世界上最现代化、最先进的《公司法》之一,在某些方面我们的《公司法》可以引领21世纪《公司法》改革的潮流。这确实是有根据的,别的方面我来不及论证,但我觉得至少有三个方面:第一个方面就是刚才说的股东出资的问题。我们接触了很多国家的公司立法,有的国家没有规定,有的国家规定了但列举很杂,没法把握,我国新《公司法》把列举规定和抽象标准结合在一起,这在各国立法当中是很有创新的,至少在我们看来是最科学合理也是最易于操作的。第二方面是一人公司问题,这是《公司法》修改争论最激烈的问题。在《公司法》修改之初就有不同的意见,并且一直伴随整个公司立法的始终。一直到全国人大第二次审议的时候,很多代表都提出了异议、怀疑,甚至完全反对,反对之声一下子就高涨了。他们说现在成立一人公司太危险了,我们国家市场经济还不成熟,社会信用还非常低下,很多人不讲诚信,在这种情况下把一人公司再引进来,会导致经济生活进一步混乱。很多人担心一人公司会被投机者所利用,谋取不当的利益,损害债权人的利益,破坏交易安全。因为一人公司很可能会一个人操作,一个人控制,一个人说了算。当时觉得这个条款的修改悬乎了。但是后来从法工委的同志了解到,问题不大,尽管有部分代表反对,但是多数代表还是接受的。那么对于一些代表的疑虑、担忧,我们是不是采取一些补救方式来解决呢?这就使得在最后审议之前,在一人公司一节加上了一条:公司的股东必须证明公司财产和个人财产的独立,否则就要对公司债务承担连带责任,这就是举证责任的倒置。本来公司登记注册成立了,财产当然独立了,这是不言自明的,一般的公司是不需要证明的,唯独对一人公司作了例外规定。如果一人公司股东不能证明财产独立,就要追究他的连带责任,这是一人公司股东很大的、很重的义务。这一条从理论上来评价,很多学者觉得不可理解,有很多学者也不赞成,但是从实质考虑,这一条看来又是很必要的、很现实的,它彻底解除了一些反对意见者的疑虑。因此到了第三次人大会审议的时候,反对的声音基本上都没有了。

现在我们整体来看中国的一人公司制度,我自己认为它具有很强的创新性。在整个制度的设计上,在各国的法律当中是独树一帜,有鲜明特色的,有可能会引领一人公司立法方面的潮流。我们以前都是看美国、德国、日本怎么立法,现在也可以让它们看看中国怎么立法。在一人公司立法上我们确实有值得评价总结的地方,那么它的创新表现在什么地方呢?我国新《公司法》对一人公司不仅仅是一般性的承认和认可,承认一人公司不是最先进的,很多国家也都承认了,承认只是顺应了一人公司的国际潮流。我们的创新在于承认的同时设计了一套针对一人公司特有的制度和规则。我们根据一人公司的特点,根据它可能产生的弊端和副作用,给它施加了一些特别的法律限制。在立法体系上我们在有限公司部分把它单独立为一节,加以专门的规定。我们的立法体系、实际内容和规则、义务和责任构成了一人公司独特的制度安排,这在其他国家中是没有的。立法当中我们做了一个课题,收集了二十几个国家和地区的《公司法》。有关一人公司问题,有些国家根本就没提,没有设计;有的国家尽管规定了,但是寥寥几句话;有些没有直接规定,只是字里行间、上下条文的逻辑中可以推出是承认一人公司的。没见到一个国家对一人公司做一个专节的规定,对一人公司建立一个专门的规则,对一人公司施加特别的限制,特别是没有举证责任倒置的安排。而在我们国家这样的社会环境下,这些制度的安排却是有其合理性的。比如说一个自然人只能办一个一人公司,该一人公司不能再去办另外一个一人公司。一人公司在注册当中,营业执照必须写明是自然人的还是法人一人公司,以告诉交易对方,公司的唯一股东是个人还是法人。因为在现实当中我们知道个人的信用和法人的信用是有很大差异的,你要跟一人公司打交道的时候,如果知道它是自然人办的一人公司,你就要格外的谨慎,要对他的信用进行更为严格的判断和审查,要对自己所要遭遇的风险有一个充分的认识和判断,这是对的。又比如说,一般的公司注册资本是3万,但是一人公司的注册资本是10万,抬高了门槛,很多人就反对,很多人说两个人办公司只需要3万,一个人办公司就变成10万了?这正是针对一人公司的特殊情况,为了防范一人公司被滥用,为了防范过多的个人投机而对他施加的一种特别限制。这些都是关于一人公司的特有规则,在这一方面中国的立法在世界各国确是独树一帜。

下面再说《公司法》引领世界立法潮流的第三个问题,法人人格否认制度,在理论上也称为揭穿公司面纱制度,这是《公司法》当中非常具有特色的一个规则制度,它是在西方特别是美国法中形成和发展起来。这个制度的核心内容是一方面承认公司具有独立人格,有独立的财产,承担独立的责任,股东承担有限责任,另一方面在股东滥用自己的人格,滥用股东有限责任情况下,赋予法官裁判权,可以在个案当中否定法人的独立人格、独立责任,揭开公司的面纱,追究背后股东的责任。这条规则在其他很多国家已经有很多年的历史,在我们国家这些年来《公司法》理论研究中也较多,大多数意见都是赞成的,都认为中国早该引进这个制度了。那么这一次《公司法》的立法也就把它提到了立法的日程上,但是在立法过程中引起很大的争议。在去年10月国务院法制办和上海证交所举办的《公司法》国际研讨会上,当时我们的很多学者在讨论法人人格否认的时候,有几位先后发言,对法人人格否认持怀疑、否定、保留的态度,不太赞成把它规定到《公司法》当中,反对的理由有很多,我记得很清楚的有几个:第一,法人人格否定在美国实践当中是一个判例法的规则,没有变成一个成文的法律条文,没有上升为一般的法律制度。我国把它变为一个正式的法律规定,没有先例。第二,就算在一些国家有这样的规则,实践当中适用非常严格,非常少,我们国家为什么要用呢?第三,如果这条规则变成规定的话,会不会导致法官对这些规则的滥用?本来我们要解决的是法人人格的滥用,会不会形成一个法人人格否定规则的滥用,动不动法官就把《公司法》人人格给否了,动不动就把面纱给揭开了,有事没事就追究股东的责任。我们中国几十年来好不容易建立的法人制度、独立人格、有限责任制度会不会被这条规则破坏、摧毁了?这是他们不赞成的原因。我记得在那个会上我发表了相反的意见,我觉得不能这么看,这几条理由都不足构成否定的理由。第一,美国是判例法国家,中国是传统的大陆法国家、典型的成文法国家,美国可以拿判例法来用,中国哪有判例?我们没有成文法的制度,我们就没法适用这个规则。别的国家没有立法规定,我们中国法律可以去突破,可以去创造,把它变成一个成文法,在法律上做一个系统完整的明确规定,这恰好是最符合中国国情的一种需求。第二,我们不了解国外到底存在多少滥用有限责任损害债权人利益的情况,但至少可以肯定地说,在中国,法人人格的滥用和有限责任的滥用是普遍的、广泛的、严重的,很多公司名义上注册法人了,实际上公司与股东根本不分。平时经营赚了钱的时候,公司和股东未能区分,公司的财产被股东任意地占用、使用和转移。赚了钱后股东任意支配盈利。什么时候独立了呢?赔钱的时候独立了,破产倒闭的时候独立了。这个时候才说,公司是公司,我是我,这个时候受损的是债权人,债权人只能无奈地叹息。一方面公司独立人格制度确实有重要的价值,但另一方面,也可能有非常不合理的结果,导致公司被滥用。因此,在中国,法人人格否认制度如果要适用,绝不是个别的,一定会有相当大比例的案件,因为我们的滥用实在太严重了。当然,经过一段时间的适用以后,滥用公司人格的行为可能会受到遏制,逐渐地减少。但至少在我们还没有建立这条规则之前,我们所见到的法人人格滥用非常普遍。第三,这条规则会不会被法官和当事人滥用?这的确是很多人非常担忧的问题,包括全国人大法工委、国务院法制办的同志,一方面引进了这条规定,一方面心里又有点不安,不知道这条规则引进以后会出现什么后果,会不会被我们的法官滥用,会不会被公司的股东滥用?前几天商务部召开了一个中日《公司法》研讨会,来了几位日本的学者和律师。当时一位律师提了一个问题:中国《公司法》法人人格否认的规定我们觉得很好,但是有一点我们很担心,这条规则是否会成为中国的股东动不动就追究外方投资者责任的一个依据?我们在中国有很多合资企业、合作企业，会不会中国股东动辄说外方滥用股东资格，中国债权人动辄就以此为理由追究外国投资者的连带责任？本来我们投资了1000万，最后被追了5000万的责任。外国投资者看到这个就害怕，特别是官司在中国打，法院在中国土地上，他们对中国的法官能不能公正执法，也是有很大的疑虑的。说实话，这也是我们所有的《公司法》学者和立法者很关心的一个问题。这个律师最后提出："这条规则能不能对外国投资者不适用？"听起来很荒唐，我们当场就反驳他，这是异想天开。当时我们说你们的担忧可以理解，但不对外国投资者适用是不可能的。有一点我们确实要重视，正如当时法工委同志做的一个说明：这条规则我们一定会充分地进行研究，谨慎地适用。我们在《公司法》颁布以后准备进行相应的司法解释，特别要对这条规则的适用，总结以往的经验加以严格地限制，防止出现滥用的情况。这是《公司法》在国际创新、引领世界潮流方面一个重要的规则。这种先进体现在把一个司法的规则上升为法律，同时不是简单的只言片语的规定，而是对它做一个周密完整的设计。这是我今天说的第二个大问题，就是在具体制度和规则上的创新。

我今天主动要说的就这么多，下面我们留点时间给有问题的同学来提问。

主持人：
我们先请甘老师来点评一下。

甘培中：
我简单地讲几个问题，我非常赞成赵教授今天讲的内容。会议上我经常跟他吵，我感觉我当时是特别地担心民商法的这几个人要把事搞坏，我一直是这个心态，我今天是第一次讲这句话。一个是赵老师，还有一个王保树老师，这几个人根本就没有刹车。国家能不能够把握，能不够拿捏得住？一个制度推出来了以后会不会出现混乱，那个时候就不好收拾了，所以我自己是不是该起一个刹车的作用？今天赵老师所讲的，总体来说我们的观点很一致，很多情况下我比他更激进，但我保守的方面又非常保守。我感觉跟赵老师一样，就像十月怀胎的母亲终于看到呱呱的婴儿那种喜悦的心情，心里很高兴，溢于言表。我这两天到外面讲课也好，自己写文章也好，也是这个心态，高兴得不得了，晚上想想真愉快，就是这样的感觉。

关于引领世界潮流的评价，我认为非常到位。我这里再加一个佐证，派生诉讼在国外（比如日本）的规定都是股东对董事不满的时候才可以进行。但我们中国还有一个问题，政府侵犯了公司的利益，公司的管理层考虑方方面面不敢起诉政府，或者与第三人有关联交易，公司放弃诉讼，那么股东能不能去起诉第三人呢？这个问题在立法上有过很多的讨论，国外都没有规定。你们现在看，第三人在我们《公司法》引进进来了，这个在全世界现在找不到第二个立法的根据，我佐证赵老师的观点，我觉得有四个方面的突破是很坚定的。当然我们也看到，比如说韩国，注册股份有限公司的时候，也是一个人可以设了，同时股份公司资本金将近四十万人民币。但是环境还不一样，我们的先进是立足于我们国内的具体情况，我们才搞了十来年的《公司法》，这是不一样的。我还有一个新的看法，我觉得从设计上看，《公司法》权力的平衡，债权人、大股东、小股东他们的利益平衡的细微拿捏和互相制约的安排等方方面面，中国《公司法》给中国的政治体制改革提供了一个典范，下一步我们应该往这个方向走，国家权力在配置、在调整的时候应该以中国《公司法》为样板去设计。前几天我去国家工商总局参加一个和国务院有关的会，会上我讲了这个观点，王老师说我这个观点很新也挺有意思。这是第一个点评。

第二点，赵老师对《公司法》修订的理念和价值，我认为总结得非常到位，很合适。

第三点，我本来想反对一下的，结果我发现赵老师后边补上来了。现在《公司法》注重任意性规范，应该让股东有很多协商的空间。我数了一下，有限责任公司里面允许自治的条款有十四个，股份公司里面允许的有九个，但是我同时也强调《公司法》还有一个强制性的要求。为什么要强制呢？中国的股东对《公司法》的理解不像我们这么深刻，他们有时很盲目的，那么他们就需要律师的帮助，尽管有律师的帮助，也可能做得不到位。所以在公司设立的时候，假如没有指引和规范可能会出现乱七八糟的情况，在中国现实里，要通过强制性的规范去赢利、去致富。辅导股东们的一些基本规则都有一个过程。

还有一点，你刚才说了章程要灵活一些，我也同意你的观点，但是过去我们公司的章程都是死搬《公司法》上的条文。有一次我们有一个专家的案例讨论,讨论到公司章程怎么规定的,结果发现一些公司的章程把《公司法》原原本本抄了过来,那就等于没规定。

第四点,我们过去的强制性规范太多了,让人感到不舒服,感到很压抑,感觉是政府的权力过大。23日我从工商总局开会回来后,感觉工商总局现在在大规模地往后撤。怎么撤呢?现在公司注册的时候核准制就没有了,凡是核准这两个字全部删掉了。公司设立的时候,仅仅是企业名称的预先核准。工商局尽量地避免责任,推进一种制度的改革,是股东们在设立公司,不是工商局准许股东办公司,这个认识已经产生了。

还有赵老师刚才提到的信用投资和劳务投资。那天很有意思,王保树老师发言,叶林插话,他们两个都说,信用里边很复杂,可能包括信用投资、信用交易,不仅仅是某一个人承担债务的资信良好,人格人品的问题,所以信用也可以投资。但是我们底下工商局干部有大学毕业的,有大专的,也有复转军人,他们遇到这么复杂的问题怎样解决?我就马上表态,我说我反对王老师和叶老师的观点,在我们这个层面讨论信用问题说不清楚,放到底下的工商局怎么掌握?有的人说我的信誉很好,给我估价,30万50万,你怎么衡量?还有人提出来劳务能不能投资?前面提到标准是,依法可以以人民币来估价,而且能够转让的。问题是你拿你的信用来投资了,最后公司要倒闭了,债权人如何将你的信用变现?比如中央电视台的主持人朱军,到某个地方主持节目,比如婚庆或者大型的活动,以20万出资费,最后算钱的时候怎么算?所以我是反对的,工商局跟我的观点也是一致的。有的老师后来提了这样的观点,如果以这些方式出资就让他提供保证。有些演员、模特,用她们的轮廓和漂亮的身段来出资,公司是方便了,但是债权人怎么实现自己的利益呢?可以作一个担保,凡是评估了价格的那一部分你保证拿现金作为担保,可以让债权人拿走。这么做是好,但问题是在中国《公司法》还要设一个保证公司,像香港地区一样,做不到又很难调整。所以现在大家考虑信用、商誉、个人技能都不能给公司出资,我认为这几种都要限制一下,工商局现在对此很担心。

我还想总结一点,这一次《公司法》的修改为什么让那么多人喜悦和高兴呢?我认为法工委和法制办的领导非常开明,政府搭了台,让专业人士来唱戏。专家们的意见不一样,但是大家都能找到一个最小的磨合点。各学校的老师包括外地的老师发挥的作用非常大,而且领导反复听取意

见。之所以做得这么好,就是因为政府干预比较小,我觉得讨论的时候主要是专家们的意见。

我就做这样一个点评,非常感谢赵老师!下面请同学提问。

现场答问

问:赵教授您好,您作为立法者,有一些内部的问题要比我们同学了解,那么在立法当中涉及您自己的利益,或者是与你们自己的利益相关的时候,你们这些立法者是否还能站在客观公正的立场上?

答:首先,我得先说明我和甘老师都不是立法者,我们只是有机会参与立法,能够贡献一些意见。如果说立法当中涉及一些立法者的利益,刚才甘老师也说了立法可能会涉及一些部门、一些群体的利益,对我们这些学者来说没有任何关系。允许办一人公司,但我们自己也没有要办公司,所以不存在学者和专家利益上的冲突,不存在利益上的考量。

问:刚才甘老师说,赵老师作为一个民商法学者,甘老师作为一个经济法学者,在理解《公司法》的时候视角可能会不一样。那么我就想问一下,当你们在处理一些技术问题的时候,作为一个民商法学者和一个经济法学者考虑问题的视角会有什么样的不同?

答:刚才甘老师说我们是两个不同专业的学者,可能会有一些价值取向或者理念上的差异。我觉得有的时候可能会有,不过就算有也不只是在民商法和经济法两个学科上存在,同样是民商法或经济法学者一样会有分歧。民商法相对于经济法来说可能更崇尚民主、自治,所以甘老师担心我们可能会放得太开,完全失控。作为经济法学者潜意识里可能有更多国家和社会的利益、宏观控制的东西在起作用。在这一些方面可能会有一些不同,但是我们大家可以通过充分交流,能够在理念上,在一些具体的问题上达成一致。

问:这次《公司法》的修订工作中,对《公司法》人本身和股东本身的财产权有什么比较清楚的界定吗?

答:刚才说了《公司法》的突破问题,还没有具体说这个问题。原来的

《公司法》在这个问题上是模糊的,甚至是错误的。模糊,就是它没有明确规定股东对整个公司财产的所有权;错误,应该说这是一个立法的失误,它规定了公司中的国有资产所有权属于国家,这就造成了根本上的冲突。一方面公司应该对财产有完全的处分权,另一方面又完全属于国家。原来《公司法》在这一点上的规定一直受到学者们的质疑和批评,我也认为这是一个应该彻底消除的错误,一个立法上的缺陷。这次《公司法》的修改,虽然没有明确规定公司对财产享有所有权,而是依然沿用原来法人财产权的概念。但是在理论上,我们认为应该把法人财产权解释为:物的财产所有权和非物的财产所有权及其他财产权利。这次《公司法》修改的一个变化就是把公司中国有资产的所有权属于国家这样的表述给拿掉了。拿掉这个意义重大,它彻底消除了在公司产权关系上存在的模糊甚至错误的认识。

问:赵老师您好,我想请您介绍一下,这一次《公司法》的修改关于有限责任公司股份转让时优先购买权的问题。我粗略看了一下,这次修改操作性是细化下去了,但是您觉得这种细化有没有解决优先购买权价格形成机制的问题,有没有实际操作性?

答:这的确是实践当中存在的,在优先权的问题上,经常出现价格协商不一致的冲突。应该说在这个问题上,新《公司法》本身并没有做出太具体的规定,基本上是将原来的规定拿过来。那么对于你说的这样一个问题,我觉得更多的是一个实务操作当中如何实现股东优先权的问题,如何来设计一个更合理的规则。比如你刚才谈到以怎样的价格优先,有可能会陷入一个很难操作的情况。如果价格实在谈不了,那么去拍卖好了。股权要拍卖,拍卖的时候股东也有优先权,但是优先权怎么处理呢?所以我觉得这应该是一个实务操作中注意解决的问题。比如说在拍卖上,是不是应该这样解决,当在进行股权拍卖的时候,就应该明确告诉所有的竞拍人,这是一个附条件的竞拍,也就是出最高价的竞买人还要服从于其他股东的优先购买权,也就是只有在其他股东不行使这个权利的时候,你才可以以这个价格来购买,但是如果别的股东要以这个价钱购买,你并不能当然地成交。这就是我认为在股权交易当中会出现的一个很特殊的情况。

问：请教赵老师一个问题，关于货币资金出资不能少于30%，这对于以前的《公司法》是一个突破。但是有没有这样的规定，无形资产出资不能超过70%？

答：规定了货币出资的最低限额，反过来对无形资产的投资肯定构成了一个最高比例的限制。谢谢大家！

（2005年11月30日）

我们永远在路上

■ 王春芙

　　王春芙,1949年出生于海南琼海,1970年参加工作。1982年中山大学中文系毕业后就职于中共广东省委宣传部新闻出版处,历任科员、副科长、科长、副处长、处长。1996年进入南方日报社工作,多次获国家级、省级新闻奖项。现任南方报业传媒集团党委副书记、管委会副主任、副总编辑,兼南方都市报系总编辑、南方日报编务委员会委员,并担任广东省新闻学会副会长、中山大学及华南理工大学兼职教授。

各位老师、各位同学:

　　大家好!有机会在北大跟各位老师和同学交流,我感到很荣幸!刚才我们社长范以锦同志已经把南方报业传媒集团的有关情况很简要地向大家做了介绍。我下面着重向大家介绍《南方都市报》的情况。大家都知道,我们集团有七份报纸、五份杂志、一个出版社和一个网站,《南方都市报》就是南方报业集团七报中的一个子报。《南方都市报》试刊于1995年3月30日,正式创刊是1997年的元旦,从1997年元旦到现在刚刚走过了八年多一点的日子。但是正如刚才我们的社长所介绍的,尽管才八年多,《南方都市报》发展得比较好,迈出的步子比较大。根据北京慧聪咨询有限公司的调查,南方都市报去年的整个广告营业额排在全国第三名,今年1到8月份仍然排在全国的第三名。今年的8月5日,国家新闻出版总署在北京召开第二届中国报业竞争力年会,在这个年会上发布了全国晚报和都市类的报纸竞争力20强的排行榜,南方都市报排在20强的第二名。第一名是上海的《新民晚报》。

　　大家都知道广州的报业竞争很激烈,这里有三大报业集团:那就是南方报业传媒集团、羊城晚报报业集团、广州日报报业集团。每天出版七份日报,其他还有周二报、周报等等,加起来整个广州地区的报纸总共十几家,竞争是异常激烈的。但是为什么在短短的八年多时间内,《南方都市报》还是能够脱颖而出,跻身全国报业前茅呢?我们认为最根本的有三个原因。第一是有一个先进的办报理念。第二是有一支朝气蓬勃的新闻队伍。第三个是有一个优秀的企业文化。

首先,说我们的办报理念。

也就是这么一句很不客气、很不虚心的话——办中国最好的报纸。本来这句话是在2001年才提出来的。在2001年以前我们还不敢提出这么一个口号,但是2001年,当我们各方面都慢慢壮大起来以后,我们就大胆地提出"办中国最好的报纸"这么一个办报理念,这个口号原来只是想作为一个当年的办报口号,但是后来就变成整个《南方都市报》的核心口号、办报理念。这个口号刚提出来的时候,我们广东有一个新闻界的老前辈(这位老前辈就是去年刚刚去世的原来《羊城晚报》的总编辑许实同志,也就是专栏作家微音先生)就曾经很不客气地问过我:"小王(尽管当时我已经五十岁了,他还叫我小王),你们是中国最好的报纸?你们都市报这帮小子是不是太狂了点啊?"当时我就说:"老先生您先别急,我是办中国最好的报纸,这是一个动宾结构,这里的动词很重要,这个'办'字很重要!中国最好的报纸是我的奋斗目标,至于什么时候办到了,成了,让广大读者去评说。我现在尽管去办,去实践,去努力,去奋斗,如果用英语的话就是要用 ing,现在进行时。是在 doing!我们现在去做这事,什么时候办到了,让读者去评说,也请您老人家评说。"我这么说以后,微音老先生说:"呵呵,你这么说才有点道理。我相信你们有一天可以做得到的。"微音老先生是这样鼓舞我们的。微音老先生对《南方都市报》的成长给予很大的帮助。他是一个专栏作家,每天在《羊城晚报》开辟的"街谈巷议"专栏上发表时事评论,大家很关注它,所以微音老先生去世的时候,《南方都市报》专门隆重地发表一篇社论《微音绝响,正气长存》来纪念这么一位老先生的去世。一份报纸用一篇社论的形式来纪念一个报人的去世,在中国的新闻史上,我不知道有没有,但是我们就这样做了,这也是对这位老先生的支持和怀念。

我说办中国最好的报纸,我们是怎么办的呢?下面我想简单地举几个例子。看我们是怎么去努力,去拼搏的。大家也许还记得,2002年年底,当时人民网在强国论坛里发表过一篇长篇网文,叫做《深圳,被谁抛弃了?》。这篇文章洋洋洒洒一万多字,回顾了深圳特区成立二十多年的历史,分析目前所遇到的困难,也提出了许多值得探讨的问题。这篇文章在网上炒得沸沸扬扬的,一切关心深圳特区发展的人都非常关注这篇网文。《南方都市报》同样也很关心这篇网文,总想把这篇网文报道出来,把这个新闻做一下,但是苦于没有机会,一直不敢轻举妄动。到了2003年的1月6日,深圳市委召开扩大会议,在会议结束的时候,市委副书记、市长于幼军同志在总结讲话中提到了这篇网文,他说最近网上有一篇讨论我们深圳特区的网文,也许是爱之愈深,责之愈切,网文值得大家读一读。

市长在会上说的这么一些话,我们采访会议的记者很具新闻敏感性,"市长回应了这篇网文,这不是大新闻吗?马上给总部打回电话,于市长在会议上回应了这篇网文。我们要不要做?"结果我们第二天马上去做。把《深圳,被谁抛弃了?》这篇一万多字的网文,分成若干个问题,又针对这些问题作实地采访,连续一周把它推出了,引起了深圳特区的一场大讨论。于幼军市长看了《南方都市报》,让秘书给我们来电,表示想见一见网文作者,但当时我们也不知道这篇网文的作者是谁,网文的署名叫做"我为伊狂",也不知道是先生还是女士,我们也找不到他(她)。后来我们就在一篇报道中透露了于市长有意要见这个网文作者的信息。网文作者看到报道后,非常高兴,给我们发来了E-mail,赞扬《都市报》有勇气把网文登出来,了不起,于市长有勇气回应更了不起,愿意和于市长见面。凭着E-mail我们找到了网文作者,原来这位"我为伊狂"是一位二十七岁的小伙子,名字叫做呙中校。呙中校,他的父亲不知道为什么给他取的名字叫中校,可能他在部队永远是个中校军官(全场笑),但是他写的这个网文表露出来的是大将风度。最后我们促成了呙中校先生和于市长的见面。他们俩的对话很好,我们又用整整两个版推出这次精彩对话,整个报道持续了半个月,以于市长和网文作者的对话为结束。后来广东的新闻界包括一些研究新闻工作的同志都认为,这是《南方都市报》时政报道的典范,是帮助政府解决问题的非常成功的报道。我说这个例子无非就是说我们都市类的报纸在做时政报道的时候也是能够成功的,是精彩的,这是一个很有力的例子。

我还想用一个例子来介绍我们是怎么去做,怎么去努力的。我想大家还不会忘记2003年那场"非典"。广东是先受"非典"袭击的地方,春节刚过后,"非典"突如其来,我们毫无防备,整个广州地区非常紧张,我们做报道时也非常谨慎。当我们的抗非斗争正处在"非典"最关键的时刻,2月17日晚上,新华社发了一个通稿,说北京的专家已找到"非典"的元凶,也就是什么造成"非典"的,已经找到元凶了,叫做衣原体。广东是抗"非典"的第一线,以钟南山院士为首的一批白衣战士正战斗在抗非第一线,还没有找到非典元凶,而远在北京的专家居然找到了,当时我们接到通稿时,感到有点纳闷,马上拿着新华社的通稿去请示钟南山院士。钟院士戴上老花眼镜认真看了一下,想了一会,说了两句话:"肯定不是衣原体!但是是什么,我现在也说不出来。"钟院士真是一个不唯书、不唯上、只唯实的科学家,是一个实事求是的科学家。他敢于判断不是衣原体,但是是什么他确实还没找到。新华社说北京专家已经找到"非典"元凶衣原体,广东专家却说不是,这真是一个千载难逢的好新闻!我们敢不敢做?结果第二天,全国的报纸都是报道新华社的通稿,已经找到"非典"元凶,唯有广东的两家报纸说广东专家对此有不同的意见,还找不到。一家就是我们的母报《南方日报》,第二家就是《南方都市报》。这一天我们的报纸洛阳纸贵,卖疯了,可是社长和我的压力都很大,领导批评我们跟上面没有保持一致,但是后来的实践证明,我们没错,钟南山院士没有错,"非典"的元凶不是衣原体,而是冠状病毒,按照衣原体去治,死的人会越来越多。广东是发病率最高的地方,而死亡率是最低的地方。就是因为有钟南山院士这一批实事求是的医生战斗在第一线,结果死亡率才最低,钟南山院士没错,我们的报道也没有错。因此,当抗击"非典"斗争取得决定性的胜利时,省委进行了表彰,我们《南方日报》和《南方都市报》都被评为了抗非斗争宣传的先进单位(全场掌声)。

我们就是这样做新闻的,当抓住一个千载难逢的机会时,绝对别放过,一定要把它做出来,这也是对党、对国家、对人民生命财产负责的一个新闻工作者应有的品质。

我还想举一个例子,我们是怎么努力,怎么去做,怎么去争取办中国最好的报纸的,也就是大家熟悉的孙志刚案件的报道。那是2003年4月

25日,我们用两个版面发表了一篇长篇报道《被收容者孙志刚之死》。这篇报道的推出也经历了一场非常激烈的思想斗争。孙志刚是湖北的一个青年,2002年秋从武汉一所大学毕业。2003年到广州好不容易找到一份工作,在工厂当服装设计师。在2月份的一天晚上上街,身上没带身份证,结果给抓去收容了。先是被抓进派出所,接着送到收容站,第三是送去了医院,活着进去,换了三个地方,经历了三天,死了出来,就是这么一个很简单又很复杂的情况。他的老父亲带着他的弟弟从湖北老家来到广州,要给儿子讨一个说法,三天换了三个地方,活着进去,死了出来。到底怎么回事?他们跑了许多部门,都没有被理睬,要讨个说法就是没有一个地方给说法。一个农民好不容易培养一个儿子读了大学,刚刚毕业找到一份工作,就这样无缘无故没了,现在连讨个说法也找不到。有人指点他说,你去找报社吧,找《南方都市报》吧,如果报纸也不理睬你了,你就回家去吧。

《南方都市报》怎么能不理睬呢?!(掌声)我们的记者接到这样的投诉以后,义愤填膺,热血沸腾。记者就装成是孙志刚的远房亲戚,跟他的弟弟,哥俩扶着老父亲一个一个部门地找,去讨说法,整整跑了一个多月,还是没有说法。但是所有的线索和新闻材料我们的记者都找到了,整个事情的来龙去脉都搞清楚了。当时我们写这篇稿把住一条,不要说哪个部门打死的,我们现在找不到,只写三天三个地方,活着进去,死了出来,哪个人打死的,什么人搞的,我们都不要妄加评议或妄下结论,只要把整个过程写出来就可以了。所以经过周密的策划,后来就洋洋洒洒用了两个版将它登出来了。这篇报道出来后不得了,引起了全国的震动,也引起了我们党中央国务院的高度关注,实际上就是对《收容法》的否定。因此,报道在4月25日见报,6月8日温家宝总理就主持召开了国务院的最高会议,决定废除已经实行了二十多年的《收容法》,重新出台了一部《救助法》。从收容到救助,一个词的改变,却是一种实质的改变,收容就是看你不顺眼就收容起来,救助就是看你无依无靠,没吃没穿就给你救助。6月8日,还不到两个月的时间,党中央国务院就作出废除一部旧法规,催生一部新法规的决定,充分表明了我们这一届党中央和这届政府立党为公、执政为民的执政理念。当时还是全国"抗非"很紧张的时候,但是不到两个月的时间就把这事给解决了。后来很多人都说这是《南方都市报》的大胆之作,实际上我们仅仅是做了第一篇,如果说在中国的新闻史上还没有一篇报道能够废除一个法律和促成一个法律的话,《南方都市报》这篇报道仅仅是开了一个头,能够废除这个法律跟后面的跟踪报道以及大家的努力是分不开的,《南方都市报》不敢贪天下之功,占为己有。

我上面说的三个例子,无非就是想告诉大家,要办中国最好的报纸,就是要有敢于对国家、对党、对人民负责的精神。当重大新闻来临的时候,我们一定要站在党和人民的立场上,把这样的新闻做好,这就是我要给大家介绍的第一点——一个先进的办报理念。第二点,有一支朝气蓬勃的办报队伍。

这个队伍现在比较庞大,《南方都市报》现有三千多人,其中采编有500多人,行政也有200多人,剩下来的就是经营队伍。我们是搞自办发行的,发行队伍比较大,经营里就包括了广告和发行两块。在采编队伍这500多人中,现在一直保持着平均年龄大概28.2岁,每年我们集团都会从全国各高校中招聘一百到两百多名毕业生。而《南方都市报》往往要五十名左右,正因为每年我们吸收了那么多应届毕业生,所以一直保持着平均年龄大概28.2岁。采编队伍还是很年轻、很朝气蓬勃的,这帮年轻人怀抱着一个崇高的新闻理想来投奔《南方都市报》,而《南方都市报》又能够为他们提供实现自己新闻理想的平台。因此,这支队伍特别能战斗,特别能够发扬一种不怕疲劳、不怕牺牲、勇于作战的精神,在抗"非典"战争中表现出来,在抗洪斗争中表现出来,在遇到一些艰难险阻的新闻采访中也表现出来。既表现出那种大无畏的革命精神,又表了非常细致独到的思考精神。因此,这支队伍特别能战斗。这支年轻的队伍使整个南方都市报充满活力,也就是我们这份报纸能够成功的主要原因,正像我们社长所说的,南方报业正是由于不断培养人才,所以才使南方报业欣欣向荣,《南方都市报》也正是如此。这是第二个原因——队伍!

第三点,有一个比较优秀的企业文化。

在《南方都市报》这么一个三千多人的大企业里面,企业文化的建设是非常重要的。可以说,企业文化关系到一个企业的成败兴衰,有什么样的企业文化就可以成就什么样的企业。因此企业文化具体到我们这样一个报社来说,是至关重要的。我们这里所说的企业文化不是说那些唱唱跳跳,说说笑笑,而是贯穿在整个企业里面的一种非常核心的思想、理念或是一种文化氛围,这种企业文化的建立就决定了企业的成就,决定了企业的兴衰。《南方都市报》特别强调公平、公开、公正的氛围。在这里,任何事情都是透明的,从领导到员工,整个报社里的事务除了绝对保密的,除了一些企业秘密外,能够公开的,都要让全体员工知道,让全体员工参与决策。第二就是要以人为本,体现和谐宽松的工作氛围。在这里,报社要关心每个员工,培养每个员工对企业的忠诚度,员工要对你忠诚,首先你要关心员工,要以以人为本的思想来争取员工对你的忠诚度。而且要有宽松和谐的工作环境,让大家在这里能够人尽其才。我们特别强调能者上,庸者让,"搞搞阵"(搞是非)者没市场。来这里是搞事业而不是搞是非的,在这里有本事你就上,没本事的不能占着岗位。特别是搞是非的,今天打小报告,明天来领导面前搬弄是非,这肯定搞成一团乱,所以绝对不允许这样的风气在报社里蔓延,这条很重要。还有一条,英雄莫问出处,有为就有位。只要你是有作为的,你就能找到自己的位置。不管是北大毕业的还是人大毕业的,不管是大学生、本科生还是研究生。我们曾经用了一个高中生,他当时还担心自己没有大学的学历,让造假公司给他造了一个假学历。他很能写,1997年世界杯我们搞"舞文弄墨"这个专栏的时候,他是"舞文弄墨"的主要写手之一,整天都扑在电脑前,一天可以写一万多字。看一场足球,足球赛一停不到十分钟,他的足球评论就出来了,但是他是高中文化,怕我们不要他,所以他在社会上弄了个假学历。我们要调他的时候,打电话去问学校,查明他不是该学校的,他脸一下白了。后来我和社长对他说,你是高中就高中,我们也要你的,你会写文章我们就要你,何必一定要大学文凭呢?结果我们把他调过来当南方都市报体育部主任,后来我们成立了南方体育报,又提拔他当南方体育报的主编,所以英雄莫问出处,只要你有为就有位,只要你能够做得到,我们照样给你提供岗位。还有一条,就是我们社长说的用人要用在风华正茂时,不一定要等到磨去了棱角,到了四五十岁的时候才说这个同志不错,应该给他找个位置为他解决一下。"解决一下"好像是安慰奖似的,已经不是用人了。我们用人,大学毕业来到报社是驴是马,两三年就看得出来了。大概来到报社三四年后,你能够充当什么样的角色,坐什么位置,负担什么样的工作大概都可以看得出来。例如在座的这位宋繁银副总编辑,他是北大中文系的,1995年毕业,开始是当普通的编辑,1999年《南方都市报》开辟一个长达一年的专栏,叫做"一日看百年",每天用两个版回顾20世纪里面一百年的历史事件。这个版中还要有一篇非常精彩的散文来回顾新闻事件。三百六十五天,三百六十五篇散文,其中宋繁银写了一百多篇。每天晚上写一篇——既是回顾历史,也是用现代的眼光来观察历史——文采飞扬的散文。当时我看到这些,虽然他毕业才没几年,写完"一日看百年"后马上提拔他为经济部主任。他当经济部主任后工作成绩更突出,还不到两年又提为副总编辑。当时还不到三十岁。现在才三十几岁,已经当了五六年副总编辑了,我称他是"年轻的老干部"。前年底,《南方都市报》又拾到一个突出人才,叫李文凯,2001年北大国际关系学院研究生毕业后分配到南方报业集团,原来在一家兄弟报纸工作,是一份周报,他每周的工作是编一个国际版,工作量不足,有劲使不上,其他的时间就拼命看书、上网,晚上看书看得很晚,睡眠不足,所以有人说他整天无精打采,其实他是大智若愚,才干没地方发挥。有人向我透露他想到都市报来,问我收不收?我叫人将他编辑的国际版和写的文章送来一看,当即拍板,这是个人才,马上过来。2003年调过来后让他负责都市报的时评版,三个月后提为部门主任。都市报每天发一篇社论,有个月他自己就写了二十几篇,真是一个写评论的快手。评论部在他的主持下,精品迭出,打造了《南方都市报》的评论风格,吸引了一大批高端读者。半年后又将他提为总编辑助理,李文凯同志现在还不满三十岁,到都市报不满两年,连提两级。所以这就是用人要用在风华正茂时,当一个年轻人正是风华正茂的时候,为你干事,为你卖命的时候,你还觉得太嫩了,要再看上几年,等到人都变老了,干事也不那么拼命了,你再提拔,那是安慰了。《南方都市报》之所以有今天,也正是由于这样的企业文化,这种企业文化也就促成了南方都市报的成果(掌声),这是我要向大家汇报的第一部分,就是我们要怎样去办中国最好的报纸。用《南方都市报》的一句话来说,虽然我们取得了一点点成功,但是我们南方都市报还是处在向目标奋进的路程上。我们经常说的四句话是:"掌声永远在背后,鲜花永远在别处,目标永远在前面,我们永远在路上。"

第二部分,我想着重向大家报告《南方都市报》这几年的重大转型。

通过《南方都市报》的转型,看我们是如何从原来的一份主要反映市民生活、为市民服务的报纸,向一份负责任的主流大报转变的。《南方都市报》每年都有一个办报口号。从《南方都市报》的办报口号中,也看到我们有意识地进行重大的转变。1997年刚创办日报,为了打造市场,我们要求卖报员把口号喊得响亮点,让报纸好卖点。当时就叫了一句这样的口号:"南方都市报,看了都说好!"1998年,我们报纸有了一点点影响,特别是1998年世界杯为我们提供了一个很好的发展机遇以后,我们当年提出的办报口号是"大众的声音",我们要为老百姓讲话,要多写一些为老百姓服务的文章。到了1999年,我们感到新的世纪马上就要来了,在广州竞争这么激烈的地方,如果还不能将报纸做大,还不能把发行量搞上去,特别是我们的竞争对手——另外的两个报业集团,当时推出了同我们类似的报纸《新快报》和《信息时报》,令我们感觉有一定的压力,所以这一年又提出了一句更好的卖报口号:"南方都市报,你要我也要!"实际上,1999年以后,我们的日子就好过了,主要是有"一日看百年"那个专栏的推出,很吸引人,报纸卖得非常好。所以到2000年我们的办报口号就大气磅礴了,用凯撒大帝的一句话概括:"我来了,我看见,我征服。"真有一种茫茫天下,舍我其谁的豪情壮志。一直到2001年才提出我们现在核心的口号:"办中国最好的报纸。"原来是准备作为2001年当年的办报口号的,但后来我们感到应该把它作为我们《南方都市报》长久的奋斗目标,于是后来这就成了我们核心的办报理念。2002年,我们就有意识地提炼我们的口号:"改变使人进步。"要改变什么呢?就是要改变都市类报纸刚创办的时候以社会新闻为主,特别是依靠烧杀掳掠这些吸引人眼球的社会新闻来打市场的做法。我们已经意识到光靠这些东西永远成不了主流报纸,所以就提出了改变使人进步。到了2003年就更加明显了:"主流就是力量。"改变就是要改变原来这种低端的办报操作手法,要进军主流大报,只有做到了主流,你的报纸才能够体现它的力量所在。2004年到了我们办报的第八个年头,我们又提出:"成熟源自责任。"本来八岁的小孩不应该提成熟,但是我们感觉到要向主流目标前进的时候,就要显示出我们成熟稳重、办事老练的一种大报风度。因为我们有着对社会对人民负责,对党和国家负责的责任感,逼使我们要有这种成熟稳重,不能再像创办初期那样使用刺眼的、轰动的社会新闻来吸引读者,而该用比较稳重的、让社会各方面都比较能接受的东西来吸引读者。到了今年我们的口号就更响亮了:"品牌决定价值。"我们现在已经将自己的报纸当成是报业里的一个品牌,只有把你的报纸办好了,成为比较响亮的品牌,那你这个报纸的价值才会大,不管是社会价值还是经济价值都可以看出来。

从南方都市报八年的办报口号中就可以看到,我们从2001、2002年开始就有意识地进行重大的转型,要从一个原来为市民服务的报纸转变为负责任的主流大报。那么我们是怎样去转变,去向主流大报挺进的呢?主要是以下几个方面:

第一,加强言论建设,把言论当成报纸的一个重大内容来经营。

言论是报纸的灵魂、是报纸的旗帜。报纸不单是信息的汇总,还应该是思想的宝库、观点的平台、意见的领袖。《南方都市报》从2002年开辟言论版。到现在我们每天固定两个版来发表言论,这就体现了南方都市报在言论建设方面的努力。现在我们可以说《南方都市报》的二、三版的言论基本代表了《南方都市报》的风格,体现了《南方都市报》的风骨。我们用两个版来开辟言论,第二版——社论版和第三版——个论版,特别是第二版每天雷打不动,不准登广告。《南方都市报》一天出88版,星期五出128或168版,每个版都可以登广告,包括第一版(只允许刊登半版广告,售价30万)。但第二版绝对不允许登广告,保证每天都有一篇社论,下面还有些评论。有企业家想出很高的价钱来买第二版登广告,我绝对不卖。第三版的广告卖得很贵,现在已经卖到25万。第三版广告为什么卖得那么贵,就是因为第二版没有广告(笑声)。每个人都非常认真地阅读第二版的社论,第三版的广告就有意无意识地进入了人们的眼球。所以我就把三版的广告卖得非常贵,二版绝对不登广告也是为了将三版的广告价格卖得更高。第二版的社论是供高端读者——从省委领导、机关干部、公务员、大学教授、企业管理者、理论研究者来读的。每天发表一篇社论,这在中国报纸史上,据我所知也是为数不多的。而这篇社论又是非常有时效性的。每天下午三点半,《南方都市报》召开社论委员会,讨论今天的社论题目,当天国内外重大事件、新闻有哪些值得发表社论的?一一筛选。四点半决定选题后向我报题,经我同意,负责撰写的同志马上就开始搜集资料,包括上网搜索和到图书馆找资料,吃完晚饭就开始写社论;晚上九点半,我在家里的电脑上就可以看到社论稿,并与具体写稿的同志商量细节问题,十点钟社论就敲定。可见《南方都市报》的这篇社论就是针对当天国内外重大新闻来发表的,因此其时效性特别强。当天的新闻出来以后,我们的社论马上就跟着发表,这是我们的特点。第三版的个论主要是约请了国内各方面的专家、学者针对当前我们社会上的各种问题来发表言论,所以个论也很受欢迎。社论和个论版的建立大大提高了《南方都市报》的品牌,现在变成了很多高端读者必读的两大版面,很多领导和省委的干部经常对我说,你们的社论确实对大家有启发。其中一个市的秘书长跟我说,他们曾经巧妙地利用《南方都市报》的社论来改变了一个原来市里准备出台的政策,我这里就不具体说了。

第二,努力加大时政新闻的报道。

原来总认为时政新闻是机关报的强项,是机关报应该做的内容,实际上时政新闻也应该是都市类报纸的重要内容。谁把时政新闻做好了,谁的报纸的品位就提高了。关键是看你怎么去做,应该把时政新闻做深、做广、做软。机关报往往是从领导的角度,从上而下告诉读者是什么样。比如会议报道往往是报道哪个领导强调,哪个领导号召,哪个领导指出,而都市类报纸报道时政更多是从市民关心的角度去报道这个会议有什么重要的新闻,从民生的角度去做时政新闻,因此把时政新闻做好也是都市类报纸必须加强的一个硬工夫,这几年,《南方都市报》在这方面也做了努力。每年全国的两会、省里的两会,甚至是市里的两会,我们都派出重兵,一定要把这些新闻做好。最近时政新闻做的比较漂亮的,就是纪念抗战胜利六十周年的报道。我们派出记者队去寻访全国六十名抗战老兵,不管是共产党的还是国民党的,不管是正规军还是民兵。而且这些抗战老兵都是别人没有报道过的,他们现在生活在我们国家的各个层面。我们整整找了六十名,进行包装,推出六十篇寻访抗战老兵的报道,引起了读者的高度关注。很多读者来电,希望能出书,把这六十名抗战老兵的故事汇编成书,教育他们的孩子。现在我们这本书正在编辑出版。这说明时政新闻是可以做到受读者欢迎的。

第三,重新构建社会新闻的价值空间。

社会新闻以前是都市类报纸的强项,但是以前往往将社会新闻当成是火灾、撞车、跳楼、掉河等等这些发生的不幸的事件。其实社会新闻的空间是很大的,社会新闻不仅仅是那些负面的东西,它应该还要覆盖到社会的各个层面。我们的社会是丰富多彩的,是充满阳光的。有悲哀,更有欢乐;有冷漠,更有亲情。只要社会新闻的价值空间打开了,就感到大有可为,特别是在人情、亲情、友情、爱情等家庭伦理方面将社会新闻做出来,也非常引人注目。这几年,我们在这方面也作了很大的努力。包括对一些民生新闻的报道,包括对群众关心的家庭伦理方面,例如婆媳之间、母女之间或者是家庭妯娌之间的新闻做好,也能引起读者的兴趣。

第四,提高经济新闻的深度和广度,吸引高端读者和金融读者。

现在经济活动是我们社会生活的主要内容,谁能够把经济新闻做好,谁就能够在这方面占有很高的位置。《南方都市报》经济新闻的理念是"以国际的眼光,以政经的高度,财经的深度,产经的广度,用分析的方法去做经济新闻"。不管是宏观的、中观的还是微观的,各类经济新闻我们都做。所以我们每天雷打不动地用整整十六个版,叫"天天财富",来做经济新闻。正是由于有这么大的新闻版面,这么大的新闻总量,所以我们《南方都市报》的经济新闻现在在行业,特别是在企业界,都有很大影响。由于我们的经济新闻吸引了一大批企业家、银行家、营销家,因此,《南方都市报》每年一届的"汽车奥斯卡"和"营销奥斯卡"评鉴活动,都受到行家的热捧。

第五,做好深度报道和对话报道。

现在话语性的新闻,即通过两个人的对话来把新闻事件的背景交代出来,是电视和报纸努力的新动向。为什么凤凰卫视的"鲁豫有约"节目有那么高的收视率,我们从中也可以得到启发。新闻事件发生了以后,去找新闻事件的新闻人物来对话,通过对话把他们的心路历程、思想感情、情绪变化报道出来,非常吸引读者的眼球。所以我们做深度报道和对话报道不是以新闻时效为标准,而是以新闻的震撼力作为挑选新闻的标准。以有震撼力的新闻内容拿来进行对话,做深度的报道,往往能够增强报纸的耐读性,争取使报纸在读者的手中停留比较长时间。所以深度报道和话语性的新闻应该成为我们向主流报纸挺进的必备武器。

第六,舆论监督和批评报道要不断加强,正确使用舆论监督这个有力武器。

刚才我说的孙志刚的报道也是舆论监督的成功报道。舆论监督是党和人民交给我们新闻媒体的一个重要的职责。我们被赋予这样的光荣职责,一定要把舆论监督这个武器用好。但是做舆论监督不是越多越好,满天的星星还不如一个月亮,孙志刚的新闻报道也不是经常可以得到的。

所以一定要挑选那些关系到国计民生的重大题材来进行监督。选择那些人民群众反映强烈,而党和政府在现有条件下又能够解决的问题来监督。比如最近我们对广州火车站"背包党"的报道引起广州市民的高度关注。广州火车站那个地方非常乱,外地人一下火车就有一些背着背包的人,非常好心地要给你引路,告诉你到哪里住旅店、怎么去东莞、怎么去佛山等,好像他也是刚刚下火车一样,实际上他是长期流窜在广州火车站的一群犯罪分子,他们背着背包好像刚刚下火车,专门把你引到偏僻的地方,然后进行抢劫。最近我们派记者去卧底,混在"背包党"里面,观察这些"背包党"是怎么活动的。整整十几年"背包党"问题没有被解决,最后,我们把它暴露出来,引起了有关部门的高度重视,解决了长期依附在广州火车站这个复杂地方的一块毒瘤。这起对广州火车站"背包党"的报道让广州市民拍手叫好,确实为广大市民办了一件好事,对维护广州的社会治安起了很好的作用(掌声)。

最后一点,那就是要加大服务性。加大资讯方面的报道,为广大市民的工作、学习、生活各个方面提供资讯。

真正加大了服务性,你的报纸就不光是领导干部读、市民读,甚至连家庭的每个人都会阅读。其实我们在加强服务性方面开辟了很多专版专栏,例如"学习时代"、"招聘时代"、"主妇时代"等。"学习时代"指导大家学习,"主妇时代"指导大家怎么做菜做饭,"招聘时代"指导大家如何应聘招工、怎样找个好工作等等。这样服务性的资讯,在各个层面的读者中都引起了很好的反响。

我们正是通过这七个方面的努力,来改变原来有些人认为都市类的报纸是以社会新闻起家的,是一个档次不高的,品位不是那么好的报纸这种错误的看法,通过努力,使大家都把都市类的报纸也看成是负责任的主流媒体,它关心着国家民族的命运,关心着我们社会的命运,关心着我们每个公民的命运。通过这七方面的努力,这几年,《南方都市报》在各个方面都取得了很大的进步。我在全国都市类报纸年会上发言时,大家都非常认同我的观点,就是一定要改变原来把都市类报纸看成是低端报纸的这种错误看法。应该通过我们自己的努力,把我们的报纸提高一个档次,提高到主流媒体这样的位置来看待。正是因为这样的努力,《南方都市报》才在不断地发展。这些年来我们的发行量还是不停地上涨,今年的发行量比去年同期增加了十一万份左右。我们已经采取了控制发行,在珠三角地区以外,原来发行多少还是多少,我们一定要将《南方都市报》办成一份密集覆盖珠三角的综合性日报。今年整个经济形势不太妙,很多媒体都预告广告的寒流来到了,但是《南方都市报》还能够在这种情况下逆市飘红,广告营业额增长一个亿。这就是我们经过几方面的努力不断地去拼搏的结果,而这些努力和拼搏也是得到社会各方面的支持我们才能够达到的。我今天向大家报告的就是这些。谢谢大家!(掌声)

(2005年11月4日)

快速成长期大学校园历史文脉的传承与创新

——兼谈北京大学校园(海淀校区)总体规划构想

■ 吕 斌

> 吕斌,日本东京大学博士。北京大学教授、博士生导师,北京大学环境学院城市和区域规划系主任,北京大学城市规划设计中心主任。
> 现主要从事城市与区域规划、城市设计、社区规划与环境设计的研究、教学和规划设计及旅游规划、城市和区域开发项目策划。1989年在日本东京大学获日中科学技术交流基金会优秀研究成果奖,2000年获中国政府特殊津贴。
> 主要著作有《都市圈环境规划方法》、《亚洲的景观风貌——中国的大规模土地开发与景观的变貌》等。

很高兴北大团委能给我提供今天这样一个机会,让我与团委及北大各个学院的同学们一起来讨论大学校园的发展与规划问题。

我们每天在校园里学习、生活,大学本科四年再加上研究生阶段,校园学习生活是同学们人生的一段重要经历,所以大家都很关心我们这个校园。大学是百年育人之地,其本质是生产知识、创造知识的场所,其主体是教师与学生构成的共同体,这就需要一种可供教师与学生共同携手生产或创造知识的实在的场所,或者说是教师与学生进行面对面交流的空间,这就是大学的空间,是其他形式所不能取代的空间,甚至可以说"大学校园就是大学自身"。

自11世纪在世界上出现大学以来,最初大学的功能就是教育;到了17世纪,大学开始引入了研究的功能,而19世纪现代国家出现以后,大学又被赋予了为国家和社会服务的功能。近一千年来,大学的校园空间也随国家、地域及时代的变化而呈现出多种多样的形态及成长与演化的趋势。一所大学历史愈是悠久，其传统愈是逐渐凝结于物化的校园之中。大学校园及其建筑的品质不仅体现出其特定的地域性、历史性、文化性、艺术性，而且还能突出反映其特有的学术传统与氛围。2001年7月，在我国政府公布的第五批全国重点文物保护单位中，北京大学未名湖燕园建筑、清华大学早期建筑、东北大学旧址和武汉大学早期建筑名列其中，这充分显示了大学及其校园在近代中国思想启蒙和社会发展中的重要地位。当今世界进入21世纪，面对知识经济与网络化的时代，基于大学教育基本理念的大学办学体制迎来了个性化与多元化的时代，"改革"与"挑战"成为世界各国大学教育的中心话题。与此同时，作为大学教育物质载体的校园空间同样面临着发展与继承的挑战。在当前全球经济一体化的背景下，大学及其校园在继承传统和文脉基础上的创新能力已成为一个社会能否在激烈的国际竞争中取得生存和发展的关键条件。

今天，我想就校园规划三个方面的内容与大家做一个交流与沟通，希望有利于各位同学今后更多地参与北京大学校园的规划。

一、北京大学校园景观格局的形成与变迁

我们北京大学自1898年算起到今年已有107年的历史，校园目前主要由海淀校区、昌平校区及医学部三部分组成，其中海淀校区是在上个世纪二三十年代由美籍建筑师亨利·墨菲（Henry Killam Murphy）规划设计的燕京大学校园基础上发展起来的，因此，北京大学海淀校区的主校园又称燕园。北京大学海淀校区现今占地178.9公顷，由燕园、燕东园、中关园、蔚秀园、承泽园、畅春园、成府园区等部分组成，其中主校园燕园面积为106.63公顷。

北京大学海淀校区（以下简称北京大学校园）位于北京城区的西北部、西山山麓的起界，这一带又是永定河的古河道，有丰富的地下水，由于有山有水，风景秀丽，胜似江南，为造园提供了得天独厚的自然条件，早在金代就成了京郊著名的风景区。明朝末年开始，王公贵族纷纷在这一带大兴土木构筑私家园林，其中明代著名文学家和书画家米万钟于1612年至1614年在现校园西南隅一带构筑的勺园，成为北京大学校园内被开辟

最早的一处园林。这些古园林到了清代,大多成为皇家的"赐园"。北京大学校园内曾有八座古园林,除三座已被彻底毁坏或改造,现尚存五座。燕园未名湖周边一带当年就曾是清乾隆皇帝赐给宠臣和珅的"淑春园",今日未名湖的湖心岛和石舫就是残存至今的遗迹;还有清嘉庆惠亲王的"鸣鹤园"及庄静公主的"镜春园"(现在北大校园中叫作镜春园的地方,其实是当年的鸣鹤园),清道光奕䜣的"朗润园",奕𫍽的"蔚秀园",寿恩公主的"承泽园"。这些古园林,当年多有宅院、戏台、寺庙、亭廊台榭等建筑,建筑布局多采用严谨规整的四合院组合方式,集中成组布置在山环水绕的平地上,形成若干相对独立的园中园,既有舒适亲切的居住空间,又有山水林木的游憩环境。其风格既有北方皇家园林的宏丽气度,又有江南山水园林的秀丽特色,集南北园林之精髓而自成一格。数百年来,这些古园林几经沧桑,虽多遭破坏,但其基本格局尚存,加上风景秀丽的未名湖,为园林化的校园建设提供了极好的基础,也为今日的北京大学校园营造了一种高贵和典雅的氛围。1920年,燕京大学成立,买到了淑春园和勺园故址作校址,由美国耶鲁大学毕业的建筑师亨利·墨菲负责校园规划设计,于1921年动工,1929年基本建成,最初的校园用地规模为40公顷。亨利·墨菲当初规划的燕京大学校园总体布局,基本上是参照20世纪初被称为当时美国大学校园标准模式的弗吉尼亚大学校园格局,即将建筑集中成组沿空间轴线展开布置的形式,而每一组建筑又采取了中国传统的四合院形式作为基本单元。但是在实施过程中,又将四合院封闭围合的院落形式改为开放式围合型,即三合院的形式,这种将建筑适当集中成组布置的开放式围合型空间肌理沿轴线展开的形式,具有很强的聚合力与开放力,是一种适合于交流的开放性空间。当时墨菲在校园内设计了主次分明的轴线系统,其中有两条主轴线。一条是从西校门为起始点,通过办公楼,穿过湖心岛亭,延伸到东面湖岸的东西向主轴线,另一条是以第二体育馆为起点,穿过现在的一至六院间的静园大草坪,越过山林,穿过湖面到达现在的红一、红二、红五楼与红三、红四、红六楼两组三合院建筑之间,并最后消失在北部园林区之中的南北向主轴线,这两条主轴线串联了三组功能和性质均不相同的建筑群。另一方面,墨菲在建筑布局上又很好地融合了中国的园林传统,充分利用原有的古园林山水,使建筑在园林中相依成景,并且建筑形式又采用了民族传统的大屋顶形式,与原有的山水园林实现了较好的协调。1928年至1931年,当时的燕京大学又先后征得了朗润园、鸣鹤园、镜春园、蔚秀园、承泽园为教工宿舍福利区,同期还购得治贝子园为燕京大学农学系实习场地,即今天的"五四操场"一带。

燕京大学与北京大学于1952年合并,原北京大学从位于北京城里的沙滩红楼迁至此,结合原燕京大学校园向南进行了一次扩建性规划,奠定了如今校园的格局。这一次规划的建筑布局继承了老燕园的空间肌理,在南门附近的新宿舍区同样采取了开放式围合型,即"品"字型三合式布置,沿林荫道展开的格局。这一时期的建筑风格仍然延承了大屋顶的形式,与老燕园的建筑空间前后交替呼应,体现了历史的延续性和空间的完整性。另一方面,以青砖为主的灰色建筑,与老燕园的红柱白墙建筑相比既有变化,又不失和谐,形成了今日北京大学典雅、古朴的建筑基调。

20世纪90年代,北京大学无论在事业规模,还是在学科建设方面,都有了长足的发展。与此同时,校园建设也非常活跃,尤其是1998年北京大学建校一百周年纪念前后,出现了一个高潮。其中规模最大的工程是理科楼群的建设,建筑面积总计约12万平方米。而最有代表性的是北京大学图书馆新馆、北京大学百年纪念讲堂等标志性建筑,在继承方面作出创新的是光华管理学院教学楼。这一时期的校园建筑,大多数单体设计和施工质量的标准都很高,出了一批精品。但在校园景观风格的继承与创新的尝试过程中,仍然留下了一些遗憾。比如像理科楼群的建筑风格与建筑体量,与燕园总体的景观格调相对照,总有些不协调的感觉。这促使我们重新审视校园空间,尤其是快速成长期校园规划建设的基本理念和价值取向。有关大学校园规划设计的理论,我个人有一个观点,就是校园的空间格局比所谓的标志性建筑要重要,所谓格局,就是建筑与园林的关系及建筑与建筑构成的空间关系,我觉得大学校园的空间一定要是一个易于"交流"的空间,不仅要具有在课堂上创造知识与传递知识的空间,还应具备易于交流的校园外部环境空间,形态上应是园林化的文化景观空间。同时,校园的发展应实现有机的生长,这就需要对校园的空间序列进行组织,并且应与周边的社区连动,构建"知识社区"、"创新社区",这些就是校园规划的核心所在。近十几年,学校在规划方面还是下了工夫的,取得了很多成就,当然有些地方未必成功,也有一些遗憾。我们可以回想我们的国家,尤其是东部沿海地区,在20世纪80年代末90年代初经济开始腾起,一切都要快,追求量和速度,结果包括大学的校园在内就难免出现了现在看上去很不尽如人意的一些建筑。在今后的规划中,我们一定会吸取这个教训。

回顾燕园景观八十年来的历史变迁脉络,其景观格局呈现了一种螺旋式的层进结构,并且已经形成了认知北京大学校园空间的特征格局和空间符号,这可称为是北京大学校园空间的文脉,是我们北京大学的财富。

二、近年北京大学校园发展规划面临的挑战

改革开放以来,伴随我国经济的持续高度增长与"科教兴国"战略的实施,北京大学如同我国所有的高等院校一样在事业和学科发展方面遇到了前所未有的发展机遇。而另一方面,伴随我国的大规模快速城镇化,大学校园空间的扩充、更新或重组也课题如山。

这里有一组数字,大概可以反映从燕京大学时代至今校园规模及人口和建筑密度的变化情况。1926年的时候,燕京大京海淀校区学生总数才813人,教职工总数108人,总占地面积104.14公顷,总建筑面积8万平方米。而到了2004年底,海淀校区学生总数,包括研究生已达26215人,教职工总数6284人,总占地178.9公顷,总建筑面积122万平方米。从以上的数据大家可以了解到,我们的校园在近八十年时间里是"一个微变,两个巨变",即校园面积扩张不多,但是学生和教职工人数及建筑总面积却发生了巨大的变化,校园人口增长了30余倍,建筑总量增长了15倍。从这组数字中我们还可以看到,1987年的时候,北京大学的学生总数是12711人,教职工总数7451人,总占地面积168.3公顷,建筑总面积也只有506500平方米,这说明近15年来除了教职工人数略减,校园面积略有扩张之外,学生总数和建筑总量都在基数很大的情况下又增长了一倍多。并且从其中的数据还可以看出学生人数的增加主要是研究生人数的增加。1988年的时候北京大学的学生总数,本科生与研究生的总和为13229人,其中研究生只有2893人;而到了2004年,本科生与研究生的总和为26215人,其中研究生人数已增加至11030人,这里还不包括成人教育与留学生人数的增加,人口密度和建筑密度增加速度之快实为前所未有。学校人数与建筑总量的大幅度增加反映了北京大学的事业与学科的

迅速发展,据此同学们便足可以理解今日校园空间密度之大的原因。

长期以来,北京大学校园一直存在着校园用地严重不足的问题,由此而导致了功能分区不合理。尤其是由于未名湖周边及以北地区,即燕园历史风貌保护区,在2001年7月被指定为第五批国家级文物保护单位以前,长期以来就一直是北京市级的重点风景保护区,新增建筑的功能和形态都受到严格控制。因此,20世纪50年代以后,北京大学校园内的大部分建设项目都集中在校园的南半部地区,导致教学科研和学生居住都密度过高,难以形成创世界一流大学的硬件环境。同时,伴随快速城镇化的进程,近几年北京城市的迅速扩张,使原本位于北京近郊区的北京大学校园周边已逐渐被高密度的建筑区所包围,地价之高也是全国数得着的。北京大学校园北有圆明园遗址公园,东有城市干线道路——白颐路(中关村北大街)和清华大学校园,南有北四环快速路,西也有城市快速干道和世界遗产颐和园,在原址周边已没有再扩张的余地。2001年7月北京大学燕园被指定为第五批国家级文物保护单位以后,我们又必须加大对燕园历史风貌地区的保护力度,这又进一步增加了学科和事业发展对空间需求与可利用空间资源有限之间的矛盾。

近年来,伴随我国经济体制的转型,高等院校的规划建设机制也出现了多元化的局面。以前大学校园的基本建设都是由教育部下拨资金按计划进行,然而近年来,大学乃至下属的各院系和研究所自筹资金搞基本建设的情况越来越多,并且逐渐成为主流,其中不乏与校外单位共建的事例,这就给校园规划带来了许多市场机制下的不确定因素,增加了规划的难度。同时要求大学校园的规划不仅要考虑布局问题,还要对功能需求和建设规模的合理性及资金来源进行审查管理,并且这种规划管理一定要与学校的事业发展和学科发展的规划联动起来。为了统筹北京大学的事业、学科和校园发展规划管理,我们北京大学于1999年成立了北京大学规划委员会,主任目前由许智宏校长亲自担任。这个规划委员会又下设三个分委员会,即事业规划委员会、学科规划委员会和校园规划委员会,三个分委员会的主任又分别由主管副校长担任,而三个分委员会的常设办公室就设在北京大学发展规划部。北京大学设置规划委员会研讨与协调学校发展规划相关事宜的做法为我国高校开创了先河,成为一个范例,现在国内许多高校都在效仿北京大学的这种做法。

此外,近年来大学校园的规划管理还遇到了由于我国突入机动化时代,私家车迅猛增加给我们校园内机动车行使和停车管理造成的压力。根据我校有关部门的调查统计,校园每天的机动车进出量2005年比1998年增长了近50%,高峰日——星期六校园机动车的日进出量都在1万多辆,并且其中有近50%属于外部车辆,这是一个惊人的数字,这是我国高校校园空间管理遇到的新挑战。

大学要发展,如何在未来的发展中把握与传承历史的文脉,并有所创新,从而形成既有传统又充满校园活力的空间秩序,是北京大学校园规划面临的严峻挑战。

三、关于北京大学校园总体规划及调整的构想

迈入新世纪的北京大学充满活力,北大肩负着科教兴国、振兴中华、弘扬中国传统文化、强国富民的历史使命。2001年初,遵照北京大学校领导的指示,校发展规划部和北京大学城市规划设计中心共同完成了2001年版北京大学海淀校区校园总体规划,规划期为2000至2010年。北京大学前一轮的总体规划是1992年编制的,虽然只过了十年,但是近年来北京大学实施的院系调整对校园空间出现了新的需求,许多新成立的学院都提出要在校园内自筹资金建教学科研设施。而校园内现有教学科研设施的建筑容量与新的需求之间还有较大的差异。此外,校园周边开发建设与环境整治也有了很大的进展。2001年版规划是在1992年版北京大学海淀校区校园总体规划的基础上,总结几年来校园建设的经验教训,结合学校发展的实际,提出了合理利用空间,保持传统风格,优化功能分区,保障教学科研,安排好学生住宿,组织好人流车流,保护好国家文物,建设具有历史文化传统的现代生态型校园的规划目标。该轮规划还提出了规划的基本原则:(1)在全国重点文物保护单位范围内,在保护中使用为主,辅之以修复性利用;在建设控制地带,以尊重传统格局为原则,在不突破限高的前提下,充分考虑近期改造的可能性和机遇,滚动改造,合理提高空间的利用率;(2)将校外学生公寓与学校周边教师住宅相互置换,在校内或周边解决学生的住宿问题;(3)尽最大的努力争取在周边征地,以解决校园空间的严重不足问题(北大现有空间难以支持事业与学科

的发展的需求)。同时,该轮规划还提出了要处理好几个关系:第一,处理好学生宿舍与教学科研用地的关系。在考虑学生公寓建设时,同时考虑教学科研办公及配套设施的建设,保证教学科研用地,使之均衡持续发展。第二,处理好办学规模与资源配置的关系。目前校园空间的有限性与事业规模的不断扩大之间的矛盾日益突出,因此,办学规模必须要得到控制,创建世界一流大学必须正确处理数量和质量的关系。理想的状态应当是适度的事业规模、优质的资源配置、优秀的培养质量。第三,处理好基本建设与环境保护治理的关系。近年来,校园环境保护治理取得了一定进展,但与基本建设投入相比,环境保护和治理的投入还是不足的。下一阶段,要重点整治南区三角地,24 到 34 楼之间地段;中部遥感楼北侧;北区红 1 至红 4 楼以北地区以及校园的水系。第四,处理好功能分区与交通组织的关系。在校园整体规划中充分考虑交通(人流、车流)的组织,在功能分区上尽量减少学生大规模、远距离的移动,公共教室相对集中,减少骑自行车的必要性,提倡在局部区域内步行,在校园内设立摩托车和汽车禁行区,限行机动车,并按规定进行收费管理。第五,处理好基本建设与基础设施配套的关系。近年校园内人员、设备、房屋等大量增加,基础设施不堪重负。学校虽然已基本解决了供水和供电问题,但随着煤改气的进行,供暖问题将日益突出,要规划好以供暖为重点的基础设施配套建设。第六,处理好科技园、留学生公寓项目与校园整体规划的关系。这两处的规划应与校园整体规划相衔接、相得益彰,而不应不协调,更不能出现相互冲突的问题。第七,处理好增加建筑与加强管理的关系。对学校的房地产资源实行"科学规划,合理使用,加强建设,严格管理"的方针,以充分发挥其效益。

该规划经北京大学校园规划委员会 2002 年第一次(扩大)会议审议通过。随后,根据 2002 年学校领导班子寒假战略研讨会的精神,学校决定将万柳学生公寓学生尽快迁回燕园校区。2003 年 3 月,经过以闵书记为代表的校领导的多方努力,北京市政府又批准我校在畅春新园建设研究生公寓,并同意将成府科技园用地置换为教学科研功能用地。以此为背景,从 2002 年上半年开始,根据会议的精神与意见,发展规划部又对 2001 年版校园规划做了多次调整和修编。之后又经学校领导班子战略研讨会及校长办公会多次审议于 2004 年 4 月定稿,并于 2004 年 5 月 13

日将《北京大学海淀校区校园总体规划》及相关资料报送北京市规划委员会,于 2004 年 11 月 25 日获得北京市规划委员会的批准。2004 年编制的北京大学海淀校区校园总体规划的规划期为 2004 至 2014 年,以"体现历史的传承性与北大的人文精神,建设知识型的社区、营造创新的社区氛围,营建生态型园林式、丰富和谐的校园景观,实现大学校园空间持续性的成长"为目标,在规划理念与原则上强调:

(1) 重视对燕园(校园北区、国家重点文物保护区)格局和历史建筑的继承与保护,对历史建筑坚持以修复性利用为主的原则,以中国古代史研究所、中国经济研究中心和北京大学教育基金会为范例,加大整治和修复利用的力度。

(2) 规划中对于大学事业规模不确定的问题,采取的做法是按照一流大学的水准,结合我国的具体情况,设定合理的空间密度,反过来校核现有校园空间的承载力。尤其对校园南部地区,坚持维持合理密度,在条件许可的前提下,局部地段对建筑做"减法",尽可能增加绿地和室外活动空间等开放空间。

(3) 近期与远期规划相结合,近期重在解决实际问题。通过对校园空间功能布局实行适当调整及对现有建筑的改造,扩大教学科研设施的容量,营建良好的教学科研内外部空间环境。

(4) 为了保证海淀校区有良好的教学科研创新环境,结合后勤服务社会化,对学生宿舍区实施综合改造。并与海淀区政府联手建设良好的周边社区文化环境,统筹考虑中关村高科技园区的社区服务,规划建设适当的学校服务型产业,逐步推进大学后勤服务社会化。

(5) 注重校园公共公益设施及绿色空间和活动空间的建设,尤其对校园南部地区,坚持维持合理密度,在条件许可的前提下,尽可能增加绿地和室外活动空间等开放空间。

(6) 在校园整体规划中充分考虑交通(人流、车流)的组织,尽量减少学生大规模、远距离的移动,调整建筑功能使公共教室相对集中;在校园内设立摩托车和汽车禁行区,限行机动车,提倡在局部区域内步行,并按规定对机动车实行收费管理,增设停车空间。

2004 年版规划根据北大新的发展要求,结合校园土地利用现状,对部分土地使用功能进行了优化调整,使教学科研、行政办公、宿舍、居住等各功能用地相对集中,其中优先考虑了学生公寓,教学科研,尤其是公共教学设施的用地需求,以及2008年奥运乒乓球馆(赛后作为北京大学综合体育馆)的场地安排。2004年校园面积为178.9公顷(2683.5亩),由于新扩入了成府园区和畅春新园,比2001年版校园规划时的面积扩大了18公顷(270亩),并且规划在未来10年左右的时间里新增、改建51.2万平方米的建筑,这个数量几乎相当于改革开放初期,即80年代中期北京大学海淀校区建筑面积的总和,这对我们北京大学来讲又是一个难得的发展机遇,是一个令北大人振奋的愿景,同时由于规模之大、时间要求之急,在资金、空间秩序的组织上又对我们的工作提出了空前的挑战。

从上述我校总体规划编制和修编的过程中,同学们可以感觉到我们的规划近几年一直在修编,这种现象与我国当前处于一个快速发展和转型期是息息相关的,机遇多、挑战也多、压力也大,然而要求我们的规划一定要有前瞻性、要有高起点,同时也一定要注重历史文化的传承性。并且在资源有限的情况下,优先保障重点学科发展的同时,也要兼顾到北京大学作为综合性大学多学科发展的基本需求。2004年,我们的总体规划获得了北京市政府的批准,然而我们目前又考虑规划还需要微调,因为我们的学校和城市都发展太快,面临的影响因素太多。其中考虑微调的主要原因,第一是地铁四号线对我校沿白颐路即中关村北大街两侧部分精密实验室的影响。实事求是地说,我本人当初是非常不赞同在离校门如此近的地方设置地铁车站的,我主要是考虑到设置地铁车站可能对我校校园的管理上造成各种负面影响,但后来考虑到地铁车站的建设可以附带为我校建一条连接白颐路东西两侧校区的地下专用通道,这对我校是有益的,我最后还是服从了我校多数人希望在学校东门设地铁车站的意见。据专家说,地铁线和车站造成的低频震动影响要在一公里外才能衰减到实验仪器要求的水准,那么如果目前市政府委托的有关单位还正在研究中的减震措施仍无法保证我校部分相关精密实验仪器对震动的技术要求的话,我们必须寻找安置精密实验室的安全空间。安置的途径有两种思路,一是在海淀校区内找地方,这有相当的难度,唯一可以考虑的候选地址是现在校医院和学五食堂附近。还有一个思路就是考虑昌平校区。第二是学科发展建设的需要,最近学校决定建设"北京大学艺术教育中心",其中包括艺术学院的艺术大楼和歌剧研究院。由于歌剧研究院对空间位置的特殊要求,我们需要调整刚刚获得批准的规划,将歌剧研究院安排在沿白颐路西侧,而把环境学院拟建的"环境绿色大厦"调整到校园内生命科学院西侧的地块上,我们正在与政府相关管理部门交涉。

最近,在校园总体规划之后,根据我国城市规划管理的 Permission(审查许可)制度,今年上半年我们还遵照政府的要求,请专业机构编制了"北京大学海淀校区总体规划项目交通影响评价报告",最近已获得了政府部门的批准。同时我们遵照国家文物局和北京市文物局的要求,又编制了"北京大学燕园建筑历史保护区总体规划",现正在申请批复之中,待不久获北京市文物局和国家文物局批准之后,我们将立即启动拟建于未名湖北岸历史保护区内的高等数学研究院和天文学中心,还有"人文大楼"等项目的建设,这些项目的建成将为我们校园的景观增光添彩。北京大学现在已实行"大元培计划",全校的大部分学科头两年不分专业,这样就需要增加公共基础课的教学空间。目前我们的公共教室还是少并且分散,学生上下课为了换教室跑路太远,我们准备参照国外一些大学的做法,让学生跑得少一些,教师可以多跑一些,因为人数少,因此我们在规划中考虑了以大图书馆为中心,把周边地段建成公共教学区,包括目前在三教和四教西侧已开始建设的新的公共教学大楼都属于这个公共教学区。此外,考虑到校园内学生活动空间太少,学校也正在考虑依据总体规划选定适宜的位置做详细规划,待资金到位尽快启动建筑设计和建设工程。学校领导已多次强调一定要建学生活动中心,还有教工活动中心。我们发展规划部的李强部长还提议在校园内建一个比较好的、大一点的书店,我也非常赞同这个提议,我们将结合燕南园南街的整治改造,给书店选择一个适当的位置。另外,考虑到我们海淀校区的拓展空间几乎已没有余地,学校也正在考虑如何把昌平校区高效率地利用起来,特别是许智宏校长最近已多次强调了这一点。昌平校区有五万多平方米,即 5 公顷多的用地,学校会考虑把一些适宜的相关学科安置到那里,这也是学科发展的需要,从长计议,我们不能只死守海淀校区而不向外寻找适宜的发展空间。

我们处于一个发展的时代,我们北大人,尤其是同学们一定要有一种使命感。大学的发展需要同学们的参与,学生是大学的主体,我希望同学们在关注、关心北京大学发展的同时,也关注、关心大学校园的发展规划问题,并欢迎我们广大师生特别是同学们的积极参与,你们的意见对我们、对学校都很是非常重要的。我们北京大学在校园规划方面的透明度、公开性和公众参与度是很高的,远比国内的许多城市、城镇要做得好得多。我们所有的规划都是经过校园规划委员会审议通过的,并且都在网上公示,包括一些项目,这个大家可能已经有所了解。通过今天这样一个交流与沟通的机会,我想大家会对我们校园的历史、文化,以及我们目前发展的构想和面临的问题及困难有进一步的了解,今后同学们的参与热情、参与度就会更高了。

最后,谢谢大家。

现场答问

问:学校三教、四教什么时候会拆?

答:学校现在教学任务很重,将来我们在新的公共教学大楼建好以后,三教、四教会拆掉一栋,保留一栋。

问:那小四教呢?

答:小四教将被拆掉,因为那一片太挤,密度太高。这个房子是我们80年代建的,质量与形象都非常差。那个时代城市里有许多这样的房子,一是因为我们当时经济实力还不够,另一方面也有设计和施工的问题。你说的这两幢房子,以后会拆掉南面的四教,但会留后面的三教加以改造。前面的要拆掉,因为南面有乒乓球馆,空间太局促了。乒乓球馆选在那里,也是因为校园里没有更合适的地方了,也是没有办法的办法。

问:什么时候会改?

答:那要等公共教学大楼盖起来了,因为现在改的话,上课的地方就不够了。公共教学大楼再有一年左右的时间就差不多盖起来了。

问:刚才说北大的南门扩到四环,这个怎么解释?

答:我原来曾做过这个方案,扩出去了。但现在看来实现的可能性不大,两个原因:一是当年市长说四环沿线新开发的建筑一律要后退50米做绿化带,并且建绿地要开发方出钱。那我们北大南墙到四环边上只有七八十米的距离,若后退五十米只剩下三十米的一个窄条搞开发,成本太高了。还有就是西侧这一段已全部被拆成绿地了,这是市政府花了一个多亿资金完成的。而东侧这一段,那一堆房子你看着破,拆起来成本却很高,据说那些房子一部分是海淀区政府下属单位的宿舍,很多已被出租,拆迁难度很大。当然,如果有机会我们特别希望市政府把它们搬迁了。当年学校领导曾支持把南门和南墙南移的方案,我也做了南移的方案,结果还是有问题,暂时做不成。因为北京市规定,这个地段老房子一改造,就得后退五十米。

问:去年一直谈关于我们北大东门的问题,东门是不是有规划?
答:东门有规划,去年包括东门内的路、绿地等等都通过竞赛做了规划设计方案。但是考虑到地铁四号线有26个月的施工期,东门工程没能立即实施,暂停了。对于东门我觉得应该做规划。现在我们压力很大,一部分师生认为规划光说不做,请大家理解是因为地铁四号线施工不能马上启动东门及周边的景观工程。东门内的这条混凝土路是临时的,主要是考虑到近年东门一带一直是工地,先是生命科学院的理科四号楼,现在又有地铁四号线和车站要施工,现在如果把它修漂亮了也马上就会被压坏,所以暂时先将就一段时间。将来我想它的断面层次应该是丰富的,是一条平时为人行和自行车专用的林荫道。

问:对那些楼有那么多宏伟的展望,最后到底什么时候能竣工?
答:现在正在施工的房子很快就能竣工。现在我们所处时代已不是计划经济时代了,而是社会主义市场经济时代了。这就需要考虑几个因素。第一,我们的钱从哪里来?我给大家一个资金数量的概念,盖同学们的宿舍,一平方米大约1500元差不多就够了,如果不奢求高标准,一般就在每平方米1500元到2000元。教学楼如果没有什么特殊要求,每平方米在3000元左右,理科4号楼由于里面的设备管线比较复杂,它就是每平方米5000元左右。如果我们都按每平方米3000元来算,新建50万平方米的建筑大致需要15亿元的经费,这是钱的问题。如果每栋建筑都要与其他单位合作,还要拿出一部分空间给合作方用,会给学校的管理带来一些难度。关于经费的筹措,像光华和经院这些院系没有问题,但是我们多数的院系筹措经费还是有难度,都靠学校募捐和贷款,学校压力会很大。第二,像我刚才讲的很多例子都涉及改造旧房子,即拆一栋房子才能再盖一栋,这就要有很多房子去周转。比如说我们要把学五食堂拆了,那不建旁边的康博思到哪里去吃饭啊?所以这个周转问题也是一个大问题,如果让一个单位先搬出去一两年,把楼拆了等盖好了再回来上班,这不现实。现在我们所有的方案都需要有可操作的前提。所谓可操作,一个是要有资金的保证,另一个就是要有周转的空间。

问:老师,我想问一下北新商店的问题。

答:实事求是地说,我在规划中把这个商店给拿掉了。我有一个意识,要保留三角地,因为三角地已经成为北大的一种文化符号,但是周边太乱了,包括人流、自行车流的问题,周边需要整治。北新商店由于经营不好,已经甩卖完了,现在听说有超市想收购北新商店盖大楼,我个人不太同意,我想把那块地做成一个绿地,成为大家交流的地方,同时达到梳理交通、展示纪念讲堂的目的。我起初是想在现在学生浴室那个地方单独盖个综合服务楼,把南街的那些商店都集中搬到那里。但是现在在校医院附近要考虑安排需要躲避地铁线路震动影响的一些理科院系,因此可能考虑把综合服务楼建到南街对面,比如说与学生活动中心或教工活动中心结合在一起建在现在的28、29楼那边。也有人觉得把北新商店留着好,但是要把它改建成一个大楼。所以目前这个平房肯定留不住了,第一质量太差,第二是土地利用效率低了。

问:那刚才说的照相馆呢?

答:门口那个啊,那是当年北大租给它的。本来这是借给一个单位的,是林业局还是什么单位的下属单位,结果现在那个单位已经没有了,它又租给它的职工,转来转去,成现在这个样子。它现在找事跟北大闹,其实跟北大没关系,海淀区也觉得不好,市长亲自现场办公让区长跟他们说,都答应给他们两套房子他们还不搬,还要60万元,要价太高,他们后来又要价一百多万元,太离谱了。弄成媒体都把它看成是北大的责任来炒,其实与北大根本没关系。我相信市、区政府最终会妥善解决这个问题。

(2005年9月29日)

青年领袖意识和能力的培养

■ 李家华

  李家华,现任中国青年政治学院副院长,亚太地区学生事务委员会常务理事,北京毕业生就业工作协会监事长,就业问题专家。1983年大学毕业后留校任教,后赴美国斯坦福大学和哈佛大学留学,曾任斯坦福大学中国学生会常务理事,美中人文科学学会秘书长。多年来他一直致力于青年和大学生生涯发展、职业素质开发和大学生就业指导的教育研究,长期为各界人士做职业生涯咨询服务,他的著作《大学生就业指导理论与实践》、《大学生事业生涯设计与发展》、《2000—2005年中国大学生问题研究报告》等在教育界引起强烈反响。曾先后应中央电视台、中国教育电视台等多家媒体的邀请参与就业问题的节目录制。

各位老师、同学:
大家下午好!
  非常高兴,也非常荣幸来到这里,与北京大学从事共青团工作的同仁们就大家共同关心的问题和观点进行探讨和分享。我今天讲的题目是:青年领袖意识和能力的培养。分为两部分:第一部分主要从共青团干部的发展来谈谈青年领袖的生涯设计与发展;第二部分主要从如何做好学生工作来谈谈发展性学生工作和大学生发展辅导的问题。

一

  首先来看第一个问题——"青年领袖的生涯设计与发展"。
  在谈到青年领袖的时候,我想在座各位都有双重角色。首先,你是一个青年;第二,你们是青年中的领导。什么是青年领导呢?我向大家介绍一位北大的学长胡春华。他在1979年以县文科状元的身份考入北京大学,1983年从中文系毕业,同年8月主动申请赴藏工作。1983年8月,他踏上了进藏之路,行程8000华里,历时二十多天到达拉萨。到西藏自治区工作之后,胡春华拿出了北大人实干苦干的精神,从基层学起,从小事做起,一步一个脚印实践着自己的诺言。历任区团委组织干事、拉萨饭店人事部副经理、党委副书记兼人事部经理、共青团西藏区委副书记。13个月后,自治区党委决定任命他为林芝地区行署副专员。1995年,胡春华调任西藏自治区山南地委副书记、行署专员。胡春华担任地区专员之后,亲自带领技术人员徒步踏勘线路。在恶劣的自然环境面前,他们一行仿佛行走在生死的边缘。他沿途与建设者共谋加速公路建设大计,落实各路段施工措施,现场解决施工中的困难。为修通墨脱公路,他就这样走了半个多月。1996年胡春华进入中央党校培训部中青班学习,1997年年底升任共青团中央书记处书记兼全国青联副主席,时年34岁。4年后出任西藏自治区党委秘书长,9月任自治区常委,而后在2003年11月出任自治区党委副书记、自治区政府常务副主席。2005年3月,担任了自治区党委常务副书记、自治区政府常务副主席。

我想,通过胡春华的历程,我们可以看到一位青年领袖的奋斗生涯。

世界生涯大会曾提出一个理念:现代职业不仅仅是生计,更是心灵对事业和生活的一种诉求。今天,大家都处在青年领袖这一职业平台上,但未来的路能走多远却是一个需要我们仔细思考的问题。因此,我们要进行生涯的觉察。

人们终其一生都在选择。在社会主义市场经济体制逐步建立以后,我们中国人就面临着更多的选择。所以我强调大学教育应该让学生们学会自我选择,因为选择决定命运。有人说,现代生活是充满了选择和充满了决定的生活。昨天下午,我接待了一个53岁的职业咨询师,虽然是一个咨询师,但到了这个年纪,却不知道自己该做什么。因此,这是一个终身的问题。学校不仅仅是传授知识的地方,也不应束缚于围墙之内。实际上,我们的思想已经不在围墙中。北大学生更是如此,人们更多地面向整个社会进行选择。

现在一些大学团干部存在的最大困惑:一是不知道自己将来做什么,即自己掌控不了自己的命运;二是不知道工作应该怎样做才更有绩效,即不知如何通过职业平台使自己的价值最大化。

不同的环境、时空和不同的校园文化孕育出不同的青年领袖。北大能孕育什么样的青年领袖呢？

所谓领袖，就是leader，就是领导。首先，从理论上讲，北大的基础和平台使很多学生都有成为青年领袖的可能。今天在座的团委老师和学生团干部，你们自己是青年领袖，同时也在培养青年领袖，你们自身的发展与培养学生，促进学生发展是一致的。显然，北大是能够培养青年领袖的，但关键的是培养出怎样的青年领袖。

当代社会变化的显著特征之一，是随着生产力的发展，物质财富的丰富使人们生活水平提高，得到更多满足。按照马斯洛的需求层次理论，第一是生存需要。但是，在现代社会条件下，在一定环境中，发展成为了首要需要。北大的每个老师和学生每天醒来后所想到的，不是吃穿问题，而是今后该干什么，会有什么发展。人们追求自身自由和全面发展，重视自身价值的实现。对教育的需求也不是传统的学历层面，而是日益多元的个性化需求。按马克思所讲的，人的能力的充分发挥是最大的劳动生产力和社会财富，是生产力发展的最有效的方式。人的自由而全面发展是未来社会的一个基本原则和社会的目的本身。

在这样的背景下思考，作为一个青年领袖，我们应当考虑自由和全面发展的是什么，在什么状态下才能得到自由，什么状态下才能得到充分的发展。大家立志做一个青年领袖，我认为这是一种理想，非常好。在这里，我再以胡春华为例。他曾经参加过一个座谈会，大家谈到现在大学生择业时有两种价值取向，一种是大城市，一种是到欠发达地区。同学们问他，像这种情况应该怎么选择？胡春华认为这两种价值取向是平行的。作为比较早支援西部的人，他认为，最大地发挥自己的能量，做出贡献才是最正确的价值取向。最好的发展莫过于既有基层锻炼的经历，又有高层深造的机遇，集二者于一身，最有利于人的全面发展。机遇不可以去创造，但可以用心去把握。

据此，我们来看"青年领袖的生涯规划和动机"。

我主要谈两个问题：第一，是立志做大事，还是立志做大官？不用说，青年要立志做大事，而不是要立志做大官。正是因为能立志做大事，所以才会有青年的真正发展。第二，为生活而学习工作，还是为学习工作而生活。在很多人看来这好像差别不大,而实际上,为生活而学习工作,这叫"职业观",学习工作是为了谋生,找一个职业平台。这样,在大学的学习只是一个过程,目的是走向社会,走进一个职业中去,逐步构建适应自己的家庭等。为了学习工作而生活,则是一种"事业观",即追求事业。例如,"水稻之父"袁隆平先生,当他获得国家给的五百万奖金时,如果仅只是为了生活,那他就可以什么都不做了,但他想到的是做一番事业,因而超越了一般的"职业观"。作为一个青年领袖,我们理应建立起一种事业观,而非职业观。

青年领袖的成功有两种,偶然的和必然的。比如胡春华,他成为青年领袖具有必然性。他自愿支援西部,他主动融入了当地的文化,西藏人民对他评价非常好,他也喜欢上了西藏。他通过自己的努力,创造了某些必然性的条件,通过自己的努力改变了命运,实现了自己的人生目标。

下面我们谈一谈生涯规划的模式。一位教育家说过,当学生把在学校学的知识都忘掉的时候,剩下的就是教育的本质。我觉得在大学里特别要强调的是学习方法和持续发展的能力。我们在人生的路上,无论是做科研,还是做管理,方法很重要。今天我们探讨的要点之一,就是有关方法和模式。

首先,大家可以尝试对自己的青年领袖生涯发展进行战略性思考。战略性的思考意味着你首先要考虑社会问题。前段时间我写了一本职业指导的书,其中许多观点与西方的观点不一样。西方的职业指导强调的核心是以自我为出发点,而我在书中强调坚持社会存在决定社会意识的马克思主义观点,强调社会存在是第一性的,强调人的本质属性在于社会性。因此,我认为在思考职业规划的时候,首先需要对社会环境进行分析。这是因为,所有的职业目标都是建立在一定社会环境基础上的。因此,我们要学会分析社会环境;学会分析一个行业的发展趋势;学会分析一个组织和单位;还要学会分析一个具体的岗位,看看一个岗位有什么特点和职业能力要求。由此形成我们设计制定生涯规划的一个基本前提条件。领袖是具有"眼光",有行动和权力,能鼓舞群众达到目标的使命者。战略性的思考要求我们做到:第一,在考虑重要的社会问题的基础上,建立起生涯目标,即愿景;第二,通过比较各种可能的道路,认知最有效的工作路径;第三,坚持正确的执行方式。比如,过去我们用纸传递信息,现在我们可以通过互联网等很多方式获取知识和信息。我们不妨更多地尝试网络共青团工作模式。再有是要思考变化中的人的角色。现代人和传统人一个本质性的区别是现代人视野更开阔,其中,青年学生表现得就更为突出。中国这么多年的发展,与改革开放密切相关。如果不开放,发展就无从谈起。根据具体情况设计方针,规划路线,就是战略性的路线。从战略的角度思考和规划职业生涯意味着你可以利用外部和自身内部的两种力量。

经典的职业理论认为对一个人的内部观察有三个要素:第一个要素是职业价值观,即价值取向。第二个要素是性格和兴趣。性格决定命运,兴趣是事业最好的推动力。但我认为兴趣尽管有天分的因素,但不完全是天分,是可以培养的。第三个是能力。特别是与职业相关的能力。在这三个要素的作用下,需要形成下面三个结果:第一,要形成一个成功的愿景,这样可以激发人的创造力。第二,要做好创业准备。要理性创业,要"绿色创业",要寻找一种可持续的发展力。第三,不仅要做"对"的事情,还要把事情做"对"。人一生能做的事情是有限的,因此要知道自己应该做的最重要的一件事情是什么,这才是成功者,比如胡春华、袁隆平先生。他们都做了一件真正重要的事,而且能把它做彻底。

下面我们在战略性思考和社会分析的基础上,进一步提出一个生涯规划的"金三角"模式。第一,对自我的探索。第二,对职业的探索。第三,对资源的评估和掌控。现在一个人的成功很大程度上要取决于他占有的社会资本怎么样。一个青年领袖在职场上,在职业环境中要有成就,很大程度上取决于对资源的协调支配。这是社会资本,但这绝不是一天就能够建立的,要有一个原始积累阶段,就跟经济的原始资本一样,要慢慢地积累。我们要教会学生整合这些资源。比如大学生就业的时候有一个问题,有谁能给你写推荐信,这会决定你就业的质量。这是一种社会规律,是"金三角"模式里很最重要的基础。

下面谈谈青年领袖的生涯特质。青年领袖的生涯有什么特殊的素质要求呢?第一,要有远大的理想与目标。第二,要有高雅的气质。青年领袖有一个特征,即与 Power(权力)发生联系。中国传统社会对权力的崇拜非常之高,因为权力可以转化成很多东西。中国的传统教育就是"学而优则仕",非常看重权力。权力会使人产生一种威信,一种力量。现在重要的问题就是我们对权力的定位。一个人崇拜权力,或者说在权力面前你会低着头,但从内心来讲,你不一定服从。实际上,对人最大的影响是人格魅力。因此,一个青年领袖很重要的一点是寻找自己的人格魅力。高雅,就是文雅、儒雅、雅正。大学要建立一种"雅"文化。我想北京大学是需要的,而建立这个文化,靠的就是我们的师生共同努力。第三,要有正确的道德观和价值观。因为当今世界变化得非常快,容易让人的价值观出现混乱,因此,要让自己的道德底线经受住挑战,青年领袖应该有一种正确的认知,对是非善恶能够明察秋毫。这个要求很高,实践起来很难,但作为一个领袖,这是必需的。领袖是领子、袖口,应当靠上、靠前,对事情作妥善解决。第四,要有幽默感。青年领袖不能总板着脸,"高处不胜寒"。北大厉以宁教授讲过和尚挑水吃的故事新编,讲得很好。其实,共赢和双赢最重要的,这是价值观决定的。第五,要有助人之心。助人自助,这是最开心的事。

下面,我要谈谈青年领袖的发展力。关于发展力,我们曾经试验过,结果发现很多人都很欠缺。我们知道,一个国家要想可持续发展,青年人就要有可持续发展的观点。按古人的说法,人生有五计:"少为生存之计,青为立身之计,壮为立家之计,老为养老之计,终为善死之计。"这就是人生发展的过程。

哈佛大学通过对其毕业生进行调查后,提出了一个保持学生发展的哈佛模式,包括六个基本要求:(1)广泛的专业知识——了解该专业的历史文化;(2)稳定和谐的人际关系;(3)较高的声誉和出色的工作业绩;(4)分辨能力、判断能力、组织能力等技能;(5)个人价值观;(6)进取的精神,自信的精神,对权力和知识的追求。

作为团干部,作为青年领袖,我们必须有气魄,有胸襟,敢做敢为,而且要有持续的发展能力,通过学习和实践构筑起发展的根基。

二

第二部分我们谈谈发展性学生工作和大学生发展辅导的问题。北大学生是社会的佼佼者,担负有更多的责任,这不仅仅是为了自己,也是为了全社会的发展。

人的发展是指时间推进在人身上的变化。大一与大四的学生有什么不同?为什么不同?

发展的理论就要阐释这些问题。在阐释中,我们可以进行"显形描述"和"隐形描述"。更重要的是,我们可以依据一种指示性的理论,提出"人应当如何"的问题。我们分析学生的发展往往从"学生是如何成长的"和"为什么会那样成长"两个方面进行,即由分析结果形成一个框架,再研究原因。以往,对学生工作的要求,只要学生不出事就是成功,价值判断仅限于稳定。现在不同了,我们更多的是要在稳定的基础上,解决大学生的发展问题,要回答"学生应该怎样成长"的问题。

正因此,我们需要探讨新的领导和管理模式。有三种类型的领导模式值得我们探讨:一是师傅带徒弟式的经验管理;二是制度化的指挥型管理;三是育才型的文化式管理。育才型的文化式管理强调要形成一种文化观,或叫文化价值认同,形成共识。我们计划要做什么,怎么做,如何做得最好等等,都要让每个成员参与讨论和认识理解,然后大家来分工协作,最大限度地调动每个成员的积极性。文化管理,是我们共青团应该积极学习和采用的管理方式。

有这样一个故事:一个小伙子爬山,到山顶的时候已经黑了,伸手不见五指。一不小心脚下踩滑,掉下山去。情急之中抓到一根树枝,大叫:"上帝,救救我。"上帝说:"你把手放开就救你。"他不信,接着喊:"上帝,救救我。""放开手就救你。""上帝,救救我。"上帝怎么说他都不听,只好走了。

第二天,上山的人发现他抱着树枝冻死在山上,而脚离地面只有半英尺。

这个故事说明,人们常做一些自己认为正确但事实上不一定对的事情。因此,我们要想接受一种新的管理理念,就首先要打破已有的消极的心智模式。

过去,我们在对人的培养上有偏颇。所谓纯政治人、纯道德人、纯经济人等都不是真实的人。一个真实的人,应该是多方面的。因此,我们的目标是"两全",即面向全体学生进行全面的素质教育。当前,我们处在社会的转型期。社会的转型分为宏观转型、中观转型和微观转型。每一种转型都会带来人的观念的变化。现在我们的学生就处在这样的转型社会中，很多人的观念、行为方式和价值判断都发生了变化。我认为，中国自从加入世贸，就真正进入一种国际规则的操作层面。加入WTO跟每个人都有关系，如降价汽车，免税商品等。教育作为加入WTO服务贸易的一项，也要走向国外市场。现在外国把中国的教育看作一个很大的市场。我去年到澳大利亚考察，他们直言不讳地告诉我，他们已经把在中国招收留学生所得的费用纳入本国的经济增长指标之中。另外，我们高等教育改革要强调给学生提供服务。事实上，在中国的教育模式当中，消费者的价值判断已经在走强，并将出现诉求全新的消费者需求。比如，北京大学是一流的学校，提供最优质的教学资源。如果我是一个坐在轮椅里的残疾人，学习能力很强，想到北大来学习，北大会录取我吗？如果回答是肯定的，那么，学校的硬件设施能让我的轮椅顺利进去吗？如果不录，你就剥夺了我接受优质教育的权利。我是消费者，为什么要剥夺我消费的权力呢？我到马来西亚大学开会时，校长带我参观他们学校的一套无障碍通道，保证残疾人的受教育权利。中国、北大将来也会这样，因为这是社会发展的一种趋势。

从事高校团的工作的人应注意四个问题：一是对团干部，即对自己的定位；二是对对象，也就是对学生的定位；第三，对共青团的工作范畴的定位；第四，要处理好几个基本的结构关系。这些是处理学生问题当中的四个核心问题。

共青团干部要对自己形成正确的定位。第一，学生工作者要充当好服务和辅导的角色。我们是校园环境的营造者，是校务沟通的中间人，是危机处理的急先锋，是学生发展的好专家。另外，要从单一角色向多重角色转变，成为大学生政治进步的向导，专业学习的良师，能力培养的教练，日常生活的朋友，道德修养的楷模。一个美国学者提到，一个大学生有七要素：自主独力、生存能力、道德发展、个性发展、情绪管理、人际关系、人生目标。在对世界五百强的调查问卷中发现，企业对员工要求是：团队精神第一，创新能力第二，忠诚度第三。这些虽是最基本的，但是在大学的第一课堂却不能完成，需要第二课堂的补充。

我认为，团委老师对学生应该讲究一种包容。这种包容不是让学生为所欲为，而是要帮助学生树立自信，包括想象各种可能性，甚至追求梦想。要促进师生间的互动，寻找工作的新角度。总的说来，要重视如下学生工作的价值取向:第一,要确认每个学生都有自我表达和自我实现的权利。第二,要认清学生有困难是个人发展中的自然现象。第三,应该让每个学生充分发挥潜力。第四,相信学生的不良心理和行为是与家庭、学校、社会有关的,即社会原因。第五,在工作中,要依靠社会,家庭,社会资源的充分发挥。第六,要深信学校和共青团的设施和活动以帮助学生逐步形成社会化人格为目标。第七,注重学生的个别差异和团队责任感的表现。北大的学生是精英,会很有个性。但是一定不能忽略个人对团队的责任感,这是社会的必然要求。

接下来我们要讨论的是职业的境界。团的工作要怎么做?最基本的是要"会",第二境界是能做"好",第三境界是做"精",要成为小专家,第四境界是做"绝",有绝活,成为大专家,第五是最高的境界要达到"化",出神入化,成为大师。

现在的共青团工作开展活动有几个要求:第一,要有知识性、教育性和科学性。第二,要有美学性,做到审美享受和艺术品位相结合。第三,学生要参与,强调体验式教育。第四要有开放性。第五要有新颖性。

现在,我把自己的一个研究成果——大学生素质教育的立体模式——介绍给大家。目前社会上提出的大学素质教育,大多为平面模式,操作起来困难很大。通过研究,我提出了大学素质教育的递进模式:

第一层面是初级模式,即培养学生的生存素质。

第二层面是增强模式,即培养其理论素质。理论素质又分为两部分:一是通识理论;二是专业理论。

第三层面是终极模式,核心是提升人的职业素质,塑造职业精神。

须知,学生在校的学习只能是一个过程,最终,必须走向职业世界。一个人只有在一个职业平台上才能更好地创造和实现人生的价值。下面,我简单做一个小结:

1. 时代的特征、对象的特征和我们的工作性质决定了共青团工作是为学生全面发展、生涯发展、终身发展奠基的教育,学生工作的最终目标就是促进学生的自由而全面的发展。第一,通过教育给学生以 roots(根),让他们能够低头看脚下,积累扎实的基础知识,培养专业的素质。第二,给他们以 wings(翅膀),让他们抬头看天,能够为理想去飞翔。

2. 作为学生工作相关的方式,不论是家长式的管教,还是经济式的

服务,都会陷入困境。

　　3. 坚持以学生的发展为宗旨并促进我们的共同发展。这才是科学的工作模式。

　　为此,大家要一起寻找一种工作愿景,以此来奠基一种价值观,形成我们北大团系统的文化价值认同;大家还要寻找一种共同的工作语言,比如发展性学生工作的语言,以便进行深度的交流;大家还要建立一种学习型组织,进行全新的持续学习;大家还要在实践层面不断探索,达到一种超越,形成具有特色的北大共青团工作局面。最后,我送给大家一段话:

　　自己开垦的,即便是一寸,也是最辽阔的土地;自己播种的,哪怕是一粒,也是最诱人的果实。我把自己的一切放进与学生同行的岁月,最终,我相信,一定能走出一个与学生共同发展的青年领袖自己。

(2005 年 12 月 22 日)

产权、治权和地方差异

■张晓波

张晓波,男,1966年生,1987年获南开大学数学系学士学位,1990年获天津财经学院统计系硕士学位。1990—1994年任南开大学经济研究所讲师。1998年获美国康乃尔大学应用经济与管理硕士学位。2000年1月获康乃尔大学博士。现为国际食物政策研究所高级研究员;中国留美经济学学会主席(2005—2006);国际应用经济学杂志编委。另外他还担任浙江大学、南京农业大学的客座教授。研究方向为中国经济、发展经济学、公共经济学和农业经济学。在国内外杂志上发表了多篇学术论文,其中被SCI和SSCI收录的有二十余篇。

我今天的讲座主要讲四个问题。第一,中国的地区差距到底有多严重;第二,为什么要重视地区差距和贫富差距;第三,从产权和治权的角度来探讨地区差距的成因和机理;最后,谈一下我对如何解决地区差距的一些想法。

第一个问题,中国的地区差距到底有多大?

现在人们在谈到中国的地区差距时,在媒体上听到这样一句话:"大城市像欧洲,偏远农村像非洲。"如果你去过世界各地的话,你会感觉北京和上海比美国的纽约和欧洲的许多城市的高楼大厦更多,更气派。可是如果你去中国中西部的一些偏远山村的话,譬如贵州的一些地方,你会感觉像到了非洲一样。如果在北京你感觉到了第一世界,那么在贵州就是第三世界。如果你经常走动的话,你就会亲眼目睹沿海和内陆的巨大差距。

我曾经去过贵州的一个农户家庭,这地方距离贵阳也就一个小时的车程。一家三口人，房屋很小，窗户没有玻璃。他们家的唯一的一条桌子只有三条腿，他们家的小女孩只能站着写作业，因为没有凳子。小孩天天吃的就是米饭搀香椿树叶。米是政府救济的，是陈米，香椿树叶是从自家树上摘的，再加点盐水就是菜，天天的饭都是这样。当时你看到就会想到"为什么离贵阳这么近的地方竟然会有这么穷的村子和这么穷的家庭？"在北京这样的大城市也许会觉着这个故事如同天方夜谭，可事实上中国的城乡差别和地区差别是非常大的。

第二个问题，为什么要关注贫富差距和地区差距？

我想先从富人的角度来讲一下。如果社会贫富差距太大，富人肯定会不安全。我1997年时去过洪都拉斯，一下飞机当地人就警告我把手表摘了，因为我的表颜色是金色的，很容易误解为金表，被别人抢走。当我们走在首都的大街上看到一个非常奇怪的现象：每一个加油站或商店门前都有两个持长枪的警卫。后来当我们一行几辆车在去做调查的路上，突然就出现了几个蒙面持枪的劫犯，命令我们停车。当地的司机比较有经验，加大油门冲了出去，可其中一辆车还是中弹，一位女学生大腿被击中。我想如果社会贫富差距太大，社会治安不好，那么富人也就没有什么安全可言。

我再举一个南非的例子。三年前我去南非的德本，在约翰内斯堡机场要转机住一晚上。刚一出机场大厅，无数的要饭的人就一拥而上。很多人抢着要给拎包，我们哪敢啊，快速拎着包走到汽车里，那些抢着要拎包的用拳头愤怒地砸着车窗户，仿佛要把我们吃了。乘车到了机场内的假日旅店，抬眼一看六条彪形大汉分站大门两旁，每人腰中都是双枪。旅馆工作人员警告我们，天黑以后绝对不允许出旅馆一步，因为华人在那里被抢的概率超过了百分之百，也就是说走在街上被抢的概率不止一次。从约翰内斯堡到德本的飞机上坐我邻座的是一位印度裔南非人。她说她开最好的车，住最好的别墅，可是她从来就不敢轻易走着出门，就像被监禁一样。尽管德本有世界上数一数二的黄金海岸，她和她的家人也很少能去享受。我们到了德本以后，也领略了治安恶化的滋味。在大白天，就在市中心的会议中心门前，几天就有十多人被抢劫。

洪都拉斯和南非是世界上贫富差距最高的几个国家之一，测量贫富差距的基尼系数超过0.5。中国的基尼系数是多少呢？2004年是0.475。在改革开放初期,基尼系数大约是0.3,照这个速度,中国的基尼系数就会很快赶上洪都拉斯和南非。那么未来的治安情况也可想象出来。中国的贫富差距大部分来源于城乡差距和地区差距。就中国而言,如果所有地区间差距太大,许多人回流向沿海地区,会给当地治安带来问题。到北京或任何一个沿海城市几乎家家都装防盗门就很说明问题。

除了治安问题以外,贫富或地区差距还会影响消费。地区差距太大会影响内需。现在中国的外向型经济给世界也带来压力。如果内地和农村地区消费能上来的话,对整个经济的带动是巨大的。如果每个村都通上电,那么对电视、电冰箱的需求就会增加很多。现在中央提出要构建和谐社会,消除地区差距,无论从效率和公平的角度都是值得研究的大问题。

第三个问题,地区差距产生的机理

地区差距的成因和经济发展的机理是密不可分的。在这里我先分析一下中国经济奇迹的原动力。过去几十年里中国经济的平均年增长速度是9%,沿海地区更呈双位数增长。制度经济学常常强调明晰和稳固的产权是经济增长的必要条件。诺贝尔经济学奖获得者,诺斯和科斯都很强调这一点。可是中国对私有产权的保护直到2004年才写入宪法,中国的法律也还有很多不完善的地方,中国全国的律师远远没有美国加州一个州的多。中国的产权界定得那么模糊,为什么经济却增长得那么快？

在这里我想让大家区分名义产权和实际产权。罗小朋教授1995年写了一篇文章,指出中国产权实质上是存在的,是等级产权。改革开放以后有两种力量对地方政府的竞争起了促进作用:一个是引进外资,一个是财政分权。引进外资额的多少是衡量干部政绩和升迁的一个重要标准,因此干部有很大的积极性。另外,投资可以带动就业,创造税收。但因为资本是流动的,地方政府必须像企业家一样来招商引资。当我到浙江做调查时,许多乡镇干部立马递上漂亮的宣传材料,保证几天内能注册企业,厂房三通一平,三年免税等等。在财政分权以后,各地为了争夺税源,地方政府会采取一系列措施对投资者的利益进行保护。比如说乡镇企业,尽管产权很不清晰,但因为它能为乡镇政府创收,所以县乡政府会想办法保护它们。换句话说,尽管从名义上国家对私有产权的保护并不明晰,但是地方政府,尤其是沿海地区的地方政府,实质上还是从很大程度上对投资进行保护的。鉴于中国的产权保护大部分是由地方政府提供的,因此可以称中国的产权是地方产权。

这种实际产权的存在说明中国的经济增长还是有产权基础的。当我们看待产权理论时,不仅要看名义的,更重要的是看实际上的保护。印度、拉美一些国家产权都界定得很清楚,可是经济增长速度并不如中国。那么中国的产权到底有什么不同的地方?印度的新德里多少年一直想申办奥运会,可是花了十几年时间却连建奥运设施的用地都征不下来。其实那块地本来就是一块公共用地,但很多贫民在上面搭了简陋的房子,形成了事实产权,政府并没有法律依据将这些贫民窟拆除。中国这种情况是不可能出现的,北京申办奥运会几个月就可以把地征了。这个例子说明,产权如果过分清晰,有时候对经济增长并不一定百分之百有利。中国的产权界定确实比较模糊,但这也给经济增长创造了一个机会。这就是我下面要说的中国投资人的产权和个人的产权出现了一些分离。

在西方,不管你是企业还是个人,法律面前人人平等。如果要征地的话,要通过法律的手段协商解决。刚才讲到,各地政府竞相吸引投资。但因为资本是流动的,很难对资本征税。不过土地是不动的,将地租拿过来相对要容易。在各方利益的博弈中,农民的利益是最薄弱的。因为土地的产权归集体所有,而国家只要把土地划为公有用地,那么它的价码立刻就会涨五至十倍。所以各地方政府绞尽脑汁把农业土地转为公有用地。国家对公有用地的补偿是按农业生产的收益来定的,当然是很低。政府一旦将土地征上来以后,可以拿到国有银行抵押贷款,然后建造基础设施来招商引资。通过这种手段,每一个政府都相当于一个公司,可以很快创造一个有利于投资的环境。最终倒霉的却是农民。现在各地方政府大兴土木侵占农民土地的事件是越来越多,比如说2004年比2003年的土地纠纷就增加了一倍。这种不对等的产权却对投资者最有利。我觉得这是中国经济增长快的一个重要原因。因为产权中出现了等级化:对跨国公司的保护最强,中小企业次之,最差的就是对农民的土地产权的保护。这在别的国家是没有的。现在的地方政府如果想发展经济,就会不计任何后果地往前走。这样做在很短时期大大地提高了投资环境。去年世界银行做了一个投资环境的报告,中国的沿海地区,尤其是浙江,在全世界的发展中国家中是名列前茅的。

既然竞争产生产权,但是否中国所有的地区都有同样好的投资环境呢?答案是否。这里首先我要引进治权的概念。中国的经济极其分权,但政治上或者说治理结构上却非常地集中。中国上千年以来一直是大一统的体制。它的统治结构基本上是金字塔式的,上级政府有什么机构,下级政府就有相对应的机构,从中央一直到乡镇。政府的规模由上级的编制办公室决定,并非像其他一些国家那样由当地经济需求和选民要求决定。因此政府的规模基本上与人口规模挂钩,和经济规模没什么关系。印度的一个乡只有两个行政人员,办公的地方也破破烂烂。在一个成熟的市场经济社会,政府的规模不是由人口而是由经济规模决定的。就美国来讲,如果一个镇特别穷,那么它的镇长可以没有工资。如果一个地方经济发达,市长可以拿很高的工资。而在中国不论财力如何,各地的乡政府规模和总人口数基本上是成正比的。

经济分权以后,各地经济发展已经出现了很大的差异,但一刀切式的治理结构一直没有变化。这样一来经济基础和上层建筑的矛盾在有的地方愈来愈突出。在浙江一些地区,一个村就有上百个企业,外来人口比本地人还多,因此出现警察不足、教师不足、税收征管人员不足的现象。也就是说,在一些经济规模大的发达地区,实际上出现了小政府。在那些穷的地方,根本没有什么企业,但是每个乡的政府人员也都是七八十人。随着大批劳动力跑到沿海地区打工,当地常住人口实际在减少,但政府规模一直有增无减,导致大政府。经济上的分权和治理结构上的一刀切导致沿海和内陆的投资环境出现分离的状态。

如果看一下实际税率和经济发展的关系,我们会发现中国县级之间已出现了明显的累退税率。也就是说,富的地区低税率,而穷的地区高税率。由此一来,各地区之间演化成不同的竞争游戏规则,沿海地区争投资,贫穷地区争转移支付。

西部的很多地区竭力地保持着自己"贫困县"的帽子,以此当作资本来向国家索取救济。所有搞扶贫的人都有这么一个经验:越穷的地方,职务越大的干部对你越好。为什么呢?因为他们想从你的手里搞到扶贫款。他们的经济头脑全都放在了这里。我们去贵州考察时发现,他们村子里仅有的几个小饭馆、小商店都是村干部的亲戚开的,个别小企业比如窑厂早就因为不堪村干部的吃喝而关门了。这样大家就明白为什么在同样的投资条件下,企业会选择东部这些富裕的地方了。

假定东西部少数有实权官员都同样腐败的话,那么西部的官员对当地企业隐性的讹诈要比沿海多得多。有的沿海地区一个村就有上百家企业,如果官员每天吃一家的话也得吃三个月才能吃过来。另外,在沿海地区,由于企业数目多,税收征管人员显得不足,因此很多地方实行包税制。最近我们在浙江做了一个调查,我们发现平均每家的作坊每年的利润都在四五十万左右,但每年只交几千元的税而已。这样的低税率是吸引投资的重要因素之一。在沿海地区互相竞争的是降低税率,吸引投资。企业越多,外向型越强。中国的产业集群在短短的十年、二十年内就在沿海地区形成。在浙江,许多县乡都出现了产业集群,如领带城、纽扣城、鞋都等等。那种活力是你想象不到的。现在各地一般要求保证财政收入8%—10%的年增长率,企业扎堆之后每个企业平均摊的税收就减少了。当然,产业集群还有许多外部性。本来,生产任何东西都有上下配件,企业扎堆之后,接一个订单全村都可以生产,客户取货也可以直接来取。所以说企业集群对产销都很方便。这就加剧了沿海地区的产业集群。

总之,财政分权和治权集中的矛盾形成了两个不同性质的竞争:东部是改善投资环境的良性竞争;西部是向国家要扶贫款项的恶性竞争。这就导致了越穷的地方政府行为越腐败。减免农业税后这个问题更加严重。因农业税是许多穷地方的重要税源,中央在取消农业税以后,政府规模和职能又不变,贫穷地区政府面临巨大的财政压力。除去工资以外,许多县乡的非垂直管理部门几乎没什么办公经费。在我们调查的贵州的一些乡镇的农业技术服务站,月人均活动经费只有五元,何谈搞农业技术推广?这也是为什么在西部贫困地区广泛出现"看病难"、"上学难"的情况。许多地方政府不得不用各种手段举债求生存。在我们调查的西北地区的九个乡,平均负债近百万元。

第四个问题,地区差距与赋权交易

这样来说是不是西部就没有希望了?不是的。挑战也意味着机会。我们最近通过调查也在摸索解决上述矛盾的办法。在计划经济体制下遗留下来的僵硬的政府编制和土地指标很难适应市场经济下生产力的迅猛变革。随着经济基础的改变,各地对一刀切式的政策的执行成本也越来越不同。对同一种体制赋权,比如土地指标,各地的需求很不相同。沿海农转工用地异常短缺,而内地一些地方指标根本用不完。换句话说,土地的影子价格各地差别很大。如果允许交易的话,两者可以各取所需,取得帕累托改进。在这里我们提出体制赋权交易的办法来缓解这种矛盾。

中国传统的交换是个人的交换,改革二十多年之后个人的交换空间大了很多。但是政府之间的交换是非常少的。比如在温州,好的企业面临的最大问题就是土地不够,它甚至可以花一百万去买一个工业用地的指标。但是在那些穷的地方,每个乡都建有开发区,可是没有人去用。如果能够实现政府间交换的话,就可以在这边买指标,到那边去建厂。因为现在中国的土地管理是完全的"一刀切",土地指标的控制是非常严的。如果交换实现的话,指标总量没变,但是实现了双赢。并且我们说制约西部发展的原因是官员太多,但是如果有这种市场的话,可以将转让土地开发权的资金集中起来设立风险基金,鼓励官员脱离行政就地创业。在这里我们提出体制赋权交易的办法来缓解这种矛盾。

指标交换的概念并不新。有些发达国家已建立起排污指标市场。在"京都协议"的框架下,欧盟国家也已建立二氧化碳等排污指标的交易市场,世界范围内的交易市场也正在筹划中[①]。这样一来排污指标用不完的国家可以出售剩余指标给其他国家,并将这些收入用于保护环境。在中国,事实上,指标交换的事情也在发生。譬如,在发达省份内部土地指标置换是很通常的。据新华社报道,江苏和浙江省通常都采用省内购买土地指标或置换的方式来解决指标不足的制约。在江苏,较发达的苏南地区每年都要向欠发达的苏北地区购买用地指标。2002年,杭州市以每亩6万元的价格向同属浙江省的海宁市购买了3000亩土地的使用权。在杭州、宁波、温州和绍兴四市的工业园区购买土地指标的比例分别为68%、57%、78%和78.3%。山东省国土资源厅于2003年也发布了"关于实行建设用地指标置换和农用地整理指标折抵的意见"鼓励省内交换土

---

① 比如欧盟的大气排放交易系统,参见 http://ec.europa.eu/comm/environment/climat/emission.htm。

地指标。

除了土地指标置换以外，最近又出现了警察异地借调的创新。据最近的《工人日报》报道，浙江诸暨市店口镇外来民工共有4万多人，其中仅贵州籍民工就有1.4万人，流动人口的治安问题成了问题。自2004年起，浙江诸暨市聘请贵州省遵义县4名警察常驻该市店口镇，负责管理和服务在这里打工的贵州籍农民工。实行这个制度以后，店口镇治安有了显著改善。由于诸暨市负担了这四名警察的薪水，贵州省遵义县无形中也减轻了财政负担。况且，大批民工外出以后，遵义县警力也出现了过剩。这种交换是一种双赢策略。最近公安部在诸暨市召开工作现场会推广诸暨模式"外籍民警协管外来人口"。

这些案例不仅证明了我们关于内地政府规模过大，而沿海政府又规模过小的判断，而且还说明，各地政府不自觉之间已经在使用赋权交换的原理。尽管交换的具体形式不尽相同。上述案例都是低层级地方政府之间的双边协议，而土地指标的置换基本还局限在省内。

这里我们建议扩大赋权交换的范围，创建全国性的制度化赋权市场。赋权市场的重要职能之一，就是向沿海地区对非农用地指标进行招标，根据有利于提高土地利用效率，有利于增加就业，有利于城市化等原则，分配有限的非农用地指标，并获得资金建立一个改革与协调发展基金。这个基金的重要职能之一，就是帮助内陆地方政府"瘦身"，具体的方法就是赎买财政供养人员的身份，以价低者优先的原则逐年进行赎买，把内地政府的冗员负担降下来。据我们调查，这个市场是存在的。在西部地区的乡镇一级，人均月活动经费（含工资）平均只有1000元到1500元。在这些地方，买断一个公务员的钱约等于十倍于目前工资。由此算来，只要12—18万元就可以买断西部的一名公务员指标。保守地说，一百万元可以至少帮助减少六个财政负担人口。而减少这6个财政供养人员增加的地方可支配财力，可以用来减少约一百个赤贫人口（按每个人每年800元计算）。

发展赋权交换的好处十分明显。首先，被赎买的财政供养人员得到了一笔创业基金，有利于发展当地经济，缓解贫穷地区资金短缺的问题并创造就业机会。第二，对于既定的地方政府收入，减少财政供养人口等于提高现有公务员的工资水平，有利于改善公务员的激励。第三，减小地方政府的规模,可以腾出更多财力来提供更多更好的公共服务,改善投资环境,吸引外来投资。第四,可以有效缩小地区差距。一方面欠发达地区有了更多的就业机会;同时沿海地区又克服了工业化和城镇化的土地瓶颈和政府建制瓶颈,可以吸收更多外来人口。我们还设想,如果能够把拍卖非农土地指标的资金也用于中西部保护耕地、退耕还林,就可能把迅速增长的非农地租更有效地用于促进协调发展。

扩大赋权交易有利于巩固和扩大中央政府的合法性基础。赋权交易是一种帕累托改进,有利于协调各地经济发展,扩大中央政府的税源。同时,扩大赋权交易,需要中央政府充当赋权市场的设计者、组织者、仲裁者和执行者。中央政府还可以利用中央的财力,通过定向补贴来改善赋权交易市场的均衡,使中央的财力起到"四两拨千斤"的效果。

自觉地扩大赋权交换,对于中国实现现代化有特别重要的意义。中国幅员辽阔,地方差异显著,而政治权力又高度集中,这些条件都不利于发展全国性的要素市场。历史上中国借以克服这种困难的办法是建立统一的等级结构,通过科举制度提高精英人才的垂直流动性来维系中国的政治整合。

在中国经济高速现代化的今天,沿袭差序结构的传统反而不利于维系中国的经济和政治整合。近年来地方经济差距的迅速扩大就是一个重要的警示。它说明,制度化的等级身份制度,正在成为中国发展统一要素市场的障碍,而没有要素市场的统一,中国的政治统一也将越来越困难。扩大赋权交换的重要意义就在于,它为中国从等级身份的社会向权利平等的现代社会过渡提供了一个平稳的途径。

我今天的讲话先到此为止吧,希望大家多交流一下。

现场答问

问:张教授,刚刚提到东部沿海地区形成产业集群,有那么多发展的优势。而西部地区同样的治理结构,却有那么多劣势。我想问,在东西部政府结构几乎一样的情况下,为什么东部发达而西部落后?

答:肯定是有各种原因。第一个是开放程度。在封闭的条件下,各地的比较优势主要取决于农业。比如1978年的广州和四川,财政上一个排名25,一个排名26,基本上没有什么差别。但是一旦开放,沿海地区与国际相比就有很多比较优势,比如廉价劳动力、廉价土地等。所以就有一个资本的促使优势。另外从总体来讲沿海的企业相对发达,起始税源相对较多。这也是一个优势。

问:我主要想问一下,在政府结构差不多的情况下,以前东部有一定的优势,可为什么到现在西部还是不能吸引到外资呢?请张教授解释一下。

答:最近我也同许多企业家就这个问题交谈过。他们也想去西部投资,因为现在东部的土地昂贵,基础设施也短缺。的确也有企业投资到西部去的,但是情况依旧是非常艰难。西部现在有个说法叫"关门打狗"。一旦企业来了之后,政府部门就开始想办法克扣它。并且现在当政的官员最多干三四年,所以他们做事都有明显的短期性特点。

问:那么东部是不是也是这种形势呢?
答:外来资本首先会先选沿海地区,因为沿海地区有地理优势。为了吸引外资,地方政府会开始改善投资环境,进行招商引资的良性竞争。

问:可是西部有自己的优势啊,比如资源,像廉价的土地资源、劳动力资源等等。
答:按道理说西部肯定会有它的优势,比如贵州自然资源丰富,其实商人也能看到这些机会,但是我们要研究的问题就是到底什么才是其中的障碍。

问:张教授,刚刚您一直在强调中国是经济的分权和政治的集权。那么怎么让这两个方向的发展协调一致,以改善东西部经济发展的地区差异呢?

答:现在就是因为这两个力量是互动的,才造成了现在资本不能向西部走的趋势。我们正在做的就是怎么打断这个连接使投资者愿意到西部去,同时怎么削减西部政府的规模。刚刚讲过帮助它有两种办法:一个是政府的转移支付;另一个就是通过市场。大家都知道通过政府有很多弊病和漏洞,所以我们主要是想依靠市场。从投资来讲,怎样改善西部的投资环境,怎样创新来吸引东部的投资者?这是解决问题的关键。现在已经有好多企业家开始做这种创新了。

问:现在您讲的都是一些个案,从市场经济的角度来自然而缓慢地解决地区差别。但是从一个中央集权国家的角度来讲,如何在整个中央的层面上发挥政治集权的优势来改善东西部地区差别呢?

答:其实这已经开始做了。像"十一五"的规划中心就是增加转移支付投资的力度。可是最难的就是作为学者的人盲目地认为自己找到了解决问题的方子,其实这要比想象的困难得多。比如增加转移支付,其实下面漏洞有多大中央也是非常清楚的。任何国家的发展都是靠不断总结老百姓的创新。中国有13亿人,任何方法都能想得出来。如果能把这个智慧优势集中起来,只要有好办法能够迅速地普及,我认为这比中央的文件有效得多。

问:张教授,应该说东西部的经济发展是有相当大的地区差异的。刚才你只是点到为止地谈到了经济上的分权和政治上的集权的关系。我想问一下关于经济上的分权是怎样的分法?关于治权是怎样的治法?您的构想是什么?

答:我想说的是,经济上的分权与政治上的集权的矛盾都对地区差距影响越来越大。因此,如何削减西部政府规模是值得研究的问题。中央做了一个很明智的决定就是削减农业税,这项措施最大的好处就是迫使地方政府减员。如果不用收税了,政府还养那么多人干嘛?这项措施既安定了民心,又迫使地方政府进行改革。不然,越穷地方的人就越会削尖了脑袋通过贿赂等各种手段往政府部门里钻,因为没有别的事情可做。这些人进去以后就又会克扣企业来找回自己的"损失"。所以如果不把地方政府规模降低的话,当地非农产业很难得到发展。

问:您好,刚才听了您的讲座,您谈到农技推广的链条残缺。我觉得实际上乡镇机关的臃肿、链条的残缺是农民收入提高的主要障碍。但是现在中央提出要建设社会主义新农村,我觉得其中最核心的内容就是农民收入的增长。在这种社会制度背景下,从产权、治权和地区差距角度来看,您觉得增加农民收入、建设社会主义新农村是一个遥远的梦,还是中央使农民心里暂时满足的一种说法?

答:我不觉得是使农民心里满足,我觉得是发展到这个阶段的必然政策。不要小看现在政治决策的人员,他们要去各个地区考察的。"新农村"政策提出之前,他们都去韩国、日本看过,分析过利弊。很多国家发展到一定阶段都要有这个过程,把农业税减免了,以帮助农村。要想提高收入,光靠农村不可能。土地是固定的,所以要想办法转移出去,就要有非农业的就业机会。怎么创造非农业的就业机会?怎么创造投资环境?如果涉及投资环境,就必然和治权分不开。

问:但是农民的收入在很大程度上像韩国、日本一样,要面对保护。中国未来什么时候才能真正实现工业和农业的繁荣?

答:我觉得现在不收税已经是个很大的进步了。我倒不希望补贴。中国人总有个误区,说印度、美国、日本都补了,所以我们也要补。但是其实能不补还是不要补,或者补贴不要直接给钱,给了就后患无穷——人就是这样,一旦给了好处,想拿都拿不掉。印度是水、电、化肥补贴,结果农忙的时候,水、电就不够用,因为免费,所以大家都抢用。所以去印度,你就会发现几乎没有大厂,遍地都是小作坊,一旦停电就不生产了。关于印度的工业化,我写了一篇文章,指出农业补贴是影响印度工业化的主要障碍。补贴会产生一系列的恶果,而且现在印度人都知道这个毛病,想改却改不了。因为政客要靠农民投票,而农民认为自己种地,天经地义应该有免费的水电。在这种情况下,去掉补贴是难上加难。

问:我想问一个问题,就是政府在扩大基础建设规模的时候,往往对农民进行廉价征收。这样对这个弱势群体造成了侵害,应该由谁来负责?

答:我觉得这是很值得研究的一个问题。中国的基础设施建设实际上没有这么快,在德国建一个高速路,大约要十年,因为涉及征地、市场价格评估、补偿、打官司,这些要花费很长时间。在美国、日本也是这样。如果产权保护得特别严,也许对于发展并不有利。我在印度就发现那里的产权保护特别厉害,农村任何道路都是弯弯曲曲的,遇到一棵树、一座房,都要绕过去,从村子一头看不到另一头。但是在中国,任何地方的路都是笔直的,为什么？我猜测就是产权的问题。所以印度的高速,比中国就差得太远,简直就不能比。中国现在是在牺牲农民利益情况下的高速增长。对于传统农民,以后征地时,怎么样能给他们一个公平的机会？遇到不合理征地时,谁来管？我们学法律的同学可以认真思考。这是农村遇到的很迫切的问题,近几年为土地上访的人数成倍增加。怎么解决？我也不知道。面对这个问题我们经济学家无能为力,所以我觉得最后应该是法学家和各方面学家合作解决这个问题。

问:我认为产权是由政府来予以保护的,而在中国,很难做到民营企业和官方的良好协作。那么民营经济怎样得到产权保障呢？

答:如果没有保障,为什么还会有人给他们投资呢？

问:中国的现状是,企业要与政府有一定的联系。像西方那样,企业可以按照合法的途径自由发展。而在中国,这样是办不到的。民营经济在刚发展时,就很不容易获得贷款。所以这些企业在短期可能做大,长期就没有资金支持了。

答:你的看法比较片面,可能与外面接触得比较少。其实,中国这几年发展最快的就是民营企业。民营企业起步时,资金在500万元以下的确很难贷款,这一点公认;但是一旦资金达到500万元以上,银行会抢着放贷的。

问:在贷款方面,银行还是对国有企业比较倾向,民营企业只有发展到一定程度才会有机会。

答:是这样的,但是我刚才讲过,银行有压力。如果企业依赖资金不愿创新,那国有企业的进步怎么办？民营企业拿钱特别难,所以就会想办法创新。我观察浙江、温州有产业权,就是因为当地政府不贷款。这样老百姓就会想办法来把企业做起来,后来他们就想摊钱买设备,大家分着做。一般人也有你的观点,就是应该给民营企业贷款,但是银行也很麻烦。

问:但是地方知识产权还是没有保障的。

答:虽然没有保障,可是从投资者来讲,他可以实质感受到投资可不可以收回。在西方投资也是这样,不管谁保护产权,投资者能真正感受到前景,这才真正起作用。就是说不能光看有没有法律的规定。

问:但是人们在未来的确定性还是不明确的。

答:俗话说,等到什么都好了,饭也都凉了。如果等到法律都健全了,那就和美国一样了。发展的过程就是建立制度的过程,我觉得在发展过程中,旧的问题解决了,新的问题又出来了,要么直接解决问题,要么通过创新分解它。社会制度和生产力是互动的,这也是制度创新的过程。只从书本上说,稳定产权才能发展,那么稳定产权怎么来的呢?学习法律建制一百年的历史,美国的制度到现在已经完善了很多次。所以我就强调一定要有创新、不断发现机会的能力。

问:现在特别鼓励创新,像技术创新、科技创新等各个方面。但是我感觉根本的一个问题是体制问题。比如说,东西部的发展差别就很大,东部特点是小政府,集中力量发展当地经济,但是西部亏损严重,产权问题就是一个制度问题。所以我觉得创新主要还是政府方面的工作。中国现在是区间性的创新,就是在实践中遇到好的东西就拿出来,先试一试再推广。这种发展模式有一个特点,就是慢慢来,我觉得这是一个好方法。比如说政府要健全政府监督,实现法律上的透明化,老百姓和政府官员在一个平等的环境下对话,这就一定程度上实现了西方所谓的民主自由。我的问题就是这样,想听一听您的看法。

答:你的问题很好。你刚才讲的首先就是提高政府效率,要做到这一点,增加监管、增加透明度很重要。监督有很多种,你在前台做事,别人在后面看着你,这就是一种监督。媒体的监督就是一种,比如说政府就可以每年在报纸上公布上面拨下来的资金情况。非洲的乌干达通过媒体监督政府转移支付大大地提高了公共资金的使用效率。如果上级转移支付给各地政府,并且要求他们必须在当地电视台、报纸统一发布刊登,就可以看到他们在使用资金时特别小心。所以监督是很简单的,不一定非要投票。在做实验、研究课题时,也可以设计一些办法,关键要让政府感觉到后面天天有人在看着。

比如大家都在关注的食品安全问题,造假很难克服,但是最近政府采取了一种办法——国家掏钱买了很多仪器设备在超市里面放着,只要消费者发现有假货,立即可以投诉,这样超市就不敢进假货了。类似于这种办法,能达到实质性的监督效果,而不是那些表面东西,说什么一票就要投到总统,那都还远着呢,要慢慢来。

问:今天研究的很重要一个问题是区域问题,我想问一下产业问题是否受国际限制?比如说,美国的一些产业就会转移到加拿大,那么区域发展会不会受国际阻碍?

答:有一定的关系。比如广东的发展与香港的产业转移肯定有关系。我觉得经济因素、市场因素影响更大,因为现在加入了世贸,美国最多再受阻碍五年,以后纺织、汽车等行业必须对该部门开放。在大的开放政策下,这些行业必然过来。因为从经济学上讲,比较优势存在——劳动力便宜,只要美国产业转移过来就赚钱。

问:我们研究贸易问题,一般认为国家是一个个点,没有考虑之间的成本问题。像在中国,很多特定的地区产生特定的产业,如果发生在一个国家内,有两个同样的地区都在发展同样的产业,我想问它们的集中和分散,哪一种更好一些?

答:这个我很难回答,因为问题又变成事先计划了。一个计划者是很难预测的,因为不知道最后哪个地方会发展得好。中国能发展起来,很多地区都是因为竞争。虽然有恶性竞争,重复建设——各地为吸引外资都重复建设,但是如果你允许他们充分竞争,虽然有些会破产,但整体质量就提高了,这样这个地区也就发展起来了。这里面也可能有偶然,正好一个企业家比别人做得好,集中起来,产业就形成了。我主张开始的时候,更多人参与机会,就像达尔文所说,优胜劣汰。产业集群现象很明显,以前鞋业一般都是各家各户,做的人特别多,但是现在已经几乎看不到了,都是大牌子企业。1987年全国假鞋子蔓延,杭州一把火就把所有的温州鞋都烧了。温州行会震动了,鞋业也就组织起来了。他们自己定出一个规则,只有原来有国家认证、有商标的企业可以继续经营。这时聪明人就是比别人多想了一步,1985年、1986年注册了商标,通过了国家认证。这个政策一出台,就把均衡打破了,原来大家恶性竞争,价格降低,这样就只有假货成本有保证。震动以后,原来的人还要活命,就出钱买别人的牌子,出钱人利润少了,收钱人利润就多了。利润多了就开始做研发,有品牌就要有很多这种投入。公司做大了就是品牌,一开始可能是花很多钱做研发,规模越来越大就会产生规模优势——采购原料优势、市场销售优势等等。现在发现温州的几个大企业——奥康、红蜻蜓等等,很多企业为它们做事,但是它们都默默无闻,只能赚点小利润而已。这种事情开始往往想不到,但是有的企业就比别人多想了一步,有时候靠运气,有时候靠聪明。我觉得奥康老板就是聪明,他才初中毕业,但是他有哲学眼光,想得比博士厉害。在众多竞争者中,总会有人看出道道来,比别人经受得住时间考验。

问:您认为在中国,产权与治权在不同地方存在很大的差异吗?我认为并非是产权、治权影响了地区差距,而是它们的变化过程导致了地区差距。您是否同意?

答:其实是实质感受到的产权、治权不一样。西部投资者感受到的产权保护并不是很强。做生意投资以后,政府很可能就不给钱了。所以我强调的是产权主要是实质感受到的,而这确实有差别。我们现在处于演进的阶段,国家还没有像西方那样有统一标准的保护,产权主要是被地方政府保护,保护程度也就取决于地方政府。所以在落后地区,实质的产权保护程度还不够,相当于投资风险大,只有在利润高很多的情况下才会考虑,这也是大家不敢轻易往那些地方投资的原因。我们现在研究的问题也是怎样能减少风险,改善投资环境。

问:我是学法律的,很理解后面一个同学提到的法律问题。我的问题和他的有点联系,就是说,经济改革引起了法律方面的很多困惑。比如说您刚才说过,中国人特别聪明,西方理论界难以解决的问题,中国人总是能够找到相应的实际的解决办法。但是我觉得从市场经济来说,首先应该是法制经济。如果在法律框架建设上很滞后,我想最终对经济的发展会有致命影响。从经济学说的角度考虑,它应该有更高的理论性思维。

但是我觉得中国经济决策的思维方式主要在三个方面运行:第一个是先搞事业角逐的方式,我觉得理论上总是不很扎实。我认为一个民族如果有理论性思维,后劲总是很大的。第一个问题就是您对这个问题是怎么看的?第二个问题是,中国这两年的经济发展,是以东西部差距不断扩大和贫富分化不断扩大为代价的。这种扩大持续下去,经济到底能走多远?从经济决策和经济研究的角度来说,像您这样的学者,除了理论分析以外,很重要的作用就是为决策提供咨询和依据。那么从您研究的角度考虑,怎样在研究当中对东西部差距和局部分化进行关注?

答:刚才说过,我认为法律越来越重要。但法律是很复杂的东西,也包括农民土地补偿的问题。我父亲的房子就被拔掉,打了五年官司。我说我出钱找律师,律师却不敢接。法律表面上有规定,可是实际能不能做到是另一回事。如果现在告政府,谁来仲裁?所以关于制度改革,需要法学专家的大胆想法。我有一个想法,可能有点幼稚,就是为上访这个方面设定独立的上诉法庭。据我观察,告政府只能去那些上访部门,如果设立上诉法庭受理案件,将是很好的渠道。所以很简单的一个案例就是怎么改革上访制度。法学家能研究的东西很多,但是经济学家到这个地步就无能为力了。我觉得经济学家首先要把到底发生了什么搞清楚,然后才能开方子,开方子一定要小心,因为你往往觉得自己能包治百病的时候,你就是个庸医。我现在研究中国和世界的改革历史,学得越多,越觉得并不是像想象的那样有能力改变中国。每个人都做一颗小螺丝钉,每个人都做一点事,中国肯定能搞好。别老想着一个大的思维一下子就把中国转变了。研究法律,就把某一方面研究透,比如说上访制度怎么改,执法方面怎么改进。每个人都把自己放低点,只想一点,都把那一点做透,社会障碍就会一个一个消除了。北大可能有这种传统,同学都把自己想成国家的栋梁,我开始也这样,但是慢慢发现聪明人太多了。所以要让老百姓自己去发现,鼓励这种发现。

问:我希望您能用简短的几句话把您今天讲的产权、治权和地区差距互相之间的联系归纳一下。

答:我觉得分析中国的经济增长,它与经济分权的关系非常大。因为计划经济主要是一个集中的体制,所以地方就没有活力。为了增加活力,就只能放权,让地方定政策。这样问题就出来了。原来社会主义经济就是一种一统到底的体制,起点不一样,两者互动的结果就不一样。沿海地区的复兴有很多先发优势,企业都被吸引到那边去;落后地区产权弱化,产权保护就不清楚,资本就不往那边流。这样就产生了差距,沿海地区有基础,有钱投资公共设施,税率低,投资环境也好,当地政府有很多实质性的保护,资金随着企业往沿海走。落后地区保护不好,没有公共设施,资金也就不过去。我是这样分析的,这样就有治权、产权和分权的竞争关系。

问:我想问一个非常小的问题,税费改革以后,农村地区公共产品的提供出现了问题,情况就是行政权力个人化,目前的体制确实有一些缺陷,您觉得农村公共产品的提供制度应该怎样改革?

答:你想的是一个很好的问题。我们最近也准备做这个研究。公共产品的提供,怎么提高效率?民主监督作用会越来越大,因为现在转移支付越来越多,这就涉及村子里的工作监督问题。所以我想去看看各地方有什么更好的办法提高自己的监督,增加公共设施的提供和监管作用。我写过几篇文章,就是关于沿海地区的选举,但是现在我想看看落后地区。因为民主并不是很简单。沿海地区人民素质比较高,人心比较一致,所以民主制度很快就可以上路,后来调查时发现那个村子的效率明显提高了。转移支付越多,肯定就越需要老百姓的监督。但是我们落后地区现在面临一个问题,就是民主往往有代价,要有很多谈判。我们在贵州调查一个自然村,也就是几百户。现在政府增加转移支付,免了税,上面来钱,这时候就"capture"。这样聪明人就可以调查,自然村里的少数人会不会受到挤压等等问题。民主会有这种副作用。现在我们也想研究,转移支付越多,需要的监督越强,什么方法能提高民主的效率?下一步要研究的问题就是减免税后,乡镇怎样才能提高收入?上面减人,下面会不会选举增加到乡镇?现在四川做实验也做了好几年,我觉得未来几年会在乡镇改革,把乡镇减员后合并,通过下面的老百姓来决定项目情况。因为信息不对称,完全依靠上面决策,肯定是个大问题。乡镇选民与乡长的关系、民主制度的完善,存在很多问题。我建议你去乡村好好调查一下。

问:您在中国调查、走访了那么多地方,您学到的最重要的东西是什么?请用最简单的话概括。

答:我觉得最重要的是,去的地方越多,越有人文关怀的心态,就更会觉得自己幸运。学术上,我想引用古人的话——读万卷书,行万里路。学经济学,就是研究入世的东西,只有看了之后,实践与书本知识结合,才有可能创新,所以多走走对人生和学术都有好处。

主持人:我们今天就到这里了,非常感谢张教授为我们做了这么精彩的演讲,花这么长时间回答大家的问题。

(2006年3月4日)

何处用心？何处用脑？
——学经济的一个困难

■周其仁

周其仁，北京大学中国经济研究中心教授。1978年至1982年就读于中国人民大学，获学士学位。毕业后在中国社会科学院农村研究所、国务院农村发展研究中心发展研究所工作，从事农村经济调查，研究的题目包括土地产权和承包合约、乡镇企业以及农村经济和国民经济。1989年至1991年，先后在英国牛津大学、美国科罗拉多大学和芝加哥大学做访问学者。1991年秋季进入加州大学洛杉矶分校研究生项目，后获硕士和博士学位。1996年春季后在北京大学中国经济研究中心任教。从2001年起，每年春季在浙江大学经济学院任教，秋季在北大任教。

研究兴趣包括：产权与合约，经济史，经济制度变迁理论，企业与市场组织，垄断、管制与管制改革。

谢谢大家！团委组织这个活动说很多同学刚到北大来，要我讲讲大学的生活、大学生怎么度过大学的学习生活。我说我不够资格，学得也不够好，当年好多课都逃掉。这个怎么跟学生讲，讲了是要负责任的。后来同学说能不能换个题目，就换了这么个题目。

在座很多同学可能不一定来北大学经济，有一部分同学可能学经济。如果学经济，还可以做点交流。我故意把这个题目弄得宽一点，不是单单地讲学经济学，学经济学是学经济的一个部分，可能是很重要的部分，但不是全部。学经济要宽得多，理解我们这个社会、理解我们的生活、理解经济现象，有好多内容。学经济，会有一些困难，其中一个困难，我自己有体会，我们的心和脑，常常用得不是地方。这个没有解剖学的基础，我只是笼统地讲，我们身上有一个部分叫心。我们研究经济现象，会有自己的情感、会有我们的好恶、会有我们的是非标准。对于经济现象,我们会说,这个合理不合理,公平不公平,合适不合适,我们把这个部分,在今天的讲演当中,叫做用心的部分。人是有情感的,人,万物之灵,灵在情感。也许新来的同学,情感更丰富一点。你看香港,我一会儿会讲到香港廉政公署,很公正的地方,廉政公署打击的是政府中的贪污行为。廉政公署招人,就是要招新的学生,因为他们的是非感还没有被污染掉。他觉得好就是好、坏就是坏,这个事情不能被宽容。所以年轻的学生,在这个部分,对社会的是非、好恶的看法上,往往有非常强烈的表达。我们都是从这个年龄过来的,都经历过这个阶段。

那么我们身上还有个器官,叫脑,主要解决理智的问题。一个问题该不该这样和一个问题是什么样子,要分开来。这个事情是什么样子和这个事情应该是什么样子,在自然科学、社会科学中,在学经济当中,常常搞混。学自然科学可能好一点,因为一个自然现象,无所谓它好不好,只要理解它的规律。星球轨道搞清楚,好,就可以放卫星上去,可以转而且可以回来。这个里头本身没有很多的价值标准、价值评判、道德标准和道德评判。但是我们经济活动,里头经常会有这个东西(道德判断)。经济活动是人的活动,而且人的活动当中很多时候会形成利益冲突。所以一个事情好不好、对不对,跟一个事情本身是什么样的,这个事情本身有些什么规律,经常会发生冲突。所以今天晚上我愿意和大家交换意见,就是交换这个意见。

我觉得学经济的困难,不是说看经济论文数学非常多,形式很像科学。这个难度对很多中国同学不是问题。中国学生的数学,通常在世界上超人一级。你到美国去看,现在很多人初中出去、高中出去、大学出去、研究生出去,数学都不好。中国的孩子,有的在中国很怕数学,出去不由得人家说他数学好。中国学生、希腊学生、印度学生,很有意思的,数学都很好。这个事情本身也有点道理,发展中国家拥有人类文明的历史很长,可是我们近代以来很穷,发展数学的才能对资本的依赖很低。一张纸、一支笔就可以。搞物理、搞实验,对设备的依赖很大。也许由于这个原因,我们数学很好。这个(数学)不是主要的困难。我个人认为,研究经济现象,最大的困难是用心、用脑,会用得不是地方。在需要用脑判断的时候,我们用情感去替代,我们用价值观去替代。我们经常一个问题还没有搞

清楚,就把我们主观上对这个问题好与不好的评价先放到前面去了。这样的话,就会使我们在经济现象中,常常达不到最起码的要求。你要客观一点,这个事情不会因为我们说它好、说它不好,它本身的逻辑就改变。所以呢,我想举些例子,来讨论这个看法。

我想从简单的例子谈起。我想在座的各位,都看到过非洲饥民挨饿的照片。人会瘦到那个程度呀!这种照片,任何一个正常的人看到以后,情感都会发生变化,要不要援助他们?作为一个正常人,稍微有一点力量,我相信多数人还是愿意拿出一点钱,愿意援助他们。如果国家出面援助,更好,联合国援助,更应该。那些富裕的国家,拿出一些钱来援助非洲,这些事情在道义上讲是对的,没有话讲。但是,理智地去考虑这个问题,援助他们是一个出发点,但是不是可以帮助他们,那可不一定,常常是反的。我最近读了一本书,有一个人骑着车去旅游世界,1999年出发。过了几年,他又开车把整个世界跑了一圈。他有一部分实录了在非洲的情况。他的故事,我读到以后,有些感触,也提醒我们在用心用脑上要分得很清楚。很多联合国的援助物资,不要说前一阵子的丑闻,所谓石油换粮食的丑闻,都有联合国高级官员在里面上下其手,贪污受贿。这样一来,公家的资源,包括联合国,包括政府的,都可能被贪污。就谈联合国的物资运到非洲以后,被许多渠道占领。因为不是每一个环节都是想援助非洲人民的人在做事情,好多人有别的想法。据这位目击者看到的情况,援助来的东西,有大量的比例,被那些地区的官员、首领人物和不法商人,转运到市场去。这是免费来的东西呀,所以结果是,他们在市场上,把粮食的市场价搞得非常低。低到什么程度呢,低到那些原来还可以种粮食卖的农民,跟这个粮食没法竞争。因为你的粮食不可能这个价格出手的,你的成本就不可能竞争得过那些援助物资。这使得那些原来还可以种地、没有灾害自己还可以自食其力的人也转到被救济的队伍里面去了,使得那些贫困地区的情况更严重。很多地方是手工业品、纺织品运进去,把那里仅有的一些可以养家糊口的手工业品生产部门都毁掉了。最后就扩大了救济面,救济变成自身会扩大的庞大体系在发展。出发点是减少贫困,帮助穷人,最后却得到这样的结果,适得其反。

这个事情对我这样的人会有触动。我想在座的没有人看到这样的事情会无动于衷。但我们有多大的力量取决于我们自己的经济力量。在一个各种各样的人组成的社会里,免费的东西在配置、传输的时候,每个环节都是可靠的吗?如果这个环节不可靠,那这个救援中间不知道要丢掉多少。我们以前内蒙的灾荒,北大的老师也拿出过东西援助的。我们也活得很好,家里有些衣服不怎么穿,拿出来捐给灾区,愿意做的。一捆一捆的衣服呀!北大很多机构、研究所,像我工作的经济研究中心,每位老师都拿出好多东西。后来看到一些报道很让人生气。这些资源进了内蒙古的一些地区,就按照权利来分配。那些受不了冻的,就把这些东西中品质最好的毛衣、呢制品分掉。真正落到需要帮助的人手中的,很少的。

在解决世界贫困问题上,有世界银行。后来有些理论家提出"滴漏理论"。就是你往一个地方送水,要漏很多,最后只是漏剩下来的水才可能到最干旱的土地上去。这些东西,只是靠心、靠我们的同情,是不可以解决的。要研究在什么样的渠道下,什么样的监督下可以执行。哪种方式才可以真正帮助需要帮助的人。

这种事情是很多的,你看我们的城市,包括中国的许多城市,都会有乞讨的行为。生活不了,要帮助,是应该的。凡是吃得上饭的,帮助一点,是可以做的。问题是如果这样可以得到资源,好多人就会伪装,这是亚洲很突出的现象。有的人甚至把孩子搞得体形不整齐,腿弄断,完全是假的,有出租这种孩子的。有很多人把要钱当作上班下班以后的生活,跟原来你想援助的,完全南辕北辙。

所以呀,学经济,有时开头难就难在这个地方。什么地方需要用脑,什么地方需要用心。用心用脑用错地方,全盘皆输。

当然这是非洲的故事,我们没有多少直接的经验。有的时候两种力量,道德的评判与经济本身的规律之间很难把握。道德的力量会干扰我们理智的判断,有的时候难分上下。这就是我今天选的题目,要学好经济,就要克服这个困难。并不是说要把我们每个人都搞得冷冰冰,变成逻辑的机器,没有情感。做不到的,做到了,也毁掉了一个人。一个人怎么可以没有情感?但是你要有情感,又要用对地方,好大的挑战。

我再讲几个我亲身经历过的困难。

1988年,我第一次访问美国。当时的中国留美经济学会在大陆组织了六个人,去参加留美经济学会的年会。带队的团长,是当时国务院发展经济研究中心的主任,叫孙尚清,很好的一个干部。他当时去,有一个调研的题目,就是中国研究生的外派政策。当时在北京,70年代末80年代初,由邓小平拍板,大批地向海外派留学生。每年派,就累积了大量的矛盾。其中一个突出的矛盾是,很多专业领域优秀的人才,在美国学习完就留下了。美国人发一个绿卡就留下了,就成了他们的高级人才。当时就有很多意见。一个意见是中国留学生政策应当取消,因为这导致我们人才大量的外流。因为1988年,中国知识分子的生活、科研的条件,跟国外差很大一个距离,仔细算账确实可以算出很多账来。你看一个留学生,小学是中国人付的钱,培养的;到了初中高中,优中选优,上了大学。对于发展中国家来说,要培养一个大学生,无论是国家、社会都要耗费巨大资源。然后里头挑出最优秀的,去了美国。里头再挑优秀的,发一张绿卡你就留下,就成了美国科研机关、大公司的研究骨干。所以反对意见认为,这样下去,人才都会外流的。坚持留学生政策,要开放的意见就认为,中国与美国的科研水平就差那么多呀,你不派人去学,我们与最前沿的科研水平就会差得更远。两种意见相持不下,所以孙尚清,我们那个团,六个人,当时还有现在中央银行的行长周小川,一起去。从西岸然后到东岸,访问了好多大学,好多留学生。回来后,要交报告,我们六个人都要参加。我们认为这个阶段我们留学生政策要坚持一个原则,叫做"将高科技人才储备于国外"。现在的科研、研究环境就是差很多,现在回来要欢迎,但是要准备一批人,在相当一个时期内不回来,等中国经济发达以后,再回来。我们当时打了一份报告支持这个政策。我们参加这个报告时,要问心里,是怀疑的,能回来吗?我们去看了呀,很多学科的人,博士学位读完,被雇到一个研究机构,那个生活条件、做事业的条件、做科研的条件,我们差得太多。储备多长时间?这个问题很难讲的。但如果把门关上,信息渠道、前沿知识、科研的对象,都没有了。有些人即使留在了美国,也留下了个channel。所以当时都同意打这个报告。

1988年到现在,20年,现在留学生回国,不能说百分之百回,但回来,已经变成一个很大的趋势了。跟留美的台湾学生讨论,他们都有经验概括。亚洲发展中国家出来,回国还是不回国?对于每个在海外求学的人,都是一个很为难的问题。他们最后的结论是说,有一个最佳回去的时间,回早了吃亏,回晚了更吃亏。他们告诉我回台湾的最佳时期是1983年到1984年。晚了就不行,因为晚了以后,台湾机构的位置没有了。还有一条很厉害，中国今天才看到。你过去算薪水的增长，怎么会增长得这么快？问题是，一个发展的经济在成长，他的财产的变化有时会比薪水变化快。比如说房地产，回去晚了买不起房子。这个现象当时我听了，不是那么懂。一个很有名的经济学者叫赵刚，是台北"中央经济研究院"第一研究所的所长，在威斯康辛。他做经济史，他研究的一个领域我很关心，就去拜访他。他当时腰已经坏了，开不了车，太太开车。威斯康辛很冷的，我问他你为什么不回去？我当时不好说回大陆嘛，其实他是北京人。我说你回台湾呀，至少台湾很暖和。他说回不起，美国的两处房子卖掉，在当时的台湾，只能买台湾一个地下停车场。这是我当时看到的情况。当时这些东西在脑子里转，还不以为然，还不知道这种现象什么时候轮到大陆。没有想到这么快。这个经济规律起作用了。另外更重要的是事业发展的前景。因为人们做决定，都不是看当时，而是看预期、看前程。等到中国经济前程有了兴起的苗头，你看同样出去的人，坐立不安呀。去年国资委采取新政，大型企业招聘一把手、副总。到美国去招聘，我正好在耶鲁做访问学者。有人会开几百英里的车来问我，去还是不去？那我说这是大主意，你自己拿。去了能不能适应我也不知道，我只能把我知道的情况告诉你。中国像联通呀，电信呀，大企业招聘副总，条件一定是海外有工作经验，学有所成，有工作经验，要达到一定的成绩的。这个事情说明什么？倒回去想1988年的争论，赞成把留学生这个门关上，有没有道理呀？在当时看，有一部分道理呀。如果从情感上看，发展中国家用自己很少的这点钱，培养人才，给发达国家输送人才。如果义愤填膺，让某种情绪支配，喊口号，我敢断定有一批人会赞成，不能把留学生送出去，我们要自己搞。但是你再长远一点看，发现这里头的逻辑有问题。因为科学没有国界，我们长期的动乱、战乱，没有条件发展科学，再加上国力、经济实力差，只能用发达国家的政策去发展自己。美国的科研人才政策很清楚的，为它的国家利益服务。我优中选优，它发个绿卡留下，就变成它的科研力量了。三分之一印度工程师，三分之一中国工程师。当然有些科研，比如美国国防，你不是美国公民不能接触，相当多的领域都是发展中国家的头脑在那里工作。这是美国的科研人才政策，是有它的利益。问题是这个利益里头有没有我们的利益呢？如果我们不做这个抉择，把门关上，通道缩小，我们与最前沿的信息成本会上升很多。任何事情都会有代价，

就是要互相权衡,短期权衡,长期权衡。在这个问题上做个决定,有的时候相当的难。

像这种时候学经济,就要把情感的因素尽可能地放在一边。不是说我们不要情感、不要价值观、不要是非观,但是要把这个事情本身的关系、规律,想清楚、研究清楚,然后把它综合起来,做决定。这是我自己碰到的一个好为难的问题。当然这样的人才问题要经过研究讨论,因为这是人力资本、投资的问题。投资是开放投资还是关起门来投资,可以做很多研究,这里头是有规律可循的。一个发展中国家,要发挥自己的后发优势,在对待开放这个问题上,有不同的抉择。这些问题我遇到过,好难的。其实我们六个人在美国期间也很犹豫,每个人头脑中都有不同的意见。各种意见在头脑中打架。优中选优的人,就成了别人的科研人员,申请的专利是他们的专利,构成了它的科研力量呀。做这样的决定有很大的挑战。

我再举一个例子。我暑假刚访问印度。从印度回来路过了广东,广东油荒,突然供不上石油。深圳与广州,一半时间供不上石油;剩下的一半时间,武警出来维持秩序,限量供油。一个出租车排三次队,才能加满一次油。这个对经济影响很大,不单单是开私家车的人,因为这个季节,正好是我们制造业基地给欧美主要市场供货的时期。你们要知道,美国的商业,年度之间分布、月份之间分布差距很大。Christmas 到新年,是它卖商品的最好季节。这个时候就要向美欧里供货。没有油,往港口送集装箱的车,不能开。什么道理呀?仔细去查。油价是我们中国政府控制的,政府一直用一个低油价政策。这个低油价政策,从道理上讲、从是非上讲好不好? 好呀,让市民可以享受较低价格的油,让工厂的成本低一点呀。这个出发点无可非议。问题是全球的油涨得这么快,今年是破纪录涨到每桶石油 70 美元呀,从来没有过的。70 美元一桶的油,中国又不能完全自给。我们的石油,去看进口量是一亿两千万吨,巨大的量要进口。在这种情况下,政府定价偏低,就会有一系列的后果。低一点好不好?当然好,最好是免费。但隔一道河,香港,13 块港币,一立升油。深圳,4 块钱,还已经是国家发改委提了四次价的结果。我从印度回来,印度整个国民经济的增长,照中国差一截。印度的油价,折合成人民币,9 块多。你看印度尼西亚,也是政府用财政补贴,低油价,差不多经济就要毁掉。政府要把价格维持得低一点,出发点没有错。政府要把什么东西都卖得特别贵,我们当然要抱怨、要批评。问题是,维持一个低价,结果是人行为的逻辑就要起作用。你想你是一个香港的大卡车司机,可以在香港加油,也可以在深圳加油。那边13块,这边4块,你在哪里加?所以,这里供不上油以后,香港那边就叫了。因为他必须回香港才加得上油,成本就涨了很多。这种呼吁当中就让我这种人看出,噢,他原来都是在这里加油的。就是说,需求集中到低价地区来。

好,再看中国成品油出口,今年增加了多少?上半年比去年同期增加了50%。都是国家石油公司,应该听政府的话,可是它是公司呀。像中石油、中海油,都在海外上市了,它有一部分的小股东,有投资的压力,还有报表。同样是油,卖到国内这个价,卖到国外那么贵。你说往哪里卖?印度,当然印度不能穿过喜马拉雅山来中国加油。但是印度也是一个石油进口国。中国要进口、印度也要进口,它那边9块,我们4块,你说那个卖油的更容易卖给谁?

这些东西是不以我们的心、我们的情感支配的。这是行为的规律。所以出发点好不能解决问题。价格有价格的规律,人为地维持一个比市场上低的价格,就要付出代价。有时这个代价会非常大,难以承受。政府经常去干预物价,因为它怕市场不稳定。今天的《价格法》规定国计民生的物品价格,政府控制,发改委决定。这不是市场竞争的结果,不能反映供求状况。这个法令不能说它错,是国计民生呀。一些物品价格太高,一些家庭怎么办?一些地区怎么办?可是人为维持一个低价,供求的行为就会变化。供给往外走,需求往里集中,然后供求就失衡了。四块一升油,很好听,但没有。我在广东看到的情况,在没有的情况下,企业都是两害相权取其轻的,成群结队到香港去加油。13块也比没油强呀。否则要停摆呀。一停摆很多公司要停产,就要承受违约的处罚,影响很多中国制造业公司的声誉,一环套着一环。

这样的事情,心是一回事情,脑是另一回事情。心可以说,维持一个低价是好的;脑告诉我们,如果维持的力量差得太大,经济力量会排山倒海地起作用。你承受不了,要及时释放这个压力。国家发改委现在又在上调油价,但还是差得很远。当然我们正式对外的公告是说,没有大问题,是因为台风,我们几船油没有来得及运。政府发言人这样说是有道理的,因为要安抚人心呀,否则那个投机的量再起来,供求更要失衡。让市场平稳是对的,但最后的价格政策要采用理智的政策。

我再举个例子。政府对房价要加以管制,对房屋的结构要加以管制,出发点是对的。你盖那么多豪宅,没有人住,闲在那里,很多中小户的房型不够,最近在大力调控。如果你们关注经济,常看新闻,就会知道,房屋控制真是地动山摇。今年国务院出手干预市场,把这个事情提升到政治高度。地方的市委市政府,房价如果压不住,摘乌纱帽。这在中国是最厉害的一招,要撤你的职。然后各种手段就下去了,各地政府出台了各种各样的招数。其中有一个招数很意思,土地批给你,就是不能盖豪宅,盖了豪宅,将来交易的税就会很重。在不同的地区,像在北京,80平米以内的,或者120平米以内一套的,有一个优惠政策,鼓励发展中小户型,可以满足我们很多人,包括刚刚走上工作岗位的大学生对房屋的需要。这个出发点没有错,而且房屋如果形成紧张,就会形成很大的社会紧张。但是脑子提醒我们,政府进行这种干预的时候,要非常地谨慎和小心。因为搞不好你说的那个户型,将来会很尴尬。全中国一道行政命令,说80平方米都是80平方米,说120平方米都是120平方米。经济发展,尤其是房产,是高度地方化的。一旦不匹配,会很尴尬的。

我介绍一个香港的案例,很有名,叫做"红湾半岛"。红湾半岛就在红湾那个地方,香港理工大学的所在地,靠近维多利亚海港,很好的一个楼盘。香港特区政府1999年决定,要发展一处适合中低收入人群的楼盘,名字叫红湾。一共是7栋40层的楼房,加在一起大概是2400多套房子。香港的房地产政策是,一部分是商品房,一部分是政府盖的,叫公房。公房是不卖的,只租,廉价租给低收入的人。在公房与市场房之间,有一个居屋。它是1978年港英政府通过的政策。什么叫居屋?是用了孙中山的理想,"居者有其屋"。什么意思?就是政府用较低的地价供应,盖的开间小一点,卖得比市场价低一点。但是,只准一个收入水平以下的人来购买。因为香港经济发展,要不就是住公房,要不就是买私家房。中间有一个阶层的居民,可以比住公房好一点,可是去买市场的房又太贵。然后就选了红湾,盖了红湾半岛。结果变成很大一个麻烦。1999年决定盖,2001年香港的房地产跌得非常凶。香港房地产,由政府供地,政府供地就脱不得干系。价格升也罢、降也罢,社会都对政府要求。结果我们1997年回归,董建华政府出发点也是好的,对很多中低收入的人群来讲,当时香港的住房条件还很差。所以他就提了个很有名的计划,叫做"八万五"。这是当年董特首的一个施政纲领。他没有想到1997年亚洲金融危机,整个市场的资金量往下走,需求量往下走,土地供应量往上,结果房价就下来了。房价一下来,你们知道这跟中国大陆一样,很多人贷款买房。我贷一百万买房如果说涨了,皆大欢喜。因为所谓 paper money,你账面的资产升值了。可是等到市价一落,会出现什么情况?你们读香港新闻会听到这个词,叫"负资产族",就是我借的债,一百万,当年我买这个房子现在市场只值 50 万,我还欠了 50 万。有一批家庭变成了负资产族。香港经济,由于资产情况欠佳,购买力就差,制造就差。好,董建华政府被逼得没有办法,中止"八万五"计划。2001 年,发现房价还在掉,香港 1997 年以后房价掉了 70%。70%呀,当然没买房的人很开心呀,机会来了!已买房的人,心情很不好,因为我是借款买的。我借了 100 万,现在剩 30 万了,我拿什么还?所以里外平衡就宣布中止"八万五",然后 2001 年宣布所有"居者有其屋"的计划停止。红湾半岛已经建了呀,7 栋 40 层 2000 多套房子。政府为了大局,说不准卖,不就悬住了嘛!政府的财力不就卡在那里了嘛!而居屋,常常是政府要盖,通过招标让私人开发商来做。私人开发商就做,原来做好是可以卖的呀。2002 年,红湾半岛建成,不让卖。私商倒过来说政府欠他的。我本来卖了利益不就回来了嘛,你现在不让我卖,空着!倒过来就跟香港政府索赔,大概要赔 19 亿港币。香港特区政府突然要还 19 亿,这个房子还不能卖。算来算去,政府说你再补一笔地价,19 亿你不要了,再加 8.46 亿,这个居屋,我把它改变用途,变成私人住房,卖给你开发商。开发商说,好,19 亿索赔我不要了,加 8 亿 4,把这个居屋买过来,再向市场发售。原来这个居屋是给中低收入的,现在开发商按市价卖,户型就太小了。因为他是在黄金地皮盖的,很贵的。难道中低收入就不能住在海景房里了?可以的,但是经济力量是个限制。房子小到什么程度?那个门,怀孕的妇女进不去。这个房子怎么卖?开发商算来算去,从商业利益出发,7 栋楼全部炸平,重盖,盖豪宅。这个决定一出,香港乱成一团呀,游行、示威、抗议、媒体批评,最厉害的就是环保团体。你得拆多少?光抽水马桶,好几千个;水泥,好几万吨。差不多算下来等于香港全岛居民 27 天垃圾的总量。而且是浪费呀。最后就吵,游行、示威,开发商迫于压力,说,不炸了。

现在回过头去看这个事件。为什么我说用心、用脑要分开？你想补贴中低收入人的意图是对的，但这个意图要受到好多因素制约的。香港特区政府也没有想到地价会低到这个程度。香港居民对地产价格的波动也是有经验的。1967年的"文化大革命"，同英国人闹矛盾，把英国人办事处烧了，香港的地价掉了90%。有一批人就是抗着，一直撑到云开日出，房价重新回来为止。香港有这种人的，不是房价一低就抛售，整个房价就更低下去。但是有一条，当你从原来政府卖房给低收入者，转到市场卖房的时候，买家对象改变了，就生出了矛盾。通过经济分析会知道，这个楼不炸有不炸的代价，炸有炸的代价，总之社会损失已经造成了。当然香港很富裕，香港政府的预算、收入，我们内地不能比，但也是损失呀。如果这个决定做得好一点，不会让社会承受这个损失的。

今天各地政府都在调控房地产市场，都在发展所谓的"经济适用房"。这些事情意图是意图，结果是结果。不一定好意图就有好结果的。北京已经披露了很多这种情况，中低收入房，很多人搞名堂，报假收入。住在经济适用房里很多是高收入的人，这就更不公平了。很多记者去拍照，有些人开奔驰住在政府补贴房里。你说你意图是干嘛的？意图是补贴中低收入，让社会的收入差不要太大。但是这些意图在操作中往往被歪曲了，所以，要用理智去研究，怎么样才能使这种歪曲程度达到最小。如果情感和理智不能恰当地分开，这个问题不容易讨论清楚。

我再举一个例子。春节时的火车票，跟在座的各位可能有点关系了，当然跟民工关系更大。因为中国习俗，要在春节回家，短期内需求剧增，怎么办？铁路的运输能力是一定的，铁道部用最大能力去增加，还是不行。春节期间，铁路的票价涨还是不涨？你们怎么说？涨，很多人说，民工坐的火车还能涨价？收入最低的一群人呀。道德上就缺了一块。可是不涨，听起来是保护民工，事实上能买到火车票的民工利益也得到保护。但是同时政府的不涨价政策，还有利于谁呀？黄牛呀，倒票的呀。供不上呀，供不上这个中间因素就出来了。各大火车站到了春节时期，动员好多警力去抓那个黄牛。可是利摆在这里呀，如果一票难求，就是民工，在能力允许的情况下，也愿意提升票价的。最后，保护民工利益的低票价政策，转化为票贩子的收入。你要问政府说你是不是有这个意思呀，票贩子的日子过得不太好，让他们挣一笔钱？没有人有这个意图的，有也不会告诉你的。问题是不管你有还是没有，客观的后果就是这样。无论是东方政府还是西方政府，都有干预价格的行为。可是只要你强制这种行政力量干涉价格，逻辑上会告诉我们一定会有后果跟着。尼克松是共和党的总统，讲起来是很右的嘛。1972年石油危机，他下令冻结石油价格半年。当时的经济顾问委员会中有一个鼎鼎大名的叫弗里德曼。他是绝对赞成价格自由的，教书教了多少年就是教"价格理论"。他愤然辞职，总统怎么会去宣布冻结价格？作为市场现象我们去研究，石油的均衡价格是一块五，政府说，那个涨得太高了，一块卖。结果这个游戏规则就改变了，排队就开始了。是什么人可以得到这个油呀？越闲着的人越可以得到油。于是就出来一批专门出来帮人排队的人。资源的配置没有用到最需要的人身上。这是美国做过的干预。

  日本政府对农产品价格的干预是惊人的。因为日本的好多议员是大地主，拥有土地利益。粮食贸易这块挡住，说是保护农民，其实是保护土地的价值。日本很长时间内，大米价格等于国际市场同等价格的八倍。人均两万多美元收入的国家，我在UCLA念书的时候，我们的日本同学回日本探亲，背米回去。讲起来富得不得了，一个米价差八倍呀。日本农产品的价格贵得离谱呀。东京，一颗葡萄，卖到过三美元。我去日本访问，我们有个朋友在日本东京一所大学做访问学者。我到他宿舍去看，那个日子过的，一个从中国去的人，觉得苦不堪言。倒不是买不起，实在心痛呀，算成人民币多少钱一棵葱呀，日本的葱一棵用一个精美的塑料袋装着，价格从日元折成人民币，到北京买好多捆。价格保护呀！价格保护，农产品不就贵，不就保护农民了吗？是保护农民，这个价格保护能维持多长时间？当你维持不住的时候，农民卖惯了八倍于世界市场价格的大米，他就不打主意去转？他种稻就可以过很好的日子，就种呀。等到顶不住国际贸易力量的时候，你不让人家便宜的农产品进来，人家也不让你便宜的制成品进去，国际贸易是对等的呀。所以欧洲、美国不断给日本施加压力。农产品的高贸易壁垒一定要降下来，等到顶不住，一降，农民就惨了。经济价格不行，就要调整呀。今天中国很流行的一个词叫"调整经济结构"，这个不行赶快种别的，但能力不行呀。你以为自己的大米没问题的，八倍于市场价格的，种吧，种到你只会种稻米。等到顶不住国际市场的压力，国外的大米一进来，这些农民面临的挑战和调整的压力更大。

这些事情有时间可以举很多例子,告诉我们什么?用心用脑要分开用。出发点,关心、同情、关爱,对低收入者要关心,无可厚非。年轻人要是没有同情心,那这个社会将来的凝聚度会有问题。但是这个不可以替代智力的分析。人的行为有没有逻辑,有没有道理?两件事情。学经济,主要是学逻辑,学对人经济行为的分析。有名的价格理论就讨论这个东西。价格是怎么来的,为什么会有变化?已有的变化由人来控制会有什么结果?对于资源配置、对于收入分配,这是一套需要用脑的东西,但是困难。我们不是研究地质学,不是研究纯自然现象。我们研究的对象,我们都深入其中,我们的家庭、我们的熟人、我们的朋友。那些相对的利益,都纠缠着我们,息息相关,都是通着的。所以,在学经济的时候,比较困难的就是妥当地处理这个问题。什么地方用心,什么地方用脑?我可没有讲,心是不重要的。心非常重要。有一位很著名的印度籍经济学家,在哈佛的,叫 Sen。他研究的话题就不是发达国家经济学家关注的话题。他研究印度的贫困怎么解决?什么力量有助于这个解决?他是因为这个得诺贝尔奖的。说明什么?心,是很要紧的,但是不能替代清清楚楚的分析。我们将来是要专门研究经济的人,还是要有所谓人文关怀的,通俗点叫还要有人味。不食人间烟火,只有逻辑力量,那很可怕。他也是有常人之心,但是这个东西要放在合适的领域,不要让它过界。在判断的时候要靠脑。而这个脑要靠讨论、学习经济学已有的传统得来。还要拿我们可以考察、验证的事实来检验这些理论、学说和定理。这两件事情,完全分开很难,要尽可能分开,尽可能分得清楚点。把我们的心、我们的脑,用得是个地方。有关的现象,如果你们今后学经济,以后还会遇到很多。即使不学经济,相信社会科学都是会遇到这个问题的。选了这个题目和新来的同学做个交流,我也不敢说我已经解决了这个问题,有的时候真是觉得两难。在表达、阐述的时候觉得非常困难。

有的时候羡慕自然科学家,他没有这个困扰,可以在很纯粹的条件下研究学问。作为研究经济的人,好麻烦,有的时候会觉得很冤枉。判断性的东西会和道德扯到一起。有的学术争论会引来人身的批评和攻击。只要对经济感兴趣,研究经济,都会有这个问题。复旦大学一位研究房地产的副主任,前一段时间判断房价是会往上走,是会平,还是会落。中央政府还没有正式调控之前,他发表了一篇讲话,他认为上海的房价还是会上涨,最后被群起而攻之,媒体上、网络上,说他一定买了很多房。你预测地震不地震没有这个困难,房价就有这个困难。我后来找很熟的朋友问,复旦的朋友,问他是不是有这个事情。他说没有这个事情,他刚评上副教授,没有钱买很多房子的。你做自然科学不大会遇到这种问题,如果学经济的,难免。当然,别人加给我们的,我们可以一笑了之。但是我们内心也会受到这个东西的影响,价值观、同情心、经济逻辑,怎么样恰当地处理,我们来日方长,慢慢探讨。

现场答问

问:我不是经济学专业的学生,我想问,上半年出现的抵制日货现象,对于中日经济的影响到底是怎样的?怎么用用心、用脑来讲这个问题?

答:我准备讲的时候,列了一个提纲,其中一个想举的例子,就是抵制日货,但是还是没有讲。我就不知道这个事情讲出来会怎样。我也收到过短信,说全中国都不买日货,日本多少公司会关门,动员大家一块抵制日货。抵制日货什么时候来的?差不多是上个世纪。日本一侵华,我们义愤填膺。当时的国力,也没有办法同日本打。所以,我们很多知识分子、民众出了这一招。今天的情况完全不同了。如果要用脑,我们先要分析今天的情况。第一,今天我们中国同日本的相对国力。现在我们是个完整的主权国家。日本的侵华,当然是历史罪行,但是这对于现代的日本人,是上一代上一代人做的事情。经济上分析,目前中国经济的开放度非常大。你首先告诉我什么是日货?很多日货是在中国做的,当你抵制日货的时候,很多中国工人的饭碗也没了。现在国际贸易,有一个新的词汇,叫"日日贸易"。国际贸易怎么会有日日贸易?就是日本在日本的公司和日本在华公司之间的贸易。因为中国有综合的成本优势,日本的租价太贵,人力太贵,很多工业移到中国来了。你现在从珠江三角洲到长江去看,制造业很多厂,日本人的。做出的部分零部件运回日本,跟他具有核心科技的部分组装,再出口。

倒过来再来看中国,我是访问过很多公司的。今天中国工业与全球工业搅到一起的情况,超出想象。就说笔。买个好的笔,2000元左右,国际上好的笔大概要4000到6000元。那个笔呀,我用过,你真考试,那个笔真管用，写得真的非常顺。参观那个制造笔的工厂，讲不清到底是中国货、日本货。一个零部件，德国进口；一个模具，日本开的；设计可能是韩国人。今天中国很多工业跟世界是搅在一起的，从南到北，去看那些made in China 的东西，设备差不多都是德国的，而且是德国最新设备。你可以说，啊，德国设备占领中国。你可以去叫、可以去骂。但倒过来，这个德国设备生产出的商品，占领德国。你说，中国现在是这个环节用我的，那个环节用你的，搅和在一起的。

我在深圳参观过 monitor 生产厂。现在安全成了大问题，要用监控器，就是 360 度内可以转的。那个监控器生产好有意思，那个线，就是将监控到的信息传送出去的一条线，一定要用佛罗里达一家厂商的产品。一条线，看着好简单，30 美元。不买这个，产品的质量就不行。其他部分，什么在深圳造，什么在长江流域的工厂造，什么东西用日本的，什么东西用韩国的，全部组合到一起。在这个情况下，可不是上个世纪 20 年代，日本货中国货清清楚楚，抵制日货就是抵制日货。现在真是你中有我，我中有你。现在算一笔账，中国人抵制日货，到底双方的损失怎么样？这本身就是很复杂的问题。先不要说工业，日本茶知道吧，日本的煎茶知道吧，就是泡出来绿得诱人的那个。它那个煎茶是中国技术过去改造的，日本的煎茶卖得很贵的。我现在去安徽看，很多我们的茶场是日本人承包的。他在那里用中国的茶林园子、中国的工人，种出的茶送到日本，叫日本煎茶。抵制日货，抵制吧。你抵制以后，我们安徽茶园子的生产就要停了。

所以，你问了个好问题，在对日这个问题上，用脑用心要分开，历史是历史，现实是现实，上一代是上一代，政治是政治，军事是军事。如果在主权问题上，我们不能含糊，经济问题，要聪明地算。在这种情况下，你中有我，我中有你，而我们又是在技术上相对落后。如果再把门关起来呀，到底对谁有利，难讲。今天 made in China 横扫天下，但是中国人高兴之余、骄傲之余要非常当心的。你以为美国人不会造 T-shirt 呀？你以为美国人不会造鞋呀？他都会造，就是太贵，你造的便宜当然买你的。如果把门关上，美国都会造这些东西。但如果真把贸易壁垒重新树起来，我们很多东西还真不会造。所以，开放，长远来看对中国有利。当然开放是有原则地开放，你不能欺负人。历史问题、教科书问题、靖国神社，这些问题，作为政治、外交,寸步不能让。经济问题要当心的。我在上海看到,复旦紧张得不得了,学生就是要冲,要拿砖去砸日本领事馆。最危险的是砸日本商店、烧日本汽车。我就观察过中国民众怒火的程度。深圳还有很多日资工厂,里头很多雇员都是中国人。谢天谢地,没有闹到日资工厂里去。

像这些问题我认为是要很好考虑的。我们对今天中国的相对地位,是不是真的有信心。真的有信心,这些问题不是一定必要的。这是我的用脑的看法。至于说对日本人的意见,我父母都是浙江人。我妈妈到现在,说日本哪个产品好,她不要听的。她们那代人对日本人那个仇恨呀,仇恨到日本的车省油都不承认,讲不通的。所以,心是心,脑是脑,要分开来,有时非常难处理。日本的政治家对历史没有责任感,跟德国完全不同嘛,德国人道歉、下跪,日本人到今天对东南亚的态度,没有变化。要是他们再蠢一点,我也没办法。谁要你那么蠢呀,激怒整个亚洲。所以很多人说,亚洲能不能像欧盟那样搞联盟?几乎不可能,原因就是日本,大家不能接受。什么共同货币、共同市场,所有专家算来算去,不可能的。你看欧洲,还是费了好大劲才搞起来的,经济上成功不成功我们不说。亚洲搞不成。所以至少,很多麻烦不要从我们这里出来。我看过张五常写的一篇文章,在抗日游行最厉害的时候,说中国青年要冷静,我蛮同意的。因为在重大问题上,一时冲动没有用的。你要让中国真正强大起来,不是单一的变量强大,经济、文化、国民心理都强大,那你才会有一席之地。

像这种转型的情况要处理不好,有的时候会变成巨大的挑战。像这类问题还不单单是经济问题,政治上也很麻烦。政治家用什么态度讲话,那是高难度的挑战。民众的情绪呀,我在北京,参加过多次这样的事件。把贝尔格莱德大使馆打了的那次,你们那时还没来。我们的学生,那个激昂呀。你把中国大使馆打了,那块地方是中国领土,等于侵犯中国领土呀。我们的学生游行、抗议,然后要去烧麦当劳。麦当劳是连锁店,它不是美国的资本,同意按这个标准去卖,就冠名,然后把销售额的10%到15%交给他。资本是你的,中国人的。他们军队打了我们的大使馆,我们再把自己的店烧了,爱国不是这样爱的吧?这么爱国受不了吧。要分清,有的时候需要知识,有的时候需要冷静。另外要看到今天中国相对的国际地位。我们历史上有过屈辱,容易敏感。我的总结是说,你看我们中国历史中,清朝的时候,开放没有主权;毛泽东是有主权不完全开放;现在是有主权开放。三个阶段对我们的要求是不同的。当然,有没有危险?还是有的。世界没有那么简单、单纯,那么容易让中国人崛起。但是,要妥当处理,用心、用脑分开。谢谢你这个问题可以让我把这番话讲出来。

问:周老师,您好。前一段时间网上关于国有企业股份制转让的争论非常多,您能不能给我们解释一下这个问题——国有企业产权问题和MBO?

答:这个问题我简单给你讲讲。MBO是个财务工具,是收购公司的方法。通常我们熟悉的兼并,是由外部的公司来买你这个公司,出一笔钱,有时候钱不够他借钱来收购。这个叫杠杆收购。这个概念清楚后,再加一个概念。MBO,是由这个公司的管理团队收购这个公司,借助金融公司的帮助收购公司。我本来是替这个公司打工的,是管理层,那么这个公司是有股东的。由于某种原因,比如战略决策上的差异,管理层要往这个方面发展,出钱的股东认为不行,这时候,可能有一个潜在的公司价值没有被挖掘。所以西方的市场上就有人做这个生意。如果管理层的判断是对的,他又没有话语权,因为股东不同意。好,我出钱给这个有眼光的管理层,把公司买走。买走后你就是股东了,就可以按照你这个战略去发展。那个借钱的人跟这个公司是什么关系呢?就跟我们借钱买房的关系是一样的。我这是买股,股份押在出资人手里,我每年用我管理公司这个股的分红还债,还完后再把这个股份 transfer 到管理层名下。这是个财务公具。在成熟的市场经济中很普遍,很多的。

这个财务工具在国有企业改革的时候就引进了中国,引进中国后引起了一系列麻烦。因为西方的股东是清清楚楚的,管理层也是清清楚楚的。中国的国有公司的股东是谁呢?全国人民。全国人民很难有实际的行为能力。在座你们各位很难同意我这个判断。我这是个用脑的判断。什么是全国人民?我们都是全国人民嘛。全国到底有哪些国有资产,在哪里?你我知道吗?很难知道。不是应该不应该知道。你要知道有巨大的信息成本。你知道吗?不知道怎么判断?我们只能委托政府去管这个国有资产。所以你看,这个国有资产全名叫什么?叫全民资产。全民资产一晚上就变成了国有资产。为什么会换过去呀?抽象的全国人民是很难当股东的。你怎么当呀?怎么开会呀?怎么讨论呀?你说中国电力往哪儿发展？你说一个意见，我说一个意见，他说一个意见。听谁的？怎么表决？做不到的。所以就委托、再委托、再委托。几次委托以后，因为你最初的委托方都不清楚，所以它是悬在空中的，跟西方公司差别很大。人家的股东是清清楚楚的自然人，我们没有。结果呢？我们国有公司在市场化改革中已经放进了市场。你要在市场上打仗就要有明快的决策权，生产什么、经营什么、工人怎么用、合同怎么签、上下怎么建立联系？这个全权落到管理班子里去了。

现在MBO进入了中国，很多国有公司的管理层，想通过向它们借钱把这个公司买走。这里面出现了第一个挑战性的问题：向谁买呀？用英文讲，西方的MBO是two parties，两方呀，是坐在对面谈判的。我们这里经常就是一方，他同意他买公司。剩下问题是定什么价呀？公司资产的定价是很复杂的行为。我们今天流行的许多看法用脑来说都是错的。历史上投了多少钱，历史上花了100万形成的资产，今天99万就是国有资产流失。很多人就是这么看问题的。资产不是这么定价的。资产是面向未来定价的，与历史上投多少无关。如果是有主的资产，历史上投错了是有人埋单的。我们这个全民的资产，国家的，投错了，谁来埋单？这两个问题合并到一起就使MBO在中国变成了很大的麻烦。

但是也有另外一种情况，比如说联想、TCL、海尔。这种公司跟西方也不同的。这种公司名义上是国家的，实际上是企业家和员工打出来的，国家没有投多少钱的。你去看看联想的故事，1983年成立的，科学院计算机所用小金库、计算机所的大型机出租得来的钱。这个钱通常是用来给所内人员发福利的，过年买点东西，过中秋节发点月饼。当年就拿20万交给柳传志，加一间传达室。几个人，在里头，然后就做生意，做市场。柳投资差不多十年，就是投资汉卡，计算机当中的汉化部分，把它市场化，然后就做大了，从二十万变成二十亿呀。这类公司很特别，法定上是国家的。因为没有当年这二十万，现在什么也没有呀。可是倒过来你去问问科学院当年发出去多少个二十万呀？好多二十万都没了呀，这个二十万长大了。领着这二十万长大的人，有没有贡献？应该不应该有资产份额呀？这就是道义的问题。用脑就很难。你等资产出来再算份额怎么算呀？所以有人借用MBO，实现历史上对资产形成的贡献。因为过去没有这个条件，过去只有国有企业和集体企业。改革开放以后出现了新的情况,出现新型国企。现在这些情况都搅到一起。

也有一些地方是历史上从来没有贡献的人,一纸政令就过去接管。然后地方的官员集合起来,在资产上动动手脚,转到个人名下。这种情况也是有的。所以,我对国有企业改革与我自己理解的理论是一致的,所有权和经营权要分开的。不要认为法律上属于国家所有,就都一样。我批评郎咸平,主要批评复杂的状况没有分开处理。不要认为有人利用MBO偷,所有公司的MBO都在偷,不是的。

仔细研究一下联想,联想像柳传志这样的人,在整个资产的比例中,非常小。他最后改制方案是三个六五嘛,三分之一,里头是带着十五个创业人嘛。倒过去算,计算到柳传志个人名义下的资产份额,同水平比,比TCL小很多。TCL是南方公司,1997年就与政府签过合同的,每年利润,超出定额部分给你买股。每年买每年买,直到去年2004年上市,披露出来。15亿总资产,李东生个人大概是一亿四千八百万。你说不合法,是做出来的,根据协定做出来的,面向未来签出来的。联想当年没签。倒过去找,天大的难题。所以我的看法,中国改革当中,里头有可歌可泣的东西。用心来讲,用情感来讲,全世界没有这样的企业家。张瑞敏,现在资产改制还没有完成,名下一分股也没有。干部吧,没有个人努力,工人劳动很重要,管理也是非常重要的。你定战略定错了,产品卖不出去,所有努力全白搭。所以我们看到国有企业改革是非常复杂的一个问题。将来在整个人类历史上应该记下一笔,创造出这样的公司,有这样的公司体制,这样来解决产权问题。也有胡闹的,一晚上就把资产分掉了。历史上从来没有贡献,今天一张任命书,进去就撒手改革。有的,我都见过。

所以,我的批评是说,要把复杂的问题分开处理。你不分开,一棒子打过去,很过瘾呀,但是里头一定会有误差的。郎咸平有一个论点很受欢迎,保姆嘛,我们是主人,你们是请来的保姆。保姆怎么能拥有我们家的财产呢?你干得好给你发薪水就行了。这是一个理论,检验一下行不行?管理在企业当中非常重要。历史上我们山西的票号,怎么管理的,管理到最后,那个掌柜的,就是经理,要受权的,要增股的,中外一致。所以这种问题,光用心不够的,要用脑的,要进行很深入的讨论。当然有的时候那个局面难以控制,因为同时有三千万人下岗呀,国有企业的工人。可是你冷静地想,海尔、联想、TCL,跟那三千万人下岗有关系吗?有责任吗?是因为你搞好他下岗的吗？你要是搞不好，下岗工人还要增加，连海尔的工人都可能下岗。现在就所有的东西搅到一起，社会矛盾也很尖锐，就没有办法处理。我的看法是分开处理。问题是什么问题，里面有什么不同的类型，要做调查、做研究，要用脑去工作。要冷静地分析。

问：那是不是说国企销售成为了一个趋势，大势所趋了呢？

答：现在的情况是，国资委也没有一个明确的对策，也没有应对的经验。因为像资产作价这种事情很难办，操作起来是很麻烦的。所以它采取的办法是缓兵之计，三亿以下的小企业可以做实验，三亿以上绝不做。在这个政策下，柳传志见了我说，张瑞敏就倒霉了，因为海尔显然是三亿以上的销售额，它差不多有几百亿的销售额了。那就要叫停了，它不能改呀。最近听说又在争吵，就是要在一个完善的法规下，要在双方明确的情况下操作。你要转换产权要有个谈判的对象，不能说左手和右手做生意。这个是肯定没有合法性的。你说你自己同意把公司卖给自己，那价格怎么讲，社会上也是不能接受的。这是一个问题。所以，本质的合理性是一个问题，程序的合理性也是重要的问题。没有程序合理性，不能被社会接受呀。所以这是一个探索的东西，如果你有兴趣，我们那门课（周其仁老师为北大同学开设"新制度主义经济学"这门通选课）慢慢地讨论这个东西，欢迎你将来来修。

问：何处用脑的脑很好理解，就是我们看待经济问题要遵循一般的经济规律。但是心就很难讲。这涉及一个经济学家的基本的价值判断问题，他的价值判断可能是错的，而且这个判断当中还可能存在自身的既得利益，会影响他的判断。

答：我的看法正好和你相反。价值观很稳定，用脑的部分经常变化。有一位诺贝尔化学奖得主说，母亲从小教孩子的那些行为准则，就是价值，没有太复杂的东西。这个东西要不要紧？要紧。我刚才举了 Sen 的例子，再举近代经济学鼻祖亚当·斯密。都说亚当·斯密是讲理性人的，每个人自私对社会最有利。这在很大程度上是歪曲。现在很多人开始讨论亚当·斯密的另一部著作《道德情操论》。人在市场当中的行为，不是那么简单的。经济学，这两天我也跟我的同学在讲，确实有被误解的地方。经济学理性人,理性就是自利,自利就是自私,甚至就是坑了别人来自利,变成经济学是相信这套、教导这套、教唆这套。这绝对是很大的误解。所以,有时不要听第二手、第三手的东西,你看经济学家怎么讲。还有一个经济学家很有名,叫边沁,说过"最大多数人的最大利益"。这句话有吧?讨论享乐指数,那个东西比收入还重要。收入最后是买享受的,一个社会真正生产的是享受、是快乐。经济学家在讨论这个东西。当然这里头流派是很多,也有人在道德上是采取其他立场。我是这样看,每个人都有道德水准,这个在人与人的交往中是很要紧的。

问:您的意思是说,道德不像脑那样纯粹,是不断变化的,不是很客观的。它有一个准则吗?

答:小时候的教育为什么很重要?小时候那些准则有了以后不大容易变。很少有母亲教育孩子说:你撒谎吧!很少的。多少代人积累下来的,受社会承认的准则。至于将来能不能坚持下来,很难说。但是这个准则是简单而固定的。我不教道德学,我不懂。我对道德的理解就是这样的。至于刚才讲到的既得利益,是个好麻烦的事情。经济学家有没有既得利益,这个既得利益与你的价值判断是个什么关系?永远也搞不清楚。我刚才举的那个房产的例子,你买了房所以说房价要涨,买了股票所以说股票要涨。这个是讲不清楚的。有一个准则很重要,判断一个人的言论,就根据他的言论判断。逻辑错在什么地方?你推出他被什么利益支配,各种假说都可以提出来。有经济利益也罢,没经济利益也罢,你那个判断错在什么地方,话错在什么地方?以言对付言。中国有句老话,"不要因人废言"。这个人很坏,但是话是对的。分开处理,否则我们这个心,这个脑的发展很困难。不能说这个人是好人,这个人是坏人,这个人是可疑的人。好,我们先审查人。历史告诉我们不一定的。有很多对人类做出贡献的人,个人的私德不那么好的。大发明家爱迪生知道吧?听说过他的故事吧?他跟所有的人都搞得鸡飞狗跳,别人很难跟他合作,一辈子最后破产。他争取那么多专利,那些钱最后打官司打掉了。但我们今天照样用电灯,用他发明过的东西,他照样给人类造福。要分开处理。道德,很大程度上跟他周围的人有关。要跟他去生活,当然要考虑他的道德。这也是我想对同学讲的一句话,我们很多同学选老师,说这个老师人好不好。人好不好是第二位的,学问好不好才是第一位的。当然遇到人好学问又好的就更好了。但有时不是那么好遇到的。所以,要很清楚我是干嘛的,学习。你不跟他过日子呀。

问:医疗体制改革闹得沸沸扬扬。从出发点上来讲,政府要对医疗体制进行改革是好的,但有些经济学家却说,医疗体制改革基本是不成功的。请问如何用"用心,用脑"来分析这个事情?

答:我对谁说了什么从来不感兴趣,但如果说医疗到底是什么状况?我有兴趣也做了一些调查。医疗挑战真是很大。这是一个非常独特的现象。当然现在有人说市场化、什么化,这个都是词语。实际到底是什么状况?你去看。医疗不仅对中国,对所有发达国家也都是很大的挑战。

你看我渴了,我要买水喝,我还知道我要买水喝。生病很麻烦的,我只知道难受。为什么难受是你告诉我的。我要买,我告诉你,我付多少钱要你告诉我。再加上一个保险,钱是他付。医疗最坏的是,我生病难受,我只知道自己难受,除此一无所知。然后你说,为什么难受,要吃什么药,要查什么仪器。谁付钱?还不是我付,是由什么医疗保险付钱、政府付钱、商业保险付钱。所以,这个领域,挑战是非常大的。

医疗领域轻而易举改成功的很少。英国,我1989年去的,英国的体制,全部政府买单。好不好?好的呀。世界银行那个高级经济学家到了英国,生病,进医院,花很多钱,签一个字就走人,连"谢谢你"都不一定要说的。这是英国纳税人的钱呀,世界上任何国家的人到了英国,都由英国政府买单。后来不行,要改。可是一改,到现在也很难。最近我们的舆论还说,英国不错,政府负担了好大一部分。好,就讨论政府负担。你准备负担多少?财力拿出多少来负担?这是一个例子。你看看香港。香港对医疗的负担仅仅管一部分,叫政府医院,government hospital。你真正低收入,到那里去看病。排长队,但是免费。这个政府医院的预算,像香港这么富裕的特区政府也难以承受。而且里头大量的误差,有歪曲的。你说政府付多少钱?准备怎么付?每个人看病要不要自己付一点钱?这都是要研究的,要用脑的。

你说所有的费用全部由政府付,听起来最理想了吧。行为会大量歪曲。我们回到没改之前,我们很多人家的药可以拿出来卖的。动不动开这个药,动不动开那个药。结果我们中国国民当中,有机会享受政府的医疗福利的,完全是一个待遇。还有一些,比如说农民,完全在这个圈之外,最必要的医疗得不到。

对于医疗,我们要关心它实际是什么情况。至于说改革成功不成功,那是个判断。还有什么市场化改革,我们是市场化改革吗?你先问这个问题。中国的医疗,从1978年到现在,是不是已经叫市场化改革了?我们先来讨论什么叫市场化改革。第一,准入怎么样?你看看,现在多少人,包括外资、境外的机构、民间的资本,要开医院,是不是自由进入的?你去讨论这个问题。市场有这个条件吗?还是有许多这样那样的障碍的。我们现在改来改去,变来变去,变成了一个非常怪的模式。我最近在佛山看了大概七家医院。严格地说,中国没有一家政府医院。政府就盖了一幢楼,所有的费用全部由患者出。很怪的。我去佛山看了一个镇,那个医院修得那叫漂亮。这个镇政府,现在新的政策是"以人为本"呀。那个医院修的好,北大的医院真是没法比呀。院长却是面有苦相。我问怎么回事呀?他说一天电费一万块。政府不管了。政府就把楼盖好,剩下你收钱。你一天电费一万块,全部要由检查费什么的当中来。所以,这个领域是有高度挑战的。

目前,我甚至不认为医疗有过什么系统的改革。我们的医疗、医院在中国体制变化当中,因为我过去在农业口工作,在中央农科所,以部门和部门的工作标准比,(和农业部分的改革)差远了。没有人做过认真的调查研究,没有认真针对问题找出解决方案。就是今天这样明天那样,然后一帽子盖住,说市场化改革错误。什么叫市场化改革,你告诉我。你定义一下市场化改革,什么时候改的?价格是政府管制的,准入是政府管制的,怎么能叫市场化改革?只有一条,对老百姓来说,看病要自己掏钱!平均门诊费,看审计署的报告,门诊费好像很便宜,你一进去就出不来。你怕不怕,他说你不查那个谁知道你什么问题呀?所有都是最先进的仪器、设备。中国卖仪器、设备的公司都发了财。一个县级、镇上的医院,都有超高级的设备。我们比赛就比成了这个样子。这个东西叫市场化改革吗?我们的主管部门,讲到底,我都是批评的。你去查卫生部历年发的文件,做过的调查,对医院的现状、问题、解决方案,在什么地方?我把它同农村改革相比,差很远的。农业部门五个一号文件摆在这里,每年遇到问题,大量地调查研究,精心制定政策,组织实施。

所以我不同意那么简单的一句话。面对问题,如果说中国要提升生活水平,医疗、教育非解决好不可。难度非常大。要组织整个社会的力量来调查研究、来比较借鉴,针对实际问题解决。现在这个风气,喊口号,一会这么叫,一会那么叫。说要政府主导的模式,我不反对。看病政府出钱,就像当年在英国一样。签一个字,走人。政府那些楼卖掉,漂亮的车卖掉。我赞成,举双手赞成!你做得到吗?你做不到,又说市场化改革不行,要政府主导。政府主导又不出钱。你怎么主导?什么叫政府医院?永远在空的口号里摆来摆去,实际情况越来越糟糕。这是我对医疗的看法。但是如果你们在座有人对医疗感兴趣,因为北大这里,自己也有合并,底下管了六家医院。所以,也有"医疗经济研究中心",里头也有很多有挑战性的研究项目。我自己还没有正式开始做,感兴趣,积累资料。你们有兴趣,我们可以一起来做调研。很大的挑战项目。

问:现在有个提法,叫"改中国制造为中国创造",我看我们的有些高级领导也非常支持这个说法。您认为,这件事情上,我们的脑和心是不是可以放在一起?

答:先谈谈这个问题怎么来的吧。中国大量在低端加工,赔钱。薄熙来讲的辛辛苦苦五亿双鞋,买一架飞机;八亿件衬衫,买一架飞机。五亿双鞋得多少人从早到晚辛辛苦苦地干呀?然后消耗能源,污染水、环境。这样一来,我们的很多专家在呼吁这个问题,要提升等级。那很多人很急,就有这个口号"中国制造变成中国创造。"

谈谈我的看法。没有那么容易。喊口号没有用的,真是什么山上唱什么歌。一步一步来的。自主知识产权,别的不谈,先看教育环节。知识产权那么容易呀?知识产权不是喊一个口号、发一个文件就可以创造的。这涉及很多问题。我们过去研究现代化,把现代化很多变量分成两类,一类快变量,一类慢变量。中国改革现在是快变量都很好,问题是慢变量。教育就是慢变量。创造精神,你比如说以考试为中心,喊了多少年,怎么解决?这个问题不解决,什么自主性、创造性怎么来呀?当然中央政府领导人重视、舆论呼吁、业界响应,慢慢是有些变化的,但是普遍要起作用。

另外在概念上也不清楚呀。制造、创造,就是一个对立的概念吗?很

195

多人看不起来料加工,我做过调研,我知道竞争当中其他的升级会升上来的。你不来料加工,不知道产品的标准,不知道零部件、供应商在什么地方,你没有跟他们订合同的能力,也没有执行合同的能力。如果没有这个做铺垫,你马上要自己来,等于在思路上回到那个所谓的"自力更生"去了。所以,这个事情,要用脑为主的。心脑要分开。

我看到的最大的鞋厂,一年制造一亿七千五百万双鞋,十五万工人,大部分是农民工。农民工是用他生命当中最好的一段来工作,手灵,眼睛看得清,这一段就给工厂了。一双鞋平均的附加价值好低的,大量的利润是在设计公司。像 Nike 这种公司根本就不生产了,就是品牌管理,然后发到中国的公司。你做那个低端,加工。看着是有想法的,心是要动的。现在美国最好的一双鞋,最近在市场上热销的,你知道多少钱一双?这个鞋底号称有多少芯片,千分之一秒可以对地面的不平有反应。235 美元一双鞋呀,我们这种鞋门都摸不着的。确实你想,我们如果有自主技术,我卖 235 美元一双鞋。谈何容易呀!

这方面,从国家之间看,要非常注意韩国。韩国早年跟我们一样的,是挣辛苦钱。挣辛苦钱是必经阶段。但是你看最近的韩国,在创造性的变量上开始变得有看头了。珠江三角洲、长江三角洲的公司,漂亮的工业设计,很多来自韩国。过去最有名的设计,就是意大利。意大利别的不行,人吊儿郎当,艺术天赋非常好。很多名牌的包就是他们设计的。现在你看,韩国开始有苗头了。就要去研究,他怎么从制造,大批量、辛苦钱慢慢地往上升。

你看我们的教育,把很多创造性都扼杀了。我在美国留学,差不多美国顶级的学校公认,中国学生就是考试行。做项目的时候,很多考试成绩很好的学生也发愁,他的老师也替他发愁。找不到好题目,没有想法。所以,最近很多 top level 的学校在减少中国学生的招生,因为他们是以创造力最后争高低的。这些问题一点点来,非一日之功。教育,和刚才那个同学问的卫生,都是蛮麻烦的。

所以,简单地讲,分开处理。愿望是愿望,一步步走。我最喜欢毛主席在解放前的一句话,"什么山上唱什么歌"。你走到那个山上,唱那个歌。唱早了,有问题的。有那个心,没关系的,心一定要大,但是,真正在做的时候要一步步地走,仔细研究其他制造业企业的发展、成长。另外,政府一鼓励什么东西呀，我也怕。马上很多自主产权全出来了，这也自主，那也自主。真的假的？靠得住靠不住？经不经得起摔打？然后再用人为的力量去保护他。好了，那后面的麻烦很大，要当心的。政府的力量、自发的力量，要有一个恰当的界限。

汽车工业很有意思，闹来闹去，不让奇瑞，不让吉利挂牌。最后，还是我们北大的一位教授写的报告引起中央的重视。说放眼看汽车工业，中国只有浙江吉利和安徽的奇瑞是自主品牌，其他都是发达国家的品牌。这下中央领导就急了，怎么搞了那么多年，全是人家的？然后给一汽，给上汽，给二汽，差不多下了硬指标，五年内拿出自主品牌的车。现在我们来看，自上而下的压力，也可能是经济发展的一个动力。但是根据多年的教训，要非常非常当心。因为最后你要在世界市场上经受检验，不是说说就行的。

我们动不动说中国人发明了什么，最后在市场上看不到这个东西呀。发明不能转化为产业，这个是柳传志一直耿耿于怀的事情。为什么创办联想集团呀？就是那个想法、论文、创意，要变成批量的产品。中国要有一代一代这样的人，有这种实干精神，一步步地升，一步步走高。当然这个题目现在很热，我也收到过很多这种邀请，讨论这个题目。我从来不敢去。因为不知道中国制造怎么变成中国创造。中国制造目前这个状态要延持下去，都有很大的挑战。这个成本今年你去看看，很多制造业公司，压力非常大。劳动力、土地、资源、能源、进口材料价格都在涨。所以，中国制造这个优势到底可以持续多久，而且现在印度也在崛起，越南也在迅速发展，国际的格局也在变化。所以中国制造的优势可以维持多久我都持一种观望的态度。至于能不能升级，要非常当心。因为产业升级这个口号早就提出来了，还不是中国大陆提出的。当年日本人就提，台湾地区也提过，要仔细研究。

（2005 年 9 月 17 日）

自下而上的力量：通过公众参与建设法治政府

■王锡锌

王锡锌，北京大学法学院副教授、院长助理，法学博士，北京大学公众参与研究与支持中心主任，耶鲁大学法学院中国法律中心客座研究员。1998年4月至1999年1月，在美国哥伦比亚大学法学院做访问学者、高级研究员；1999年2月至5月，在美国斯坦福大学法学院、UCLA法学院进行访问研究；研究领域涉及：宪法与行政法学理论、外国行政法比较研究、中国行政法与行政诉讼制度、法律程序制度。主要著作及参与编撰的教材有：《程序的正义与正当程序：法治国家中的行政程序研究》、《行政程序法立法研究》、《走向法治政府》等，论文有：《平衡：现代行政法的基本精神》、《传统行政法控权理论及其现代意义》、《规则、合意与治理》、《行政程序法与现代法治国家》、《正当法律程序需求、学说与革命的一种分析》、《专家、大众与知识的应用》、《行政行为无效理论与相对人抵抗权问题研究》、《自由裁量与行政正义——阅读戴维斯〈自由裁量的正义〉》、《中国行政执法困境的个案解读》等。

首先感谢大家的参与。（掌声）

今晚我来的主要目的，是和大家讨论交流一种新的公共治理模式，一种在中国社会转型中不断展现出的新力量：自下而上的力量。

大家知道，最近二十多年来我国经济和政府管理体制变革的主导方式，主要是自上而下，由政府主导的。今天，我们逐步感受到，中国目前正处于一个重要的变化时期，无论是身处变化机体内部的我们，还是身处机体之外的观察者们，都发现这一变化的来势是迅猛的、领域是广泛的、影响是深远的。但是，这一变化的方向何在？变化能否稳定持续下去？变化如何才能发展？这些问题尚未得到很好的回答。今天,我就和大家从这里开始讨论。

(一) 反思社会变革的力量

从逻辑上讲,变革的方式有自上而下的,有自下而上的,也有上下结合的。试问:自下而上的力量是否可能？是否必要？如果必要,在制度上怎样推进？如何使得这种力量放大化,引导中国的法治建设,甚至社会变革？

要理解和回应这样一些问题,首先可能需要反思社会变革的力量。目前所讨论的改革开放,通常意义上,大家认为,始于1978年的经济体制改革。从法学角度看,我们发现,经济体制的改革过程,其实始终伴随着法律制度的变革,这一变革,或者从无到有,或者从不完善到完善。我有一个看法,中国经济体制改革的指导思想是实用主义的。何以见得？我们以生产力标准、以是否促进富裕来评判改革的成败,所有改革要往这个方向靠拢。改革本身的价值导向并不明确,而只有一个个不断调整的、具体的目标导向。这种实用主义的经济改革,带来了工具主义的法律改革。这种现象,直到今天仍很明显。比如,我们还能听到这样的口号:"法律要为经济建设保驾护航!"上个世纪的70年代末到90年代初,我国主要法律制度的改革,多是为了保障经济变革的顺利进行。有人可能要反驳,工具主义恐怕是所有法律制度都具有的特色。这话也没错,但问题是,"把工具主义当作指导性哲学"与"把法律当作工具",两者是有区别的。在工具主义主导思想下,倘若某种法律捆绑了政府改革经济的手脚,政府就会无视法律,把法律一脚踢开。在某种程度上,自上而下的改革驱动力,导致了经济改革的实用主义方向和相关法律制度变革中的工具主义态势。

我国的政治体制改革中其实也存在这种状况。如今,人们通常在两个层面上讨论政治体制改革,其中之一是行政管理体制的改革,包括政府人员精简、政府职能调整等多个方面。今年的《政府工作报告》,再次重申了这一点。从上个世纪80年代直到今天,大型行政管理体制改革,我国进行了好几轮。每一次行政管理体制改革开始时,理论家都说,这一轮是最重要的,要切实推行下去。但实际效果如何呢？本次《政府工作报告》提出了新一轮的行政管理体制改革方案。应该说,与以前的体制改革相比在目标上有了相当的提升,因为我们本可以假定:以前的改革应该解决了不少问题;可真实情况是,今天政府在管理体制上所面临的问题,与从前并没有太大区别。这暗示着,我国的行政管理体制改革,基本上没有达到预设的目标。

经济体制改革和政治体制改革,构成了上个世纪70年代以来我国上层建筑变革的最重要内容,推动这些变革的主要力量是自上而下的政府主导。试问,这种自上而下力量推进的自觉化运动,好不好呢?不言而喻,当然有好的一面。国家权力的行使,可以促使一些改革措施在短时间内发挥强大而有效的作用。为什么1978年以来的经济体制改革能取得巨大成就?政府的大力推动,无疑是重要因素,它带来了改革特征的短、平、快。但是,我希望大家思考一下,这种改革力量,是否可持续?另外,我们在获得成就的同时,付出了多少代价?举个例子,改革开放以来,我国的外国直接投资量,也就是FDI,有了惊人的增长,目前已达到世界第一的水平。不过,很多国外经济学家已指出,中国所获FDI最多,究竟是不是一件好事,还需要考虑多种因素,比如吸引这些投资的要素到底是什么。这里我没有时间就此做过多阐释,只是提出这一点,供大家参考,并作为我的结论的一个例证。

国家自上而下推动的变革,见效很快,但局限也是明显的。举个例子,来看看市场化进程。在西方,市场化有一个漫长的演变过程,政府只是维护某种必要的条件,让更多人能在市场中自由做出选择。但中国的市场化进程,是政府运用自身资源来实现某个预设的框架。简单地说,中国的市场化,主要由政府这只强悍的有形的大手操纵。但是,政府与市场之间本身就存在相当的排斥和紧张关系。如今,我们已能看到不少现象,逼迫我们去反思政府与市场两者关系的定位。比如,资源配置中,哪些应该由政府推动,哪些应该由市场进行?再比如,国有金融企业和大型国有生产性企业,它们作为政府参与市场化的代表,如何在市场中正确定位?这都值得我们反思。

当我们今天讲法治政府建设时,自上而下的推动力,再次成为一个关键性问题。对"法治政府"的界定,尽管可能有各种各样不同的标准,但我以为,有一个标准,是所有愿意认真理解法治政府概念的人无法拒绝的:法治政府意味着公共权力受到制约的政府。要想使公共权力受到有效制约，需要在公共权力系统的内部和外部完善制约性的机制和力量。今天，法治政府的建设，看上去仍是自上而下进行的。一个典型的例子，国务院最近颁布了一个《全面推进依法行政实施纲要》，其中规定了政府的很多要求、目标与责任。我本人参与了这一《纲要》的起草，但包括我在内的众多人员都为一个问题所困惑：纲要的大部分行为条款中都没有主语。比如，"要大力推进……"、"要落实……"、"要达到……的目标"，可是，谁来推进？谁来落实？谁来达到目标？打个比方，武侠书中，多有高人自废武功；现在要建设法治政府，在某种意义上就可以理解为要求政府在某种程度上自废武功，它不应当无所不能。请问，这一过程，能否由政府自己完成？我表示怀疑。政府自觉地限制自己的权力，在终极意义上就好比一个人想揪着自己的头发把自己提起来。这多么困难啊！因为这种变革是根本性的，政府有没有如此巨大的力量和勇气呢？假如政府能够自我约束，事实上这已经否认了法治存在的必要性。法治在本质上是悲观的。假如人人能自我约束，法律用来干什么？而假如政府无法保证自我制约，我们就必须寻找一种可持续、可依赖的法治政府建设的力量。

不论是学术界还是民间，越来越多的人注意到，一个社会不仅仅有国家，还应该有国家和社会的分离、沟通、互动。换句话讲，社会之中，除了存在具有系统组织并配备了有效资源的国家机器和政府机关之外，还存在着不可忽视的民间力量。民间力量的最原始载体是个人。当然，公共生活中，个人的力量很微弱。个人发挥作用，必须通过某些组织，比如非政府组织。但自下而上的力量总和，对于社会变革而言，是不可忽视的重要力量；社会成员对其自身所处的社会变革的参与，不仅是推动力，也是他们认可变革方向和结果正当性的源泉。

从过去已经进行的经济体制改革和政府体制改革中，我们可以总结某些教训，当然也有某些经验，来重新探寻今天正在进行的所谓法治现代化改革的合理路径。这个路径究竟是什么呢？动力何在？是不是还能如从前那样，自上而下、自我革命？恐怕那种方式，虽然见效迅速，但却无法持久。可持续、可依赖的力量，应是自下而上的力量，这是社会可持续发展的力量。

自下而上的力量，我称之为"大规模建设性武器"（weapon of mass construction）。自下而上的力量，要求政府真诚地倾听来自整个社会以及生

活在其中的个体与利益团体的声音,并对他们的诉求做出负责任的回应。

为什么自下而上的力量很重要?为什么民众在建设法治政府中有巨大推动力?其实,宪法已经阐明了,政府的权力来源于民众,换用古典政治学理论术语而言,国家和政府存在的道德基础,其实是为民众提供服务。事实上,今天政府建设要不要依靠民众力量,这倒不是最紧要的问题,因为政府已经意识到了要依靠民众的力量。毛主席早就说过:"人民,只有人民,才是创造世界历史的动力。"民众力量在政府建设中的定位才是关键性的问题。可能有人要反驳我:为什么我意识不到自己对于政府建设有作用呢?且不说对国家公共事务的影响了;作为一名北大法学院学生,可能我都无法决定那些与我有关并且直接影响到我的事情。

我想说的是,建设性的力量,不能靠被动的守候,而需要行动,并且通过行动使之转变为推进制度变革的力量。公众对公共生活的参与,在本质上可以被理解为一种个人或集体与问题、方案、制度、公共权力之间的有意义的联系;它意味着参与的权利,参与者的权力感和受尊重感,一种理性协商的可能性。今天,我们强调这种力量的意义,时机是成熟的。原因有三点。

第一,中国的社会变革实践已经表明,自上而下的推动力在取得成功的同时也带来了一系列问题,如今,这些问题,被真实地展现在世人面前,它们势必引发我们的思索:新的力量从何处来?

第二,二十多年的改革,已经让中国发生了许多变化,其中一个很重要的变化,就是:原来国家和社会完全同构的状态被打破了,换句话讲,尽管我们尚未形成一个高度成熟的组织化的市民社会,但我们已能感受到利益的多元化趋势。十亿人民一条心,这种假象不复存在,也不可能再出现。如今,各种不同的利益集团都在积蓄力量,都在寻找表达的途径,这种力量,或许短期内可以去压制它,但绝不是高招;应该引导它,让它正常释放出来。因为释放,可能是建设性的力量,而压制,可能是破坏性的力量。正如大家所知,火山在沉默时是最可怕的。在这次的《政府工作报告》中,政府一再强调要通过各种各样的途径,推进公众参与立法与公共政策的制定。在国务院制定的《全面推进依法行政实施纲要》中,也至少有三个段落都在强调,在影响公众利益的事项上,应该允许、鼓励并积极支持公众的有效参与。以上两点都表明,大规模的建设性力量,不仅是必要的,也已具备了一定社会基础。

第三,我们甚至观察到了,民众力量正在改变我们的社会。许多人谈到中国的法治改革时,可能会关注又立了几部法,好像它们是法治进程的里程碑。当然,其中很多法律对社会公共生活是起促进作用的。但是,有些法律是符号性的,它们的执行是低效甚至无效的,执行效果不理想的太多,例如《义务教育法》。为什么《义务教育法》已经出台了这么多年,可孩子们上学还要交学费?而且上学难的问题越来越严重?当然,现在已经不用交学费了,课本也是免费的,这就是非常大的进步。再如各种各样的《环境保护法》,对环境起到了多大的保护作用?请问大家,这些立法在多大意义上推动了中国的法治建设?立法这种自上而下的、组织化的力量,其实取决于社会的配合,取决于法律条文在多大程度上能够为社会成员所接受。假如立法脱离民众,它就不可避免陷入符号化的困境。反过来,有些个人化的力量和个体性的事件,反映出民众日渐成为推动社会变革的力量。

举些例子。比如"孙志刚事件",当这一事件突然呈现出来时,来自民间的声音成为压死骆驼的最后一根稻草。当然,有人可能反驳我,收容制度的废止,仍然是自上而下的。没错。但我要提醒大家的是,个体对公共生活的参与,展现了一种积蓄已久的力量。今天,我们有可能通过公众参与来推进宏观制度的建设,换句话讲,有可能以微观的方式进行宏观的变革。

再比如说,对于某些传染性疾病,好比乙肝,政策上有歧视。于是,无论你准备上学,还是准备工作,学校或者工作单位,都要求你检查"两对半"。但是,有人在正确的时间和空间里,挑战了这一制度,在为自己的利益而抗争的同时,戏剧性地推动了制度的变革。可见,几十年来根深蒂固的制度,有可能借助个体化的实践而得以改变。

去年上课时,我跟学生们深入讨论了北京的"杜宝良案件"。这样一个微弱的个体,杜宝良,一位籍贯安徽而在北京卖菜的民工,有一辆小卡车,运送蔬菜。在他每天路过的一道路口,装有摄像头以及不太明显的单行标志。由于未曾注意,他被摄像头拍下了一百多张违章照片。直到有一天,他收到一张罚单,金额达一万多元,对他而言,这根本无法承担。杜宝良向法院起诉,因为假如交通管制部门很早便通知他违章了,他就不会屡屡违章了。事实上,《行政处罚法》也的确要求对被处罚者应当告知。

这一件个体化的诉讼,我们可以广义地理解为一种参与。大多数人已习惯了一种被动,寄希望于别人替自己改变那些他们一直抱怨的制度安排,或希望有自上而下的力量来改变。我认为杜宝良为我们上了很好的一课,他的所作所为,也给很多人带来了便利。比如,原来,电子摄像机拍摄到了违章记录,相关机构不会给违章者发通知单,而自从"杜宝良案件"后,在北京,违章记录不仅需要在网站公示,而且需要以信函的方式书面通知。我上个月,就收到了三张通知单。(笑声)有了这些通知单,我至少可以研究一下,究竟什么地方有摄像头,我以后需要……注意。(笑声)

实际上还有很多例子,但以上三个例子足够说明,在今天,自上而下的力量已经是可能的、不可忽视的力量。自下而上这样一种来自底层的力量已登上了社会变革的舞台,在社会生活中发生效用。

许多年前,我在美国参加一个关于违宪审查的研讨会,会议给我留下了深刻的印象。但这种深刻,不是来源于会议的内容,而是来源于一位美国教授的言语。当时,我发表了一种观点,中国目前还没有违宪审查制度,在不久的将来,也不太可能。突然,纽约大学一位教授——在座很多人也许知道他的名字——科恩教授(Jerome Cohen)说:"中国的《立法法》其实规定了,任何人只要认为某一行政法规、规章与宪法和法律相违背,就可以请求人大常委会进行审查。"我回答道:"我清楚这一点。因为它是用汉字写的。(笑声)但是没有用。"教授继续追问:"请问有人试过吗?你试过吗?如果没试过,你怎么知道没有用?"我震惊了。这确实是看问题的另一角度。对待某些法规,大多数人可能凭借直觉和过往的经验,表示怀疑,不去挑战。直到有一天,有人尝试了,并且成功了,我们才醒悟过来,原来那些规定是有效的。大家可以看到,最近,我国很多法规都被请求进行违宪审查,包括前段时间颇引人注意的河南省关于男女退休职工待遇不平等的规定,为此,北大妇女法律援助中心已经向人大法工委提出了违宪审查的请求。这些事例启示我们:如果行动了,情况很可能会有所不同。

(二)以理性、开放、回应和责任为基本要素的法治政府

如果说个体力量的确有用,那么再具体一些,请问:个体力量对于建设法治政府,有什么用?法治政府概念,既是大家非常熟悉的,又是我的

能力不允许我在这里深入讨论的,因为我们很难说清楚法治政府应当是什么。但是,或许我们可以说清楚法治政府不是什么。法治政府,不是某些不负责任的官员所告诉我的:"变着法来治的政府。"(笑声)在他们的观念里,从前的管理模式是,靠政策来治理,甚至靠某些领导人的意志来治理,如今,要建设法治政府了,那么,把政策和领导人的意志变成法律条文,不就得了。打个比方,劳动教养制度。大家知道,劳动教养制度在目前看,在是否具备合法性依据这一问题上是受到质疑的。从《行政处罚法》和《立法法》的相关规定来看,作为一个制度的劳动教养面临着合法性危机。政府也默认,这是一个需要改进的制度,但如今搞法治了,是否让人大常委会立个法,规定劳动教养制度,就合法了呢?形式上可能合法了,但本质上、价值上是否合法,还需要进行思考。所以说,法治政府并不是形式上的用法律调整各种社会公共关系的政府,并不是用法来治理就等于法治。同时,如前所言,法治政府不是权力不受限制的政府,假如一个社会里,某种权力不能受到有效制约,那么,它就有可能成为无限扩张的权力,于是,我们可以肯定,这个社会不是法治的。

从否定性的描述中,我提出了法治政府的一些基本要素。我以为,法治政府需要强调权力和交往的理性化。公共权力的行使也好,个人权力的行使也好,都存在一个理性化的问题。理性化,是法治政府的关键因素,它强调公共权力的行使,必须满足理性的要求,并且尊重某些价值,例如对人的权利的保障。

法治政府是开放的政府。开放,目前提得比较少,但我以为,开放,是法治政府的典型状态。我们可以从两个层面理解开放政府。一个层面,是信息的输出。也就是说,政府以及政府所拥有的信息,应该是对社会公开的,政府成为"阳光下的政府"。另一层面,信息的输入。也就是说,政府在立法和决策的过程中,要真诚听取民众的声音,对他们合理的诉求,做出负责任的反应。开放政府,体现了政府在道义和法律上的基础,开放政府意味着:政府本身不是目的,只是手段。政府存在的意义在于它的外延,而不是系统之内;政府的职责,是为支持它的社会提供服务,回应社会民众的诉求。

那么,假如政府没有做到理性、开放,你能拿它怎么办?这就涉及政府的责任问题。假如政府在理性、开放等关键因素上没有做好,法治政府意味着政府可以被追究责任。

我以为,我国的政府,正在朝向理性、开放、负责任的方向运动,但这种运动,可能不是一次函数运动,不是顺利向上攀升的,而可能是曲线的,在这一进程中存在不少困难和问题。很多时候,政府带着良性善意目标的行动,再实践却变成口号化、表面化的运动,甚至是表演。口号化这一点,大家可能看得比较清楚。比如说,"法治国家"这一概念,几年来十分时髦。中央提"依法治国",政府就提"依法行政",到省里,就"依法治省"了,县里,就"依法治县",村里就"依法治村",甚至,我还看到,有一个幼儿园里挂着标语:"依法治园"。(笑声)我心想,幼儿园怎么用法规治理小朋友,何况,《未成年人保护法》都没有得到有效落实。说到底,它不过是在书写口号,主体自己都搞不清楚自己写的是什么、意味着什么。很不幸的是,这种现象,在我国不是少数,而是普遍。比如说,现在国家提建设"和谐社会",而口号化的行动方式很快将"和谐"向微型的方向表述,演变成"和谐社区"、"和谐街道"。同学们有没有搞"和谐宿舍"?如果提出来,说不定是个创新呢。(笑声)政治化的口号与理念,无疑是重要的,但应该注意到,在它们的背后,有一种权力行使的内涵。你很难找到有主语的口号,口号多是让别人来干的。建设和谐社会,谁来建设?不是自己,而是让别人来建。政府建设法治政府的出发点是好的,但行动上可能在绕圈子。假如不去检讨、不去反思、不采取积极行动,也许若干年后,我们发现,我们仍在原地踏步。

说到有效途径,我以为,法治政府的建设,可以将自上而下的引导同自下而上的、集体化的公众参与行动结合起来。因为这种行动,强调对政府权力的制约,而这种制约归根到底,必须是外部的。法治政府建设的驱动力,不在政府本身,而在社会中各种各样的民众。如何引导、支持、鼓励、推进自下而上力量的制度化,这才是正处于社会转型期的政府需要考虑的问题。其实,政府已经意识到公众力量的重要性,在党、国家和政府的一些重要文件中,已经明确涉及公众力量的范畴。在我们北大公共参与研究与支持中心的网站主页上,引用了十六大的原话:"重大情况要让人民知道,重大事情要让人民讨论。"各种政府文件中,也提到了这一点。如前面提到的《全面推进依法行政实施纲要》中,特别提到,路径需要向下看,而不仅仅向天空看。由此可见,政府改革以及更大意义上的社会变革,都有其对公众力量的依赖性一面。

(三) 法治政府建设:为什么需要公众参与?

为什么需要公共参与?下面我简单从四个方面进行阐释。

首先,公共参与有助于重建法律权威。法律条文那么多,而且越来越多,但法律打折的情形非常严重。在执行的过程中,这种折扣有时候甚至接近于百分之一百。这时,不仅法律没有权威了,作为法律强大支持的国家机器也明显受到挑战。法律的权威性其实面临来自多方面的挑战。我们以前总是讲,权大于法,但今天,如果仔细观察,你会发现,没有权势,也可以大于法,因为没有权势的人,同样可以无视法律。很多时候,即使对于一般民众,规则也都得不到落实。为什么呢?因为他们根本不了解这个规则,不知道规则用来干什么;因为制定规则者未曾听取过他们的意见。换句话讲,这个规则,在他们生活的世界之外。比如说,国务院刚刚出台一个行政法规《娱乐场所管理条例》,很多人就此进行讨论。规定中的很多问题非常有争议。例如,所有娱乐场所,凌晨两点必须停业。娱乐场所主要的入口和通道处,必须安装摄像头。摄像头必须是真的(笑声),不能是吓唬人的。摄像头里的资料,要保留备份。卡拉 OK 房的玻璃必须是透明的……我们暂且不讨论这些规定是否合理,但可以肯定的是,这些规定会影响很多人的利益,后果很严重,诸如经营者的收入、消费者的权益如隐私权等。你跑进娱乐场所,被镜头拍摄下来,再加上文化背景所给予你的不言而喻的暗示,可能对你很不利。我们倒不是说,这些规定很不合理,但是,需要质疑的是,制定规定的机关,在多大范围内听取了将要受到规定影响的人们的意见,在多大程度上考虑了他们的需求。如果没有这么做,将来,人们以各种各样的方式去违背规定,其实是并不令人惊讶的,也是可以预料的。所以说,法律权威的重建,关键不在于普法宣传,而在于让民众参与到立法的过程中,让民众的意见在法律中得到体现,让民众感觉到至少在法律程序上他们受到尊重、他们的心声被真诚倾听。如果有可能让民众产生"主人翁"的感受,当然更好了。这种感受不是别人告诉你的,而是自己感觉的,就好比,人家说你是主人翁,可你感觉了一百遍,还是没感觉,那你就还不是主人翁。总而言之,法治政府的建设要求建立民众参与的程序化的机制。

另外,正如我前面所言,落实政府责任的终极力量,不在于政府自身,而在于外部。自己监督自己,简直不可想象,只能由别人监督。所以,公众参与的另一个意义就在于,有助于监督和责任的落实。如果以后有机会,我可以和大家交流一下,互联网和中国的民主两者间的关系。我觉得,互联网这种来自民间的方式,正深刻改变着中国的民主化进程以及我们的生活和思维方式。比如说,"反腐"是我国党和政府的一个重要问题,为了反腐,我国建立了各种各样的反腐机构,制定了各式各样的反腐法规,耗费了诸多资源。但最近,一个仅仅由几个人维护的反腐网站,却表现出非凡的震慑力。任何人可以把他所知道的某个官员的腐败情况张贴在这个网站上,当然,维持互联网运行的几位工作人员会要求提供线索的人提供基本的证据,你不能信口开河说"王锡锌腐败。"(笑声)你必须有凭证。如果说发文者有相关照片、有其他证词,并足以支持自己的观点,网站工作人员会把他的帖子公示出来。我想,这可以是一种"破坏性的力量",但也可以是一种建设性的行为,无论如何,这种力量是强大的。一旦发现了来自民众的力量,接下来的问题就是,如何引导它?

法治政府的建设需要公共参与,除了以上两个方面的原因,还包括:公众参与是一种沟通理性,或者说,西方所谓的"协商民主"(deliberative democracy)。协商民主,与西方历史上传统的民主概念,本质上没多大变化。我们知道,一般来讲,民主是一种程序化的以投票来做决定的机制,或者说游戏规则。因此,程序式的民主,强调的是独立意志的表达和聚合。每个人有独特的偏好、利益和价值观,投票正给了他们表达个人偏好、利益和价值观的机会。但是,有人发现,这种民主的表达方式,忽视了一个重要问题:它很可能是各种偏好的汇合。投票时,大家自以为做出的选择对于自身是有利的,不过,事实却并非如此。假定有一位选民张三,他仿佛感觉,参选者之中,A对于他最有利,于是,他投票给 A。但实质上,可能是因为张三知识和信息的缺乏,他仅仅凭借感觉选择了 A;也有可能是 A 不断地向他做广告,他不可避免地受了影响;还有可能是他缺乏某个关键信息,比如说,有人知道,A 曾经偷了别人的东西,但他并不知道。于是,我们可以断定,张三的结论是在信息不完整的情形下而做的。"协商民主"正好弥补了这个漏洞,它强调大家在表达观点之前,进行一种有效的、真诚的交流和沟通。许多试验表明,在事先的交流和沟通之后,许多选民在最终投票时改变了原初的价值判定和选择。协商民主的意义正在于,它再次强调了公众不仅仅可以做选择,而且,只要有某种渠道,他们就可能做出更高质量的选择。这种高质量的选择,借用法律术语的表达,那就是,可以使得行政决策更加具有合法性和合理性。允许公众的协商民主,允许公众的自由交流,而不是压抑民众的愿望,可以使得政府获取一种支持公共行政过程和社会转型的重要资源。

最后一个方面,建设法治政府,不能把公众置之局外,还因为:参与,实质上,是一种学习和公民自我教育的过程。多年以前,我们就在提倡"宪政建设",一百年前到今天,世界各国也都存在提倡宪政的流派和思潮。西方理论家通常认为,宪政与文化背景与国民素质息息相关,因此,有人认为宪政在西方合适,在中国却未必合适。因为他们不相信中国的国民达到了宪政所要求的素质基准。前面我也讲过,没有政府可以依赖完全法律而自我运转、自我负责,所有政府都是法治和人治的结合。这两点都显示出:人是重要的。人的重要性表现在法治建设进程中,那就是要注重公民教育。当然,公民教育不应当是一种理念或教条的灌输;事实也表明,意识形态的单向度的灌输,其实是失败的。而公民教育的有效办法,正是通过参与,通过参与和学习过程提升自己的能力和责任感。公民有足够的能力去学习,一直以来,我们低估了民众的参政水平。给民众一个平台,他们能够创造。公民在参与过程中的学习,不仅会让他们意识到自己需要什么,而且他们能发现,自己做出某项行为,别人会相应做出什么制约。用时髦的理论来概括,这是"博弈"的过程。这个博弈中,不断选择的过程,正是学习的过程。凡此种种,都可以解释,为何中国社会转型的最重要推动力来源于民众,自下而上的力量值得我们去关注。

我讲这么多,大家可能意识到了:公众参与,还是有点用的。那么,公众参与能不能搞起来?我们要做什么?怎样推动公众参与的制度化?

(四)公众参与:我们要做什么?

公共参与被法律明确承认是在 2003 年,从环保领域最先开启。那时,人大常委会制定了《环境影响评估法》,该法要求重大项目的建设,必须进行环境影响评估。比如,造一座水电站,它会导致周围环境各项指数发生变化,此时,有必要进行评估。而评估,不仅是专家的计算和总结,还强调、鼓励民众的参与。2005年,环保总局掀起所谓"环评风暴",一次性宣布几十个大型项目,包括三峡工程地下电站、怒江水电站等存在违法问题,因为它们没有进行环境评估。更有影响的一个例子是圆明园防渗漏工程。用一个调侃的说法,就是给圆明园的湖底穿上纸尿裤。(笑声)环境影响评估,一方面是让公众表达偏好,提供某些信息,另一方面是专家的评估,这两个方面是结合的。

《环境影响评估法》第一次公开承认了公共参与的合法性,但在此之前,公共参与的形式其实已广为人知。最具影响力的是各种各样的听证会。这其中,最有影响力的又是物价听证会。但试问,这么多的物价听证会,真实效果如何?第一次物价听证会在广州举行时,大家都对这一引自西方的公共决策形式,寄予了很大希望,当然,不少人也是出于好奇,这事儿以前生活中没有啊,现在我们也搞这个了。今天,如果你问老百姓:"物价听证会,你相信不相信?"我估计,绝大多数人会回答"不相信"。(笑声)因为物价听证这一制度,自己摧毁了自己。此话怎讲?物价听证会已经变成了"涨价听证会",因为到目前为止,还很少有哪一次物价听证会没有成功涨价。甚至2004年天津发生了一起极具讽刺意义的个案。天津市的物价部门和发改委想要把煤气价格升高,于是,打算召开物价听证会。结果,在听证会前一天,北京的《新京报》提前发文称,所有与会代表一致同意,应该涨价。(笑声)听证会组织者的新闻通报稿件已经写好了,而《新京报》记者不知道通过什么途径,提前得到了稿件,并刊登出来。这一事件,戏剧化地宣告了中国的物价听证制度的不可信赖。我在多种场合都谈到这个观点:听证会已成为中国的公众参与形式的一种昂贵表演。

为什么会这样?有人肯定要质问我了。你刚刚讲过,公众参与很重要,如今,公共参与搞起来了,你又说它没有用?问题出在哪里?鼓励公众参与的政策和立法绝对是没有错的,症结在于规范与现实之间的紧张、理念和行动之间的矛盾。正如思想独自并不能改变世界,改变世界的是转化为行动的思想。

现在,我们的一些基本制度的缺位,可能影响公众参与的有效性。公众参与有多种形式,如听证会、讨论会、座谈会、网络征集意见等,什么形式都可以,形式本身没有优劣之别,不同的形式不过是为了针对不同的问题。假如针对一个专业问题,举行一次全民讨论,是没有意义的,尽管形式上可能更轰轰烈烈。就像在讨论圆明园湖底要不要铺防渗膜的问题的听证会上，不知大家注意到没有，代表中有一位12岁的小学生。试问，她有什么知识和能力足以做出一个高度技术化的判断？毫无疑问没有。假如仅仅是为了调查民众喜好，那么，完全不必要召开听证会，不如改成民意测验，因为民意测验可以覆盖更广泛的人群。而假如你要讨论一个专业问题，如圆明园渗漏问题，这么一个12岁的代表，显然与听证会本身想达到的目标是背离的。所以说，如何落实公众参与制度的有效性是问题的关键所在。公众参与不在于形式的引人注目，不在于搞成一次"群体性的狂欢事件"，而在于其本质的有效性。群体性的狂欢事件，其实是群体性的愚弄事件，是有组织、有计划的对民众的愚弄。正因为如此，公共参与的一些制度，比如物价听证等，在社会上受到质疑，其实是可以理解的。

我们究竟应该做些什么来推进公众参与的发展呢？要做的事情非常多，各个进程中都需要。比如在决策过程中，要改变城市规划了，如果不让住在那里的居民发表意见，显然是不公平不合理的。比如立法过程中，也需要公众参与。前不久讨论得热火朝天的"物权法"问题，北大法学院的巩献田教授，一封公开信，驳斥"物权法"，随后，"物权法"的立法进程被暂时搁置。假如我们真的相信，一个人的一封信，改变了一部大法的命运，如何来解释这一现象呢？我从来不知道，作为北大老师有这么大的权力，假如我知道，一封公开信有这种力量的话，那以后我也要写公开信。但无论如何，透过这一事件，你会发现它在某种程度上正反映了公众参与的可能性和重要性。试问，很多时候，发现问题时，我们到底有没有去做？老实讲，"物权法"的草案刚出来时，我也有自己的看法，但我没有系统整理自己的意见，没有把意见发表出来，因为潜意识里，我还是有一种偏见：指出毛病也没用。现在，我想说，这种思考方式，恐怕应该改变一下了。因为个体化的行动，很多时候是有意义的。

公众参与真正发挥效用，有待于一些基础性框架的建立。从制度建设上推进公众参与，我以为有以下四个方面需要注意：

首先，公共政治和公共行政过程的透明度以及政府信息的充分开放是非常必要的。理由很简单，假如你想让民众参与某个决策，而你又不告诉他相关信息，那么他的参与是无意义的，不是参与，而是掺和。比如说，汽油成本上升，公汽票价要上涨，物价部门准备开听证会了。但是，直到听证会的前一天,民众还不知道相关的必要信息。此时,即使有一定财务知识的人,也没有时间去制作一份详细的财务分析报表,而这份报表,正是决定票价上涨还是下跌的决定性因素之一。可见,在公共政策不透明和信息不公开的背景下,谈公众参与,就空泛了。参与的前提是信息问题。没有信息,就没有话语权。有人说,这不是国家机密(笑声),所以我可以在公开场合说,今年国务院计划出台"政府信息公开条例",尽管事实上,这一条例的出台已经被推迟两年了——2004年时就有此条例要出台的传闻。

第二个方面,结社权和利益的组织化也是影响公众参与有效性的重要因素。谈到公众参与,我们很难想象是一种全民齐动员的参与。就民主过程的本质而言,其实民主是精英的统治,因为他们有更高的技术、更多的资源、更好的策略,他们把精英群体牢牢组织在一起,为共同的利益努力。反过来,民众的大多数,往往是沉默的,而且以单个的原子化方式存在,例如绝大多数中国农民。农民的数量惊人,他们也有自身的利益,但为什么大多数时候他们不能影响和决定政策,而只能被动接受政策呢?因为他们没有组织化。而单个的力量那么微弱,无法与有组织的团体如企业、行业协会等抗衡。相比分散个体来说,团体会获得参与的优势。分散性的参与,是低效甚至无效的,而凝聚性的参与往往具备足够的影响力,这就是集体行动的力量。假如一种社会里,存在两种状态,一种是:大部分人没有很好组织起来,另一种是有一些人已经很好组织起来,这时,公众参与会出现严重的不平衡,高度组织化的团体能通过参与获取很多本来不属于他们的利益。

举个简单的例子。几年前,信息产业部制定了一项关于"手机三包"的规则,在座各位,大多都用手机吧?所以说,这个规则,事实上涉及我们的很多利益。但有人研究发现,细致推敲起来,规则中隐含着一个奇怪的现象:比如,我买了一个手机,它在商家承诺的期限内出了毛病,根据规则,我可以要求返修。但规则同时规定了一个严格的检测程序,通过它可以检测出,手机的毛病究竟是商家造成的还是使用者自身造成的,但这个程序相当复杂,会浪费我的时间和精力,会破坏我的心情、磨炼我的耐心,也许,忍无可忍,最后,我放弃修理权。即使我这次有耐心,检测程序通过了,手机被厂家返修了,但使用过一段时间,手机又坏了,而且,厂家这次都没辙,于是,我可以要求退货。不过,问题又出来了:退货要收折旧费。折旧费按日计算,最后,有可能出现一种可笑的结果:我不仅把手机返还给厂家,还需要支付一定费用,因为折旧费超过了手机价格。对消费者而言,这无疑是一个赔本买卖,按理说,这样的规则是不合理的,但为什么这个规则可以制定出来?事实上,听证会也举行了,意见也听取了,公众似乎参与了,而且,作为手机消费者的公众,是一个巨大的群体,目前,中国手机用户已超过一亿,那么,为什么不能出现有利于民众的规则呢?原因在于,民众是分散的。单个的消费者,你比得过摩托罗拉公司吗?你比得过三星公司吗?你比得过诺基亚公司吗?它们都是高度组织化的企业,它们参与了规则的制定过程,并对规则的出台施加了巨大影响。

由此可见,利益的组织化,涉及在西方公共行政过程中经常被提到的一个问题:管制俘获。行政机关可能被它所管制的对象俘获,成为它所管制的对象的俘虏。比如说,药品监督局,很多时候成为一些大制药厂的俘虏。此话怎讲?大制药厂运用权威理论和技术、庞大资金、先进技术影响药品监督局,结果,情形可能演变为药品监督局根据大制药厂的参数来定指标。这时,被管制的对象就成为了幕后的管制者。这个问题在公众参与的过程中是常常出现的,它显示出:参与的有效系数是不平衡的,并不是人多就一定力量大,只有组织化的团体才可能有效地影响决定。

协调专家和大众在公众参与过程中的关系,是第三个方面的要点。如今,民众参与决策被重视,同时,专家咨询也很盛行。那么,如何协调二者之间的关系呢?正如亚里士多德所说,虽然面包师最清楚如何烤出最好的面包,但是,喜不喜欢这个面包,只能由买面包的人决定。把这个道理引用到参政和决策的过程中可能意味着,在技术的问题上专家有更大的发言权,而大众对于价值的选择更有发言权。专家和大众需要结合。有的时候,理性化的治理,并不意味着技术化的治理;也不是所有时候,科学化的治理就一定是良性的治理。我们常常需要在价值偏好和技术理性之间做出妥协。专家在中国行政决策过程中有两种处境。一是专家可能充当"花瓶",用来摆设。就说我吧,也不时被请去当专家,人家要听取我的意见。可是,常常出现这种情形:坐到会议室的那一刻,我才知道要讨论的问题,而人家又极度尊重专家,请你第一个发言。(笑声)我没有时间看材料,没有做充足的准备,于是,我的发言文不对题,结果,人家也有话柄了:专家也不过如此嘛。当然,有些专家,情形可能比我好,但不可否认,很多时候,专家被行政部门请去当咨询对象,只是例行一道程序。

另一方面,可能存在这样一种现象:专家与资本或利益结盟,却仍然要以一种中立的、权威的姿态出现在公共政策的制定过程中。最近,"两会"召开时,有媒体报道,吴敬琏老先生发火了。为什么要发火?因为有人指责:你们这些经济学家,不是用脑袋思考,而是用屁股思考。你们坐在谁的位置上,就帮谁说话。你们的想法,不是脑袋告诉你们的,而是坐的那个凳子告诉你们的。我也看到网络上有这样的帖子:吴老先生,您别发火。假如你没有这么做,你没有必要发火;假如你这么做了,你就更没有理由发火。(笑声)当然,吴老先生受到这样的责骂,也可能是因为,经济学家如今正处在峰口浪尖。如果是这样的话,我倒希望,哪一天,有人来攻击一下我们法学家,因为这反映出法律在起作用啊。去年,《中国新闻周刊》的记者,经过一系列详细调查,发现这样一种情况:中国很多有影响力的经济学家,都在某些大型国有或民营企业里兼职,例如担任"独立董事"或顾问。记者同时列举了这些经济学家们在那样的位置上所能获得的收益。按理说,经济学家就算这么做了,也没有问题,因为法律是许可的。但值得注意的是,经济学家同时是以知识权威的形象出现在公共生活中的,这时,我们要问的是:你们向决策者的献言、献计、献策,到底与你们自身的位置有没有关联?假如有证据表明两者之间正是关联的,对于公共生活而言,我们当然是有理由担心的。

以上两种情况提示我们:在公众参与的过程中,一方面我们要重视专家的作用,另一方面,也要对专家滥用权力的可能性进行制约。

推进公众参与的第四个要点是:建立公平和务实的程序制度,特别是对听证制度进行相应检讨。听证会之所以失败,有信息不流畅的问题,有参与者没有被组织起来的问题,有专家垄断话语权的问题,当然,还有听证程序自身不规范的问题、代表选拔办法不合理的问题。因此,程序制度建设,在公众参与过程中,是一个最迫切的问题,尽管它也是最容易解决的问题。目前,国家环保总局已经出台了一项公众参与的程序规则,应该说,这对于环境评估,会有正面的影响。

最后一个问题,我想说的是:公众参与——我们究竟能做什么?

（五）公众参与：我们能做什么？

首先，我谈谈理念、批判和建设的关系问题。

有人讲，大学校园一直是"象牙塔"，大家似乎生活在精神的世界里，为某种理念而奋斗。比如说，很多政府官员批评大学师生太理想化了。所谓"理想"，做何解读？在很多情形下可能是"幼稚"的另一种意思。另外一方面，我们又听到这种表述：今天的大学师生已经太过现实化了。这样两种直接排斥的印象，在人们的观念里同时存在，这非常有意思，我不知道原因何在，但是，有一个角度似乎能解释这种奇怪的现象：多元化是基本的事实。在多元化的背景下，我相信理念始终是重要的。我以为，中国人最缺乏的是一种发自内心的真诚信仰。我不知道在座各位，是否有信仰，但至少我不太确信自己是否有信仰，所以我一直在寻找。这种理念的东西为什么重要？因为我相信，在承认现实的同时，我们时时刻刻应试图改变它，这时，理念就是心灵的支柱、行动的力量源泉。许多的理念，如果简单描述它们，可能非常煽情，可能会获得热烈的掌声，可是，很少有人准备将理念转化为务实的行动方案，至少在法学界，我很少发现。理念本身并没有错，但更重要的是，我们要关心生活在其中的真实环境，然后思考，在这个环境中，我们能做什么？在公众参与的语境中，我们可以将这些问题称为参与的"公共背景"。

我们要相信理念的力量，但是，当我们用理念评判现实时，不要忘记，我们还有一种建设的责任。因为批判是容易的，而建设是困难的。怎样来建设？不一定要把建设当作宏大的、有计划性的行为模式。谈到建设，我们应该做现阶段能做的一切事情。正如前面我提到的一个例子，当我们发现某项法规存在问题时，我们自以为提出意见也没有作用，于是，我们不去行动，并为自己的行为找到了正当化的理由，但事实上，别人的反问更有力量："你为什么不去做？如果没有做，你凭什么说法规没有用？"说这些，我只想表明一个观点：假如我们感知到某件事情正在发生，并发现它与我们所期望的某种价值和利益相关，我们就应该参与到这个过程中，尽管在此过程中，我们可能会遭受挫败感，但我们仍然需要行动。

举个例子吧。我所在的北大公众参与研究与支持中心做过一些公众参与方面的工作。其中一次是，北京市人大打算制定一个有关北京市集体所有制土地拆迁的规定,这个规定自然会牵扯到很多人的利益,尤其是农民的利益。市人大和法制办在网络上征求意见,许多人做出反应,提出了真诚的意见,而且,有些人表现得相当专业。我想,我们中心也责无旁贷。于是,我们中心的几位成员做了几项工作:首先,把网上的所有意见进行归纳,当然,前提是保存所有意见的原始版本,于是,我们把原始网页复制下来。在此基础上,我们总结出民众的诉求,并针对法规提出各项极其具体的建议。最后,我们形成一篇一万多字的意见书,所谓的"万言书"吧,不仅张贴在网页上,而且打印出来,以信函的方式寄给有关部门。直到今天,我们也没有收到回应。但是我想,我们的参与行动,至少给了那些勇于提出意见的民众以激励,虽然我们的机构还很弱小,但是,当民众发现有这样一个机构整理并反映了他们的意见时,他们应该感到了支持的力量。

尽管理想往往以宏大的面目出现,但行动可以是微观和具体的。宏观世界的改造所依靠的正是具体的、微观的行动。希望大家都行动起来,参与到公众参与的进程之中。如果我们相信,一个国家和民族的力量,不在那些用巨大的石块建造起来的宏伟建筑中,不在那通向庙堂的令人生畏的长长廊道上,而在于民众的心灵和建设性的行动之中,我们就不仅有行动的理由,而且有行动的能力。

谢谢大家。(热烈掌声)

(2006年3月23日)

中国传统文化的衰危与出路

■ 张祥龙

张祥龙,男,出生于1949年,1977级北京大学哲学系本科生。1986年10月赴美国留学,1988年8月获美国俄亥俄州托莱多(Toledo)大学硕士,1992年2月获纽约州立布法罗(Buffalo)大学哲学博士。现为北京大学哲学系暨外国哲学研究所教授,博士生导师;现象学中心主任;中国现代外国哲学学会理事,中华外国哲学史学会理事,国际中西哲学比较学会(ISCWP)会长,美国哲学学会(APA)国际合作委员会委员。研究方向为东西方哲学比较和西方现代哲学。现担任《世界哲学》(原《哲学译丛》)、《哲学门》、《江苏社会科学》、《中国现象学与哲学评论》、《论证》、《基督教文化学刊》等刊物编委或学术委员会委员。出版了《海德格尔思想与中国天道》(三联书店,1996年)、《海德格尔传》(河北人民出版社,1998年)、《从现象学到孔夫子》(商务印书馆,2001年)、《朝向事情本身——现象学导论七讲》(团结出版社,2003年)、《西方哲学笔记》(北京大学出版社,2005年)、《当代西方哲学笔记》(北京大学出版社,2005年);在国内外杂志上发表了多篇学术论文。曾获"金岳霖学术奖"(1995年)等。

主持人:
首先要感谢大家对哲学系"社会·文化·心灵"主题活动的关注和支持。"社会·文化·心灵"主题活动的前身是哲学系文化节,至今已经有十多年的历史了。从这个学期开始,每个学期都会举办一次。这个学期的主题活动,继楼宇烈教授之后,我们非常荣幸地请到了张祥龙教授。相信大家对张祥龙教授都有一定的了解,也不用我多做介绍了,不过大家可能会觉得张祥龙教授在西哲方向"术业有专攻",其实他的研究领域非常广泛,包括中西方哲学比较、西方现代哲学、西方哲学史、中国哲学、东西方宗教哲学,真的是学贯中西。所以我们在私下都叫他"祥龙大师"。让我们掌声有请张祥龙大师为我们带来他的讲座。

张祥龙:

今天我讲的题目是"中国传统文化的衰危与出路"。

本来是计划讲中国传统文化衰危的原因,今天也还是以这个题目为主,当然最后我会再谈一点衰危之后中国文化的出路。这个讲座我曾在一耽学堂讲过,包括十个部分,再加上出路。我去年在德国讲学的时候给德国学生讲过一门课,名叫"中国传统文化在全球化中的危机"。这次讲座会把那门课中的观点做一些总结,所以比较长,不像我以前的讲座。我尽量在比较短的时间内讲完,最后希望留一点时间,大家来提问题。因为我知道问题很多,很多观点只是一己之见,和主流的看法很不一样,所以希望大家多提尖锐意见,我也愿意回答。

听众: 中间有问题可以提问吗?

张祥龙: 因为要讲得比较多,所以最好不要提问;如果你觉得特别必要,也可以,但是我只能简短地回答一下,到最后我再充分讲。

首先,中国人缺少对自身历史处境的基本认识——当然我指的是现代的中国人。

到目前为止,我认为现在流行的多种对人类历史处境的描述,无论是历史唯物论、进化论,还是乐观的全球化,总之是一种历史发展的进步观,我认为都是非中国的。而且民族主义在中国的大多数情况下,是非民族文化的,也就是政治化或者意识形态化的。太多令人痛苦的东西被遗忘、被压抑了,后果是精神和思想的失神。关系国家命运的讨论,往往答不到点子上。一个民族的精神,我觉得在这样的情况下是成长不起来的。我用一个比喻,就是像精神分析讲的:在童年期,如果受到重大创伤,造成了一些压抑性的遗忘,就会影响一个人的精神成长,这其实也包括一个民族的精神和思想的成长。所以我觉得真实的历史,包括文化,是一个民族获得自己的精神健康和深邃的思想能力的前提和途径。第二个问题,传统文化的衰败和危机的表现,只能简单讲一讲。首先讲讲我理解的"文化"和"传统文化"的含义。现在流行的看法,一般是比较中性的描述:一种文化是由习俗、传统、理想、价值观念组成的,是一个相关网络。我的看法则是这样的：文化是一群人长期生存的独特方式。也就是说，一群人借以获得生存意义的结构，还有这种结构的各种表现；也就是说，这一群人通过这个生存的结构能够连续不断地获得生存意义，即便是在他的民族遇到困难的时候。所以，这样看来，文化是有生命的，是一个活体，它是会生长、上升、衰落，也会死亡的。这并不是说，只要中国人还在，中国文化就一定在，这是没有保证的。

我们再来看一下传统文化衰败和进入危机的表现。我在一篇文章中曾经提出衡量文化生命力的四个指标，一个是它的传人——有没有作为一个团体来传承它的"道统"的人。历史上儒家有儒士来传它的道统，道家有道教士或者道教徒，基督教也有基督教的传承者、教士和信徒。第二个是看这个文化所依赖的社会结构在现实生活中是否还存在。第三个是看它的价值观念，这个社会中的人们在做重大选择的时候这些价值是否还能够起作用。最后就是看它的话语，就是人们在表达思想中最关切的问题时，是否还在用这种话语。

今天我没有时间都讲，我就讲第一个指标——传人，而且也只能很简单地讲。中国传统文化的主导是儒家，而儒家的团体消失了，而且它几乎是在历史的瞬间消失的——只是在不到一个世纪的时间内。一个有过两千多年传统的文化载体，对我国文化有过巨大影响，在世界文明中占有重要地位的儒家文化的团体，居然就在几十年内消失了，这是一个历史奇观。在这方面我就不作具体论述了，就讲一个现象，即中国现代知识分子主体在文化传承上的哗变。

从新文化运动以来，中国知识分子的主体把自己的文化视为仇敌，视之为一种"吃人的文化"，这是鲁迅先生的话语。其中有很多代表，我就随便选了一个，只是觉得他说话比较爽快而已，叫陈序经，主张全盘西化，胡适也很欣赏他。他说过很多，下面我讲新文化运动时可能会再涉及一下。他基本的意思就是，中国不如西方，根本就不只是像洋务运动所说的"器具不如人"，他说中国的道德尤其不如人，不如西洋，公德私德都不好，等等。他最后还有一个很重要的观点，就是"文化亡不见得民族也随之而亡"。它表现出现代中国的一个很重要的现象，就是文化和国家的分离，和民族生存问题的分离。陈序经先生的全盘西化理论是有代表性的，不只是一种极端观点。尤其是从方法和基本的路数上，自清末以来它是主体思潮,一种强力型的进化论式的思潮。它曾经以"打倒孔家店"的口号出现,进行了两次文化革命,搞完全的现代化,等等,我会逐次讲到。

我今天探讨中国传统文化衰败的原因主要是历史的回顾,但同时也是某种哲学的回顾。我认为这是在全世界有过悠久文化的民族中,非常罕见的,几乎是唯一的文化自戕或自杀,表现出一种不寻常的民族精神的分裂症,抑郁和躁狂的交替,很值得研究。而且,我觉得中国现代知识分子主流对自己的文化最势利、最冷漠、最残忍。对中国传统文化还有些朴素感情的,只是一些所谓落后地区的落后人民,真实的农民,一些民间知识分子和少数民族。而那些实用化的"知识分子",我觉得既不是古代意义上的"士",也不是真正的文化人,而是意识形态的人、科技人、高级工匠。自近现代以来,中国就没有出现过像泰戈尔、托尔斯泰这样伟大的作家、思想家,也缺少像甘地这样伟大的有文化意义的政治家,而且也提不出像"东方主义"这样的东西。当然我觉得"新儒家"还是很不错的,但是它毕竟是被西方文化驯化了的,它完全接受西方的科学民主,也就是把体制上的和知识上的权力完全交给西方,儒家则只留一块"心性"。

所以这个问题,我觉得应该在北大讲一次。我们北大产生于民族危亡之际,而且恰恰是1898年,京师大学堂成立,是在庚子赔款之前,在废除科举制之前,所以它当时还带有最后那么一点要挽救自己文化的意味。作为京师大学堂的学子,我觉得应该以天下为己任。"天下"这个词在我们中国古代思想中更重大的是文化意义,而不是政权意义。一家一姓的政权朝代可以换,但是天下的士子还是要担当天下的文化重责。我认为真正的中国知识分子就应该以文化中国和她在世界历史中的命运为己任,必须反思自己的文化遭受过的灾难性的命运,正视它,不然不就跟专科大学一样了吗?

第三,我们来讲一下文化衰败的主要原因。

其一就是西方的全球化。什么是西方的全球化?它仅仅是这几十年,或者这半个世纪才出现的吗?我觉得不是。它是西方文化从古希腊就开始的。

西方的语言、文化是一种形式突出的文化。大家学过外语,知道西方语言和我们汉语的区别——它的语法现象、它的发音、它的拼音文字的特点等等;而且形式突出,就容易导致一种普遍化的思想,因为他们把握住一个形式——语法,认为语法代表着语言中最本质性东西。那么这种语言就会刺激一种思想,它认为能够把握住世界现象变化背后的本质,而且通过一种形式化的方式来把握,比如说概念、范畴、理念。古希腊的知识分子发现了语法这种普遍化的东西,相信它普适于古希腊语的所有语言现象,所以这样一种寻求普遍化的真理的思想就从古希腊开始,在数学中先开始,然后在哲学、科学,甚至政治思想、伦理思想中不断得到展示。这种思想方法,还有西方的宗教,一种有强烈普遍化追求的宗教,都感到自己有责任向全世界推广。

这样一种思想方法和倾向,通过工业革命、现代科技,以及与它们匹配的交流、组织方式,就变成了物质力量和现实力量。尤其到了现代,它的对象化和形式化的方式甚至能通过符号化实现资本流动——银行划账完全靠名字和数字,现在电脑都可以划账,靠这种方式来取得一种现代的形式。

所以我觉得全球化发源于古希腊、犹太基督教,实质化于文艺复兴和近代科学,实现于工业革命。它的方法上的特点就是标准化、充分的对象化、自动机械化、信息化,还有力量的符号化、高效化、力量化、无限化、扩张化,没有尽头。它生产的东西总是供大于求,没有自己对自己的限制,所以它一定要扩张。"知识就是力量",培根的这句话不是白说的。它的知识形态一定要能转化成力量,而且能普遍化、标准化、大批量生产化。

这样它就造成了一种向全球扩张的趋势。从殖民主义起,全球开始了一个史无前例的大交流。而我从来就认为,交流是有危险的东西,尤其是对于弱势的本土文化,带有巨大的危险。交流只有在很罕见的情况下,即在不带有生存压力的情况下才可能有益。像我们的丝绸之路,像丝一样细的路,不带有生存压力,而且很缓慢,很自然,它能在几十年、几百年甚至上千年中不断地产生有益的文化交流。而如果带有生存压力——你不学我,你就落后,你就要死,如果带有这种生存压力,往往最后就造成文化多样性的减少,弱势文化的消失。所以用"洪水猛兽"不足以形容西方普遍化、全球化的这种狂潮。

我们经过了"文化大革命"的这一代人,对于这种全球化的力量有奇特的印象。当时似乎是全国山河一片红,无产阶级专政强大无比,不管你怎么想,中国好像也就只能这么下去了。可怎么70年代就要和美国建交呢?那是死敌呀!从我小学时满耳朵都是要打倒美帝国主义的声音,"文化大革命"时更是喊翻了天。可居然在毛泽东生前就有了变化。我觉得背后也是全球化的压力。当然具体讲也有很多因素,比如中苏争端、中越争端,等等,但是根本的原因还是全球化。我们觉得绝对不可能的事情在那一代人中发生了,这并不一定要到"文化大革命"结束,我记得当时最震撼的就是毛泽东和尼克松握手的报纸,当时中国人看了,内心之复杂真是难以言表——既有惊愕,又带有希望,那是一个很朦胧的时代,人们对新时代的憧憬就此开始了。

这样一个全球化的象征在中国,我举一个地名为例,就是广东。它是我们中国现代化的发源地,是革命思想和改革思想不断涌现的地方。因为鸦片战争在中国这艘船的底部——南部凿了一个洞,一个当时觉得不大却堵不上的洞,结果就一发而不可收了。

第四个问题,我们来讲一下中国传统文化衰落的第二个原因,就是文化与民族的错位。

这表面上是一个历史的偶然,但是它造成的后果是重大的。中国在共和国之前的最后一个朝代是非主流民族执政的朝代,当时被视为异族的满族,当然现在它和汉族完全没有区别。可是当时满族入关,多少知识分子宁死也不从。但是后来因为满族完全采纳了中国文化,所以就像以前发生过多次的情况那样,中国知识分子的主流还是完全认同了这个政权。所以中国最后一朝就是以这么一个民族为主体在掌权,这对中国现代史的影响是极为深远的。我们设想一下,如果最后一朝不是清朝,而是明朝,或者宋朝、唐朝,它遇到鸦片战争这种事情会怎么反应呢?为什么清朝时是那样一种反应?我觉得很重要的就是它上下不通,就是说虽然这个组织集团通过各种政策得到了大多数知识分子的认同,但它总感觉不安全,它觉得自己人数少,而且后来满族人自己的文化都渐渐被忘掉了,所以它一定要维持满族人的特权,一定要压制汉人,从大臣开始,甚至包括一层一层的知识分子,它都要限制他们的政治能量。在这样一个局面下,它如果做什么重大的改革,首先受惠的就是那些汉族大臣,他们势力就上涨,这是满族人特别不愿意的一件事情。这样一种格局就造成了后来我们所感觉到的,它应对挑战,总是迟一步两步这样一个让人特别绝望的结果,实际上与一开始就有的一种扭曲和错位有重大的关系。

首先是人才渠道的上下不通,而且后来又有太后专政——慈禧太后治国的本事不太大,但是抓权的本事特别大。还有一个因素最终导致了儒家文化的衰败,就是到《辛丑条约》之后,形势急转直下,突然科举制就被废了,而且就是在慈禧太后手上。戊戌变法要改革科举,很快被她扼杀,可几年后,她自己居然就整个废了科举。为什么会这样呢?因为有了义和团,有了八国联军侵华。为什么有了义和团?因为慈禧太后反感于西方人干预她废光绪,等等。这里面还有很多细致的东西,我就不讲了。

上下不通造成内外不通。它对西方侵略的反应受到它的种族意识的干扰,它总是怕大权旁落。这样就形成了一个恶性循环圈,中国的文化也开始变得越来越激进。从鸦片战争开始,广东三元里有一个歌谣,意思就是说,洋人怕老百姓,官府怕洋人,老百姓怕官府,形成了这么一个圈,压力的流向也就是这样。如果只有侵略的西方列强和受侵略的中国这么两极,就像许多非西方民族经历的那样,情况就简单得多,也正常得多,政府与民众就都会将自己的文化看作自己的东西,就是被逼着改革,也会对自己的文化手下留情(比如日本的明治维新)。但一旦形成这么一个三极结构,在外患加剧时,内部就很快分裂了,因为有"非我族类,其心必异"的集体心理的作祟。代表传统文化的官府与激进知识分子及民众的裂隙越来越大,而后来为什么只有共产主义能收拾残局,我觉得跟这个结构很有关系,因为在这个结构里面,只有最激进者的声音最响。

这样的民族错位的政权,就经受不住国耻了。1840年的鸦片战争,签了一个耻辱的条约——虽然赔款相比于后来不算最多,两千多万两,但那只是相比于《马关条约》的赔款两亿多两;割占台湾;《辛丑条约》四亿五千万两,39年还清,而且允许西方人在中国分12个地方驻军,从北京一直驻到山海关。鸦片战争好像是在很南部的一个很远的地方,影响好像也不是很大,但是这是一个很致命的创伤。就像当时一个反对签条约的大臣上书所写的:"国威自此损矣,国脉自此伤矣,乱民自此生心矣,边境自此多事矣。"尤其是在这样一个异族统治的情况下,一个政府和别人签了这样一个条约——条约里还说什么"大清国皇帝恩准香港……"受到这样程度的耻辱,这个官员说得是没错的。国威已丧,乱民即老百姓就要生乱心了,所以从此开始,政府只能越来越靠高压来控制,而它控制的结果就是老百姓——以农民为主,包括后来的新时代的知识分子——产生了越来越激进的思想状态。最后很可悲但又没有办法的是,这个政府又确实在那个时代代表了中国传统文化的主流。

那为什么在这里知识分子就不代表中国的传统文化了呢?这就是后来发生的国家和文化的分离。新的知识分子主张建立新的国家和文化,和传统文化就分离了。

我再举一个地点,象征民族和文化的错位,就是日本。我觉得日本和中国在近代以来的关系对中国传统文化是极为不利的。它总是在一些比较关键的时刻打断中国一些文化上不是太激进的现代化的努力。而且日本当时是中国革命的一个中转站,很多革命者和一些后来很激进的革命家都是从日本获得了他们的庇护、知识和灵感,包括孙中山先生、鲁迅先生等都是这样。

第五个问题,我来讲讲太平天国。

太平天国是后来的中国革命模式的预演,对一种新的国家形态的追求与传统文化发生了背离。

我首先简单讲一下洪秀全的经历。他是广东人——从这里开始广东将要不断地出现在我们的视野中。他年轻时还有愿望去考秀才——孙中山时好像就没有了,但是他屡试不中,成为落第文人,心里很不高兴。历史上这样不满的人太多了,但是关键是他所在的地方有新思想出现。他的一生中非常重要的一个经历就是有一次到广州赶考,碰上一个传教士,那人给了他一本《劝世良言》,编者梁发是中国的一个基督徒,他在《劝世良言》里面把《新约》翻译过来,而且还加入一些传教的东西。洪秀全读后深受启发,他回家后得了一场病,据说在梦中上了天,和天主发生了实质性的交流,后来获得天命,就回到人间来改造世界。在这之后,他又去试考了两次,还是不中,回去以后,觉得灵感成熟了,于是形成了自己的思想和理论。

中国史学界在1949年之后对太平天国这个领域特别重视,而且有一种说法好像很普遍——我看范文澜和一些史书上评论说,基督教的外衣只是一个符号,它只是用它来号召组织民众造反,所以它还是一次农民起义。我觉得不然,太平天国完全是一个新的文化形态的革命,它和以前的李自成或者更前的造反都不一样。

我们来看他的理论。首先我们看他的《十款天条》，还有基于他的《训世书》和《警世训》等等所总结的，他说有一个创造天地万物的至上神，这个至上神有明确的对象化的意志意愿，派基督和洪秀全下凡救世——基督是他大师哥。而且洪秀全还说他在天上看到天主把孔子关禁闭，不允许下凡，后来他又看到孔子逃下去，想传播思想，最后天主就派了一个人把他抓回来鞭打，孔子求饶，天主就饶恕了他，但是罚他永远留在天庭，不准下凡。我觉得这是一个很有意思的征兆，不准孔子下凡似乎代表了中国文化的未来。这样一个天主是中国历史上没有出现过的精神实体。虽然明末清初用过"上帝"、"天主"这些词来翻译"耶和华"，但它们是不一样的。洪秀全讲的这个天，是更靠近中国人讲的"天"，还是更靠近基督教讲的上帝呢？我觉得是后者。虽然西方人也不会承认洪秀全的基督教就是正宗的基督教——这肯定是改变得很厉害的基督教，但是毕竟它已经从西方文化中吸取了一些实质性的东西。

第二点，他说其他的一切神道、仙佛、神、社稷，甚至圣人，都是妖，叫阎罗妖和邪魔。这一点是前无古人、后有来者的。后来曾国藩在《剿粤匪檄》里就攻击他，说李自成过曲阜不犯圣庙，张献忠进潼关还要拜文昌，但是太平军到的一切地方，一切道观、社稷神坛，甚至关帝庙等，都统统扫荡，全要烧毁——这是从来没有出现过的。所以曾国藩在《剿粤匪檄》里面就用了最大的篇幅从文化上讨伐它，说中国的士子、文化人绝对不能容忍，"神人共愤"。当然我下面会讲到，太平天国也用了民族大义来讨伐清政府。

第三点，他说一切人都是上帝的子女，都是平等的。当然实际上只是教内名义上的平等，但毕竟这种说法以前是没有的。我们在《墨子》里面可能看到过一点，但是后来中国的主流文化中，没有这种平等观。

第四点，建立了教会——拜上帝会，是一个很严密的组织。这个组织有日常的仪式，每七天就要礼拜一次。这是完全基督教化的，和中国自古按季节和天时来拜祖先社稷的仪式是大大不同的。

第五点，他认为自己是天父上帝的次子受命下凡救世，而且具有神功，所以不时地要出神，上帝要附他身，口出圣言，大家都要跪下来听。因为他和神有这样一条专门的线路来沟通，所以就有极大的号召力。但是这点后来出了问题。杨秀清是很聪明的一个人,他也通起神来,说上帝也附了他的体,于是也说起这种神知的话来,这样洪秀全就没有办法了,也只能跪在地上听。这种对象化的东西可以被别人模仿。这就是造成太平天国最后失败的一个最重大的原因。"洪杨内讧",造成了他们之间大的分裂,就给了清政府一个还手的余地,把他们灭掉了。后来的革命运动领导人都非常惧怕这种"阴谋家、野心家"的出现。

洪秀全组织太平天国,从一开始就出自一种非常坚定的、系统的信仰,反对儒家的传统文化,把所有的传统的牌位都砸掉了。这一点我觉得是它跟其他所有的传统的农民运动不一样的地方。另一方面,聪明的杨秀清利用了清朝和中华大多数人民——汉族人民——的文化错位来攻击它,在他的《奉天讨胡檄》里面主要也是从文化的角度来讲。他说清朝人进关以后,先让我们蓄发留辫子,像猴子一样;衣冠、人伦、制度、语言都要改变我们,清政府要把北京话当国语,他说这都是胡语。所以他说满洲人愚弄中国、欺侮中国,无所不用其极,这也很有力。

所以,太平天国一开始虽稍微有一个顿挫,但后来在不到两年的时间之内从两万人一下子变成了一百万,一下子席卷了武昌,一直到南京,夺了中国的半壁江山。然后他们马上又开始北伐,清政府几乎就快完蛋了。而西方国家都持观望态度,英国人甚至还去访问天京,实际上就是南京,这说明他们很看好新的一个朝代。如果太平天国成了大气候,这就不仅是一个新朝代,而是文化上一个根本的置换。

在这里我顺便提一下中国革命的领袖毛泽东,有人在40年代中期、"文化大革命"后批评毛泽东,说他有封建帝王思想,一直到现在这样的议论还有。而"封建"或"封建主义"在我们现在这个文化符号系统中,就意味着传统文化,我不同意这个说法。毛泽东根本就不是什么封建帝王,他也不想做。有人举出毛泽东1936年写的诗《沁园春·雪》——这是他写得最好的诗,1945年国共和谈时他写给柳亚子,当时一公布就引起了轩然大波——说能从中看出他想做封建帝王,尤其是下阕:"江山如此多娇,引无数英雄竞折腰……"但他下面举的是什么呢?"惜秦皇汉武,略输文采;唐宗宋祖,稍逊风骚。一代天骄,成吉思汗,只识弯弓射大雕。俱往矣,数风流人物,还看今朝。"你们看,他最想做的乃是"风流人物",也就是开创新文化的一代天骄,而他批评人物都是从文化的角度。缺的是"文采"、

"风骚","只识弯弓射大雕"——你们只会使力量,我不但会用力量,而且还要代表先进的文化,我要进行文化革命。"无产阶级文化大革命"是毛泽东从一开始就怀有的最大抱负。毛泽东著作中最值得读的,一个是《湖南农民运动考察报告》,一个是《新民主主义论》,大家可以从中看出他最基本的革命理想,他一开始的思想走向。前者鼓动在农村中扫清传统文化,后者(发表在延安的《中国文化》杂志上)则明确规定文化革命的性质与步骤,所以他绝不是封建帝王,而完全属于新的意识形态。

第六,改革的困境——"图强力而放斯文"。

当时,为中学为体西学为用,还是西学既为体也为用,还是中西互为体用,人们争了好长时间。鸦片战争以后,中国比较有见地的知识分子,从魏源开始,意识到中国必须做重大调整改造。中国人并不傻,但是最后改造所走的途径好像只有一条——强国。"强"这个字在中国近现代史上是最有魔力的,"强国会"以及包含"强"的团体的出现,乃至严复《原强》的著述,都体现了这一点。直到现在,中国人还在为强国而奋斗。

有一个很有名的争论,就是康有为要变法,因为官职太低,光绪皇帝想见不能,就让几个大臣去见他。他们在当时的总理各国事务衙门——相当于现在的外交部,进行了交谈。一开始,荣禄就说,祖宗之法不可变。康有为有一句很有名的对白,说:如果祖宗之地都不能守,那要祖宗之法还有什么用?实际上他把祖宗之地和祖宗之法在某种意义上合为一体了。但祖宗之法就完全依存于祖宗之地吗?我们守不住祖宗之地,那祖宗之法就一定不能要了吗?当然这些都是问题,下面所讨论者与之也有关,我自己也曾经很困惑。我觉得这个时候的知识分子就开始全盘西化了,不是到新文化运动才开始——实际上从洋务运动开始就有了明确的"中国要走强国之路来抵御外患"的思想。这好像是没有错,但是背后还是可以有多种考虑。救中国的途径,是只能像现实中所表现的那样,还是有别的可能?

我举些例子。比如说,很有名的一个就是胡林翼先生之惊恐。胡林翼是湘军大将,特别有才气。有一次他好像是去见曾国藩,在安庆城边乘船马上就要离去的时候,看见码头上正好有两艘西方的轮船,它们接了另外的客人,风驰电掣,一下子就开走了。胡林翼就惊呆了,问是什么,有人说是西方的轮船。胡林翼当时就倒地吐血,过不久就死了。他感到,最可怕的不是长毛——太平天国,而是这个。所以他是中国非常敏感的知识分子,对这种强力文化的敏感,对工业革命带来的机械力量的敏感。

另外就是曾国藩。他用一切力量削平太平天国,铲除了一个异己文化,但是在这之间和之后,他马上又要改革,向西方这个更大的异己文化学习。当然他还是认同中国文化的根本价值取向。而跟着他走的李鸿章是个机灵人,创建淮军,然后马上就开始搞洋务运动。

严复在中国的改革和革命运动中有一个很特殊的地位,连康有为、梁启超、张之洞都不能相比,因为他通过翻译不仅启发了那个时代的人,而且还对后来几代人都有重大影响。大家都知道《天演论》里面介绍的是赫胥黎讲的达尔文的思想,而且那翻译基本是意译,传达的思想既有赫胥黎的又有他自己的,并且作了很关键性的改变,而这改变影响了中国后来的文化的命运。

他的《天演论》和《原强》,对进化论作了一种解释,即"物竞天择",就是说生物的各个物种都要去争得生存,但是只有适合自然规律,适合当时的自然状态的那些物种才能够存活下来。这点没有错,也是达尔文的思想,也是赫胥黎、斯宾塞等主张社会进化论的人的思想。

但是他解释说只有强种才能留下来存活,弱种就要被灭,这一点并不完全符合赫胥黎的原意。我觉得这就是他很关键的一个改变,他说:"物竞者,物争自存也;天择者,存其宜种也。意谓民物于世,樊然并生,同食天地自然之利矣。然与接为构,民民物物,各争有以自存。其始也,种与种争,群与群争,弱者常为强肉,愚者常为智役。"就是说,弱的被强的当做肉来吃,愚的被智的当作奴隶来使用。而且,他在《天演论》的导言中还讲:"物各争存,宜者自立。由是而立者强,强者昌;不立者弱,弱乃灭亡。"我觉得这是狭隘的、失之毫厘而谬以千里的一个解释。实际上赫胥黎并没有说只要强——光强是不够的,他还讲了在自营和伦理之间维持平衡的必要,所以他原来的书就叫《进化论与伦理学》。而严复将题目改成《天演论》并加以新解,就很有些不同的意味了。

进化是一个历史的过程,有一个时间的长程演替——我把它叫做时间之幕,或者未来之幕。现在的物种没有哪个可以穿透这层幕,没有谁能够看透未来哪一个物种最适合那时的生存。现在光追求强,就只是现在适合生存,但以后天下大势一变,现在的适应就可能反而成了不适应,而以前的不适应反而可能变成适应了。

这种情况严复并没有充分考虑，而他的简单化的解释，造成了一代代的中国人认为，要救国就一定要强国，而且这种强是可见的，是器物上的、思想上的、组织上的、意识形态上的强。由于严复垄断了对西学的解释权，辜鸿铭也没有去跟他做这方面的辩论，使当时和现在的绝大多数人相信这种说法是天经地义的。它影响了以后各种颜色的革命派和改革派，而且商务印书馆80年代纪念严复的集子里还是这样讲，一直到现在这样讲的还大有人在。

实际上我觉得真正的进化论应该是和老子的思想相距不远的。比如恐龙倒是强，但是天下大势一变，它的强使它无法转舵，就一下子灭绝了；而开始时弱势的哺乳类倒成强的了。一个民族要想在极其曲折的历史中存留下来，就要像老子所说，要惚恍虚柔，多留存各种各样的可能性。

当时和改革派争论的有一些所谓"死硬"的顽固派，不识时务，泥古不通。他们认为光追求强，仁义就可能被丢掉，所以不要光羡慕西方的器具等等。这些人一直到现在都被几乎所有的历史学家嘲笑。我觉得他们是有泥古不化的问题——在当时的情况下中国光守着枯槁的仁义已经不够了，但是他们的话里难道没有一点对的地方吗？我觉得也不是。如果对于进化论或者天演论这种思想有一个比较深刻的理解，那么当时国家采取的对策就不仅是洋务运动了。甚至洋务运动我觉得在文化上也出了问题。

就像春秋时的范蠡，越国面临马上就要被吴国灭亡的危险，在这个时候应该采取什么措施呢？首先要"定倾"，就是保住文化的物种，在当时就是国家的代表——勾践。他被保留下来是相当屈辱的，要去给吴王当马夫等等。但是范蠡给他出了计策，十年生聚，十年教训。说到中国文化，如果有这种见地，我们百年生聚，百年教训，那中国文化还有未来。

所以从近代开始，中国的改革就越来越激进，崇尚强力。康有为、梁启超等我认为都不是真正的儒者了，他们是改革者，但是和中国的传统文化还是藕断丝连。到后来1905年张之洞上书要求废科举，然后就是满清复亡、袁世凯弄权和失败，然后就是新文化运动，这样中国传统文化就江河日下、一泻千里了。

我们来看严复本人的经历。他在壮年时翻译《天演论》，然后出了《变法三策》，鼓民力——去鸦片，开民智——崇科学，兴民德——讲求自由爱国。但是到了他晚年，1918年他给别人写的信中说："觉彼族[西方]三百年来之进化，只做到利己杀人鲜廉寡耻八个字。回观孔孟之道，真量同天地，泽被寰区。"而且他还将欧洲三百年来的科学，"尽作驱禽食肉看"，真是一百八十度的文化上的转弯，但已经完全无助于大局，因为他放出去的文化虚无主义已经成了大气候了。

下面讲第七个问题，传统文化遭到了失败小人的附身，这里的小人指的是袁世凯、张勋。

我觉得这也是传统文化衰危的一个契机。这确实是一个不寻常的历史现象。西方文化只是世界文化的一种，它向世界扩张的时候遇到了很多非西方文化——印度文化、日本文化、伊斯兰文化、伊朗文化，等等。这些文化也有应对西方全球化以获得自身生存的能力，但是它们的策略和中国的都不一样。中国是很独特的现象。

清王朝于1905年，也就是光绪二十八年在张之洞的提议之下，废除了已经实行了一千多年的科举考试。这是一个很激进的措施。戊戌变法只是说改革科举考试，废八股而讲策论，但是到这里就全废掉了，鼓励开办新式学校，预示了以科举为儒家政治桥梁的传统文化的灭亡命运。所以从儒家来讲的文化传承的官方渠道从此关闭，中国的政治从此走向政党政治——刚开始当然是军阀政治。所以可见清朝统治的衰落和传统文化的衰落确实是紧密相关的。

清政府自从与八国联军签了《辛丑条约》，就沦为外国势力在中国的一个看守政府——为了还那四亿多两银子，外国人要维持这个政府。那个时候就已经是一个很绝望的状态。后来发生了辛亥革命，南北议和导致清帝退位。在这之中，袁世凯上下其手，从南京政府那里争得了权力，但是这个人后来又是中国文化的罪人。我们设想是南京政府得了权力，孙中山三民主义的第一条就是民族主义，讲的是"驱除鞑虏，恢复中华"，虽然这里面没有多少文化的含义——他要打倒的只是清朝廷，他恢复的中华实际上也并没有多少文化含义，但是它不至于公开全面地否定中国传统文化。当然，后来尽管他讲民权主义，已经把中国文化的政体去掉，但是起码还有君主立宪这样的其他选择——虽然共和制不会实行君主立宪，但是我指逻辑上还有这种可能。而袁世凯则是一个满腹权力私欲的人,在满汉裂隙中求得个人利益。他为了当上总统,信誓旦旦地对革命党人保证要在中国实行共和制,而过了不久,他居然背弃誓言,自己要做皇帝,毫无信誉可言。所以按照儒家传统文化的标准,这个人是一个奸臣篡逆,是比王莽还不如的大盗。但就是这个人为了给自己的洪宪帝制作理论准备,借了一战后中国传统文化稍有回潮的时机,开始尊孔。在他的宪法草案中规定,国民教育以孔子之道为修身大本等等。他在称帝之后很短期内就因穷途末路死去,随身带走了中国儒家文化的最后一点信誉。

  随后的张勋复辟等等的就只是闹剧了,反而使中国的激进的主流知识分子感受到了中国传统文化的威胁。加上另一些因素,就有了新文化运动。这里面的教训,就是儒家文化在当今要特别地小心。枯枝是发不出新芽的,儒家文化如果想依傍这种政治势力来复兴,无论是当时还是现在,都是不明智的,最后只能适得其反,把自己的声誉都败坏了。像孔子讲的:"礼云礼云,玉帛云乎哉?乐云乐云,钟鼓云乎哉?"难道我们祭孔只是为祭祀本身的意义吗?如果背后都没有活生生的生活来支持,祭祀又有什么意义呢?

  在新文化运动中,《新青年》之所以能起这么大的作用,能有那么强的力量鼓吹全盘西化,与这最后一口气的吐出很有些关系。

  后来还有段祺瑞等等军阀混战,不断以各种方式出卖中国国家利益。连一次大战也没能挽救中国传统文化的颓势。一战以后中国知识分子对中国传统文化有过短暂的反思,比如梁启超以前也是很激进地推行改革,觉得中国有很多很多地方都不如西方,基本上还是个全盘西化论者;但是一战他到欧洲走了一趟,回来就写了《欧游心影录》,他说:中国青年齐步走,大洋彼岸的西方人正在嗷嗷待哺,等着我们用儒家文化去拯救他们咧。整个一个翻盘。

  两次世界大战实际是为整个非西方民族带来重大的生存机会。在文化上,世界大战使得西方人自己也看到了西方文化的重大毛病,就是一味追求强力的文化是不可能和谐的。我刚才讲过的工业革命产生的无限化、标准化等特点决定了一定要争夺市场,当原料、市场等都争夺完了,他们就开始互抢。而强者与强者对抢起来,弱者就有了机会。西方人按照自己现代化的逻辑走到了尽头,然后造就了一战和二战。最后西方人痛定思痛,就成立联合国,又搞欧洲统一,这是他们避免在西方再开战的措施。

这在文化上有重大的意义,从《辛丑条约》签订开始,到1919年中国作为战胜国去参加巴黎和会,不到二十年的时间里,中国从一个最屈辱、马上就要被瓜分灭亡的地位一下子成了一战战胜国。不到三十年,中国又成了二战的战胜国。所以中国两次站对队,二战还没完就成了世界五强之一,后来联合国成立,中国就成为联合国五个常任理事国之一,一直到现在。难道中国就强了吗?怎么物竞天择一下子就不灵了呢?所以我觉得这是世界近代史中一个极为值得重视和总结的政治现实,而且有重大的文化含义。

但是中国又发生了新文化运动,抵消了一战带来的对中国传统文化的正面效应。我现在严格将五四运动和新文化运动分开——五四运动是爱国的学生发起的,毫无疑问是爱国的运动;新文化运动是文化运动,是另外一种运动。所以我现在就谈新文化运动,从它开始,中国的激进主义要改变自己反对传统文化的理由,不再是康有为曾提出的三保——保国、保种、保教。我们为什么要改革?因为我们的国家要亡,我们中华民族的种要亡,而且还要保教——我们的文化要亡。一战以后,保国保种基本上没有问题,那时候对中国唯一有威胁的就是日本。日本要接管德国在山东的利益,后来日本还侵略我们,但是后来西方还帮助我们打日本。所以那时候已经完全不是清朝末年,西方列强来瓜分中国的时代——一个庞大的弱者面对一群豺狼,却毫无办法,所以李鸿章在里面用尽心机维持困难局面。到二战以后,局面更是改变了。

我们还可以设想,如果一战中日本站错了队,成了战败国,那中国后来会怎样呢?那就完全不一样了。德国是两次都站错了。所以,现在德国和日本都因为战败而造成了文化扭曲。我们没有这个问题,我们两次是战胜国,我们有完全的政治理由发扬自己的文化,而且我们的文化确实是不会造成世界大战的,甚至是可以预防它的。可是不,我们自己不要这个文化了,只是因为她不善于打现代化的战争。

从新文化运动开始,中国改革的理由不再是三保,而是所谓的客观真理标准。这些新文化人说:中国的文化本身不好,为什么?因为按照某些客观的标准——西方来的科学、民主等等,中国的文化不好。这样就为反传统文化的激进主义找到了一个超时间、超历史形式的存在理由。也正是因为有了这样一个客观标准,所以在今天中国的贸易反压西方的形势下,这样一个反自家传统文化的运动还在进行。

第八,我来讲两次文化革命。

有一次,我在电视里听到上海的自由主义者朱学勤先生说,中国的文化革命被称作是封建的思潮,其实不然。他认为新文化运动那次文化革命与后来的无产阶级"文化大革命"非常相像,两次文化革命之间有内在的联系,也有外在的相似。这也正是我多年来就主张的。

我来谈我的看法。中国在新文化运动以后,这种激进化的态势已经发展到了全面的、自觉的、"客观的"程度。所以中国的文化,既包括思想上,也包括社会结构,尤其是农村的结构,都被急骤地"去中国化"。尤其是革命一定要从农村开始,贫苦农民要起来,把乡绅阶级打倒,再踏上一只脚,叫他们永世不得翻身。由于这样一种激进化,整个中国文化的生态系统遭到了毁灭性的破坏,就像毁林开荒导致沙漠化。那最后靠什么才能止住流沙呢?只有靠最全面地控制、组织、动员人民这样一种政治形态,才能维持住基本的秩序。

我们来看两次文化革命。第一次文化革命——新文化运动,它是全盘西化的思想。陈序经指责那些学西方不到位的人,说他们改革的思想还不彻底——要学西方的民主自由,又要反对帝国主义,反对强权主义和金力主义;既想学帝国主义的好处,又想摒弃它不好的一面,这既不可能、不明智,也不合逻辑。所以他提的一个口号就是,用帝国主义来打倒帝国主义——要想打倒帝国主义,自己就一定要先成为帝国主义。我觉得在当时的情况下,这是比较中肯的,但又不够深入。现实的逻辑是,只有能在某种意义上既全盘西化,又反对帝国主义的政治力量才最有号召性。那什么政治力量能同时扮演这个很困难的双面角色呢? 实际上,中国文化的问题出在西方全球化力量造成的生存危机——一个强权的、普遍性的文化压过来,要取代一个地方性的、非普遍性的文化,这样就发生了被侵略、被压迫的文化与西方强势文化的争端。但是,由于以上讲的传统文化与民族政治的分离以及各种历史契机,这样一个中西文化的冲突大局被遮蔽了。而要同时反帝国主义(西方正统)和封建主义(中国传统),那这个角色只有共产党才能比较好地扮演;国民党也曾经想扮演,但它扮得不好,达不到合适的效果。

而且当时有文化的沙漠化,我举几个例子,使大家能够彻底明白。一是傅斯年先生讲的话——我觉得也代表了当时的思潮,他说中国的家庭是万恶之源,这就把中国的儒家文化的社会结构的根否定掉了。大量的文学作品,如《家》、《春》、《秋》等等,都对这个流行的看法有所体现。

另外,瞿秋白讲,汉字是世界上最龌龊、最恶劣、最混蛋的中世纪茅坑;鲁迅先生讲,汉字不灭,中国必亡。后来发生了中国汉字的拉丁化运动,导致了文字改革。《中国拉丁化新文字的原则和规则》第一条写道,汉字是古代与封建社会的产物,已变成了统治阶级压迫劳苦民众的工具之一。我们中国研究汉字的权威、语言学家吕叔湘先生也有相似的看法,就是汉字必亡——当然那时候还没有发明汉字的输入法。80年代初,还有人认为电脑的使用一定会带来汉字的灭亡,因为汉字无法电脑化。现在这些技术上的反对理由当然已不成立了。

《湖南农民运动考察报告》讲农民运动,但是居然里面有不小的篇幅讲文化问题;《新民主主义论》讲的是建国问题,但我觉得里面最重要的讲的还是文化问题——《新民主主义论》原来就发表在《中国文化》这个刊物上。所以文化的建设在毛泽东的心中是最强烈的抱负——我不仅要建立一个新政权,我更要开创一种新的文化。于是他在其中提出了反帝反封建的新民主主义革命的大纲,而和旧民主主义的那种只反封建、反帝并不有力的形态作了区别。所以我认为新民主主义革命在中国的胜利,主要是一个文化过程的结果——当然文化不仅涉及意识形态,还涉及方方面面。如果从这个角度领会,对于中国近代史,我们可以有一种新的眼光。

毛泽东后来要搞无产阶级"文化大革命",这孕育已久。毛泽东是新文化运动的产儿,并不是封建文化的继承者。从他年轻时的经历就可以知道他受到了新文化运动何等深刻的影响。他像朝圣一样到北京大学,宁可在这里做一个图书管理员。

在"文化大革命"初期,很多青年写过一些力图去理解文化革命的深层理由的文章,而且当时中央的文件也表达了各种各样的看法。1967年,"文化大革命"进行的第一阶段刚要作一个阶段性的结尾的时候,上海出现了"上海公社"——好像是巴黎公社在中国的实现,而毛泽东对它非常支持,后来又说"革命委员会好"。所以有体制上、文化上的各种各样的探讨,以代替传统的文化。

这两次文化革命的共同之处,都是大破大立,不破不立——这个口号在《新民主主义论》里就有。而阶级斗争的理论,号召出身不好的青年要背叛家庭,投向新的革命阵营。除了个人性的背叛家庭之外,还有民族文化意义上的背叛家庭,因为新文化人相信中国人的文化出身不好。这都是割断历史,而且是按照西方的标准来重造文化,重造新人,塑造全新的一代青年。所以这两次中国的文化革命实际是将全球化的逻辑深化到自觉自愿的程度了。

第九,我来讲一下教训。

最大的一个教训就是,一个民族政治命运的改善和它的文化命运的改善完全可以不是一回事,有的时候还是反其道而行之。比如我刚才说到,两次世界大战从根本上改变了中华民族的政治命运和生存状态,但是并没有改变它的文化命运和文化走向。

中国传统文化的当代命运,如果没有上面所讲的这些阴错阳差、表面上历史的偶然所造成的厄运,应该是不至于到现在这个地步的。现在我们中国传统文化的状态,比俄国甚至越南都大为不如——据说越南共产党对儒家还是比较温和的。我这里把文化理解为一个生态的系统。文化生态的破坏是一种非常客观的现象和现实,并不是说哪天想恢复传统文化就能恢复的。而现在,传统文化已经处于危机状态。关于这方面我就不再多讲了,想省点时间和大家讨论。

我最后讲第十个问题,就是中国传统文化出路的问题。

现在有一种文化乐观主义,认为中国的经济力量强了,那么国家命运和文化命运的分离甚至是背离终于可以克服了,中国人不必再处处从思想上去仰人鼻息了。实际上我们从政治上早就不必这样了,可这个去中华文化的过程并不稍歇。现在有人相信,中国人开始有钱了,从文化上我们也可以崛起。所以他们说,现在传统文化正在复兴,甚至有人说 21 世纪是中国文化的世纪等等。

我很尊重这些人的意愿,但是不同意这种估计。我觉得文化的状态并不是这样的,我们的端午节还要靠出口转内销,才能引起一点注意。中国节日的总体状态也不佳——当然现在刚开始改善。节日是一个民族最重要的时间点,但是现在中国官方的十个节日,只有一个是传统文化的——春节,其他九个都不是。中国自己的传统节日如清明、中秋等都不是官方节日,连春节在北京都被"禁哑了"。当然最近有一些呼声开始回潮,好像从今年开始可以部分开禁。北京人今年终于能在北京的除夕之夜听到响了千年之久的爆竹声了。当然,如果再有反传统文化、主张过"文明的"洋节(好像我们中华文明的更悠久文明已经"不文明"了)的人们的鼓噪,没准儿还会再禁。

造成中国传统文化危机有几个原因,有的是跟我们中国的特殊情况有关系的,还有的是根本性的,而最根本的就是全球化的趋势。这个趋势根本没有减弱,而且还在加强。中国现在是特别自觉自愿地参与这个过程,表面上从中受惠——受了很多经济上的惠,但是前面有一个"时间之幕",我们看不出未来会发生什么。

我估计中国的传统文化会通过全球化有某种程度的复活。现在北京人痛定思痛而想到:如果北京的城墙不拆,当年的老城像梁思成先生建议的被保留,那我们北京就可以像巴黎一样,开放旅游——老城开放旅游,另外建一个新城来执行国家首都的职能,而老城就成为一个文化圣地。实际上大家都在怀古,出于旅游的目的或商业的目的,或者还有文化怀旧的感情等。但是这都是在大局已变或是大局已定的情况下,发思古之幽情而已。

我认为,现代化的过程在可见的将来是不会转向的。中国人以高呼"我们胜利了"的热情来主办西方文化的节日——奥运会,从这种变化了的节日感(可简称为"变节")中也可见文化走向之一斑。中国人参与现代化的热情也不会降低,而且在参与现代化、参与全球化的过程中会开始对自己的传统文化有缓和一些的态度——出于利益的考虑。韩国电视剧的受欢迎也反映了他们重视自己文化上的资源,可以期待将来中国也会学它,把中国的传统文化搬上荧幕。但是这改变不了什么实质的东西,家庭还是在缩小,生产方式和社会结构还在西方化。在我先前说到的那四个衡量文化生命力的标准——传承的团体、相应的社会结构、价值观对人的影响、独特话语的活力——上,真的会再现中国化的趋向吗?即便有些表面的再现,它是真的还是利益集团的操纵所为?儒家与道家的传统价值观,会在人们做最重大判断的时候发挥作用吗?我们应该全力发展现代化生产,争取更高的GDP,还是像儒家、道家说的首先要维持家庭、保持生态平衡,天人合一?不是说要生态平衡吗?那么你的国策就要调整,经济政策要调整,你愿意承担减慢经济发展来保护文化与自然生态的后果吗?你愿意做这种选择吗?这是真正的选择,是你真正的价值观起作用的时候。在这些问题上,我不抱什么希望和幻想。而且,对于这个过程,我这里也没有强烈谴责的意思(那种批判要在更深的层次上进行),它毕竟是我们这个崇尚力量的时代的主导潮流。我要说的只是,把我们全部的家当押在这一个宝上太不聪明了。应该还有别的可能,尽量多几处"投资","狡兔"还知要"三窟"嘛。

我觉得真正的出路在于改变思维方式,从以前的单一文化观(一国只能有一种文化形态)转向文化的多元观。这种单一文化观自清末以来,让我们的传统文化吃了最大的亏。当时的洋务运动,后来的戊戌变法、民主革命等一系列的运动,其主导人都觉得中国只有一块,全国只能有一种文化形态:要不然以中学为体,要不然就全盘西化;要不然守旧,要不然就全改,而且是全国一起改。我觉得这是大为失策的。

范蠡当时就不是这样的,他认为他们的文化与国家的希望——勾践——可以离开他的国土,到吴国去当人质,即使忍受无穷的屈辱,也要千辛万苦保留下来,最后来光复越国。所以说我们应该有一个见地,就是文化完全可以分成多块。这是什么意思呢?

设想一下,我们回到了1840年,假如你有一个决策权,或者你能够进谏,那么该怎么办?我觉得经过多次失败之后,应该看得很清楚,中国在正规的意义上打不过西方,中国必须向人家学。但是学也学不好,洋务运动向它学——向老师学,然后跟老师打;就像学英国话,然后再和英国人比英国话谁说的好,你永远比不过。首先要认识到这个局面,但是自己又确实要学西方,富国强兵,所以说就要有这样一个见识,就是让我们的国家的主体或者是一部分走现代化道路。我们必须要以各种方式来"以夷制夷",那就去学西方,去搞洋务之类。但是如果认识到未来是不可测的,那就不应该要求全国一盘棋式地去学西方,而是应该尽量保持文化与生存形态的多样性。在某些小范围之内,尽量把传统文化原汁原味地保留起来,比如儒家文化、道家文化、佛家文化和地方文化,我们都保留起来,让它们是活的,让人们在里面休养生息,现在也叫特区。实际上中国历史上就有这个智慧,叫"通三统",就是同时让几种不同民族与朝代所代表的文化存在，以应天命、顺人心。从古代一直到邓小平的"一国两制"，都是中华民族独特的政治与文化智慧的表现。其实早就该一国两制、一国多制，让一个国家有多种文化体制并行。这是我看到的中国文化的出路。

有些人错误地认为现在国家主导意识形态出现空档，信仰缺失，只有向儒家回归，才能够怎么怎么样。我个人认为这种想法其志可嘉，其情可悯，但这条路走不通。

因此，我几年前提出，中国应该建立文化保护区，应该搞文化上的一国多制。主流文化可以按世界大势的需要，搞现代化、全球化，当然立志复兴传统的君子仁人也可尽量在其中传播传统文化，使得社会尽量和谐一些。但是另一方面，应该在文化保护区或文化特区里，尽量保留原汁原味的中国自己的文化形态。未来也许真正会发生不可测的事件。就像袁隆平搞水稻育种一样，他的稻子无论性状多么优越，他也会尽量保留野生的或古远的稻种，为的是保留更多的生物基因，这样才能在需要时有多重选择，或通过杂交产生有新的适应力的种子。

这就是我说的中国传统文化的一个出路，我今天就讲到这里，请大家提问。

现场答问

听众：我想问您三个问题。

今天的题目是"中国传统文化的衰危和出路"。本来我是跑到了浙江，听您追忆中国传统文化致命的缺陷到底在什么地方，它为什么在今天渐渐衰危了。您今天主要是从社会的角度讲，分析了鸦片战争以来，在社会的进展与政治的运作之间出现的一些客观原因。您说主要原因可能不是政治的命运与文化的命运纠缠在一起，认为政治是重要的（因为政治上的失利），就感觉到文化不怎么样，就把它推翻了。您又提出政治命运和文化命运可以脱离发展，请您解说一下。我的意思是说，我们传统文化的衰危仅仅是由于鸦片战争以来政治地位的衰落而引起的吗？有没有别的原因？比如说是不是它不适合现代社会的发展，不适合现在生产力的促进呢？

我的第二个问题就是,您最后说到的中国可以设一个文化特区,多文化自由发展。但是我想问,在您这个文化特区里面,哪一种文化可以作为一种独立文化?哪一种文化作为它的主流?您认为中国的传统文化的哪一个部分我们应该保留,不能丢掉?西方文化的哪一个部分我们一定要吸收进来?西方文化的哪一个部分我们应该丢掉?

第三个问题就是,假如我们确定了一种比较优化的文化策略,这种文化策略我们应该怎样执行?您认为在这样的文化社会、素质发展、信息化的今天,我们像这样在教学楼里面把教材改编一下,再进行灌输化的教育,可行吗?那您认为文化策略应该怎样执行?

张祥龙:我再重复一下我的观点。

我认为传统文化的衰落与文化和国家政治命运的分离有关系。你看印度人或者日本人和我们是不一样的。印度人是把建国和恢复传统文化合为一体的,这在甘地的身上有着鲜明的体现;日本搞明治维新要学西方,它能够把很多从中国学来的东西丢掉——包括中医,但是它的最主体、最核心的神道教是不会丢掉的,所以靖国神社、天皇还在。而中国的近现代主流知识分子恰恰认为自己的国家命运、民族命运可以和自己的文化命运完全分开,甚至是对立——我们通过打倒孔家店来建立一个现代化的中国,这点我先澄清一下。

你的问题就是说中国传统文化的衰落是不是有非政治的原因,比如它不适应当代社会的发展,不适应生产力等等?当然有,如果"政治"是在狭义上使用的话。我以上已经一再讲过了:决定现代状况的最重要力量是西方文化的全球化。它刚开始是以殖民化的面目出现,现在是全球化。共产国际也是包含在这一个大的框架之中的。中国的传统文化非常不适应这样一个现代格局,我承认这一点,一直到现在还不适应。所以从主体文化上看,它走向衰落几乎是无可避免的。这是我对第一个问题的看法。

第二,你是说中国的文化特区是以哪一种文化为主,要不要丢掉一些东西。这个问题很好,我的设想是文化特区及其所保护的文化应该是各种各样的。不过,现在最急需设立特区的,依据与生态保护一样的原则,就是这个文化的珍稀性。珍就是珍贵、有价值;稀就是稀少,稀少就表现在不保留它,它很快就会死。所以濒危珍稀物种就要首先保护;而从中国文化角度来讲,儒家文化是濒危珍稀的文化物种。道家文化虽然很弱,但还有道教在道观里维持,所以现在看不到道家文化有很快灭亡的迹象。还有佛教文化也还在,更不必说伊斯兰教和基督教了。所以只有儒家是最需要保护的,当然其他的某种地方宗教、地方文化或是真正的禅宗也可能需要保护。

还有,是不是文化保护区里面要做某些调整,这个问题很好。我想了很多年,现在还在想——保护区里怎么管?是不是要恢复帝制?等等。当然要调整。儒家思想本身就是"与时偕行"的,这是儒家自己讲的话,现在是"与时俱进"。这是中国传统文化一个很根本的思想。所以,如果保护区里有政治或管理形态的调整,它并不是用西方的制度来顶替,而是一种有自己文化依据的形态。在这个保护区里为什么还叫它儒家文化呢?比如说不要皇帝了——起码不要一个绝对父子相传的帝制了,那它还是儒家文化吗?我说还是。因为那种父子相传的帝制并不是儒家完全认可的,也不认为它是一种不可避免的政治形态。比如尧舜时就不是那样的,他们是传贤而不一定传子。所以儒家文化里就有这种可能,做这些调整是可以的。我觉得首先是要抛弃从秦代以来的这种大一统的思想。它不是孔子的思想,而是公羊春秋学的一个被后人误用了的口号。公羊春秋学主张"通三统",反对消灭小国,反对减少文化的多样性。

抛弃皇帝和三宫六院,这是不是民主制?不一定。以家庭家族为社会的基本结构,家庭家族推举一个类似于委员会的组织来对执政者形成某种制约;下一届执政者不一定是这个人的儿子,而是通过选举贤者来当,等等。秦代以来的政治体制里的某些东西要被去掉;造成中国政治里最不好的一面的东西,要以这种很和缓的形式,在不损伤整个文化的基本形态和基本特点的情况下做一些调整。因为我觉得儒家的根在家庭家族,而不在皇帝本身。

另外它的经济体制是什么?它的技术手段是什么?我都做过一些思考。

第三是如何调整,所以必须做体制上的调整。当然我说的可能有点空想的味道。

听众:张老师,您对儒家文化的这种判断,包括蒋庆先生的一些看法,我觉得更多的是对儒家制度化、社会化的一种描述。您说新儒家是被西方驯服了的,我对此保留一点意见。熊十力先生认为自从明末以来,儒家的传统遗失,但是他可以用自己的生命和智慧来接上这个传统。后来他的弟子牟宗三先生对此作了很大的发挥,他甚至认为内圣可以开出外王,我认为这也是儒家文化在当下生存发展的另外一条道路。这就跟您讲到的判断一个文化能否生存的第一个标准有关系,也就是是否有一个代表文化生态的传道统的团体出现。我觉得您说的文化保护区可能只能解决外部的条件,而我觉得更为重要的是内部的道统,请您指教。

张祥龙:非常合理的一个意见,而且是现在新儒家的主流思想。

我80年代在美国第一次读牟先生的书,它给我带来了希望,而且他们六君子在1968年还发表过一个中国本位的文化宣言,非常有影响。所以我一直非常尊重他们的工作和努力。但是新儒学已经把真正能干预现实的两个东西让给了西方,而把柔性的、可从各种方面解释的保留给了儒家。它自我"坎陷"掉或舍弃掉的那两块就是儒家的政统与学统,而用西方的民主、科学来顶替。

他说儒家传统中没有政统、学统,只有道统,这个我不赞同。而且我觉得这恰恰是中国传统文化危机的一个标志——连这么同情儒家,这么以传播儒家文化为己任的知识分子都这么主张了,那儒家的未来会怎么样呢?如果从知识论角度来讲,他的心性之学最后还要用西方的科学来衡量,虽然他认为自己的心性有自主权,但毕竟里面有冲突的地方——心性与知识的冲突,还有和现实政治体制的冲突。整个家庭结构的变化,社会结构的改变,价值观念的改变都可以不影响心性吗?可能因为我的素养比较低,我觉得这点我做不到。光做心性的修炼,我会觉得不安。

这是一个提醒,提示这里面有问题。现在国内外有些自认是儒家的代表,在国际上发言,把儒家解释为以个人发展为主旨,是为了个人修养和个人潜能的实现,这能算做是真儒家吗?儒家是以家庭而不是以个人为根基的。他们可能是为了让儒家现代化,让西方人能听得懂,使儒家能在全球传播,但是为此而失去了儒家的最根本的东西,那传播有意义吗?这是我觉得有问题的地方。新儒家织就的这张网是有漏洞的。至于你讲的牟先生和熊先生的理论方面,当然我非常尊重,但是你仔细读熊先生的书,他讲的心性、佛学和儒化等都非常好,但是他讲西方哲学的时候就是另外一种情况。我个人认为熊十力先生是中国近代最出色的少数哲学家之一,这毫无疑问。

听众:我对您对新儒家的论述还有一些问题。在今天,我觉得内圣和外王是要打通起来——从内圣到外王。但是这里面有一个问题,关于您所说的文化保护区。福山否认历史的东西,很多人反对历史的东西,是因为认为历史终结在一种自由民主的制度之下,而不是依据某种具体的历史事实。我觉得这里面有很严密的论证的逻辑,当然您可以说这是西方的全球化的知识形态,但是我觉得它不仅仅是一种知识形态,而且也不仅仅就是一种普遍性的意识形态的架构,而且它在某种程度上也是人追求幸福,使整个世界更为可取的一种政治社会构架,虽然民主自由本身还是有内在的分裂,是有裂缝的。在这个大体的框架之下,您所说的文化保护区的保护制度,在内圣和外王之间,通过外王来保证我们的心性,得到历史的培养、滋养,那么我们有哪些人可以进文化保护区?而保护区的基本制度构架如何来挑战经过现代性的熏染之后,现在比较普遍的民族意识形态呢?

张祥龙:你提出了两个问题。

我先回答第一个——从政治角度讲,自由民主在经过中国化的调整之后,是不是我们追求幸福的可取的主流形态?这是自五四以来,我们中国人在政治追求中的主旋律。不过也不要忘了,我们现在所处的政治形态已经是西方化的。自由民主有它极为合理之处,它在某些层面上避免了最坏的情况发生,但是有时自由民主在极端情况下也可能自己否定自己,比如说希特勒上台。一个民族在情况非常不好的时候,就可能通过投票这种自由民主的程序,自己否定自己,把权力让给极权者,来使民族渡过难关,这在希腊历史上也是出现过的。不管怎样,现代人可能觉得在所有政治体制中,自由民主好处最多,坏处最少——有时候它的操作不方便,不太有效,有时候人民的抉择是非理性的,等等。比如说美国驻兵伊拉克,我们看来是不正义的,但是从投票来看,大多数美国人民认为是完全正义的。

但是我对你的基本前提有个质疑,自由民主是西方人想到的在当代可能是最好的——在古代并不是,柏拉图就在那时认为君主立宪是更好的。我只能说,它在西方现代的情况下,可能是一个比较好的选择,虽然它也有自己否定自己的一面。但是对东方人,对中国人、印度人来说,它是不是最好的选择,它是不是我们追求人民幸福的逻辑上的结论?我觉得未必。但是从现在来讲,我们的主流形态已经走在现代化的路上,在这个已经西方化的格局下,它有可能是比较好的选择,因为我们的文化已经变了。但是如果我们还有别的可能的选择,如果未来的情况又在变,还有如果我们退回到19世纪,那么我们会有什么选择呢?历史不能重演,那我们就考虑未来,难道自由民主对中国人来讲一定最能适应未来的挑战吗?我不敢说不是,也不敢说就是,所以这就是我为什么讲我们不应该把自己的命运都放在一架飞机上,而应该尽量保持多样化的原因。而且,从合乎人性的角度,从给人民的生活增添幸福、稳定和精神文化上的满足等等方面综合考虑,你觉得我们中国以前的制度就不如它吗?我们以前的制度——当然也有很多层次,有尧舜、周朝、先秦等等,这里面难道没有哪个时代,人民的生活不如自由民主下的人民?比如说西周、盛唐和汉代的时候,有很多指标都可以说明。那时候人没有自由吗?不是的。所以不要以近代以来的很多情况来想象古代的情况。多保留一些可能性,不要让自己的思想从一开始就套在一个框子里,这也是我今天演讲的一个主要目的。

听众:对您提出的这个问题我是认同的,自由民主的意识形态确实是现代化的产物,而且我也很尊重您希望提供另外一些可能的主张,这非常重要。而我的意思是说,我们现在的可能到底是哪种意义上的可能?因为我们现在经过了现代化的洗礼,这不仅是西方,也是中国的现实。不管是向过去的回撤,还是向未来的跃进,或者逐步的改革,您文化保护区的制度创新到底体现在哪些方面?

张祥龙:这就是一个重大挑战,需要各种考虑。比如说我设想保护区应该尽量少用现代技术,而用传统技术;只用中药,不用西医——但是如果得了重病怎么办呢?所以这就是一个挑战,不过这是另外一个话题,我们可以以后再谈。

听众:我的提问可能和刚才的有点相似。我听了您整堂课,觉得你的思路有点不一样。他(可能是斯特劳斯)的思路是跨过西方启蒙运动和现代性等,又回到了古典的柏拉图时代,贵族统治,一直到现在西方的自由民主。民主自由不一定是最好的,但是它可能是最不邪恶的。也就是说,他认为自由民主是要确保一个最不邪恶的状态,但是它并不能解决价值观和思维方法。所以他想回到过去,我感觉您的想法也是那样的,就是说现在的一切当然是历史形态发展的趋势,但它并不一定是最好的,所以您想回到中国古代儒家,去寻找古典经典之源——甚至并不一定只是中国两千年来的文化,要回到孔子或者说孔子以前的那个时代,比如说尧舜禹时代。我个人感觉您可能有这样的想法。刚才的两位同学所提出的关于内圣外王的问题,其实很多学者也在思考这样一个问题,关于新儒家的道统和政统——儒家的思想统一可能只能提供一个道统,但是政统就没有办法提供了。您刚才说新儒家被西方驯化了,他们认同了西方的宪政和民主能够在任何文化体制中实现,但是作为一个主导文化、一个有自己核心的文化,它还是保存了道统。新儒家是主张心性和修身的,这是儒家关系到个人的部分,而对于外部,他认为宪法和民主可以借用。可能您反对这一点,那大家都想知道的是,您怎么把您的儒家那套东西从道统延伸到学统和政统呢?像朱学勤先生写过文章说,为什么中国的儒家发展到后来就跟我们后来看到的西方的政统和学统完全不一样?因为西方有两个文化源头,一个是古希腊,一个是希伯来。古希腊时期的人探讨世界的根源是什么,到了希伯来时期,就创造出了一个上帝。西方的世界是超脱出现实的,从另外一个世界看现实的。

张祥龙:你的问题就是怎么从心性之内圣到外王吧?在我们以上讲的意义上,我恰恰是要否认它。在现代的这个已经西方化的格局里,从内圣开出外王,基本上没有这个可能。我说文化要有异质性,要多选择,宁可小,就像当年周朝把商朝灭了以后,马上分封商代的后裔为诸侯王,让他们在那里保留活的商文化。我认为文化是一个活体,所以不能说只要其中一块,不能说只要心性,不要政体和知识技术,这是不可能的。所以我很赞成你的说法,这个活体应该以某种方式让它活下去,而不是想将它的一个器官移植到当代社会,来对其加以控制,这是做不到的。我从没有想把"儒家文化能够满足我们更高的需求"、"传统的体制是最好的体制"等这样的观点强加给别人,虽然我个人是这样认为的。但是有一点是我坚持的,即为了我们未来的生存,多一些异质的文化选择,是更安全、更保险的,这与在生物物种层次上对于人类生存的考虑是一样的。

那就到这里吧,谢谢。

(2005年12月1日)

学习、学术与大学生活

■ 朱天飙

朱天飙，北京大学政府管理学院副教授、政治经济系主任。悉尼大学经济学(社会科学)学士，剑桥大学管理学硕士，康乃尔大学政治学硕士、博士。曾任澳大利亚国立大学亚太研究所国际关系系博士后研究员、清华大学公共管理学院讲师。研究、教学方向包括：国际及比较政治学、国际及比较政治经济学、比较金融/管理体系等。在北大开设的本科生课程为《政治经济导论》，在北大、清华和南开曾开设的研究生课程包括"政府与市场"、"政治经济学概论"、"国际政治经济学"、"比较政治经济学"等。曾在2004年当选北京大学十佳教师。

今天讲的东西，我可保证一点——是非常的另类的。我希望你们听完我的讲座，对于学习、学术、大学生活，有一个不同的思考。"大学生活"这四个字太重了，我其实不负责讲你们怎么找朋友的问题。而且，我讲的"大学生活"这部分只和学习、学术有关系，和其他的没有关系。

就讲三个部分。第一部分，既然你们都是新生，想给你们当头泼一瓢冷水，想讲一下我们现在的高等教育是多么地不适合培养人才，特别是培养市场经济需要的人才。中国现在已经是市场经济了，但中国的大学还仍然是计划经济。然后呢，我想进一步讲一下你们所处的学术和学习环境是什么样的，这是第二部分。然后再进一步讲一下学习是什么，学术是什么，这就是我讲的第三部分。接着我会把学术学习和大学生活联系在一起，提几点建议，关于实践的问题，关于读书的问题，关于选课的问题。我现在就开始，先喝一瓢冷水。（众笑）

"冷水"是什么呢？是这样，我看中国大学是世界上少有分专业这么细的大学，特别是和西方相比。我本科是在澳大利亚悉尼大学读的，后来还去了英国、美国,在那里我也接触过本科生,虽然我读硕士和博士,但我还要做助教,在这种情况下我接触很多本科生。那里的学位分得非常简单,四年下来,你攻读一个学位。它只有几个大的学位,比如科学学士,人文社会科学学士……比较简单的这样几个,而且学位下面也不非常详细地分你专注于哪个专业,而我们的这个学制呢,甚至把你以后要制造成什么,也要写进去。

这里面有一个很有意思的故事。1987年我参加高考,同时有两个特别好的小学朋友,现在也经常联系,那两人都是学理科的,其中一个考的是北京工业学院,现在叫北京理工大学。由于他对飞机特别感兴趣,他看着专业的名称,说我终于选上了这个我非常喜欢的专业科系叫"飞行机系",他就进去了,进去了才发现,是研究导弹的,是飞机但是缺少那两个(机翼)。这还没有完,这还不是专业,这是你报的那一个系,专业呢还要再另分。他被分的是哪个专业呢?火箭发射场设备专业。你看看,这样的学生出来能做什么?他现在做的还不错,开始走了一段弯路,你看火箭设备专业能不走弯路吗?他开始是做医疗仪器,专门做那个固定脑袋的仪器,就是开颅手术中需要用的仪器。他就到处卖那个东西。你说有关系吗?或者和那个设备有一点关系吧。

这个产物是什么啊?这是典型的计划经济的产物。我们现学的东西呢,在计划经济下面是非常正确的,非常对的。为什么呀?计划经济就像一个大的机器,每年它不仅计划这个生产部门要生产什么东西,那个经济部门要提供什么东西,不仅是这样的计划,每个人都得有归属。那怎么样啊,那一定要把专业分得特别细,分得越细就越好计划。一开始这个专业就招三个人,那个专业就招五个人,这个时候你已经被完全纳入到这个大的计划经济体系中了。所以等你出来了,四年后,这个专业得出三个人,四年后,那个专业得出来五个人,我得按照这个考虑给你安排到什么工作里面去。为什么大家都用这样的眼光看着我啊,从来都没人经历过计划经济啊?计划经济是非常有意思的,所以这样的学制在这种经济体制下是非常合适的,它加强了国家按部就班的计划。但这样的专业、这样的学制、这样的教育制度在市场经济条件下非常不合适。为什么呢?市场经济了,谁还分你工作啊,市场需要调节,谁有本事,谁善于思考,市场就需要。市场不需要一年有几个,一年有几十个上百个火箭发射场设备这样

的人,他们出来呢,可能找这样的工作,也可能找别的工作。这就是为什么西方的教育体制放开的面是非常宽的,这样有利于个人能力的发挥,所以当你面对市场时你所选择的面就广了。我们现在面临这样的问题,一方面是专业分得特别的细,一方面市场不再需要这样了,市场需要的都是适应性强的人才。当然我们不排除有的市场只需要你某种技巧,但对一般人来讲,本科毕业找工作,都要找普遍适用的工作,相对来讲,你学习的背景应该是普遍适用的。这就是我们要面临的问题,现在你们处在这样的位置上,你们来到北大,我们非常欢迎你们。北大虽然是中国最高学府,特别是理科、社会科学、人文科学,当然是数一数二的学术重镇,是最高水平,但现在我们的学习制度,这种选课、上课制度,也许是不适合培养适应市场挑战人才的制度。我们是没法改变这个制度的,那怎么办呢,要去想在现有的制度下你要怎么样选课,怎样去读书,怎么样去适应。这是我说的第一点,希望你们大家不要笑了,要严肃,把心情都沉下来,这四年的结果可能你们什么都不是。这个很危险。

下面我讲学术和学习的问题,这个和前面都能联系在一起。这更需要你们自己去抉择——学术不是读书。学术并不难理解,要说一个人他没事,憋的不行了,非要找点书来读,那你读什么都可以,这种情况下,读书是你个人兴趣,这不难理解。但是要是读书想学一门知识,想搞一门学术的话,就涉及学术问题了。学术问题的第一个关键点就是要提出问题,这个是最重要的。学术永远是围绕问题展开的,就是说像今年发生了什么,一千年前发生了什么,严格来说这些都不是学术。什么是学术呢?就是你得提出一个你比较感兴趣的但又和常理不大一样的问题。大家开始在想,这是在说什么呢?别急,给你举个例子,马上你就会明白。

举两个例子。一个比较学术化,这和我比较靠近;一个比较大众化。不知大家对中央十台百家讲坛讲的《红楼梦》留心了没有,刘心武先生评价《红楼梦》,不知道大家是否了解。刘心武先生被称为在红楼梦研究方面开辟了一个新的研究领域,叫做秦学,就是研究秦可卿的。我不是做文学研究的,但是学术的本质是相通的,我就拿刘先生怎么开始研究举个例子,讲一下什么叫学术。一般版本对秦可卿身份来源的描述,是养生堂抱来的野婴,就是不知道父母是谁,给丢在外面了,被养生堂收养了起来。她父母没有钱养活自己的孩子,就把孩子放在养生堂的外面,这个就是秦可卿的背景。那就好了,这个时候刘心武先生就提出问题了,他说通过阅读《红楼梦》,他看不出来秦可卿像一个野婴。在封建社会,野婴的地位是很低的,谁抱了野婴回来养呢,即使是王公贵族也不会抱一个野婴来当自己的女儿养着。那么,《红楼梦》里面呢,是谁把秦可卿抱来养呢?是一个低级官吏。刘先生在讲座里特别爱讲是一个囊中羞涩的官吏,一个小官吏。但刘心武说他在阅读《红楼梦》时,看不出对秦的各个方面的描述给人一种身份是抱来的野婴、地位低微的感觉。这里面,首先,宁国府、荣国府是大家族,宁国府尤其重要,宁国府里面贾珍是单传,没有兄弟,贾珍的儿子贾蓉又是单传,没有兄弟,那么重要的家族,那么重要的位置怎么会让贾蓉娶一个野婴背景的人?此外还有几个问题,里面有好几点让你觉得这里面有问题。比如说,荣国府的贾母老在赞扬秦可卿,老是说在所有孙媳妇里,秦可卿是我最喜欢的了。刘心武先生就说这个也有点不对,在封建社会等级观念是很强的,贾母经历过这么多年,她更应该明白这个道理,有这个经验,她为什么单单喜欢秦可卿呢?再说王熙凤,她比较势利,对刘姥姥这样的人她是爱理不理的,对有权有势的就不是这样,可偏偏她和秦可卿的关系最好。秦可卿是有背景的,走进她的卧室,里面挂的画啊都和皇帝皇妃有关的。这就是刘心武先生提出的问题——《红楼梦》对秦身份的描述和它给秦的来源的定位是不符合的。那秦可卿的原型到底是什么样的人呢?这是刘心武先生提出的问题。

  说了这么多,就此打住,再讲开去就成讲文学了。那么,什么是学术?学术从问题开始,其实,什么是学术也是一个问题。问题非常多,但是什么样的问题才有学术的潜力,是和常理不太一样的。举一个社会科学的例子。我刚在北大讲课时,2003年,一个国际关系学院的研究生说,朱老师,我来提出一个问题,从学术角度讲,是一个非常好的问题。他说,冷战之后,他所观察的一切迹象都表明日美的军事联盟比冷战时更加强了。按常理说,日美军事联盟是针对苏联的,冷战时期苏联和美国对峙,美国有自己的阵营,苏联有自己的阵营,有自己的阵营才能互相对峙。不光我国台湾是美国"不沉的航空母舰",日本也被当作一个重要的军事和经济的合作伙伴来钳制苏联。可是冷战以后,苏联瓦解,按常理来说,日美的军事联盟应该慢慢地消亡。就算不消亡,也应该势弱。如果说是害怕中国崛起,中国的崛起即使再强,也没有达到当年苏联那样在全球和美国对峙的局面。这个学生问了一个非常好的学术问题。冷战之后,按常理日美联盟应该消亡,应该瓦解,可我们的观察不是这样。《红楼梦》里曹雪芹说秦可卿是从养生堂抱来的,刘心武先生就认为据他的阅读不是这样。为什么?这是学术问题。我经常和我的研究生说,你的硕士论文如果能问出一个很好的问题,就已经成功一半了,不用再往下写很多了。以前我们那个计划经济制度下的学生是不会问问题的。这是为什么呀?我刚才说过,计划经济体制是一个大机器,它让你学知识是专门为做某件事的。你很大程度上不需要想太多。

但市场经济需要问问题。问问题能加强你的思考能力,加强思考能力就使你有对付不同事情的能力。在座的许多人可能会说,你说了这么多学术,我以后又不做学术,这有什么关系啊?为什么和这个没有关系啊?你不读研究生,不当博士,但是你总得找工作吧。一般的工作,挑战你的不是你日久天长习惯的东西,那不是什么挑战。假如说你日常怎么做事工作就怎么做,这对你构不成挑战。什么事情对你有挑战啊?就是你按照你的习惯做下来,发现做不成,对吧,这就对你挑战大了。这就是秦可卿那样的问题,这就是日美军事联盟那样的问题。秦可卿按理来说应该是这样,但我观察不是这样;日美军事联盟按理来说是这样,但实际上又不是这样。你在实际工作中,按理说,按照我的行为本来可以解决,但实际上解决不了,道理是一样的。所以说学术对你以后的工作有直接的帮助,有人老说把实践和理论分开,其实一点也分不开,学术是帮助锻炼你的思维和解决你面临的问题的东西。怎么解决呢?

那么下一步,写论文。你有观察,你有理解,一半的论文就已经完成了,你已经很棒了。作为本科生,文科生,尤其是学社会科学的,你只要问出这样一个好问题,我就给你通过了,下面就不用再说了。作为硕士生,需要论证一下,说说你自己的思考。

接着说说,为什么这个问题帮你思考。你发现的问题与常理不同,这引发你的兴趣。接下来就要调查,调查别人是怎么看的,可别做无用功。比如说,刘心武先生在家里挺高兴,哎哟,我问的这个问题挺好。可买两本书一看,三十年前就有人回答了,这不行。所以在提了问题后马上要看看别人是怎样回答这个问题的。这可以从书本上看到,也可从与别人的交流中得到。下面就涉及学术的事了。

如果在学术上别人的答案和你是一样的,就不叫做学术了。我自鸣得意地以为自己问出了个问题,但别人和我的回答一样,所以我赶紧问别的问题,去研究别的了。学术就这么发展了。你提出一个问题,别人已经回答了,你就要在别人观点的基础上提出一个你自己的观点。刘心武先生就提出了自己的观点,他认为秦可卿原形的背景是皇族的背景。这可能对,可能错,这不重要。因为本来这里面就不存在一个真理的问题。提出一个非常好的问题,第二步是看别人是怎么说的,第三步才是自己怎么提出自己的观点。这才是学术,现在就看你们的了。你们想想,你们读过的书,有多少书是这样的,提出一个和常理不一样的问题,描述别人是怎么说的,然后建立在别人观点的基础上进行回答,有多少本书是这样的?什么是学术?这才是学术。

　　这和你在工作中解决问题是一样的。你遇到了挑战,就要看看前人是怎么解决这个问题的。可前人解决问题再好也是那个时候的,这和你提出的问题可能完全一样吗?可能是不一样的。这是一个思维的锻炼的过程。我不止一次地发现,人们啊,包括我自己在内,动不动就按照自己的惯性来思考问题,来做事。可惯性从哪儿来呢?是从你以前做事的过程中一点点积累来的。为什么人走在平地上不用思考,不用理性地每走一步还要思考:咦,这下一步应该怎么走?这是因为惯性。我以前走路是这样的,这个路给我的感觉大致是这样,所以我这样走了。所以就有人摔跟头,为什么会摔跟头,是因为他的估计出现了偏差。同样,你的思维在思考问题,解决问题时,就开始在自己的大脑里搜索我以前怎么做的,这个自己是挡不住的,这不像电钮需要按,这个不用按,完全自觉地开始搜索。咦,找到了以前的几个相同或类似的解决事情的经验,他就有这种冲动,按照以前的这种经验来做事。所以你们上大学,不是为了积累知识,至少主要目的不是积累知识。知识这种东西写在书上,你们都认字是吧,所以北大许多学生不上课。老师在前面念,也都是书上的,那自己看不就得了吗。你来的目的按理说呢,更重要的是锻炼思维。怎么锻炼?就是不按照惯性去做。怎么才能不按惯性去做?就是按照我刚才说的步骤:发现问题,寻找答案,提出自己的解决办法。这样,你的思维锻炼了,能力提高了,我们就可以把你放到社会上,可以去做事了。

　　我已经逐渐把话题从学习、学术转到大学生活了。大学生活应该怎么过？这里我强调三点：

第一是关于实践的问题。总有人对你说，要理论联系实际啊，不要死读书啊，要走向社会啊。但大部分提出要理论联系实际的人对理论根本了解得不透彻。理论是什么啊？这个定义可能都是一样：理论是对某一社会现象规律性的描述，是一个规律性的展示——这是理论。

往往我们有两种非常糟糕的对理论的理解。一种是理论无用论。为什么说无用呢，这个很简单。我们学的大部分东西都是从西方来的，就连马克思主义也是从西方来的，一用到这里，它不行！于是乎，一部分人开始说理论无用。另外一部分人坚持说理论是有用的。但是他们怎么说呢：总有一个理论是对的；这个理论不符合实际，那个理论一定符合实际。如果你们接触经济学就会遇到一个有趣的现象，以前中国的社会科学，尤其是经济学这个领域，是马克思主义政治经济学起决定性作用，那就是真理。现在虽然没人说这不是真理，但很明显的，你们大量的人选经济学的课，去上经济研究中心几百人的大课。在这个变化过程中，很多人告诉我们，马克思主义不行了，不能解决那么多事了。那行的是什么啊？新古典经济学。看到这个思考逻辑了吧，以前马克思主义是对的，现在产生疑问了，那就是新古典经济学是正确的。那这个思维在模式上是一样的，没有改变，总有一个对的理论。

理论是对规律的描述，是超出这个社会上的东西的共性，共性的基础上才能发现规律性。每个东西都有惯性和共性，这是规律，是共性组成规律，这个和那个是一样的，这才是规律。很明显，理论如果是论述共性的，它就缺少个性这个方面。理论从一开始就不可能解决你的问题。任何现象都既有个性又有共性，你用那套理论只解释共性，那怎么用它来把你个性这个方面也给解释了呢？

理论从来不是直接拿来就给你解决问题的，从来不是。那是不是理论就没用了呢？不是。提出问题，看别人怎么说的，再提出自己的观点，理论是锻炼你思维用的。怎么锻炼思维？别人怎么说是别人的理论，我们应该怎样思考呢：别人认为这块是共性，认为那块是共性，而你认为什么是共性什么是个性，就得拿出你自己的观点来，拿出你自己的解决方案来。因此，理论不是用来解决你的实际问题的。什么情况下可以解决问题呢？就是别人的理论通过你的猪脑子，通过咱们的猪脑子了。为什么要提到猪脑子呢？因为这是我们思考的最根本的步骤。你思考，很高兴，恭喜你是猪了。（众笑）如果你根本都不会去思考问题，那你就什么也不是，是木头。木头是硬拿着理论去套实际，而猪更好，它过脑子，要建立在别人提出的共性的基础上解决个性的问题。所以理论一开始就不是让你解决实际问题的，特别是社会科学理论。在座的有学理的学工的，我对这些领域实在不是太了解。我在这儿要说，社会科学里，理论纯粹是对你进行思维的训练的。最后成功的人，总是能在克服自己惯性的情况下做一番事。

真正能做事的人，都是能超越自己惯性的人。怎么样才能超越自己的惯性？就是要时时刻刻锻炼自己的思维。怎么样才能锻炼自己的思维——大学这四年就是做这个用的。所以回到我刚才说到的跟学术、学习相关的第一点，就是实践问题。实践，我说过分一点，我是主张在大学里实践无用论的。为什么我主张实践无用论？你这一辈子大学就这四年，你有后面六十年的时间（如果你能活那么长时间的话）去实践，为什么争分夺秒地放弃这个锻炼思维的机会来干实际的事，用这四年来实践啊？这四年就是让你学理论的，让你去思考问题的，去提出自己的问题的。这四年就是让你把习惯性的思维改一改，遇到事情多提出问题，多考虑别人是怎么说的，然后拿出自己的想法解决未解决的问题。大学的目的就是这样，到了研究生层次就更是这样了。按理说，大学的目的是培养你思考问题的。思考问题并不需要特殊的专业倾向。你认准一个专业学下去，你学两个专业，三个专业，你都能接触到理论，都有机会思考问题。

你在书本上看到的那点东西，你到图书馆去看，是不是百分之九十九以上，都是过去的事了？很少有一本书，从2005年开始给你描述一下以后都发生了什么，这非常难。你学的知识都是过去的事，这过去的事怎么能帮助你解决未来的问题啊？得怎么样？思考问题是关键！它是通过这样一个学习的过程，让你勤勤恳恳地思考些问题。我说呢，如果实践对你将来找工作非常有作用，你说我就认准这个工作了，实践就是想掌握点技巧，拉一拉社会关系以后可以去那个公司工作啊，这当然好。如果你说为了学术去实践一下，我说你不用去，因为你根本就没有学好理论，你根本就不懂得思考，你去练什么？你还不如在家里多读点《红楼梦》呢。

所以，我提到的重要的第一点就是实践的问题。我们正确地去理解理论、理论和实践的关系。理论本身并不是直接让你来解决问题、做研究的,它是你思考问题的一个基础,思考问题的一个关键。

第二,有了这个呢,你就该知道怎么读书了吧。那种茶余饭后,去图书馆,不分青红皂白从头到尾读一通,那是从来都学不到任何系统东西的,你要是为了消遣,那你正着读倒着读仰着读,这都不要紧。如果你是要了解系统的学问,走进去的话,千万不要乱读书,不要进去找一本书就读。我除了反对大学生乱实践之外,可能有很多人要反对我了,我还特别反对大学生乱读书。有很多人觉得,你去读书就好了,只有读书才能怎么样怎么样,我特别反对这一点。为什么?因为书你永远也读不完,你放心吧。我这都是读了多少年书了,如果这是一个军队的话,我从士兵到班长到排长,一级不落地,现在还没到将军。我从读书开始,一直在读,读完了吗?永远也读不完。

怎么才能了解一门学问啊?先找这方面的专家,一般是老师聊聊,e-mail里面交流交流,上他的课,问一问如果我想了解这方面的知识哪些书是经典。回来以后呢,信他吗?不能全信。这些人,他有意无意地把自己的观点就强加给你了。我举个例子,一个领域有 A、B、C 三本书,C 是反对他的观点的,他就会说,这个领域 A 和 B 很重要。他根本就不告诉你有 C 这么一说。但是书会告诉你,那些经典的或是分析能力比较强的,它给你引路。看着看着就你会发现,我得看看那本书,虽然这个老师没介绍,但是这些书都提到了。这就是读书,研究学问,在某种程度上也是思考问题的一个重要步骤。所以呢,不能乱读书,要读准。读准后你能省很多时间,那个时候,你知识又比别人多,分析问题的能力又强。为什么啊?你省下时间了。人生是有限的,做事是有机会成本的,你做了这件事就不能做那件事。你怎么样在最少最短的时间内,在最有限的规模内,掌握最全面的知识?希望你不要乱读书,应该有目的、有针对性、有窍门地去读书。这是谈读书。

第三,也是最关键的,就是选课。刚才我说了,这个教育制度特别不适合你们去发挥自己的才能,去发挥你自己的想像力。举个简单的例子吧,这个每次我上课都要说。看看这些桌椅,你觉得挺好的吧,多整洁啊。可是有一点不好,把桌椅钉死在地上。不是说因为活动不方便,或是我不能搬回宿舍里去,不是这样。是什么样啊?我不知道北大的教育工作者,他们有没有听说过,世界上大多数国家,它的本科和研究生的课是怎么上的。几世纪之前,在英国,上大学就有讨论课。这怎么讨论,你对着我,怎么讨论?我不是说有人故意把这桌椅钉上不让你讨论,我的意思就是说我们的教育工作者他们那儿就没有这根弦。你总说人家西方比你强,人家的大学是怎么教育的啊。我跟你说,人家本科生的大课,二百多人的大课里面(比我们这人多),每门课,除了讲课以外,都有讨论课。换句话说,比如二百个人,十五人一组,每周都有讨论课,都专门有助教去带着讨论。在研究生所有的课上,也都有讨论课,尤其是政治学里面,就是社会科学这一类,研究生所有课全都是讨论课,从头到尾的讨论课。为什么啊,光听人在上面说,怎么引发你去思考啊?不引发你思考,你怎么知道你真正地去思考了?等你真正思考了,你就会发现,这东西,它想起来挺好,逻辑就是这样的,可等它写出来就不一样了。更多的时候,你知道这东西想着就是这样,可说出来马上就发现自己的问题在哪儿了。所以在西方,讨论课从本科一年级开始就非常重要了。只有说话才能展示你的思维,展示你的思维了,我们才能进一步通过讨论知道你应该补充哪块儿的知识。这再次证明我们这个教育体制有多么糟糕,因为传统的想法就是老师在上面讲你的课呗。

好,上课的问题就是这样。选课的问题是什么呢?选课的基本问题,我一向认为,研究生的课应该全是讨论课,思维方面的课——你提出问题了吗?你的问题为什么和别人不一样?别人的问题是什么?你是怎么解决的?这就是交流,锻炼思维。研究生的课应该全是这样。当然还要有工具性的课。本科生的课和研究生的课共性就是你得有工具课:英文或其他外语,这是工具课。你学了一门工具,你可以拿它来学习更多的知识、帮助你思考更多的问题。除了这个以外,本科生的课一般还要分两类,一类是知识型的,一类是思维型的。你们刚从高中上来,知识型的不能缺少,在讨论问题时,知识面不够也限制你的思考,所以一二年级呢,我们倾向于知识性的课多一点。这些课跟高中的比较像,虽然讲课形式不一样,其他的本质很相像的,都是给你灌输一些知识,需要你去记。但是越高年级越需要思维性的课,讨论课就应该占更高比例了。我们现在没有这样的条件,所以你们选课啊,应该主动找这样的课,比如找我的。(众笑)开个玩笑啊。我给本科生开的课很少,目前只开本科二年级的课,希望你们考我们系的研究生。那是后话。

我把大学有关的学术和学习相关的问题放在这儿,我讨论了实践的问题,讨论了读书选课的问题。希望你们去思考哪些是有道理的,哪些是没道理的。按照我的方法,找找别人是怎么说的:我今天听朱老师讲了一个多小时,别人对这个的道理是怎么说的,我得看一看;别人说的哪些有道理,朱老师说的哪些有道理,自己应该怎么做,得想一想。我希望通过今天这个讲座,你能达到这个目的。好,今天我的讲座就到这里。欢迎大家提问题。谢谢大家!(掌声)

现场答问

问:您刚才说了"大学实践无用论",那参加社团算不算实践?
答:不,参加社团是另外一回事。参加社团目的是什么?我至少可以想象有两种主要目的:一种是许多人通过社团做学生工作,他想留在学校啊,他有个人的工作目的在里面;另一种是一些人想加强社会交流,交流这是需要的,这不是我刚才说的实践。我说的实践,是与学术紧密联系的实践,因为有很多人,就硬性地把实践和理论割裂开了。我说的那个是你为了做好研究,你去做实践什么的,而参加社团不是,你是为了社会交流,你需要增加社会交流的技巧,这是非常重要的。但是不能玩得太厉害,我建议。

问:您说的实践到底是什么?
答:我说的实践是什么啊?你比如说,很多地方强调学生要到外面去,到北京以外的地方去进行调研,比如调研某某地方的水利问题,诸如这些实际的工作,还有你对某地区的气候比较感兴趣,派你到某地区去,研究某地的气候情况。我说的是这样的实践,它是跟理论联系在一起的。我说这些是没用的,你先学好了思考,有关水利的理论,再说别的,学好了有关天气的理论,再去做调研。因为如果你真想做这个,那你可以后六十年都做那个。我说的实践是这个意思,这个问题提的非常好。

问:朱老师,我是生命科学学院的学生。我在学专业课的时候,会提出很多问题,可是我发现我提的都是很大的问题,经常一个问题就是一个很大的研究项目。我根本没有精力把每个问题都搞明白,就算问别人,也没有时间把这些问题都想明白,也没有时间去查资料。

答:你是一个好问问题的好学生。我的感觉是这样的,往往你问大的问题的时候,有一个共同的问题——其实你读的东西还不够,你才问出很大的问题。你要是稍微细致点读更多的书,可能就把你的问题弄得更小了。你比如说,刘心武做的这个研究,我们在座的可都读过《红楼梦》啊(众笑),当然也不一定,从我个人来说,我就看过不止好几遍啊!那我怎么没有像刘先生那样敏锐地看,这证明你看的还是不够细致,你了解的还是不够深入,还不够广泛,你才不能把研究的问题就落在这儿。为什么刘心武先生他就研究秦可卿,他不研究别人?他能把他想到的东西拉下来,拉下来的原因在哪啊,因为他可以描写的东西更多,描写的更细,这样你才能问出更细的问题。但是,我对生物不是很了解。哦,不是声乐,是生物,生命科学。哦,我对生命很感兴趣!(众笑)

问:我想问两个问题。我是化学学院的,学的是自然科学。在自然科学中间,有些老师提到的,是要有一些争论的。我自己的感觉啊,前面一些是有定论的。有了一定知识,我可以看,然后可以提出自己的看法。但对于我们这些自然科学学科来说,没有大量的知识积累,我们不可能有这样的问题。有争论的地方是最尖端的领域,我们现在还无法接触到这个最尖端的领域。那这样我们要培养一个怎样的思维呢?

答:我可能不能很好地回答关于理科生的问题,因为我在理科方面是外行。所以呢,我万一随便这么一说,你前功尽弃了怎么办?(众笑)但我老认为对理论的思考有些东西是相通的,你除了在了解这些理论以外,还是要想些问题。你说文科和理科的区别,这又要讲三个小时。我下面要说的可能要让你生气:理科呢,是研究物质的运动规律的学问,这是比较低级的学问,而研究人的才是高级的学问。这很简单,因为物质虽然能够变化,但你仍然能够在可以控制的情况下研究它的变化,你比如说,我想研究物体在真空中的运动,那我剥离出空气来,就是真空,你就可以研究,你就可以通过实验来证明。但你想,人的行为呢,你想想你的行为有规律吗?是的,人是有自己的思维定势,但你的思维定势能解释别人的行为

吗?不能。所以呢,这里面就出问题了——人的行为特别的不定,因为人有的时候是受理性思维指导的,有的时候就是受惯性指导。而问题就是你知道你受惯性指导多还是受理性思维的指导多,你不知道怎么样来区分。物质的运动跟人的行为相比,决定因素是不一样的。

另外,人的行为尤其难以找到规律的原因在哪里呢,就是人的行为难以控制,不能重来一遍。你比如说,我想知道一个物体在真空里是什么样的,我抽成真空,就行了。人的行为可以这样的吗?你想解释日本是怎样发展的,你想知道日本是怎样成为世界强国的。行了,你说:停,重新回到一世纪以前,重新再给我演一遍!这怎么行呢?所以我说社会科学更复杂。将来的事呢,我们可以再讨论。现在我们就面临这样的问题,我们没有工具让社会现象再来一遍,因此我们说人的行为难以用确定的方式来解释。所以我再次强调,我特别反对所谓"真理"。没有真理,除非有时间机器。

问:老师,我想问您,过去上大学是一种趋势,现在读研究生又成了一种趋势,研究生教育逐渐也成了一种基础教育。您觉得呢,任何专业都应该读完研再找工作,还是本科毕业就出去找?

答:我觉得这是个人意愿的问题。我同意社会有自己的风气,有自己的浪潮。总的来讲呢,中国这个社会比较重视学历,比如你读个博士,哟……有意思的是现在政府部门的人都要读博士,很有意思。博士他们有什么啊?他们是专门来研究一个专业的问题的,他们不是研究的问题越来越大,而是研究的问题越来越窄。一个问题,我研究五年把它研究出来,可这对你当领导有什么用啊?领导的问题一日千变,你要有广泛的知识,而不是说要我只对某一点,比如对某某城市地下管道的供热政策有透彻的了解,这没用的,对吧!这里面有风气的问题。等你真正思考自己的问题时,你需要认真地考虑,到底你觉得你在这个大学里面,能不能训练好,能不能得到思维的训练。要是觉得这三年读下来我还行,思考问题的时候差不多能这样想能这样做,那你读博士的话,读硕士的话,一点用处都没有。要是你觉得这种学制学分把你框得死死的,没有机会给你锻炼思维,那可以读硕士,这是给你另外的机会去锻炼思维。我不知道这样是不是回答了你的问题。

问：我的问题可能就比较长了，首先感谢朱教授能来给我们作这样一个演讲。我在三角地看到关于这个讲座的海报时，上面写的是"欢迎广大社会科学专业的同学来参加"。我的理解，简言之，就是文科的学生比较适合这个讲座。但是据我观察，这里，自然科学、理科的同学也不在少数。对于您刚才讨论的学术和大学生活这个话题，您觉得，理科生和文科生应该有什么差别？一些思想比较适合于文科生，我们理科生应该注意什么呢？

答：我说这句话，根本的原因，是因为不能说——我对理科不是很了解。要是理解的话，我就可以马上说对那块适用，对那块不适用。正因为我不了解，我不能随便说。在这种情况下，我还是认为思考方式很相似。比如物理化学的研究也都是从问题开始。牛顿坐那儿，然后"咣"的一声，一个苹果掉下来，这很正常啊，但没人再往下想了。牛顿就往下问，这是为什么呢？所以我说，在思考问题上，在探索问题上都很相似。当然，有路途不一样这个问题。我这么认为：学理科制度化、定势更强些；学文科更分散一些。刚才我开玩笑，说学理科低级一点，而学文科高级一点，也确实有这么一个问题，是千真万确的：学理的，有一个硬性的规定，研究一个东西，水平谁高谁低，在世界上发明个东西很容易就能看出来。而对文科这种更难确定的东西，应该需要有更强思维能力的人去搞。因为它没定势，出来后，这就是我的东西，你看着办吧。所以文科各个领域，滥竽充数的人极其多。（众笑）虽然它比较高级，但做这方面的人，找不出一个"1+1=2"的规律来，所以我说，这里混的人很多。

这样说来，理科生应该觉得很幸福，因为你们在一个定势的环境下。而我们应该觉得很痛苦，因为我们每天都要面对那些滥竽充数的人。

问：我就问您一个小问题，您刚才好像对那些社会科学里面不是特别喜欢经济而选经济的学生不太赞成。

答：这是一个很好的问题，虽然是一个小问题，说到我的痛处了。我对经济学，对世界上流行的新古典经济学，有一点偏见。原因在哪里呢？就是社会科学中没有一门科学，像经济学这样，被一种理论所统治。社会科学，就算你重复一遍，可能就和从前做的不太一样，那怎么可能一个学科里面,有一种理论,它近乎固定了?这怎么可能!对社会科学的概念,中国的划分可能和美国不太一样,但大同小异。美国划分就是政治学、经济学、社会学、人类学和心理学。在社会科学这五个领域中,只有经济学是一个理论独大的学科,正常吗,这怎么可能呢?难道说,人类发展到现在,资本主义发展了二百年,它找到真理了?我不鼓励学生去学经济学,学经济学应该和政治学、社会学等其他学科结合,这样才能加强你的思考,我自己的建议是这样的。我本科学的就是经济学,同时也修了政治学。我刚接触经济学,感觉知识完全被经济学的神奇所概括了。为什么呢?因为你简直可用最简单的数学公式来预测出人的行为。我感觉,哇,这简直不用再学别的了。逐渐地,我开始学习政治经济学,我发现完全不是我想象的那个样子,所以我不主张单纯地学习经济学。但另一种我赞成,就是说:朱老师,你别说这么多,我修经济学双学位就是为了找个好工作,有个经济学的背景,找工作好办一点,这个我是举双手双脚赞成的。但是你想做学问,想真正探究这个世界经济发展的过程,光学经济学是不够的。这是最关键的。

好,本次讲座就到这里,欢迎登录我们系的主页。

(鼓掌)

(2005年9月10日)

现代化第三次浪潮与亚洲世纪

■陈峰君

陈峰君,北京大学国际关系学院教授、博士生导师,长期从事亚太与印度的教学与研究,代表著作有《印度社会述论》、《东亚与印度:亚洲两种现代化模式》、《冷战后亚太国际关系》、《当代亚太政治经济析论》、《当代世界经济政治与国际关系》、《亚太安全析论》等。此外在国内外重要学术刊物上发表百余篇学术论文。

随着亚洲的快速发展和中印的崛起,加之美国把它的战略中心逐步转向亚洲,亚洲问题已成为大家所关注和争论的话题。长期以来,大家对亚洲发展的趋势和方向一直持有不同的看法。特别是对于"21世纪是谁的天下"这一问题,世界各地的学者更是争论不休。"21世纪是谁的天下"这个话题,关系到我们对亚洲地区未来发展的宏观的总的了解,它的本质是关于世界现代化的问题。所以,我们先从现代化的问题谈起。

关于什么是现代化,人们探讨了一个多世纪,也没有定论。研究现代化的学者有很多,每个学者都持有不同的看法。一部分学者认为现代化就是西化,主张欧美的发展历程和实现的目标,就是现代化。还有一种比较传统的观点是说现代化就是工业化,主要是看工业的发展。还有人认为应根据人们素质、精神状态等人的理性化的东西来衡量。第四种看法认为现代化主要指现代性。现代性是相对于传统性而言的。现代性涵盖了经济、政治、文化、社会等各个方面。当然还有其他的说法,据说至少有几百种。但我们一般可以不十分确切地认为,"现代化"就是人类社会从传统农业社会向现代文明社会的历史跃迁过程。不是传统社会,而是现

代文明社会；不是光指结果，还指过程。

现代化是近代的产物，是以往历史所没有的。但人类历史上有三次大的变革。第一次大变革发生在50万年前的原始社会，标志是工具制作与火的使用；第二次大变革是约公元前8000年的农业革命，发生在农业文明社会；第三次变革指发生在约公元1800年前后的工业革命，它标志着人类社会开始了进入现代化的进程。尽管第三次变革所经历的时间无法与前两次相比，但这次变革的广度、深度以及其影响力是前两次所无法比拟的，是用数学也计算不出来的。现代化进程从英国工业革命开始至今的二百多年时间里，经历了三次大的浪潮：第一次浪潮发生在18世纪80年代到19世纪60年代，也就是第一次工业革命。这是工业化的源头，它作用的中心是西欧。第二次浪潮发生19世纪60年代到20世纪30年代，中心在美国。第三次浪潮从20世纪50年代开始发展至今，中心在东亚。关于第三次浪潮，很多学者一直在研究。比如，美国经济史学家罗斯托创制了罗斯托图分析该问题。下面我们重点谈谈第三次浪潮发展的情况。第三次浪潮的过程包含五个波段，大致是十年一个波段。最早是在19世纪60年代，日本进入现代化的进程而且取得了重大的成就，成为亚洲第一个实现现代化的国家。到了70年代，亚洲"四小龙"（韩国、新加坡、中国香港和中国台湾）充分利用有利的地理环境和国际环境，坚持外向型经济发展战略，取得了巨大的成就。80年代这股发展波又传到了东盟，出现了有名的"三小虎"（马来西亚、印度尼西亚和泰国）。到了90年代，中国这头东方的狮子实行改革开放，迅速发展起来，取得了举世瞩目的成就。到了21世纪初，印度这头大象又在南亚大陆站了起来。

接下来我们再来分析一下第三次浪潮的标志与特征。归纳一下，第三次浪潮主要有七大标志。第一，亚洲成为新的世界经济增长中心。自20世纪80年代以来，世界经济增长中心由西方转到了东方。大多数亚洲国家的经济增长速度要快于发达国家经济增长的幅度。1986—1995年和1996—2005年，发达国家经济年增长率平均分别为3%和2.8%，亚洲新兴经济体（NIEs）同期分别是8.1%和4.3%，而以中国为首的其他亚洲发展中国家则是7.7%和6.6%。第二，亚洲经济在世界经济中占据的份额不断加大。21世纪初东亚已占世界经济规模30%。2005年各国GDP排名前15位中，亚太占九个，亚洲占了四个，依次是日本（第2位）、中国

(第5位)、印度(第10位)和韩国(第11位)。第三,贸易占世界贸易的比重不断增加。亚太地区进出口贸易额不断上升,在1990—2003年期间,亚洲经济在世界出口中所占的比重从23.8%上升到29.4%。第四,亚洲外汇储备占世界首位。2003年排出的十大外汇国中,亚洲国家和地区占了七个,而且包揽前五位(如下)。

1. 日本　　　　　6049(亿美元)
2. 中国　　　　　4009(2005年已达8400亿美元)
3. 中国台湾　　　1966
4. 韩国　　　　　1433
5. 中国香港　　　1124
6. 德国　　　　　946
7. 印度　　　　　919
8. 新加坡　　　　911
9. 美国　　　　　839
10. 法国　　　　　671

特别值得一提的是,中国2005年的外汇储备已达8400亿美元,跃居世界第一位。第五,产业结构与国际分工状况发生了重大变化。东亚新兴工业经济体在20世纪80年代后半期相继开始调整产业结构(雁形模式),由劳动密集型转向技术密集型与资本密集型,由垂直关系向平行关系发展。信息、消费性电子等新兴产业开始成为东亚主要国家和地区发展的支柱产业。第六,亚太区域经济集团化步伐日益加快。随着亚洲经济的发展,很多亚洲合作组织(如下数字表示国家的数目)应运而生,成为亚洲经济发展的一道亮丽的风景线。

APEC　　　　　21
东盟:大东盟10-东盟共同体
东盟10＋中日韩各1
中国东盟自由贸易区
东盟10＋中日韩3
东盟地区论坛(10＋12)
东亚首脑会议(10＋3＋3)
亚欧会议(10＋25＋1)

上海合作组织(1+5+4)
亚洲博鳌论坛(27)
亚洲合作对话（ACD）(22)
亚拉论坛(13+14)
东博会
大湄公河开发合作会议

第七,亚洲政治地位今非昔比。标志事件主要有:亚欧会议的召开代表亚洲人与西方人平起平坐;世界战略中心转移到亚太地区;中国和印度政治地位的提高。

除以上七大标志外,第三次现代化浪潮还具备以下四大特征:(1)整体性与连续性。前面我们已经提到,第三次浪潮的发展大致呈现十年一波段的特征,连续性之强可见一斑。然而每个波段又不是相互脱离的,而是紧密结合,构成一个整体的。这个特征在西方的发展史上是没有过的。(2)发展规模空前。第一次浪潮加上第二次浪潮,地域总共有欧洲、北美和澳洲三块,但总共人口也才 10 亿多。而第三次浪潮涉及整个亚洲,人口高达 35 亿多,仅中印就有 24 亿。据统计,2025 年中印两国总产值之和将达到 21 万亿美元(中国 16 万亿、印度 5 万亿),届时美国也是 21 万亿美元。所以这个发展规模还是相当可观的。(3)依存性与互补性。亚太地区各国家之间相互依赖和互补的程度远远大于西方国家。西方的现代化是通过对内剥削人民、对外掠夺殖民地实现的,各国之间的依赖和交流比较少。而亚太各国的依赖程度很高。除印度、巴基斯坦外,亚太地区主要国家和地区的区内贸易依存度都大于 50%,互补性非常强。像中国、印度等国的廉价劳动力资源和矿产资源非常丰富,但资金、技术贫乏。而日本、韩国和新加坡的廉价劳动力资源和矿产资源很缺乏,但是资金充足、技术先进。这是亚太地区经济发展的一大特征,运用得好,也是一大优势。(4)现代化任务艰巨。虽然亚洲经济已经起步,但是由于经济基础、历史原因等诸多因素,与西方发达国家的差距依然巨大。亚洲人均产值目前只及世界平均水平的 1/5,亚洲贫困人口占世界贫困人口的 2/3。据统计,2005 年世界人均 GDP 排名前十位的国家中,只有日本(列第 10 位)这一个亚洲国家。排名首位的是卢森堡,达到 69056 美元。中国排在第 121 位,仅有 1352 美元,不到卢森堡的 1/50;印度排在第 133 位,只有

652美元，是卢森堡的1/110。不要说是发达国家，就是要赶上中等发达国家的水平，我们还要经过相当长时间的努力。另外，亚洲现代化的任重而道远还在于其发展的不稳定性。像能源浮动、汇率不稳、政治事变、环境安全、金融危机和改革阻力等因素都可能影响其发展。但总的来说，亚洲发展的大趋势不可阻挡，亚洲终将崛起。

下面我们来谈谈亚洲崛起的世界意义。它主要有以下几个方面：其一，它表明世界的重心已由西方转向东方。近代五百年世界历史中，像工业革命、法国大革命、美国独立战争和俄国十月革命等影响世界历史的重大事件均发生在西方。西方是世界的经济、政治和文化中心。亚洲崛起是世界现代历史上最重大的事件，标志着世界重心已由西方转向东方，它将彻底改写世界的现代历史。当然这里讲的是"重心"而不是"中心"。世界的中心不会只有亚洲这一个，美国、欧洲也会是中心。亚洲崛起打破了现代化西化中心说、西方文明中心说、欧洲战略中心说等世界传统的中心说，对这些传统的权威理论提出了严重的挑战，而且将逐渐以新的学说取而代之，这在世界历史上不能不说是一场具有划时代意义的变革。其二，第三次浪潮是世界最大规模的现代化。其经济发展速度、范围、规模均超过任何西方现代化国家。第二次现代化浪潮经历了250多年时间，才使10亿人口进入工业化社会。而我们却要在从上世纪50年代到本世纪中叶的一百年间里，使30亿人口进入工业化社会。可以预见，21世纪下半期，全亚洲占全世界2/3以上人口的地域均将实现现代化。而且亚洲崛起必将推动现代化第四次浪潮在中东、非洲的尽快到来，实现革命导师解放全人类的宏愿。其三，中国等亚洲国家将走新型现代化道路与发展模式。中国将超越旧式工业化道路（高投入、高消耗、高污染），走出一条科技含量高、经济效益好、资源消耗低、环境污染少、人力资源优势得到充分发挥的新型工业化道路。这条道路是第三次浪潮以来东亚一些国家一直在探索的。其四，中国、印度的崛起将对国际关系格局产生深远影响。中国等走和平发展的道路，将超越世界近代以来后兴大国传统的崛起之路。既不会走德国和日本那种以暴力手段去掠夺资源和谋求世界霸权的道路，也不会走二战后美苏那种冷战对峙、称霸争霸的老路。再说现在的国际环境也不允许我们走其他的道路，只有和平发展这一条路。中国、印度的崛起将成为世界两极新生力量，即和平发展的力量，将对世界政治与安全格局产生深远影响。

下面我们进入到一个新的话题:亚太世纪的提出与争议。美国总统罗斯福在1896年最早提出了类似"亚太世纪"说法的"太平洋世纪"说法。福特在1975年也提出了"新太平洋主义"。而1985年日本首相中曾根在《亚太世纪正在到来》的演说中第一次明确地提出了"亚太世纪"这一概念。当时日本可能有自己的政治考虑,但不管怎么样,从此"亚太世纪"这一概念的影响越来越大,媒体对此的宣传也越来越多。同时,不可避免地也有一些争议,有两次高潮,一次是"四小龙"崛起后至金融危机,一次是中印崛起后。这些争议围绕着对"亚太世纪"的可能性展开。下面就给大家讲讲这方面的情况:

许多学者对"亚太世纪"这一说法持肯定态度。肯定论包括历史循环论、发展趋势论、东亚崛起论、中国崛起论等。北京大学著名教授季羡林先生提出了"东西方易位论",认为东西方文化的相互关系是"三十年河西,三十年河东",且"河西河东行将易位"。而日本的岸根卓朗教授在他的《文明兴衰法则》中认为东西方两大文明按照纪元前3600年、2800年、2000年、1200年、400年、纪元后400年、1200年、2000年即以800年为一周期准确无误地重复交替着。根据这个东西方文明1600年周期学说,目前处于白昼活动期的西方文明从20世纪后半叶起到21世纪前半叶的100年间,将迅速进入夜间,与到现在为止处于休眠期的东方文明交替。也就是说,历经了800年活动期的西方文明将进入下一个800年的休眠期。在这800年中,西方文明将处于休眠状态之中,为将来还会出现的800年活动期做准备。光辉灿烂的西方文明也终于迎来了夕阳西照之日,西方的天空正呈现出美丽的暮色。与此相对,到现在为止正处于800年长久休眠期的、深眠着的东方文明即将苏醒,进入将要来临的800年长久活动期,也就是说东方文明也终将迎来朝阳,东方的天空将沐浴日出之光,迎接一个美丽的早晨的到来。美国著名教授约翰·奈斯比特在《亚洲大趋势》中的主要观点就是"从西方走向东方"。一些世界政要也就此发表了自己的看法:美国总统布什2002年2月19日在日本访问期间称,21世纪是"亚太世纪",亚太地区的繁荣对整个世界影响深远。菲律宾前总统拉莫斯也表示,中国与东盟正式达成自由贸易协定,为亚洲更广泛的合作打开了一个窗口,21世纪必定是亚太的世纪。

还有一些媒体也就此进行了探讨:《美国新闻周刊》在2005年5月2日的一期里,以"未来是否属于中国?"为总题,用二十一个版面进行了密集报道。文章中讲到,在过去四百年中,全球强权有两个主要变化,第一是17世纪欧洲的兴起,第二是19世纪末20世纪初美国的独大。现在中国与印度的兴起以及日本的持续发展,代表了亚洲的崛起。美国《国际先驱论坛报》也曾以《未来世纪是中国世纪》为题作了大幅报道。英国《泰晤士报》2005年1月发表了一篇题为《这是中国的世纪》的文章,指出:如果18和19世纪见证了大英帝国的辉煌强盛,那么作为世界上最强大经济体的美国则是20世纪的绝对"统治者"。然而,在不久的将来,改变世界经济的或许不再是美国。只要人们打开电视,无论哪个电视频道,无论什么话题,也无论是哪位专家学者,人们在谈论诸如美元、欧元、油价、商品、国际股市、国际贸易、全球经济GDP等时无不提及中国经济的发展。美国前助理国务卿英德弗尔斯(Karl Inderfurth)在《国际先驱论坛报》上撰文,引了华尔街一家大银行的预言:21世纪中叶,世界经济超强排名,第一是中国,第二是美国,第三是印度,三者将左右全球发展。鉴于这一远景,美国已经在战略上实行中—美—印新互动态势。美国《商业周刊》8月22日一期有一题为《中国和印度的崛起》的文章。文章写道:中国和印度拥有改变21世纪全球经济的实力和活力。世界从未见过这两个占全球1/3人口的国家在同一时刻崛起。美国和其他大国必须学会如何给中国和印度让出空间。因为几乎在各个领域,中印将成为21世纪的重量级选手。这个世纪全球将会由中、印、美三国统治。中国和印度既会是美国的盟友,又会成为美国的制衡力量。

以上所说的就是肯定论,那么否定论是什么呢?美国教授克鲁格曼曾发表《亚洲奇迹的神话》一文表达对亚洲奇迹的怀疑,此文于1993年年底发表在美国著名杂志《外交政策》上。他认为东亚国家之所以高速发展,主要靠大量劳动力和大量租借外债,而不靠技术,这种发展将和苏联一样很快破灭,所谓"东亚奇迹"只能是神话,因此根本谈不上总体看法。但1997年后的金融危机证明了他的某些说法有一定预见性。后来,美国哈佛教授亨廷顿认为:20世纪是美国的世纪,21世纪仍然是美国的世纪。美国世纪不仅没有结束的征兆,反而还有相当长的好时光。法国教授著文《21世纪将属于美国》,称美国是"超级大国",因为在现代史中,还没有一个国家强大得能够与美国相比,更明确地说,所有在二战后成为美国竞争对手的国家,都已经被淘汰出局,或者在坐"冷板凳"。当今世界,人们生活在一个美国的影响比以往任何时候都强大的世界里。

除肯定论和否定论外,还有折中论。它认为,21世纪是全球化世纪,是东西方并举的世纪,是多极化世纪。唐任伍教授认为21世纪世界经济的发展重心将是"一条扁担挑起的两个筐",一个筐是太平洋沿岸的亚太地区,另一个筐则是美国与欧洲托起的大西洋沿岸。亚洲太平洋地区经济与大西洋经济两大经济重心正在形成,成为21世纪世界经济发展的两大力量。

确定"21世纪"是不是"亚太世纪"是有些标准和因素的。其一是时间。21世纪是"亚太世纪",那么这里所说的"21世纪"具体指什么时候?是指21世纪的上半期、后半期,还是指整个21世纪,还是指21世纪以后时期?其二是地域。亚太具体指哪些区域?是指小亚太、中亚太还是大亚太,还是侧重指亚洲甚至东亚?其三,"世纪"的内涵是什么?它的关键词是"崛起"、"趋势"、"重心"还是"中心"?其四,"亚太世纪"能否实现还存在一些不确定因素:美、欧、东亚、日本、印度、中国、战争、恐怖主义、金融危机等等。通过对这些问题的分析,我们可以作出一个比较合理的定义。"亚太世纪"的时间应分为20世纪上半期与后半期;空间应主要定位在亚洲,广义也涵盖包括美国在内的整个亚太地区。内涵应指崛起、趋势、世界的重心和对世界的影响。如果按这些标准,说21世纪是亚太世纪或亚洲世纪是成立的。理由就是上面论述的亚洲崛起的七大标志以及崛起具有划时代意义。

总的可以说,21世纪是亚太世纪或亚洲世纪,但可以再具体确切表述。是否可能有以下九种选择:21世纪上半期是以美国为主导的亚太世纪;21世纪下半期是以中美为主导的亚太世纪;21世纪下半期是以中国为主导的东亚世纪;21世纪下半期是以中日为主导的东亚世纪;21世纪下半期是以印度为主导的亚洲世纪;21世纪下半期是以中日印为主导的亚洲世纪;21世纪下半期是中美印共同携手的亚太世纪;21世纪下半期是以中印为主导的亚洲世纪;21世纪下半期是以中印日韩为主导的亚洲世纪。

说21世纪上半期是以美国为主导的亚太世纪上半期。这应该可以为多数人认可。关键是21世纪下半期,很难确定。到底哪种选择是未来的选择,其中有很多不确定的因素。但是依我看,有一点是共同的,即均均有亚洲世纪几个字,只不过是谁来主导不同罢了。

因此未来世纪是亚太世纪或亚洲世纪这一说法是成立的。

最后我想以邓小平对亚太世纪的看法结束我今天的讲座:"中印两国不发展起来就不是亚洲世纪。真正的亚太世纪或亚洲世纪,是要等到中国、印度和其他一些邻国发展起来才算到来。就像巴西不发展就不是拉丁美洲世纪一样。"[①]。邓小平同志是在80年代初时说这番话的,而今天的情况已有重大变化,中国和印度已发展起来,完全可以验证小平同志二十多年前的预言。

同学们,就让我们期盼亚太世纪或亚洲世纪的到来吧!

(2006年3月11日)

---

① 《邓小平文选》第3卷,人民出版社1993年版,第282页

伊朗核问题的由来和它的前景

■华黎明

华黎明,1939年生于上海,1956年就读于北京外国语学院,1963年毕业于北京大学。自1963年起至1983年先后在中国驻阿富汗使馆、外交部西亚北非司和中国驻伊朗使馆任职员、三等秘书、二等秘书和一等秘书。1983年后先后任外交部西亚北非处处长、参赞和副司长。1991—1995年任中国驻伊朗大使。1995—1998年任中国驻阿联酋大使。1998年—2001年任中国驻荷兰大使兼中国常驻禁止化学武器组织(OPCW)代表。现任中国国际问题研究所特邀研究员、中国联合国协会常务理事和中国国际问题研究基金会副秘书长。

40年以后我回到母校,看到了这么多年轻的面孔,有机会跟大家一起讨论伊朗核问题,感到无比激动和兴奋。

我想讲三个方面的问题:(1)从伊朗的角度看,伊朗为什么这么执著地要发展核技术？在这里我没有说核武器,因为伊朗官方从来不承认它研究或者生产核武器,所以我说的是核技术;(2)美国同伊朗到底敌对到什么程度,为什么在伊朗核问题上,美国跟伊朗关系这么紧张？(3)所谓的核不扩散体制实际上是什么情况？

伊朗为什么这么坚持要发展核技术呢？其实伊朗发展核技术不是新事情了。有的同学可能已经看到,伊朗开始研究核技术的历史实际上比我们中国还早几年。上世纪50年代初的时候伊朗还是美国的亲密盟友,在这种情况下伊朗开始了核研究,在美国的帮助之下搞核铀反应堆。1971年,伊朗签署了《不扩散核武器条约》(NPT)。到70年代末,伊朗开始动工兴建核电站,就是现在布什尔核电站所在的位置是在当初联邦德国(西德)的帮助下搞的核电站。1979年伊朗爆发了伊斯兰革命。伊斯兰革命之后,伊朗的核计划曾经中断了一段时间,原因之一是伊朗的政权还没有站稳脚跟,原因之二是当初伊朗革命的精神领袖霍梅尼曾经说过:根据伊斯兰教教义,核武器是非人道的,所以伊朗应该停止搞核技术研究,因此布什尔核电站也停止了,在布什尔核电站的西德专家也都被请回去了。1980年两伊战争爆发,一直打了八年,其中的牺牲和损失就不用说了。到了1988年两伊战争结束以后,伊朗深感需要有核武器,所以又重新恢复了它的核研究。1990年第一次海湾战争也就是伊拉克入侵科威特之后,美国出兵进攻伊拉克。在这场高技术的战争中,美国对伊拉克的打击进一步刺激了伊朗当局加紧对核问题的研究,所以到90年代初以后,伊朗核计划就加速了。90年代中期,伊朗的核计划除了布什尔核电站由俄罗斯帮忙建设之外,伊朗开始从事铀转化、铀浓缩等技术的研制。到了2002年,伊朗的核计划被伊朗反政府组织在联合国和国际媒体上透露出来,于是伊朗核问题开始被媒体炒热。2003年爆发伊拉克战争。伊朗在强大的国际压力下与英、法、俄三个欧洲大国谈判。首先迫使伊朗签订《不扩散核武器条约》的附加议定书。《不扩散核武器条约》签字本已经承诺了不研究、不生产核武器,这是肯定的,而且还接受国际原子能机构的安全保障。所谓"安全保障"就是接受国际原子能机构的核查。这个伊朗也是接受的。但是这种核查只是"我告诉你,我国内什么地方有反应堆、核电站或者核设施,你可以来查"这种意思,签订附加议定书就是表示接受国际原子能机构的突击检查。虽然你是不扩散条约的签字国,但是如果不签订这个议定书,就等于你请他来检查,查我的客厅、书房可以,但是我的厨房、卫生间你不能查。但是签订了附加议定书就是什么时候愿意查都可以。开始伊朗很不愿意,但是在强大的压力之下也签了。2004年年底,伊朗又接受了自愿暂停所有的与浓缩铀有关的一切活动的协议。到了2005年8月份,伊朗又恢复了所有的核活动。之后,国际原子能机构进行了几次讨论。最近知道的是3月29日联合国安理会发表了主席声明,因为它知道了最近的军事演习。大致的来龙去脉就是这样,其中,好多细节我今天没时间讲。今天就讲第一个问题:伊朗为什么这么执著地追求核技术?伊朗有丰富的石油、天然气资源,为什么还要这么追求核能?我想是两个方面的因素:第一个是伊朗当前所面临的国际环境;第二个是伊朗的民意。

首先讲伊朗的民意。在座的同学可能有的了解,有的不太了解。由于西方媒体的宣传,加上美国管伊朗叫"无赖国家"或者"邪恶轴心",中国人一般都觉得这个国家比较神秘。其实伊朗就是古代的波斯,历史很悠久,光文字记载就有五千多年的历史,可能比我们中华民族的历史还要悠久。它在历史上曾经辉煌过。2500多年前,它建立过横跨欧、亚、非三洲的波斯帝国,波斯人在历史上创造了灿烂的文化,对人类的文明做出了重要贡献。到了近代,由于它的封闭、落后、固步自封,国家的发展就停滞了。再加上列强的争夺,近二三百年的近代史是波斯人比较屈辱的历史,是被列强争夺、分割、占领、侵略的历史,跟我们中华民族有一点类似。从18世纪开始,波斯成为大英帝国和沙俄帝国争夺势力的范围、角逐的场所。到了19世纪初伊朗的南部发现了石油资源以后,伊朗又成为世界上各大石油财团掠夺的对象。尽管伊朗在两次世界大战中保持中立,但都被外国占领过:第一次世界大战中是被英国和沙俄占领,第二次世界大战中是被当初的盟军英国、美国、苏联占领。特别是第二次世界大战,虽然伊朗保持中立,但由于盟军自身的需要——特别是在苏德战争爆发之后,苏联所有的通道都被德国封死了,黑海、波罗的海的出口都被德国人封死之后,苏联需要一条盟军支援苏联的通道,伊朗就成了唯一的通道了——在英国和苏联的密谋之下,双方同时出兵,前者占领了伊朗的南部,后者占领了伊朗的北部,强迫当时伊朗的统治者退位,把他放逐到南非,后来又从南非把它放逐到毛里求斯,然后把他当时只有21岁的儿子扶植起来作为一个傀儡国王。1943年有名的由罗斯福、斯大林、丘吉尔与会的德黑兰会议,就是伊朗被占领之后三巨头在德黑兰开的会,当时的国王完全是个傀儡,后来被推翻了。第二次世界大战结束之后,英国的势力逐渐退出伊朗,伊朗逐渐成为了美国的半殖民地。冷战期间,伊朗成为美国的亲密盟友,或者说美国的一个很重要的附庸国。美国包围苏联桥头堡的时候,伊朗境内布满了美国的军事基地,美国几大石油财团包括欧洲的大的石油财团都掠夺伊朗的石油资源。伊朗这样一个曾经有过辉煌灿烂文化的古老的民族,曾经建立过大帝国的这么一个国家,到二战之后,在上个世纪的50年代到70年代沦落为美国的半殖民地。伊朗作为一个民族的整体,它有一个强烈的悲情,强烈的民族主义,要求民族振兴、民族复兴。伊朗人强烈的反美情绪、伊斯兰革命跟这个有很大的关系。今天如果去问伊朗人的话,不管是伊朗当局、统治者,或是知识分子、中产阶级,乃至大街小巷的普通百姓,问他们是否赞成伊朗拥有核武器,大概有80%到90%的人会告诉你非常赞成。伊朗人希望能够振兴自己的民族,希望能够重新成为一个在世界上有影响的大国,特别是在地区有影响的大国。有没有核能力,有没有核武器是当代世界上大国的一个重要项目。我曾经在2003年和2005年两次去访问德黑兰,在那儿我问过很多学者甚至普通百姓、商人:"你们是否同意伊朗或你们的政府搞核计划?"他们说:"为什么不同意?我们北面的俄罗斯有核武器,东面的印度、巴基斯坦有核武器,西面的以色列也有核武器,为什么伊朗作为一个大国就不能有核武器?"所以说伊朗这么执著追求核技术是有强烈的公众基础的。如果现在伊朗的官员、伊斯兰政府轻易放弃浓缩铀计划,轻易放弃了核技术的话,在国内恐怕民意不允。这是从民意的基础看。

第二个就是伊朗现在所处的国际环境。我见过几个美国中央情报局的退休官员发表的文章,他们在职期间,对伊朗发展核武器的意图曾经做过详细的调查。他们调查的结果是伊朗之所以这么执著地追求核武器是因为伊朗有强烈的不安全感。伊朗确实不安全,特别是在第一次海湾战争之后,伊朗非常担心或惧怕遭到像伊拉克的结果。尤其是2003年美国军队用强大的军事实力和高科技占领伊拉克、逮捕了萨达姆之后,美国的军队占领了伊朗东面的阿富汗和西面的伊拉克,美国的舰队、航空母舰就在波斯湾、印度洋存在着,伊朗深感自己的安全没有保证,它迫切地需要拥有核能力、核技术作为捍卫自己的一个威慑力量。不仅伊朗人这样认为,美国的中央情报官员通过调查也觉得伊朗主要是处于这样的考虑。这是第二方面的原因。

下面说第三个原因。很多人问我为什么伊朗在2003年曾经一度做过妥协,譬如在同英法谈判时,伊朗同意签订附加议定书,就是同意接受国际原子能机构的突击核查,甚至在2004年的时候同意暂停浓缩铀计划,但是到了2005年8月又突然重新恢复铀转化,并且于2006年1月份恢复了浓缩铀计划。这主要是因为伊朗看到了美国处境的困难,或者说2003年、2004年伊朗作出妥协是不得已的。伊朗看到美国占领伊拉克,这种强大的威慑力量迫使伊朗不得不做出让步。但是到了2005年情况发生了变化。美国占领伊拉克两年之后,伊朗看到美国在伊拉克的15万军队虽然取得了军事上的胜利，却陷入了伊拉克的泥潭而不能自拔，在伊拉克遇到了极大的困扰。此时伊朗几乎可以确认，在这种情况下美国没有能力打第二场规模比伊拉克更大的战争。这就促使伊朗当局在2005年的时候下决心重新恢复所有的浓缩铀活动。伊朗核问题的难度就在于伊朗决不愿放弃独立自主掌握核技术的权利。譬如它同俄罗斯的谈判。俄罗斯提出把伊朗的浓缩铀的活动转移到俄罗斯境内，伊朗提出在自己境内还得留一小部分研究的机构，这就可以看出伊朗有一个底线，必须要独立自主掌握核技术，特别是浓缩铀技术。这里我简单介绍一下铀的加工过程，可能有的同学知道，但有的还不知道。铀矿石里面含有用来制造核电站或核武器的燃料，平常叫铀-235。它的含量很低，一般只含有0.735%，所以铀矿石要经过好几道加工。第一道程序是将铀矿石提炼成二氧化铀，俗名就是黄饼；下一步是铀转换，就是把二氧化铀或者黄饼变成气体四氟化铀，再从四氟化铀变成六氟化铀，变成高浓度的气体；第三步是比较关键的一步，即铀浓缩，通过成千上万台的离心分离机把六氟化铀灌进去，把六氟化铀金属化，变成铀-235或用于核电站燃料的金属棒，或者进一步把它变成核弹。当然，它的丰度是不一样的。我这里有一份资料显示，用于核电站的铀-235的丰度是3%，而用于核武器的丰度是80%或80%以上。而一旦你掌握了铀浓缩的技术，即掌握了丰度3%的核燃料技术以后离把它提高到80%只有一步之遥，这等于你已经掌握了核武器。争执就在这里。伊朗说根据《不扩散核武器条约》里的规定，承诺不研究、不生产核武器，但签字国有权和平利用核能，而且有核国家有义务帮助无核国家和平利用核能。《不扩散核武器条约》有一个不是很公平的地方，就是它规定世界上174个国家里只有5个国家允许拥有核武器——美、英、法、俄、中，剩下100多个国家都不允许研究和生产核武器。伊朗现在就在法理上充分利用这一点，从法理上来说这是完全有道理的。它说我现在是和平利用核，我只制造丰度3%的铀-235，我有权和平利用核能。在这个问题上，国际原子能机构也承认了伊朗有和平利用核能的权利，欧洲也承认伊朗有和平利用核能的权利。美国刚开始说虽然你是个签字国，但你是个"无赖国"，所以你无权，那么你无权和平利用核能。但是在这次安理会的主席声明里美国做出了妥协，承认了伊朗有和平利用核能的权利。可是伊朗要建立信任，大家对它缺乏信任，到底有没有搞核武器？大家对它还有所怀疑。这是我讲的第一方面的问题，不管形势如何变化，不管再怎么施加压力，伊朗很难让步。

还有一个就是从伊朗国内的形势这个角度来看。伊朗的伊斯兰革命经过了27年，这场革命我是亲身经历过的。过了27年之后，这个国家建成了一个政教合一的、高度政治化宗教化的国家，没有多少心思放在发展经济这上面。很可惜的是这么一个世界上第四大石油产油国、OPEC里第二大产油国，它的人民并不富裕，日子过得并不好，经济并不发达。原因就是在伊斯兰革命27年中，这个国家、这个新的政权花了大量精力搞政治，搞国内的政治斗争和国际上的政治斗争。它花了大量的人力、物力、财力发展武器，包括核能、导弹和其他先进的武器。但是27年以后，伊朗的情况发生了很大的变化。世界的形势发展了，冷战结束了，很多亚洲国际趁着全球化的形势飞速发展，特别是像中国、印度和东南亚的一些国家迅速发展起来，可是伊朗的经济几乎是在原地踏步。伊斯兰革命的时候，人均GDP是2000多美元，到现在还处在这个水平甚至更低于1995年。我离开伊朗的时候，比价是1个美元比3000里亚尔。最近我从伊朗回来的同学说是1个美元比9000里亚尔，贬值贬得很厉害，老百姓的生活也是很不容易，很辛苦。在这种形势下，再加上年轻一代的成长，它的情况就跟我们很不相同。伊朗的人口有70％年龄在30岁以下，大批的年轻人都是革命以后出生的。这个国家很有意思，它是一个强烈的反美国家，到处都是"打倒美国"的口号，在旅馆里、商店里、马路上，到处都有"打倒美国"的口号，甚至你进到一些大的写字楼或者商店门口擦脚的那个地方，一块毯子画着美国的国旗，让千人踩、万人踩。他们就是这样来侮辱美国。尽管这样，伊朗的年轻人还是非常迷恋于看美国的大片。电视上不让演，盗版的美国大片到处都有。年轻人的上网率也非常高。伊朗虽然同美国没有外交关系，但是很多伊朗年轻人都在美国留学。在美国，除了华人以外，伊朗人可能是第二大的外国学堂，特别是洛杉矶。洛杉矶的伊朗人就有200万，所以人家说笑话说可以把Los Angeles改名改成Irangeles。200万伊朗人他们有自己的商店、报纸、电视台、广播等，所以伊朗就处在这么一种情况中：大批年轻人在全球化的浪潮推动下恐怕有股强大的思潮要求发展经济、改变经济。国家不能老这样下去，天天喊政治口号，用我们的话来说是以"阶级斗争为纲"，他们要求改革。1997年有一位总统上来,可能大家都知道,他的名字叫哈塔米。1997年到2005年他统治的八年时间里,他主张在伊朗要做一些改革,就是在现有的伊斯兰体制下让经济市场化,政治适度开放,对外关系提倡文明的对话。这个政权面临一系列的问题,要改的话势必要涉及人民的初衷。一些很守旧很革命的人会拿出1979年革命精神领袖霍梅尼说的一些话来说你"违背了领袖的知识"。还有就是27年以来已经形成了好几个由宗教人士组成的利益集团。如果同美国的关系真的改善,同西方国家的关系真的改善,伊朗国内的经济市场化、政治适度开放的话,那些利益集团势必要受到冲击。在2005年的伊朗总统选举中出现了一匹"黑马",最近很多人都说他胡说八道,实际上也不是胡说八道,他说把以色列从地图上抹掉。这句话是27年前伊朗人就喊过的口号,他无非是把这个老的口号拿出来再说一遍。我们可以看出伊朗国内整个政治的右倾化。伊朗的统治集团也需要某种外力来对它施加一些压力,来促进它国内改革西方化的势头的发展。我看到美国研究机构的一篇文章,讲的很有意思,它说美国国内有新保守主义,实际上伊朗国内也有新保守主义。这指的就是那些保守派。他们有一点是共同的,就是保持美国和伊朗的敌对关系。保持了美国同伊朗的敌对关系,新保守主义背后的军火集团就有钱可赚,有事可做,石油集团就有利益可得。保持敌对对伊朗的保守派来说就可以巩固他们在国内的地位。这恐怕是从伊朗国内来说的。

那么从伊朗同美国之间的关系、从美国这个角度来看,美国为什么要对伊朗采取这样的态度?我说过,伊朗的核问题说到底是美国同伊朗的问题,不是伊朗同西方国家的问题。同是核问题,印度有核武器,美国就可以装作没看见,赞同印度签订核能合作协议;以色列有核问题,美国可以不管。为什么伊朗有核武器,美国就不能允许?关键是美国把伊朗这个政权看成是敌对的一方。2006年美国的防务报告已经出来了。这份报告明确提到伊朗是对美国构成威胁最大的单一国家,把伊朗单列出来。为什么美国这么敌视伊朗?有两方面原因:一个是公众的因素;一个是美国战略上的需要。公众的因素就是伊朗做了一件很伤害美国人的事情,就是1979年的"人质事件",这是我亲身经历的事情。1979年11月4日,伊朗的学生占领了美国驻伊朗的大使馆,扣押了美国52名外交官,扣押了444天。这在美国的历史上是空前的,恐怕在世界外交史上也是罕见的。很多美国人把这件事情看作是自越战以后美国受到的最大侮辱,它羞辱了美国人。1980年52名人质乘飞机回到美国的时候,美国的各个大城市、千家万户的门口或树上都挂满了黄丝带。美国人挂黄丝带就是对亲人的怀念,或者欢迎亲人归来。事过27年,美国人还耿耿于怀,不忘记这件事情。大家还记得伊朗现在的总统艾哈迈迪·内贾德在2005年8月份当选之后,美国就有媒体拿出一张照片来说这位总统曾经参加过当年绑架美国人质的活动,指出照片里有一个人长得很像他,而且还说得有鼻子有眼。据说几位人质出来作证说见过这个人,称这个人就是当年扣押他们的人。不管有没有这件事情,对于美国人来说,这是他们心灵上的伤痛。过去克林顿当总统的时候称伊朗为"无赖国家"、"流氓国家",我看美国80%的百姓都会接受这种说法。当布什在2002年把伊朗作为"邪恶轴心"的时候,也许你说朝鲜、说伊拉克有的美国人不一定能接受,但是你要说伊朗的时候,许多美国人都会接受,就是因为"人质事件"对美国的公众影响太深。直到今天,当年被扣押的人质里还有一批人在打官司,要求伊朗政府赔偿他们当时的精神损失费。这件事情在美国公众当中造成了影响。"人质事件"发生在卡特当总统的时候。每当卡特、里根、老布什、克林顿,再加上小布什,历届总统要对伊朗采取强硬措施的时候,在美国国内遭遇反对的概率是比较小的。这是从美国公众的角度来讲。

从美国的战略上来讲,它不只是从感情上来考虑这个问题。我觉得美国的执政者、美国的历届总统或者政府,恐怕不光会从感情上考虑。"人质事件"是每届总统用来煽动美国公众情绪的一个工具,但是作为统治者来讲,真正要把伊朗作为一个敌对的国家、作为对自己这么一个大国具有威胁的国家来对待,还有更深层次的原因。一个深层次的原因就是伊朗的战略地位太重要了。大家可以看看地图,伊朗的面积是165万平方公里,跟我们的新疆差不多大。在中东地区,它是伊拉克的3倍,大概比沙特阿拉伯的面积略小一点。还不在于它面积的大小,更重要的是它的战略地位。它的北面是高加索和中亚,西面是阿拉伯世界,南面是波斯湾,东面是南亚次大陆。它是在这么几个重要板块的交叉口,历来就是兵家的必争之地。谁要统治这个世界,谁要称霸这个世界,没有伊朗是不行的,伊朗是必定要去争夺的。所以从18世纪直到20世纪末,大英帝国也好,沙俄也好,当初的美国、苏联也好,都要争夺这块地方,因为这块地方战略位置实在太重要了。过去冷战年代，这个地方是由巴列维统治，充当美国的傀儡，而且还充当美国在波斯湾的宪兵，那个时候可以说是美国的黄金时期。在这一时期，美国人做梦也没想到1979年会发生这么一场革命。这场革命对美国战略上造成的损失是什么？1979年发生这场革命时，美苏处在冷战的状态。当初美苏势力的界线就是伊朗和苏联的边界线。由于伊斯兰革命的发生，美国的势力范围从伊朗同苏联的边界一下子退到了波斯湾。伊朗不仅成了一个美国所不能施加影响的地方，而且成了一个强烈的反美国家。伊斯兰革命之后，在伊朗建立了世界上第一个政教合一的国家，而且是用宗教手段来凝聚自己的国家，成为这个地区的大国，用宗教的手段高举反美大旗，挑战美国的种种势力。像这样一个国家，美国是不允许它存在的——不是说不允许伊朗存在，这个国家是搬不走的，而是不允许这样一个政权存在。所以说美国在伊朗的终极目标，并不是要取消伊朗的核能。设想如果伊朗现在是一个亲美的政权的话，伊朗的核问题就不会成为一个问题，美国还可能会支持它发展核武器。恰恰是因为这个政权是个反美政权，是一个由政教合一统治的政权。所以美国最终的目标是要改变这个政权。美国的国会最近还通过了决议案，美国政府拨款七千五百万美元专门从事所谓的"在伊朗推行民主自由"，其实是要推翻这个政权。所以从美国这个角度讲，它不光是简单地仇恨这个政权，而是这个政权成为美国在全球称霸或者是控制中东或欧亚板块一个最大的障碍，不除掉这个障碍，美国不可能真正夺得世界霸权。这是美伊关系的一个核心问题，用美国的话来说就是一旦伊朗这样的政权获得了核武器，它就可以用核武器来威胁美国，就可以用核武器来威胁我们在中东地区的盟友，会给美国制造很大的困难。实际上，在目前还没有核武器的情况下，伊朗已经有相当大的能量。美国自己可能还没有估计到伊朗有多大的能量。伊朗本身不讲，伊拉克60%的人口是伊斯兰什叶派。因为伊朗本身是全世界什叶派的大本营，所以伊朗对伊拉克的影响是巨大的，美国要解决伊拉克问题离不开伊朗。另外，在黎巴嫩的真主党几乎是伊朗一手建立起来的，对真主党的影响也很大，再加上巴勒斯坦哈马斯影响很大，所以美国把伊朗作为单个的最大问题是有它的理由的。因此解决伊朗核问题，关键是要解决美国和伊朗的敌对问题。这是我们讲的第二个问题。

第三个问题就是怎么看待"核不扩散体系"。世界上现在有两个核问题,一个是朝核问题,一个是伊朗核问题,这两个核问题有相同的地方也有不同的地方。相同的地方就是这两个国家都是被美国列为"邪恶轴心"的国家,而且都是美国的敌对国家。不同的是,朝鲜早就退出了《核不扩散条约》,不承担任何义务,而且朝鲜已经公开宣布它已经拥有核武器了。伊朗恰恰相反,它是《核不扩散条约》的签字国,它承担了不研制、不生产核武器的义务,然而伊朗不承认它在研制核武器。这就很有意思,朝鲜说我已经拥有核武器了,美国人说我不相信你有核武器;伊朗说我没有核武器,美国人却认定它肯定要搞核武器。现在"核不扩散体系"本身面临着威胁,说得严重一点,甚至面临着崩溃的危险。核武器最初使用是1945年,就是美国在广岛和长崎用了这么一次,在那之后,没有人再用过。恰恰就是美国在用了这一次核武器之后对日本造成了极大的威慑,在心理上给人们造成了极大的恐惧,使得全世界的很多国家特别是一些大国对核武器趋之若鹜:要想称霸的国家想利用核武器作为威慑别人的一种手段,处在弱势的国家想要拥有核武器来保卫自己。比如我们中国,60年代当我们处在弱势的时候,我们勒紧裤带要把我们自己的核武器研制出来,那是我们为了保护自己的利益。弱势国家趋之若鹜,都想搞核武器,不是因为要用它,而是希望能够获得核武器的威慑力量。尽管有了《不扩散核条约》,有174个国家在《不扩散核条约》上签了字,又有多少国家真正在遵守呢?首先美国自己就不遵守。我这里有个统计数字:现在美国拥有的核弹头是10500个,俄罗斯有18000个,英国200个,法国350个,中国是400个——这是外国统计的,我不相信我们有这么多的核弹头,印度是60—90个,巴基斯坦是28—48个,朝鲜还是X——大家还不知道它到底有没有,以色列未知。全世界加起来超过30000多个核弹头,这30000多个核弹头足以把我们这个地球毁灭很多次了,实际上谁也不会去用它。核武器发展到今天已经没有当年那么神秘了。一些核技术在黑市上都可以买到,比如伊朗生产浓缩铀所需要的离心分离机。现在伊朗已经安装了164台离心分离机。但是生产一个核弹大概需要25公斤的铀-235。生产25公斤的铀-235需要离心分离机可能得有几千台甚至上万台。据说伊朗已经拥有的2000台离心分离机的零配件就是从黑市上买来的,就是说从黑市上都能买到这种核武器的零配件和核武器的技术。

后来事实证明了就是巴基斯坦的很有名的所谓核弹之父卡迪尔·汗把它卖出来的。后来查出来的朝鲜的核技术、利比亚的核技术、伊朗的核技术都是从他那里通过黑市得到的。所以"核不扩散"这个体系一方面在拼命约束它,另一方面美国自己在破坏它。这个游戏规则是美国自己规定的。《不扩散核武器条约》是美国制定的游戏规则,五大国可以拥有,其他国家不允许拥有。但实际上美国自己在破坏。美国拒绝在禁止核试验的条约上签字。第二个是美国不增加核弹头数量,但却在不断精化它的武器,这是个公开的秘密,而且美国从来不提以色列的核武器问题。国际原子能机构2月4日提出一个决议案,这个决议案需要35个理事国通过。其中有的理事国是阿拉伯国家,美国要拉这批国家特别是埃及这些国家的票。但是埃及这些国家明确提出如果要通过这个决议,一定要写明一条:中东地区应该实行无核化。这句话暗指以色列不应该拥有核武器,美国坚决不同意。美国为了要拉拢这些票,最后做的妥协就是国际原子能机构认为中东地区应该成为一个没有大规模杀伤性武器的地区。这样才勉强通过。对印度也是这样,印度已经有了核武器了,印度和巴基斯坦都不参加《不扩散核武器条约》。美国跟印度另签订了一个《和平利用核合作》条约,虽然按照《不扩散核武器条约》是不可以这样的,所以说美国自己在破坏"核不扩散体系"。美国一方面要维护"核不扩散体系",另一方面又破坏它,这是因为美国实行双重标准。

最后一个问题就是大家所关心的问题:到底伊朗的核问题会不会打起来?打起来的可能性并不是不存在。因为据我知道,美国五角大楼制定了五六个打击伊朗的方案,已经放到了白宫布什总统的桌子上了。问题是布什总统能不能在政治上下这个决心。我记得2004年的时候,美国五角大楼曾经用沙盘推演的方法模拟军事打击伊朗、进攻伊朗,但是结果却令人失望。所谓打起来,无非是两种打法:一种是定点打击,科索沃式的,军队不进去,但用巡航导弹、用隐形飞机打击美国选中的战略目标——伊朗核设施;第二种方式是伊拉克式,即2003年美国打伊拉克的方式,海陆空全面出击,地面部队进入伊朗,占领伊朗。我想第二种可能性几乎是微乎其微的,因为美国现在在伊拉克是15万军队至今还抽不出来,而且到何年何月才能抽出来布什自己都不敢说。布什说过他认为他的任期结束以后,美国军队还要留在伊拉克。美国陆军一共就48万,其中有15万在伊拉克。伊朗领土比伊拉克大三倍,人口比伊拉克多三倍,如果美国再派军队去占领伊朗,伊朗的综合国力、国内的凝聚力、动员力都要超过伊拉克,所以这个可能性比较小。可能性比较大的就是定点打击。但是定点打击,美国恐怕也要考虑再三。最近大家都看到了,电视上反复播这样的镜头:伊朗的鱼雷、导弹有多大的攻击能力,能够避开雷达的探测等。当然,我不是军用专家,我不知道伊朗到底有没有这个能力。即使伊朗有这个能力,美国同伊朗开战,我相信伊朗也不是美国的对手。一个超级大国要对付伊朗这样的国家,哪怕它有中东最强的军事实力,它还是不能成为美国的对手。如果要定点打击伊朗的话,它的政治影响就是中东一片大乱。最近中、俄、美、英、法、德六国外长在柏林开会,会议结束后六国外长举行了记者招待会。我们李肇星外长没去,戴秉国副外长去了,他说了这么一句话:"中东已经够乱了,我们不要再添乱了。"这就意味着如果美国空中袭击的话,伊朗恐怕会放开手脚在中东跟美国作战。为什么现在美国愿意同伊朗谈伊拉克问题?因为美国深知解决伊拉克问题离不开伊朗。伊拉克现在的总理贾法里在伊朗流亡了10年,讲一口流利的波斯语,同伊朗的关系千丝万缕,包括它现在的总统都同伊朗的关系非常密切。再说伊拉克的宗教领袖西斯塔尼是伊朗血统,而且他现在还拿着伊朗的护照。据说去年选举的时候大家建议他去参加投票,但是他拿的是伊朗的护照不能投票,有人建议他换一个伊拉克护照,他说我本来就是伊朗人为什么要换护照?坚持不换。伊朗人和伊拉克人几乎很难分得清楚。所以伊朗要在伊拉克做点手脚太容易了。坦率地说,到目前为止,伊朗对伊拉克的局势还是非常克制的。一个它不想同美国在伊拉克问题上闹翻;第二个是伊拉克大乱起来对伊朗并没有什么好处。但是如果美国真的对伊朗实行军事打击,我相信伊朗会在伊拉克放开手脚干。另外,黎巴嫩的真主党也是伊朗的一张牌,它会放开手脚干。巴勒斯坦的哈马斯也是伊朗的支持者,他们都会放开手脚干的。到时候中东出现一片混乱,美国怎么来收拾这个残局?这些后果恐怕美国也不能不考虑。美国不是说没有考虑,而是美国的新保守主义分子强烈地主张"晚动手不如早动手"。我记得2003年当美军占领巴格达、美国已经在军事上取得胜利的时候,美国很有名的新保守主义集团的一个重要成员理查德·珀尔,"邪恶轴心"的演讲稿就是他起草的——他有一句名言说:"只有懦夫才会止步于巴格达,应该把自由的火炬传递到德黑兰去。"所以,美国对伊朗的野心是非常明确的。问题就在这里:打了以后怎么办?这个政治后果美国不得不考虑的。还有一个大家不要忘记,布什当总统还有两年,美国历届还没有一个总统在他任期内连续打两场战争,而且一次比一次大。还剩下两年的时间,他是否愿意再打一次大的战争,我想他更愿意把这个烫手的生意交给下一个总统去做。有一个笑话说布什愿意把这个烫手的生意交给希拉里去做。能不能打起来大概也就这样。

已经讲了很长时间了。谢谢大家!

(2006年4月7日)

当代中国歌剧掠影兼析歌剧《原野》、《楚霸王》、《杨贵妃》

■金 湘

金湘，当代中国作曲家、指挥家、音乐评论家。

1954年9月被保送升入中央音乐学院本科作曲系深造，1957年7月以优异的成绩毕业，同年被划为"右派"，下放新疆劳动二十年。1979年2月平反后任北京歌舞团交响乐队指挥兼作曲。1984年2月转任中国音乐学院作曲副教授并兼作曲系作曲教研室主任，1990年7月赴美国西雅图华盛顿大学任访问学者一年，1991年8月转任美国首都华顿歌剧院驻院作曲一年，1992年8月转至美国纽约朱丽亚音乐学院访问、进修。1994年起返国任中国音乐学院作曲教授。2003年受聘中国艺术研究院博士生导师。

金湘的作品体裁广泛，风格多样，从大型歌剧、交响乐、协奏曲、大合唱，各种室内乐直至影视音乐共有近百部作品问世。他的歌剧《原野》，继1987年9月在北京第一届中国艺术节上进行世界首演获得巨大成功后，又于1988年8月在美国康纳狄克州尤金奥尼尔戏剧中心以"舞台阅读"形式演出再获成功；1989年12月，又在联邦德国慕尼黑第三届国际戏剧研讨会上获"特别荣誉证书"奖，而在1992年1月至2月在美国首都华盛顿肯尼迪艺术中心华盛顿歌剧院公演，1993年2月至3月在台湾的公演，1997年在德国和瑞士的公演，公演获得了一系列世界性的成功。1994年3月，继《原野》之后，他的第二部歌剧《楚霸王》在上海首演；2004年5月，他的第三部歌剧《杨贵妃》在北京以及随后于次年在日本东京的演出，同样均获得巨大成功。

金湘的交响乐及室内乐作品亦多由其亲自指挥问世：1991年8月在加拿大班芙(Banff)国际音乐节指挥《室内协奏曲》；1993年3月在纽约林肯中心指挥《交响狂想曲：天问》；1994年8月在台湾台北音乐厅指挥《歌剧：

楚霸王》音乐会;1994年12月在纽约林肯中心指挥《交响组歌:诗经五首》;1997年12月在纽约卡内基音乐厅指挥交响大合唱《金陵祭》等作品,均获得国际上一致好评。

金湘的音乐评论涉及领域十分广泛,见解独到,文风犀利。1990年由中国文联出版公司出版的《作曲家的困惑》以及2001年由上海音乐出版社出版的《困惑与求索——一个作曲家的思考》,共辑有约六十万字的音乐评论与创作随笔。

大家好:

我七岁开始学习音乐,一直从事与音乐相关的工作(创作、指挥、教学、评论),由于众所周知的历史原因,我在耽误二十年后,于五十岁前后才开始步入音乐事业的高峰,真所谓"起了个大早,赶了个晚集!"被迫"大器晚成"!我的音乐创作涉及音乐体裁各个领域。今天,主要谈谈我所了解的当代中国歌剧和我所写过的歌剧(我在歌剧领域内,写的主要是正歌剧,也间或写些音乐剧和室内歌剧)。

我们知道,音乐有各种体裁。大家应该对音乐的各种体裁先有一个总体的了解,然后再来才能更好地聚焦歌剧。(简述各种音乐体裁,从略)

我写歌剧是从80年代中期开始。开始时纯属一种"客串",以后写开了,就钻进去了。我这个人干事有一股劲。既干了,就要问个究竟,弄个明白,总结总结,研究研究,探索探索,交流交流——今天,来和大家谈谈,也仍是我总结、研究、探索、交流的延续。好!让我们进入正题。

首先,我想问问大家,你们当中看过歌剧的人有多少?(请举手)看来歌剧在大学生中的普及还是不够的。今天我想用大约40分钟的时间来简单介绍一下中国当代歌剧的发展,剩下的时间我就结合几部我的歌剧为大家介绍一下歌剧的各要素和音乐在歌剧中的作用。

我们知道,歌剧、芭蕾舞、交响乐,代表着一个国家的主流音乐文化,也代表国际音乐创作的最高水平。对于中国来说,歌剧是一种舶来品,它起源于西方。一般认为,西方歌剧是从1600年意大利的《尤利迪采》(Euridice)诞生算起,至今已有四百年的历史。最早,在14、15世纪,即有说唱故事这种形式,是为歌剧之萌发;随着"古典"以前各个时期音乐形式之发展,歌剧的体裁和模式亦逐步形成,以后,经莫扎特、罗西尼、威尔第、普契尼等大师把西方古典歌剧艺术推向了顶峰。进入20世纪，随着音乐创作流派的不同发展，西方歌剧呈现多元（古典—浪漫—印象—现代）并存景象。对比西方歌剧，中国歌剧起步整整晚了三百年！一般认为中国歌剧的历史应从1928年黎锦辉的《小小画家》算起。

中国歌剧（包括两岸三地）七十年的发展，基本可分为三个阶段：

1. 初创期。自1928年《小小画家》问世到1949年为第一阶段，即所谓"由民初到抗战后的初创期"。这一时期，以重庆的《秋子》和延安的《白毛女》为代表，中国歌剧经历了从无到有、艰辛创业的阶段。许多中国早期的歌舞剧、秧歌剧以及新歌剧（就"新歌剧"这一名词本身而言，并无精确的涵盖范围；但在中国大陆，一般是泛指这一时期以及后一时期［1949—1979年］中国大陆由作曲家创作的、不同于秧歌剧和戏曲的歌剧。在没有更好的名词出现之前，这里姑且沿用之）如雨后春笋纷纷诞生。诸如：《秋子》（1942）、《兄妹开荒》（1943）、《夫妻识字》（1944）、《白毛女》（1945）等等。这一时期虽有延安和重庆之分，但总的讲来，还是中国全体歌剧艺术家联手共同开拓探索。1942年，毛泽东《在延安文艺座谈会上的讲话》对于这一时期的歌剧发展有着决定性的影响。《白毛女》无疑是这一时期的代表作。

2. 发展期。自1949年至1979年为第二阶段，即"从共和国成立到改革开放"。此阶段内，两岸三地歌剧艺术主要受政治因素影响，几乎隔绝；大家分头耕耘，各自发展，情况有别，差异拉大。在中国大陆，一方面是沿着《白毛女》所开创的道路，出现了一批又一批的新作。诸如：《王贵与李香香》（1950）、《小二黑结婚》（1953）、《刘胡兰》（1954）、《红霞》（1957）、《窦娥冤》（1957）、《洪湖赤卫队》（1959）、《红珊瑚》（1960）、《江姐》（1964）等等；一方面在学习引进以苏联/俄罗斯为代表的西方正歌剧的基础上，亦有少量接近西方正歌剧式的作品出现，如：《草原之歌》（1955）、《望夫云》（1957）、《阿依古丽》（1965）等等。应该看到，此一时期大陆歌剧虽有文革十年的荒芜期，但总的说来，通过大陆歌剧艺术家的辛勤耕耘，歌剧艺术发展极快，出现了中国歌剧史上第一个黄金期。与此相反，同一时期在台湾、香港，华人歌剧还刚刚起步：1965年台湾有所谓的"军中歌剧"《王阳明传》、《西施》等等，而香港则还处在引进西方歌剧阶段，华人歌剧几乎没有。

3. 繁荣期。从1980年以后至今,应为第三阶段。随着大的政治环境的变化,两岸三地歌剧创作、表演日益活跃,交流合作益趋频繁。大陆连续出现《伤逝》(1981)、《护花神》(1981)、《屋外有热流》(1981)、《火把节》(1982)、《热土》(1984)、《深宫欲海》(1986)、《原野》(1987)、《仰天长啸》(1988)、《马可波罗》(1991)、《张骞》(1992)、《楚霸王》(1994)、《苍原》(1996)、《徐福》(1997)、《党的女儿》(1997)、《屈原》(1998)、《红雪》(1999)、《苍海》(1999)、《雷雨》(2000)、《司马迁》(2002)、《杨贵妃》(2004)等多部正歌剧、民族歌剧;以及诸如《第一百个新娘》(1980)、《芳草心》(1985)、《搭错车》(1986)、《与你同行》(1989)、《日出》(1990)、《鹰》(1994)、《四毛英雄传》(1995)等多部喜歌剧、音乐剧;同时,还出现一批前卫歌剧、室内歌剧,诸如:《狂人日记》(1994)、《马可波罗》(1994)、《俄狄浦斯之死》(1996)、《夜宴》(1999)、《再别康桥》(2002)等。台湾则一扫六七十年代万马齐喑的局面,《白蛇传》(1979)、《西厢记》(1985)、《西游记》(1987)、《热比亚》(1988)以及《西施》(2001)等先后登台。香港亦不甘落后:1982年推出《易水送别》,1989年又推出《梦审窦娥》。值得一提的是,1992年1月歌剧《原野》由美国华盛顿歌剧院制作,用中文演唱,在肯尼迪艺术中心连续爆满十一场。这是东方歌剧首次叩开西方歌剧艺术殿堂的大门——中国歌剧开始真正走向世界!

应该说,中国歌剧还应该有一个真正的"成熟期",让我们翘首以盼!中国的歌剧,百花争妍,基本可分为五种类型:(1)歌舞剧型;(2)秧歌戏曲型;(3)音乐剧(含话剧加唱)型;(4)正歌剧型;(5)前卫(含室内歌剧)型。让我们分别简述之:

1. 歌舞剧。这类歌剧,题材一般偏重于童话、民间传说;形式上歌舞相间、轻快优美。不仅早在30年代初期即已有之,而且在大陆一些少数民族地区亦很盛行。代表作是《小小画家》、《刘三姐》(歌舞剧在西方也很普遍,1988年我在柏林艺术节上看到的《蜜蜂与蟋蟀》、1989年在慕尼黑第三届国际戏剧音乐研讨会上看到的几部与会的希腊、土耳其的录像,均属此类)。

2. 民族歌剧。这类渊源于民歌、秧歌以及中国传统戏曲的歌剧(我们姑且称其为民族歌剧)在中国歌剧中占有很大比重。它在音调上大量继承吸取了民间音乐,在乐思展开手法上,更贴近中国戏曲特有的板腔结构。这类歌剧非常注意唱腔旋律的作用,给人们留下不少脍炙人口的唱段。代表作是《白毛女》、《洪湖赤卫队》、《江姐》、《红珊瑚》、《党的女儿》等。

3．音乐话剧/音乐剧。所谓音乐话剧,即是话剧加唱,其实,这种形式在中国早已有之。30年代聂耳的一些作品(如《梅娘曲》)即属此类。严格地讲,在中国,某些被称为"新歌剧"的作品,就其创作思维而言仍属"话剧加唱"。少数民族中的某些向音乐剧过渡的话剧(如过去我在新疆所接触到的)更是直接叫"音乐话剧"(我看倒更准确!),当代话剧中某些音乐性较丰富的配乐和更多地加入舞蹈(或"舞配歌")的亦应归入此类。这类歌剧的优点是全剧音乐组装灵活、演员驾驭轻便。我之所以将音乐剧亦划归此类,是由于音乐剧确实与"话剧加唱"有着密切的血缘关系,其音乐思维发展逻辑属于同一轨迹;只不过,前者无论从音乐与戏剧的融合、音乐与舞蹈的结合、音乐本身的整体性、音乐审美的通俗性等方面,都已发展得更为完整与成熟。可否认为:"话剧加唱"是音乐剧的初级阶段,而音乐剧则是"话剧加唱"的完整与成熟。今天,中国不但已开始引进了多部世界著名音乐剧,也出现了一些中国作曲家自己创作的音乐剧。代表作有《芳草心》、《搭错车》、《四毛英雄传》等。

4．正歌剧。中国的正歌剧主要是在借鉴西方正歌剧的创作原则基础上结合东方美学原则并吸取中国民族民间传统手法发展而成。它的特点是音乐与戏剧的有机结合、戏剧矛盾的冲突与展开依赖于音乐、音乐的陈述与发展紧紧结合着戏剧等等。(这就是我在1988年10月泉州歌剧创作座谈会上提出的:"戏剧的音乐、音乐的戏剧"!)在音乐内部,声乐与器乐交织展开;在声乐内部,咏叹调与喧叙调交相辉映。在总体交响性的构成原则下,调动交响乐、室内乐、合唱、重唱、独唱等全部音乐手段,完成"戏剧的音乐、音乐的戏剧"之要求。近年来,我国歌剧界涌现出不少此类作品。代表作有《原野》、《仰天长啸》、《马可波罗》、《楚霸王》、《张骞》、《苍原》、《杨贵妃》等。

5．前卫歌剧/室内歌剧。后现代主义多元观在歌剧领域的反映,其结果就是出现大量形式多样、体裁各异的歌剧。这些歌剧就观念而言,可纳入"前卫"、"先锋";就形式体裁而言,一般多为"室内"性格(演员不多,乐队较小)。近年来,世界各地华人作曲家陆续创作了不少此类歌剧。诸

如:《狂人日记》、《俄狄浦斯之死》、《夜宴》、《文姬》以及《再别康桥》等。不可否认,在中国,前卫——室内歌剧还刚起步,人们对它还很陌生;但我想,无论从哪个方面来看,它对中国歌剧的发展与影响肯定会作出其应有的贡献。因此,在中国歌剧的分类中给其以应有的一栏是完全必要的。

上述分类并非绝对精确。事实上在实际音乐生活中,有时常常很难为一部歌剧恰当分类;更何况作曲家们总是在不断地创造并发展新的形式呢!

下面我来谈谈我自己对歌剧本体的理解吧。首先,我们都知道戏剧可以分为悲剧、喜剧等形式,歌剧也不例外,有正歌剧、喜歌剧、轻歌剧等;其次,正歌剧是歌剧领域的重中之重,它们或者刻画了一种社会现实,或者了反映了一种时代精神,或者表达了一种人民的心声!如西方的《茶花女》、《图兰朵》,中国的《原野》《楚霸王》。最后,在正歌剧中,戏剧是它的基础,音乐是它的主导;两者互为互动,构成完整的歌剧艺术。

请允许我再集中谈谈我在歌剧创作中常会遇到的几个问题:(1)悲剧性;(2)歌剧思维;(3)传统的继承与发展。

第一,悲剧性。戏剧是恢弘的史诗性和深刻的哲理性的结合,应该说,悲剧是这种结合的一个重要体现。鲁迅曾说过:"悲剧是把人类最美好的东西撕碎给人看。"恕我不能苟同!因为,这只是从表面上看!我认为悲剧实际上是对人类命运的一种无奈又执拗的终极关怀!它不是悲观的,它是向上奋进的!它给人以心灵上巨大的震撼,引发人们对人类终极命运的深刻思考!在正歌剧里,剧作家和音乐家正是通过歌剧这种形式来表达他们对生活、对社会、对人类命运的关注与思考。

我自己的经历正是一个悲剧:风华正茂却被发配新疆,历尽坎坷二十个春秋!当时我很不能理解这种社会的不公,但渐渐地,我发现其实每个人被抛入社会后都很难左右自己的命运。现在看来这种饱经人生的沧桑遭遇使我对人性的了解日益透彻,渐渐悟出了:我所受的这些苦难也是一个民族的苦难、人类的苦难。我们应该关心的是:人类的命运怎么办?!而不是在这里为一己怨天尤人!我要把这些东西写出来,写出悲剧的力量,悲剧的美!请注意,这种美,完全不同于唯美主义!它是基于对生活社会的理解,对历史发展的认识,对人性复归的渴望,对人类前途的自信的一种灵魂深处的"喷发"!一种含着眼泪的微笑!一种带着苦涩的甜蜜！——写出像《原野》那样的作品！西方人认为《原野》是一场爱情复仇戏，其实不然，它是几千年封建思想禁锢着的华夏大地上的一种扭曲——反扭曲，复苏——反复苏的长期较量与搏斗的产物。如果看不到这一层：悲剧的历史意义与社会意义，那就势必失去了歌剧创作的原动力。

第二，歌剧思维。歌剧创作有它不同于其他艺术形式的自身规律。这里最重要的是需要一种歌剧的思维！"歌剧思维"，我认为从本质上讲，它涉及的是一个形式问题。也就是指歌剧艺术家的创作形式思维问题。它是作者怎样将自己已有的意图（故事情节、情感思绪）用歌剧这个载体，并以符合这个载体本身特有的艺术规律表现出来的问题。

任何一种艺术形式、载体都具有其各自不同于其他艺术形式、载体的特有规律。一旦选用并运用这些不同的艺术形式、载体，也就必然形成了各自不同的创作思维。例如：歌剧思维、话剧思维、舞剧思维、交响乐思维、室内乐思维等。此其一。其次，在歌剧这个载体形式中，作曲家在以"歌剧思维"处理好戏剧与音乐这一对矛盾（两者既对立又统一）的过程中，就我的经验，大致会遇到四个方面的问题，即结构、形态、技法、观念。这方面由于时间所限，今天就不展开谈了。

第三，如何认识传统。继承传统是一切音乐创作的共同追求。我国已故著名音乐理论家黄翔鹏曾形象地将传统喻为一条河流："滚滚自远古流来，又滚滚流向远方！"我则在同意其基本观点的前提下，对其进一步地丰富发展，我在 2001 年一篇题为《作曲家的求索》的文章中，提出一个论点："多层面的传统之河！"是的，"传统是一条河"。然而，一般多易从平面视角来看这条"河"——滚滚自远古流来，又滚滚流向远方！而如果用立体的纵向视角，剖析它的横断面，我们就会发现这条河流竟有上、中、下三层：居于上层（或称之为"表层、浅层"）的是一些最表象、最易感受的诸如调式、音色、节奏等元素，以及与之相应的旋律、律动、直至乐器，姑且称之为"技术层面"，属"形态学"范畴；居于中层（或称之为"内层"）的是一些固有的音乐思维模式，习惯性的乐思发展逻辑和表现方式，姑且称之为"创作方法层面"，属"结构学"范畴；处于下层（或称"深层、底层"）的是美学观和哲学思想，可称之为"美学层面"，属哲学范畴。三者各自既统一又独立、既作用又反作用地存在于这条河中：中层控制上层（创作方法决定对技术的运用）；上层又反过来影响中层（不同技术的运用又影响创作方法的变化);底层则左右着中、上层的一切变化(哲学基础无疑具有决定作用)!

　　上面谈的都是一些抽象出来的概念,在实际创作中,当然不是如此泾渭分明,而是千姿百态,互相丰富补充,浑然一体,以其各个不同的个性,统一出现在每一个不同的作品中!

　　下面我来介绍我的几部歌剧。

　　《原野》,先简单介绍一下剧情。它的剧情并不复杂,其独特性在于曹禺先生对悲剧主题巧妙的刻画手法。以仇虎从监狱回来报其与焦家两代的冤仇为主线将故事展开,意在揭示封建势力的暴戾和黑暗,同时突出了纯真的爱和恨以及对恶势力以死抗争的精神。有情人终成眷属是所有人都愿意看到的结局,然而悲剧的"悲"正在于其结果终是有情人未成眷属——比之于那强大的千百年的封建桎梏,善良而单纯的人性是多么渺小而脆弱!《原野》也不例外。看似再强悍的阳刚之汉(仇虎)也倒下了!但《原野》与传统的悲剧相比,结局却又似乎充满着希望和光明——"有了你,就有了我,有了孩子,生下他吧。生下他,他就是天,生下他,他就是地"——仇虎死了,生命却在延续,爱在延续,希望也在延续。然而,我们若再往深层思考:仅仅靠源于封建传统的"父债子还"来反对封建迫害,其最终结局必然仍是失败! 这不仅是仇虎个人的命运悲剧,也是存在于中华大地上的整个历史时期民族的悲剧!

　　那现在就让我们来看《原野》中的片段。(欣赏歌剧《原野》第二幕)

　　刚看到的这段是金子的咏叹调和金子与仇虎的二重唱,是全剧音乐点睛之笔。这一段中音乐脱离了先前无调性的怪异,转回正调的歌剧咏叹调,充满了旋律的美,伴奏音乐也展示出宽广抒情的和声。突然之间,乐声乍起便使人为之一振,继之舒缓的和声使人不由自主地想要深吸一口那来自"原野"清新的空气,仿佛仇虎挣脱了地狱的枷锁来到人间,不,更确切地说是天堂。"金子,金子,你在我心里,你是我,我是你……"随后的二重唱,将两人的美好爱情升华至极尽——

　　(原准备欣赏歌剧《楚霸王》第六幕,因时间不够,从略)(再欣赏歌剧《杨贵妃》第三幕)

　　"六军不发无奈何,婉转娥眉马前死。"刚才我们看到的就是这个情景。在这个剧中我除了着力刻画描绘"在天愿作比翼鸟,在地愿为连理枝"这一爱情主题之外,还采用中国传统的"五行"学说,用"金木水火土"分别赋予五幕以不同的色块!用灯光的颜色加强音乐形象,来表达不同的剧情。如第二幕用柔美抒情的旋律来阐释杨、李之间"火"一样的爱情,第三幕马嵬坡贵妃之死则用庄严、肃穆甚至带点凝固的低音弦乐音块,象征着"土"的音乐来叙述;第五幕杨贵妃在海边遥望西天,思念大唐,岁月如烟,年华如"水"——好,今天我们就先到此为止。谢谢大家!

现场答问

问:金湘老师,说一句冒犯的话:现在的中国,歌剧是一种离大众很远的艺术,在平时的日常生活中我们很少能够接触歌剧,那么您对这个现象有什么看法呢?

答:歌剧是一种高雅艺术,不像流行音乐那样易为一般大众所直接接受,但这并不能作为歌剧在中国没有得到像西方那样融入普通人生活的理由。我们并不缺少一流的歌剧、音乐剧的创作者,问题在于我们没有形成有效的制作、宣传、推广的机制。歌剧在中国需要培养自己的观众群,并且在每次演出中,不断地扩大自己的观众群。当然,这是一个长期的过程,不可能一蹴而就。另外,还有一个资金问题。我们知道,歌剧是需要大投入的,需要政府和民间等多方共同合作。在国外演出的歌剧、音乐剧一般都是委约作品,不是国家政府出资,就是民间集资,也有的是二者联合投资。这样做好处很多,它既分摊了庞大的经费,也使作品得以在多个国家的城市和地区演出,并使这些地区的观众都有机会观看同一优秀剧目,这种合作模式值得我们借鉴。

问:您认为您的歌剧《原野》之所以获得那么大成功的原因是什么?还有,歌剧在中国目前的发展形势如何?

答:《原野》的成功,首先应该感谢曹禺先生为我们提供了这么富有感染力的剧本,为我的音乐创作提供了一个很好的基础。其次,还在于歌剧艺术的魅力,这种魅力是不分国界、语言的。《原野》在国外演出时,大部分观众都听不懂歌词,但是仍然被我的音乐(不仅是咏叹调,而且还包括宣叙调和乐队音乐)所具有的独特感染力所征服。每场演完后,总是在一阵短暂的沉默过后,爆发出热烈的掌声——这就是明证!关于第二个问题,正如我前面说的,歌剧是一个舶来品,在中国缺乏传统的根基,发展起来需要一个循序渐进的过程,我想,随着中国观众对西方戏剧接触的增多,随着艺术家们将中国的传统和歌剧这一形式更好地有机结合起来,随着我国经济突飞猛进地发展而带来人民大众对文化生活日益增长的需求,歌剧这一具有独特魅力的音乐艺术,定将会在我国广大民众中越来越普及。

(2005年12月2日)

附:

《原野》介绍

1987年,歌剧《原野》首演于北京,以后巡演国内和台湾省以及欧美,均获得了巨大成功,受到观众和音乐界的一致好评。该剧被称为"震撼西方舞台的第一部中国歌剧"。该剧还被评为"二十世纪华人经典",并获"文华大奖"。

此剧根据曹禺先生的同名话剧《原野》改编,金湘作曲、万方编剧、李稻川导演。

中国的土地问题

■ 蔡运龙

蔡运龙,男,1948年3月生于贵州贵阳。1982—1990年先后就读于贵阳师范学院、北京大学、中国科学院,分别获地理学学士、硕士、博士学位;1990年在北京大学地理学系完成博士后研究,曾在加拿大圭尔夫大学和国际山地综合开发研究中心做访问学者。现为北京大学教授,自然地理学专业博士生导师,任资源环境与地理学系主任、土地科学中心主任、地理科学研究中心副主任、地表过程分析与模拟教育部重点实验室副主任、中国地理学会副理事长、全国综合自然地理学教学与科学研究会理事长、国家自然科学基金委员会学科评审组成员、国家级自然保护区评审委员会委员、国际地理学联合会农村系统持续性专业委员会指导组成员、《地理学报》副主编等多种学术职务。

从事土地科学、自然地理学等多方面的科研、教学与咨询。主持了多项国家自然科学基金、国家计委的重点科研项目和地方、企业委托的应用研究项目。已在国内外核心学术刊物和重要国际学术会议上发表论文200余篇,独立发表专著2部,合作发表专著10余部及译著若干。

获得教育部科技进步一等奖、国家环境保护总局科技进步二等奖、全国普通高等学校优秀教材二等奖、北京市科技进步三等奖、北京大学科学技术研究成果三等奖、国家环境保护总局自然保护工作奖、国家优秀科普图书二等奖、中国自然资源学会先进个人奖、云南省省校合作先进个人奖,获国务院特殊津贴,获北京大学首批"跨世纪中青年学术骨干"、原国家土地管理局"跨世纪教学、科研骨干和学科带头人"称号。

大家好!今天的题目是中国的土地问题。大家可能会想到,对中国国情非常了解的毛泽东有一句话:中国的问题是农民问题,农民的问题是土地问题。刚才主持人介绍了今天进行的是环境经济学的一个讲座。那么环境经济学与毛泽东所说的土地问题有什么联系呢？我需要先指出，中国最大的资源问题、环境问题是土地问题，它又会影响到经济发展和社会稳定。

为什么说土地问题是中国最严峻的资源环境问题？大家可能还有印象，前两年北京的沙尘暴闹得很厉害，很多搞自然地理、搞生态环境的人在研究沙尘暴的来源，知道北京的沙尘暴有很多来源，有所谓就地起沙，还有大气环流从远处吹过来的。风怎么会吹起沙尘呢？这跟土地利用有关系。不同的土地利用造成了不同的地表覆盖，地表失去覆盖就成为风沙的来源。由此可见，土地利用和我们的生活息息相关，跟我们所关心的很多重要问题相关。看似与土地无关的很多事情，其实都根源于土地问题。现在我们关注的生态、资源问题，大多数可归结到两个原因：一个是土地，一个是水。譬如生物多样性的减少、沙尘暴和大气污染问题都与土地利用的变化有关。因此，土地问题不仅是农民或者土地利用者的问题，跟每一个人都有关系。

再举一个例子，1998年，中国发生了两大范围的洪灾，一个是长江流域，一个是松花江—嫩江流域。其实在长江流域，河流的流量不是历史最高的，但是它的水位却达到了历史最高，也就是说并不是一个水最多的时期，却造成了一个洪灾最严重的时期。什么原因？原因就在于江、湖泥沙的淤积。我们知道，江河本身有调节洪峰的能力，它们靠什么调节？它们靠周围的湖泊和河道本身的容量来调节。1998年的问题就在于河道和湖泊被泥沙淤积了，调蓄能力大大减弱。为什么会被泥沙淤积？因为上游的土地利用导致了水土流失，导致长江及其支流以及周围的湖泊泥沙淤积很严重。所以，1998年之后，中央政府下定决心要在上游实行水土保持，于是就有了上游的退耕还林政策，并禁止砍伐天然林，这是一个牵动全国的大政策，说明很多的问题都和土地利用有关。要调整，必须从土地利用开始，退耕还林也好、天然林禁伐也好，都是土地利用的调整。

还有一个可能大家都熟悉的例子，就是全球变暖问题。《京都议定书》是对付全球变暖的一个举措。克林顿当总统的时候美国承诺要签订《京都议定书》，但是布什当总统的时候又推翻了。全球变暖是什么原因呢？原因还在研究中。简单说来，工业革命之后，人类在大规模利用煤、石油、天然气等石化燃料的同时排放了大量的温室气体，以二氧化碳、硫化物、甲烷等为主。这些气体不是大自然本身的,而是人类活动造成的,它们在大气圈里逐渐积聚,盖住地球表层,造成了一个相当于塑料大棚的效应,称为温室效应。温室效应导致全球变暖,其后果是非常严重的,所以全世界都要对付它。那么怎么控制温室气体的排放?刚才说到温室气体排放的一个重要的原因是化石能源的利用,还有一个原因就是土地利用的变化。现在的研究认为土地利用变化所造成的大气温室气体的积聚并不亚于石化燃料燃烧的作用。为什么?有两方面的原因:一是土地利用本身产生一些温室气体,譬如说把森林砍伐之后开垦成农田,那么树木本身的消耗和腐烂、分解就会产生二氧化碳和其他的温室气体,所以它成了温室气体的一个源头。当然还有其他的原因,譬如种水稻稻田也排放甲烷。还有一个更重要的方面,大自然本身有吸收二氧化碳的功能,我们知道以森林为主的绿色植物的光合作用就是吸收二氧化碳然后放出氧气。森林的砍伐一方面成了温室气体的一个源头,另一方面大大降低了自然界吸收温室气体的能力。所以,土地利用造成的温室气体的积聚,已经被公认是全球变暖的一个重要原因。

　　从我们身边的视角、从国家的视角、从全球的视角,土地利用都有很重要的影响,这说的是环境。其实土地问题不仅是环境问题,刚才我说过了毛泽东认为中国的问题是农民问题,农民的问题是土地问题。当然他是从政治上来说的,或者是从所有权来说的,从农民的权利来说的,一系列问题都与土地有关。从全国来看,作为政治问题或者作为社会问题,现在举国关注的"三农"问题有一个重要的表现,就是失地农民问题,就是农民的土地被各种建设征用,同时又没有其他的生存手段来替代,这成为一个社会问题。而土地退化造成农民的产出降低,从而影响农民收入的减少,这又是一个经济问题。这些问题都互相缠结,所以土地问题很复杂、很重要。

　　刚才说了几个例子使大家有一个感性的认识,今天我主要讲两个问题:一个是土地退化的问题,前面提到的沙尘暴、全球变暖、退耕还林都跟土地退化有关;第二个要讲的是土地转移的问题,其中暴露出许多其他的问题。今天的讲座主要围绕这两个问题来讲,最后再谈谈解决之道。

　　要讲这两个问题,先要对土地有一个比较明确的概念。土地的概念大致可以用这样一个图来表示(图1)。土地直接由五个部分组成。首

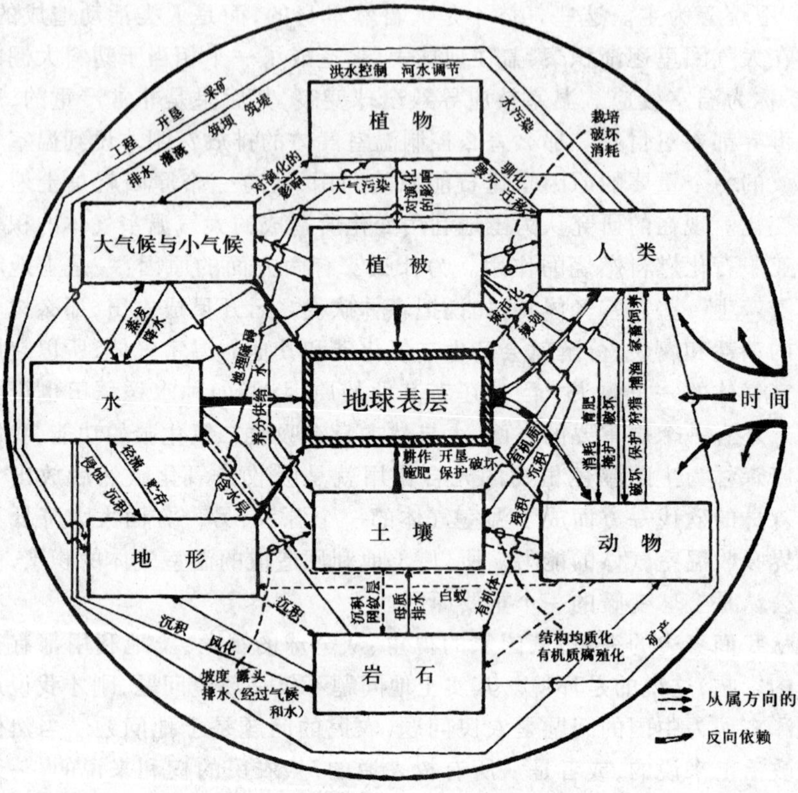

图1 土地的科学概念

先,土地跟土壤有关系,这是一个重要的要素;还有一个是水,这是一个很重要的资源。不同的土地在不同的气候条件下,在不同的地貌部位,以及在不同的岩石上,性质是不一样的。所以它的直接关系我们可以看到有五个粗箭头,指向自然环境的五大要素:地形、土壤、气候、水,还联系到植物和动物,可见土地包含的内容是很丰富的。其实还不止如此,人类活动与土地的关系也特别受人关注,人类对土地的变化和土地性质的改变的作用是很大的。农民祖祖辈辈种地,他们现在种的土地已经不是原始的土地了,所以人类的作用很重要。再加上各种各样的土地利用的方式的变化,所以人类活动是土地形成的一个重要因素,而土地对人类的生存和发展又是一个最基本的条件,所谓"地者,万物之本原,诸生之根菀也","劳动是财富之父,土地是财富之母"。图中还有另一些箭头表示各种要素之间的相互关系,说明土地问题不仅是资源问题、环境问题,还牵涉到土地利用和人类社会。

再看看土地退化问题,有好些表现。首先是荒漠化,前面所说的沙尘暴在很大程度上就是因为土地的荒漠化。荒漠化主要指的是干旱地区、半干旱地区和一些半湿润地区的一些干旱地段的土地退化。譬如说,北京是半湿润地区,但是在北京附近的一些河道有一些沙滩,形成土地沙化。荒漠化简单说来就是因为水分的缺乏和不合理利用而造成的土地干旱化、土地退化。另外一个重要表现是水土流失,这主要表现在湿润地区。这不是因为水少,而是降水的分配不均衡,再加上其他的一些原因,水对表土的侵蚀,土壤侵蚀在石山地区导致石漠化。顾名思义,石漠化就是岩石裸露呈现出荒漠一样的景观。我不知道有没有西南来的同学,贵州、广西、云南,在那些地方岩石裸露的景观非常普遍。我最近的研究课题好几个和石漠化有关,后面讲到的例子可能更多地集中到石漠化上。再一个表现是土壤肥力的退化。现在农民种地不像以前,我曾经插过队,当过农民,那时候用的是有机肥。农民养牛,采一些草和树叶来垫牛圈,跟牛粪混在一块就形成了有机肥,放到耕地里,增加土壤里的有机质,改善土壤的理化性质,改善土地的肥力。但是现在农民种地都用化肥,化肥造成土壤的板结,物理化学性质的退化,从而导致肥力的退化,这也是一个很普遍的现象。当然还包括土壤污染,化肥的施放、农药的施放都会污染土壤。还有一些其他的污染源,譬如工业污水流到地里,还有矿区的采矿,通过流水把矿物冲到土地里,都会污染土壤。还有一种表现是盐渍化,就是在干旱地区不适当的灌溉造成盐分在地表积聚。例如在新疆的绿洲,内蒙古与宁夏之间的黄河河套,就是所谓的"塞上江南",灌溉农业都很发达。灌溉造成一个问题:水灌进去时会下渗;当不灌水的时候,下渗的水通过土壤的一个作用叫毛细作用往上运动,把下面一些元素,主要是易溶的盐分带到地表,这就造成土壤的盐渍化。在灌溉的同时没有注意排水的干旱地区会出现土壤的盐渍化。这种盐渍化的现象在北方地区比较普遍。大家可能还有印象,前两年放电影《焦裕禄》,焦裕禄在兰考当县委书记的时候,兰考有三大灾,其中一个是沙,一个是碱,碱就是盐渍化,这跟土地利用有关系。还有一个土地退化的表现是采矿,采矿造成土地的破坏。露天采矿必须把表土剥离开来,内蒙、陕西、山西交界的地方是我们国家所谓的"黑三角",煤矿露采的规模很大,对土地的破坏很严重。即使是地下开采也会造成地表的破坏,尤其是采煤,下面大面积的地方被采空以后,上面就会塌陷下去,地表就会造成很大的破坏。这些土地退化的表现在我们国家分布非常普遍,有的地方程度也比较严重。

土地退化造成很多的恶果,最直接的恶果就是土地生产力的退化。如果说一个小的地段土地生产力的退化,只会影响一个村或是一个农户,一个国家或一个地区的土地退化会造成什么恶果?会造成这个地区文明的消失或退化。研究土地退化的历史教训时经常引用几个例子:一个是古代美索不达米亚文明,其范围相当于现在的伊拉克,也称为两河流域(幼发拉底河和底格里斯河)文明。这里曾有灿烂的古代文明,但是现在已经是一片荒漠了。恩格斯在《自然辩证法》里指出,我们不要陶醉于对大自然的胜利,人类对大自然的胜利会受到大自然的惩罚,举的就是这个地方的例子。这个地方当时是用幼发拉底河和底格里斯河的水来灌溉这片土地的,孕育了古代的文明。但是正是由于灌溉不当,造成盐渍化,当时的记载是"整个土地变白了",白花花的一片全是盐碱,这就是美索不达米亚文明消失的一个原因。当然现在历史界有一些争论,说不一定是土地利用造成的,有人说是战争造成的。不管怎么样,反正造成了土地的退化、荒漠化以至于文明的消失。这是从一个国家、地区来看,它造成的恶果非常严重,它不是人们生活水平下降的问题,是一个文明消亡的问题。玛雅文明的衰退也是一例,我们知道玛雅文明在古代也是非常灿烂的,但现在已经基本上消失了,还剩下一些零零星星的土著。为什么会消失?也是因为土地利用的原因。简单来说,他们采用的是刀耕火种的方式,把大片的原始森林砍伐后来种地,这个必然维持不了多久,所以整个文明就消失了。一旦土地退化发展到很严峻的程度,对一个民族、一个地区、一个文明,都是灾难性的。

下面我主要讲讲西南喀斯特地区的石漠化问题。喀斯特这个名字是从原来属于南斯拉夫的地方来的,现在叫斯洛文尼亚,那里有个地方叫喀斯特,最早研究这种现象。这种地方的岩石是石灰岩或者是白云岩,是可溶性的岩石,里面有碳酸钙、碳酸镁,在流水的作用下就形成了特别的景观,譬如中国的桂林山水,贵州的溶洞,云南的石林,此类景观都称喀斯特。如果说人类干预的比较少,植被破坏的比较少,那么水土流失就会受到很大的抑制;但是一旦表土的植被被破坏之后,就会造成岩石裸露的现象,从土地利用的角度看是一个大问题。

现在我们要问一问为什么会出现土地退化?我最近在研究喀斯特土地退化之后,企图在各种因素之间建立一些联系,概念化为这幅图(图2)。解决土地退化问题的前提是要分析土地退化的原因,我尝试把土地退化的原因作一个概念上的分析。首先,土地退化的地方所处的地理位置,使得自然生态比较脆弱,譬如干旱、山坡陡峭、土层浅薄,本身就容易

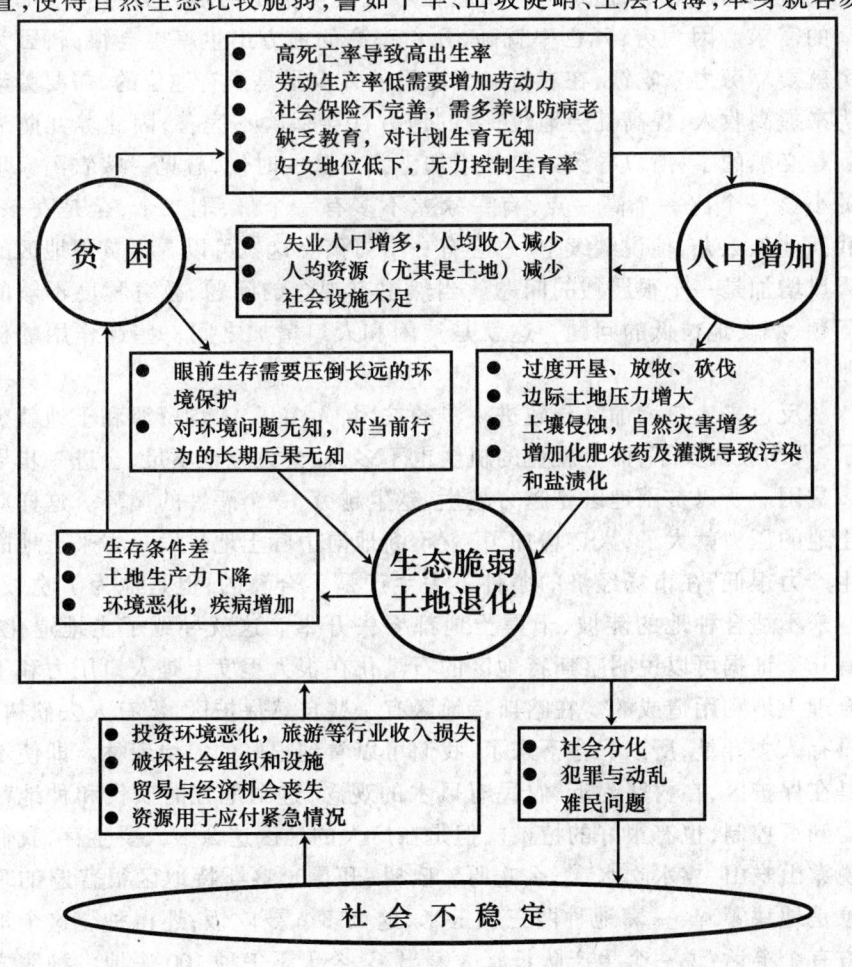

图2　土地退化的原因和影响

变化。另外一个基本原因是人口增加,增加的人口要吃饭呀,怎么办?砍树种地,陡坡开垦,才有饭吃,人口压力成为一大原因。人又多,资源又缺乏,土地生产力又低,于是导致贫困。所以说,土地退化不仅是一个资源问题、环境问题,还是一个社会问题,因为它通过人口、贫困问题造成了社会问题。生态脆弱、人口增加、贫困,这三个原因又相互作用。

譬如,越穷的地方计划生育越困难,贫困使人口增加更甚。你可以说他们观念落后等等,但是根本问题在于现实使贫困的地方必然有增加人口的需求。因为穷,死亡率就高,死亡率高的地方出生率也会很高;因为穷就要靠劳力来吃饭,在农村一个家里的人少了是没有地位的,需要劳动力来提高收入,提高社会地位;穷的地方社会保险不完善,因此养儿防老就是必然的了,所以导致人口的增加。我插队的时候,看见一些农民家里的小孩一个比一个高一点,有一家差不多有一个班,七八个,全是女孩。我问他怎么办,他说继续生,总会有一个男孩。这就可以看出贫困地区的人口增加是一个很严峻的问题。当然也有观念的问题、教育程度不够的问题、妇女地位低的问题。这就是贫困和人口增加之间一些起作用的机制。

反过来人口增加又导致进一步的贫困,人多了,人均资源和土地就少了,人均收入少了,而且就业的机会也不多,社会设施也不足,会进一步导致贫困。所以贫困地区是越穷越生,越生越穷,一个恶性的循环。这样对土地的压力就大了,人口增加了,就不断地向边际土地进发。本来土地的生产力很低,在市场经济的条件下去生产是不合算的,但是他为了吃饭,本来不适合种地的陡坡、干旱土地都要去开垦。这就导致了土地退化。有几个证据可以说明喀斯特地区的石漠化在很大程度上是人口压力和不合理土地利用造成的。在喀斯特地区有一些自然保护区,没有人去砍树,没有人去开垦,所以保存下来了,我们可以看到很好的原始森林。即使不是在保护区,在村寨附近,农民有风水的观念,这个地方的砍伐和种地都受到了控制,也有很好的植被。但是在广大的地区这么多人要生存,我们说靠山吃山、靠水吃水,怎么吃呀?砍树、开垦。喀斯特地区很普遍的现象是地块零碎,一窝地种两三株玉米,这么多人要吃饭,还得种。这个地方有个笑话:说一个生产队长管大家出工,今天下午种100块地。种完之后,生产队长来点数了,数来数去就99块。那块地跑哪去了?数了半天还是数不出来,后来说不数了,把草帽捡起来准备回家了,一看草帽下面还有一块地。这就是当地的土地利用状况。

对土地的这些压力又导致这个地区的生态更加脆弱,土地进一步退化。土地的退化又进一步导致贫困,导致其他一系列的事件。我们可以看到这全部关系互相缠结,相当复杂,陷入了一种恶性循环,由此会产生很多问题。所以今天的讲座题目虽然叫土地问题,实际上我想给它一个更全面的说法,它不仅是一个环境问题、资源问题,也是一个社会问题。从土地退化的原因可以看到这些关系都是很复杂的。

下面说土地转移的问题。我所说的土地转移,包括土地用途的转移,譬如说北大附近的情况,我刚到北大的时候,附近还是一片菜地,但是现在整个中关村已经很繁荣了。这就是转移,土地从农业利用转移到城市利用,这样的转移还很多,如开发区的建立、房地产的开发,还有国家的一些大型的工程,高速公路、铁路、水利设施,还有矿产的开发,发现土地下面有石油或其他的矿产,要开发矿产,这些都要征用农民的土地。还有一种转移,就是用途转移的同时所有权也发生转移。本来是农民的土地,按我们现在的政策是集体所有,国家征收以后就属于国家所有,这是所有权的转移,在所有权的转移过程中反映出很多问题。以前地主占有土地,农民受剥削,中国共产党领导的革命战争就是要给农民土地的权利,这就是土地权属的转移。改革开放实际上是从土地承包开始的,这种土地使用权的转移非同小可,打破计划经济的禁锢,调动了农民的生产积极性,使农业生产一下子跃上一个新台阶。像我这样年纪的人都经过了饭不够吃的阶段,自从土地承包以后,局面一下就改变了,甚至出现了农民卖粮难的问题。这是土地使用权的转移、变化所造成的一个后果。

那么我们现在面临什么问题呢？面临一个保证食物安全用地和保证建设用地的两难局面。我们很多的生产活动、社会发展都要依赖土地。所谓食物安全问题,就是吃饭问题。没有疯牛病,没有禽流感,这是食物安全。其实食物安全最初的概念是粮食要有保障,就是一个国家要生产足够的粮食来养活你的人民,如果没有粮食或粮食不够,问题就大了。这个在中国特别明显,这么多人,吃饭问题如果不解决,其他的社会问题都解决不了,历史上的农民起义很多都是因为没饭吃,没有办法才起义。那么现在这个问题是否解决了？自从土地承包以后,农民的生产积极性和土地的生产能力大大提高，所以一直没有吃饭的问题。但是最近几年由于城市化和工业化快速发展，大量占用了耕地，粮食危机已出现了苗头。13亿人口要吃饭，这是一个大问题，粮食保证、粮食安全是不能出问题的。所以国家特别重视、特别强调耕地保护。前几年中央连续几年出台了好多政策，要加强耕地保护，要控制城市用地，控制开发区，控制房地产。大概是在1996年，中央曾经有一次大动作，甚至修改了《土地法》，特别增加了一章：耕地保护。你去翻翻所有国家的《土地法》，没有这么一章的，中国有这么一章，这说明我们的吃饭问题非常严峻。

但是我们国家又处在一个经济高速发展的时期，与此同时是一个城市化和工业化高速发展的时期。工业化、城市化都需要占用土地。我们需要建设，扩大城市，建新城镇，建工业开发区和高新技术区，建大电站，等等。那么在保证食物安全用地和保证工业化、城市化用地之间就有冲突。因为城市化也好、工业化也好，你不可能到山顶上去发展，你必须要在比较平坦的地方，要有水，等等，而这些地方原来是用作耕地的。所以城市化、工业化不可避免要占用耕地。我们的土地到底损失了多少？搞遥感监测的、搞土地普查的一些专家曾专门给中央作了汇报，把表现很突出的一些地方的卫星遥感影像给中央看，像珠江三角洲、北京周边、长江三角洲变化是很大的。据说当时的江泽民总书记看了这些影像之后，连说了三声"罪过"。他说的是什么意思？就是这种无序的占用耕地导致对国家食物安全的威胁，不仅如此，而且子孙后代没有土地可耕了，表示了中央对这个问题重视的程度，所以1996年修改了《土地法》。但是1998年以后，一轮又一轮的开发区热、房地产热、城市扩展热又起来了。本质问题是我们正处于一个经济高速发展的时期，城市要发展，工业要发展，这是不可阻挡的。如果我们因为土地的问题限制了城市的发展，限制了工业的发展，这会造成另一种困难的局面。所以我说在有限的耕地资源情况下，既要保证13亿人的吃饭，又要满足高速经济发展和高速城市化用地的需求，这是一个两难问题。

不仅如此，现在还有一个问题，叫生态退耕。前面说到长江上游地区退耕还林，禁止砍伐天然林，这都是出于国家生态安全的考虑。前面说的是食物安全，现在是生态安全。1998年的洪灾，那就是生态不安全的表现，诸如此类的问题都需要解决。要生态安全就必须退耕还林、还草、还湖,退耕就进一步减少了耕地的面积。国土资源部每年都在进行土地利用的变更情况的调查,最近几年的趋势显示耕地不断减少。减少的原因包括城市化和工业化的占用,包括生态退耕。

在土地转移的过程中还会产生其他一些问题。前面提到土地问题的一个表现就是"三无"农民问题,在媒体里有很多报道,同学们家乡可能会发生这样的问题。农民不断上访,原因是他的土地被征收了,他没有地了,但是给他的补偿很低。现在我们土地征收的管理办法是按照每年的产量和产值乘上多少倍,这个倍数一直在变,开始时是6倍,最近可能是30倍。但是即使是30倍,你想想能不能解决农民的终身的生存问题,还有他的子孙的生存问题。而现在我们的征地是很容易的,这也是中国的一个特色。刚才说了按宪法规定农村的土地是集体所有,但谁是集体?是村长,还是乡长、县长,可能他们说话就算数了,农民没有权利。所以很多地方是村长或乡长、县长和开发商谈就决定了。各地为了发展经济,拼命出台优惠政策,其中一个重要的优惠就是土地优惠。很多地方以很低的价格甚至是零价格给开发商提供土地。这从地区经济发展角度看是可以理解的,但是牺牲的是农民的利益。用很低的价格把农民的土地征收过来,然后倒一下就成了城市用地或者工业化的用地。有很多例子可以说明这点。上海浦东的开发,国家没有掏钱,靠的是所谓"以地生财",在土地用途转移的过程中,土地的价值大大增加了。我看到一个材料说,浦东对被征地的农民,大概每亩地补偿2—3万,在全国可以说是最高了。但是在浦东开发区,开发商要去买土地,每亩的价格是40万,土地价值猛增。当然这种增值不一定都归因于农民,其源泉是经济发展到一定程度后使然,还有政府对基础设施的投资。浦东的征地成本是每亩2—3万,政府对基础设施的投入大概是每亩4—5万,也就是说一亩地到卖给开发商的时候,成本最多是10万,但是可以卖到40万。这个增值就是浦东的资本原始积累,是浦东发展的基础。其他地方也是这样,征收的时候补偿非常之低,转手成房地产、城市用地以后,价值就大大地提高了。但增值的收益分配是非常不公的,刚才说的浦东实际上是政府收了,但在很多地方是被开发商拿走了,农民没有拿到多少,可以说农民是被剥夺的,用很低的代价就把他的土地剥夺了。一部分被政府拿走了,大部分被房地产开发商获取了。最近一两年媒体报道的房地产的问题也很多。房地产的价格到底是多少？它们的价格一直在涨,但是它们的成本并不那么高,这里有很多东西他们说是商业机密。仔细的我们就不去算了,但是现在房地产商的利润率显然超出正当水平,这里可以看出在土地转移的过程中土地增值的收益分配不公平。

还有其他的一些问题。譬如刚才说到了征收农民的土地很容易,用地方的权力,乡长也好、县长也好,用他们的权力低价征收农民的土地,高价卖出,按照经济学的说法,这里面寻租的空间就很大了。我们知道最近几年司法腐败很严重,土地的腐败也非常典型,有很多大案、要案都和土地腐败有关系。你们知道国土资源部的部长原来是周永康,周永康之后是田凤山,具有讽刺意味的是田凤山先被双规,后被判刑,原因就是他在黑龙江担任省长时"土地腐败",利用土地增值的空间、寻租的空间,形成腐败。

还有其他的一些表现,像本人参加的一些活动,包括国土资源部、农业部、环保部门、水利部门,这些部门都跟土地有关。而这些部门之间的协调往往不够,所以在行政上有很多问题。中央和地方的协调也不够,中央最高层要加强耕地保护,但是下面呢,各个部门呢？它们要发展地方经济。于是中央的政策到了下面的各个部门的时候变样了,地方为了追求它的利益,会有它的对策。耕地保护在最近几年从修改《土地法》到后来几次紧缩与反弹的反反复复,老是不能从根本上解决问题,当然这里有前面所说的食物安全和城市化、工业化发展的固有矛盾,但也有一个所谓"上有政策,下有对策"的问题。几次紧缩,中央矫枉过正,停止批地,停止征用耕地转移为城市化用地。但每次叫停前夕,下面都能知道,于是突击批地。有一个官员和我说,他一天晚上要签几百份这种用地的申请。这就说明上有政策,下有对策,它的实质问题是中央和地方的矛盾。中央是从全国的食物安全、从长远来考虑,但是地方的官员和政府是从眼前的、地方的经济发展需求来考虑的,而且现在讲政绩是看你的经济增长多少。这都可以看出来政策的不完善和中央与地方在利益上的矛盾。

上面把土地问题归纳为两方面:一个是土地退化,一个是土地转移。如何解决这些问题？这里介绍土地可持续利用的概念。如果我们能实现土地可持续利用的目标,上面所提到的问题就会从根本上得到解决。可持续利用是从可持续发展来的,自从1987年联合国《我们共同的未来》报告提出可持续发展之后,可持续性是一个得到认同的概念。因为以前有比较多的争论,但是后面人们比较认同可持续的问题,认为是一个解决的思路。那么在自然资源方面就提出了自然资源利用的可持续性或者叫自然资源的可持续利用,对土地来说就是土地资源的可持续利用。

联合国食物与农业组织指出,土地可持续利用的目标包括生产性,就是不断保持甚至提高土地的生产力。我们传统的土地生产方式实际上是这样的,以前农民施放的是有机肥,要不断地耕耘,不断地耕作,不断地兴修水利设施,所以土地是越种越好。以前说"生土""熟土",熟土就是土地经过耕种之后肥力大大提高了;而现在恰恰相反,现在土地的肥力是在降低。所以生产性就是土地的生产力的问题。

另一个是要达到安全性,降低生产的风险。生产的风险包括自然灾害,旱灾、水灾、退化、污染等都是风险的问题。现在安全性的风险主要是要控制人为的东西而不是自然的东西,譬如旱灾是自然的,这是控制不了的,当然我们可以通过灌溉等其他的方法来对抗,但是旱灾本身是控制不了的。然而现在有很多的安全问题是人为引起的,譬如1998年长江流域的大水灾,你说它是天灾还是人祸?可能都有。从天灾来说,那年的降雨比较多;但同时由于土地利用的不合理造成了河道、湖泊的淤积,这就是人祸了,而且不是短期的,而是长期积累起来的。所以像这样的生产的安全性问题都需要在土地利用中注意。

我们还提出一个标准是保护性,就是防止土地资源的退化。当然可持续利用在经济上还要有利可图,农民种地要有利可图,开发商开发房地产也要有利可图,从每一种土地利用的方式上说,在经济上都要有利可图。前面所说的退耕还林,农民要退下来,这样农民本来能够收获的一些产品就没有了,经济上就没有收益了,这就要采取相应的补助政策。所以现在国家的退耕还林政策是由国家财政来补贴,补给他多少粮食和钱,使农民在经济上有一定的保障。

还有一个是社会可接受,例如前面提到的分配不公的问题,就不是社会可接受的,要公平地分配土地利用的收益,也要公平地分担土地利用的代价(例如退耕还林的代价)。还有文化传统的问题,有的地方的土地利用方式不仅是一种生产方式,很可能还是一种文化。例如有些地方的"刀耕火种",实际上是一种历史传承,一直是这么做的。在过去人口不多的时候,可以持续,因为一个地方种一段时间后就换一个地方,这个地方经过休养生息之后又可以恢复以前的生产能力；只不过到了现代，由于人口多，土地得不到休养生息的机会，持续不下去了。现在要改变它，一些少数民族地区就是这样，要改变它的土地利用方式，就要考虑它的可接受性，有些传统的东西在土地资源潜力允许的范围内是可以保留的。在现在人口压力不协调的时候，如果继续保持原来的那种方式，会导致土地退化的问题。怎么去引导他们接受，这不但是一个补贴的问题和技术的问题，还要考虑他们在文化上能不能接受。

如果这些目标都能够实现，那么前面的那些问题在很大程度上会得到解决。要实现土地的可持续利用，我觉得我们国家要解决这么几个问题。一个是怎么统筹食物安全和城市发展的用地需求？现在国内采取的是什么办法呢？我前面已经提到了，中央采取的就是限制工业化、城市化对耕地的占用。如何去限制？国土资源部一直用的一个政策是"占补平衡"，就是占用了多少耕地，你就要到别的地方去开垦出多少耕地，这叫占补平衡。于是就有各种各样的情况发生，譬如有的地方确实有一些荒地可以开垦出来；但是就整个国家来说可以作为耕地开垦的，我们叫"可耕地"，是非常有限的。那么在城市化、工业化高速发展的时期，能不能做到占补平衡？最近十来年实行的结果证明占补平衡做不到。主要原因就是刚才所说的城市化、工业化客观上要发展、要用地，而我们的后备土地资源有限。中部的一些省可能会开垦出一些土地，东部的沿海的省就很难做到这一点了。刚才说的上海浦东，本身就没有什么可耕地可以开垦。那年我到上海去调查，上海土地管理局的人和我说，他们采取的一个办法，就是从中央争取到政策，我在上海占用多少地，我在新疆开垦多少地，它在新疆投资做到占补平衡。这里就提出一个问题，新疆的一亩地和上海的一亩地是不是一回事？这显然不是一回事。从数量上来看，国家的政策是占了多少亩，就补回多少亩，做到占补平衡。但是刚才的例子提出一个问题：面积的平衡不等于生产力的平衡。在长江三角洲占了一亩地，在新疆开垦一亩地，生产力是不一样的。这个问题后来又做了一些补充，所谓占补平衡要考虑质量的问题，所谓质量就是土地的生产力。那么就是说如果在上海占了一亩耕地，你在新疆要开垦相当于上海一亩地生产能力的那么多地。即使是这样，也还是有问题的。即使是新疆，能够开垦的土地也是非常有限的。因为现在不但是能开垦多少地的事，还关系到前面说的生态安全的问题。新疆的开垦多少年来一直就是靠绿洲农业，靠灌溉。灌溉就有水资源够不够的问题，水资源不仅要用于农业，还有生态需水的问题，如果农业把水资源用光了，胡杨林就会无水而亡。绿洲的土地灌溉导致盐渍化，新疆的办法是盐渍化以后又去开垦新的土地。现在新疆的塔里木河的下游已经干涸了，罗布泊已经干涸了，新疆的生产建设兵团不断地往上游撤，使下游的土地不断地荒芜，不断地退化。因此说即使是在新疆，能够开垦的土地资源也是有限的。那么总的一个结论是，从全国来说，占补平衡是很难做到的。因此最近食物安全出现的一些危险的苗头，中央很重视。但是实际上我们的食物安全并没有出现危机。改革开放以来，尤其是邓小平1992年视察南方谈话之后，中国的经济发展速度非常快，城市化的速度也很快，相应的耕地减少的速度也很快，但是十几年来耕地在不断减少，我们的粮食供给并没有出现问题，原因就在于维持了土地生产力。土地生产力不仅和面积有关，还跟质量有关，更重要的是和投入有关。所以现在讲在土地利用里面就要增加土地利用的集约度，同样一块土地，不断地投入肥料，不断地投入灌溉，现在尤其是投入高科技，譬如说品种的改良，就会大大地提高土地的生产能力。这是在经济学里很经典的一个所谓土地报酬递减的规律，但是报酬递减是在一定的技术条件下发生的，现在我们的技术、科学不断地发展，不断地突破，水稻之父袁隆平发明的杂交水稻不断地提高水稻的产量，不断地突破土地报酬递减的规律。这个就启示我们，能在保证城市、工业发展用地和保证食物安全之间做到一个平衡吗？能做到。而且思路主要不是靠控制土地的转移，而主要是靠农业的投入，靠不断提高土地的单位面积产量。最近几年的经验也说明我们是可以做到的。今后在这方面我想也应该走这样的路线。我在国土资源部给他们提过这样一个问题，所以他们现在把占补平衡的概念转为质量而不是单纯的面积问题。这里面就隐含这样一个意思：如果可以提高土地的生产力，提高土地的单位面积的产量，那么这个问题是可以解决的。

还有一个问题就是"三农"问题和"三无农民"问题。为什么会出现"三无农民"问题？根本的原因是农民没有发言权，村长、乡长说了就算。那么农民的权利在哪里？我们可能有从农村来的同学，古今中外农民的权利就在于对土地的权利，如果他们对土地没有发言权，农民的权利就白搭。所以我觉得解决在土地转移的过程中农民被剥夺的问题,根本上还是要给农民真正的土地权利。现在我们在农村的土地权利不是很清楚。从政策和法律上讲是集体所有的,谁是集体并不清楚。现在的土地承包制是农民只有使用权,没有所有权,这就很含糊了。所以村长、乡长说征你的地,农民就没有话说,这是一个大问题。这个问题很复杂,是一个很敏感的问题。现在有学者提出一个题解,就是能不能使农民对土地有使用权和所有权。中国的近现代史是围绕土地问题展开的,土地革命战争,就是打土豪、分田地,把地主的土地分给农民;后来到合作化、公社化把它收回来,但不成功。家庭联产承包是一个办法,但是到现在为止,已经看出了一些问题,农民没有支配权,导致前面所说的那些问题。其实,农民如果没有所有权只有使用权,还导致一个所谓"公地的悲剧"问题。这是美国一个自然科学家在著名杂志 Science 上发表的一篇著名文章的命题。他说如果土地没有明确的所有权,称为"公地",就必然会发生悲剧。例如,一片草原,所有的牧民都来放牧,从每一个牧民的角度来看,他都希望多放牧;但是这片土地的承载力是有限的,所有的人都希望放牧越多越好,最后就导致土地退化。土地退化以后,对每一个牧民来说代价并不大,但是对于整个社会来说,这片土地就完蛋了。就像前面所说的一个地区或者国家发生这样的土地退化,就会导致文明的衰落。但是对于一个牧民来说看不到这个问题,他可能每年的收益慢慢减少,这个减少非常缓慢,他可能看不到。最后土地退化到一个崩溃的程度时,就发生悲剧了。由此就可以看出在自然资源的利用上,所有权的问题会是一个很重要的问题。

那么,现在农民的土地承包有没有这样的问题?以前承包是 15 年,现在改变了是 30 年。从农民的角度来看,为什么农民不愿意使用有机肥?因为劳动力耗费的很大,生产的效果比不上化肥,所以他愿意用化肥。但是我刚才说过不使用有机肥施用化肥会导致土地的板结和退化,这个效果可能 30 年以后才会反映出来。但是对于农民来说 30 年以后关我何事,30 年以后土地就不是我的了,所以他还是照原来的方法做。而传统的农民不是这样的。封建社会土地为什么会越种越好,封建社会的土地利用在中国考古的发现至少是 7000 年,按照现在的标准来说是够持续的了。持续这 7000 年的机制何在?我刚才说过传统的农民都是使用有机肥,地是越种越好;而所谓现代化的农业地是越种越差。这里面有一个机制可能是以前农民的土地要子子孙孙传下去,而现在的农民30年之后这地就和我没关系了。所以,如果农民真正地拥有土地,那么对农民的剥夺问题在很大程度上就能得到很好的解决,而且他也会很好地管护土地。当然这里面还涉及很多很敏感的问题,还有其他问题要研究,我只是从这么一个角度去看,提出一个解决的思路。

如果农民把土地看作是他自己的,也还有问题。在市场经济条件下,现在的经济发展到这么一个阶段,农业是一个弱势产业,从比较效益看是很低的,那么要让农民安心农业生产,还要有相应的机制,这是现在所有发达国家都采取的一个政策,就是农业补贴。就是要对农业、弱势产业实行补贴。我们国家一直是相反,不仅不补贴,以前还有农业税,直到最近一二年才取消了。取消农业税是不够的,还要补贴。农业本身是弱势产业,其经济收益跟开发房地产不可比;但对于整个社会来说,农民种地还必须维持,因为这不仅提供大家不可缺少的农产品,还提供生态安全,即农作物还提供生态效应,譬如涵养水源、防止水土流失、吸收二氧化碳等等。现在有一种环境经济在算生态服务功能到底值多少钱,很多人在研究,算法不一样,最后的结果也不一样。但是总的一个结论是农用地的生态服务功能价值比它在市场上实现的产品价值要高得多。这些社会效益和生态效益的价值在市场机制中是反映不出来的,必须通过社会和政府的补贴来实现。

这就涉及对耕地的价值到底怎么看?如果仅仅以现在的市场价格来看的话,农用地显然不如城市用地,显然不如商业用地等等。那么就会出现上面所说的情况,中央三令五申严禁耕地被征、被占用,但是下面控制不住。根本的原因就在于它把农民的地征收上来转成城市用地以后价值大大增加了,但社会福利和生态功能却可能受损。那么就需要对土地的价值有一个全面的评估和计算。现在的征地补偿按土地的产出计算,这只是其总价值中很少的一部分,我们不妨称之为经济价值。还有一部分就是农业的用地有很大的生态服务功能,这一部分的市场价值没有实现。其实土地还有一个很重要的功能,即社会保障功能。因为土地对于农民来说不仅可以种地吃饭,它还是一个可靠的保障。城市有最低生活保障,有失业保障,农民什么保障都没有,就靠土地。有了土地,就保证了他的就业，保证了他的生存，保证了他的养老。这是我说的社会保障功能。我有一个博士专门做这个研究，他对农民做了很多的调查，最后得出一个结论就是农民之所以对土地恋恋不舍，主要就是它的社会保障功能。其实土地还有一种功能，我们不妨称之为文化传承功能，因为土地承载了很多文化的东西。比较典型的是云南哈尼族的梯田，是这个民族的一种文化。但是最重要的是经济价值、生态价值和社会保障价值。

对土地资源的价值需要有更全面的评价，而更重要的是我们从理论上搞清楚以后怎么去实现它。这是一个很大的挑战。我有几个博士生都在做这方面的研究。从理论上可以搞清楚，但是怎么去实现它是一个难题。我想搞环境经济的同学可以在这方面做一些工作。

我想讲的就是这些，最后有两段诗：

"为什么我的眼里常含着泪水，因为我对这片土地爱得深沉"

——艾青

"大地，我的母亲！我过去，现在，未来，食的是你，衣的是你，住的是你，我要怎样才能报答你的深恩？"

——郭沫若

从这里可以看出，土地问题不仅是资源问题、环境问题、社会问题，还带有很多的感情色彩。

我不知道在座同学的专业背景，我听李老师说主要是学环境经济的同学，可能还有其他专业的同学，我希望我的看法能促进大家的讨论。

现场答问

学生： 蔡老师您好！我想问一下您刚才提到了土地的社会保障功能。在中国目前集体所有的体制下，农民对土地没有所有权，所以这种社会保障的功能很难被保证，因此得出一个结论就是把土地私有，让他们可以世代地传承下去，形成一个比较好的机制，更好地利用土地。但是从国外的经验来看，土地私有如果遇到经济危机的话，很容易发生大面积的土地被兼并。在经济危机的时候会发生饥荒，农民在生存的压力下会低价把土地卖出去,当危机结束的时候,农民的土地便没有了。请问如何看待这个问题?

蔡运龙:从我的认识角度提出那些观点,但是那样可能会产生新的问题。譬如说你说的这个问题。这个问题简单来说,就是土地私有制以后会导致土地的兼并,土地兼并会导致贫富差距的拉大。中国的历史是这样的,不断地兼并然后不断地造反,又不断地重新分配土地,这造成社会的动乱。当然这个问题还需要进一步研究。我觉得现在的土地兼并有它的好处。因为现在的情况和历史上不一样了,历史上所有的人都要靠土地生存,土地兼并以后农民就一无所有了。现代社会不一样,土地被兼并以后可以有其他的生存手段。土地卖出去以后,他就有了资本,有了这些资本他可以在其他的领域发展;另一方面土地的兼并对于土地的规模经营是有好处的,我们讲农业的比较收益低,不在于土地的生产力低,而是劳动的生产率低,因为一个劳动力承担的土地太少了,不像北美的大农场一个农民几百公顷,农民的收入不比工人的低,不比城市的生活水平低,日本也是这样。现在我们农民的经营规模太小,劳动生产率太低。如果能够实现规模经营,那么农业比较收益低的问题就会解决。所以我的看法是,现在的情况和历史上都靠土地生存不一样了。这让我想起了前几天偶尔看电视,看见凤凰卫视的阮次山采访以色列的佩雷斯,佩雷斯说:以色列为什么愿意以土地换和平?以前大家都靠土地生存,现在不,现在我们靠科技。当然这是说以色列的情况,我觉得中国也会这样。现在社会发展的多元化,就业的多元化,不像以前一样兼并土地就一无所有了,兼并土地之后还有其他的途径。

学生:我想问两个问题。因为我是学城市规划的,所以对土地很了解。中国现在提出要制定土地利用规划,从我的感觉来说中国的规划在20年内都不会有一个大的方向的改变,无论是制度上还是方法上。所以对土地的保护是非常有限的。这个土地规划可以用耕地指标来控制,很多城市都把荒地作为耕地来保证总量的平衡。还有一种是土地整理,就是把不能用的土地整理成能用的土地。这种整理的手段表面上看是保护性的,实际上是为了获得更多的城市开发用地,这是我们国家土地制度的一个缺陷,这是没有办法的问题。您怎么看这个问题?还有一个就是您觉得现在解决失地农民的问题,土地私有制是不是一种最好的方法?

蔡运龙:中央政府从整个国家的角度要保证食物的安全,进行耕地控制,层层往下划,要求地方保有一定数量的耕地。但是地方不这么看,地方认为我把耕地保护起来,怎么给工业化、城市化提供用地?地方的规划都是这样,我们在做北京市的一个土地利用总体规划,上面有一个耕地保护的指标,但是在所有基层,几乎都会跟你说,我们的耕地不需要那么多,我们的城市、工业用地不够。因此你需要有一个权衡,城市要发展,工业要发展,但是耕地也要保护,农业也要发展,这中间要有一个权衡。解决的办法从理论上讲就是要提高征用农业用地的代价,这与全面评价和实现农用土地的价值有关。现在的问题是农业的效率太低,相应的农业用地的效率也太低,就自然会出现这种情况。如果能真正实现耕地的价值,包括生态价值、社会保障价值都算在征地的代价里的话,就提供了一个解决办法。当然还有很多其他的措施要考虑,譬如政策、法律的措施。根本的解决之道是让征用耕地的人付出足够的代价。

对于第二个问题,我觉得应该是那样的。我们同时也在研究其他地区的经验,譬如我国台湾,他们也经过了几次变化。开始是收购了大地主的地分给农民,这是私有化的开始。由于台湾城市化的速度也很快,也遇到了用地的矛盾。它开始也是限制农用地的转移,后来觉得不行,不是个办法。经过四次的调整,最后还是鼓励农地的转移,根本的问题就是土地的私有。他们就没有土地被剥夺以后失地农民的问题,相反,城市化要用地的时候,农民还不愿意给他们用。一个是因为农民有补贴,一个是因为台湾的农业是精细农业,产值是很高的,所以它后来反而是采取一些政策来鼓励农地的转移。这个给我们的启示是农地的私有化可能是一个很关键的问题,还有一个相应的农业补贴的问题。

学生:您好!您一开始讲土地荒漠化的原因的时候,这个原因是一个环状的东西,那么您认为应该从哪里着手把这个环切断呢?还有一个问题是关于"占补平衡"的问题,您说是保持生产力的平衡,但是我国的可耕荒地是有限的,现在耕地占用的速度是很快的,这个占补平衡的空间是怎么样的?怎么保持生产力的平衡?保持"占补平衡"主要一个就是科技的投入,但是科技的投入不是在短时间内就可以产生这种效应的。所以您认为占补平衡这种方法能持续多长时间？或者还有什么其他的方法来保证占补平衡？您对这方面有什么意见？

蔡运龙：关于第一个问题就是土地退化、人口增加、贫困的一个恶性循环，最根本的途径是依靠城市化来解决。这就牵涉到后面讲的了。如果这么多人都依靠土地为生，这是没有办法解决的。但是如果把他们从土地上解放出来，譬如我们的城市化达到60%，农村的人就会少。当然这是一个长期的过程。我们院里也有老师专门研究城市化，他们的结论是如果我国的城市化以每年1%的速度发展是比较稳妥的，超过1%就会出现问题。我想说的是城市化是解决这个问题的一个根本途径。但是这是一个长期的问题，如果每年1%的话，我们可能要四五十年才能解决这个问题。那么在这四五十年之内怎么办？就是像我前面所说的农业补贴的问题，让农民得到一些好处，让农民在其他的途径上能够发展。譬如在没有城市化的农村也有很多的办法，像乡镇企业，当然乡镇企业经过发展之后在变化；搞其他的产业、商业、旅游业，农村在搞农家乐，不是靠种地来维生的，是靠卖田园风光，卖那种生活方式。所以根本的途径是解除农民对土地的依赖，靠种地是不行的。

学生：在比较贫困的山区这些途径是行不通的。因为商业、旅游业这些应该要有比较方便的交通，但是在大多数的贫困的地方，这些条件是不具备的，他们只能靠种地。而且政府的补贴也不是一个根本的途径，从目前的财政状况来看，政府的补贴也起不了多大的作用。

蔡运龙：对，这是一个复杂的问题。我刚才说的只是一个典型的地方，但是它提供了一种思路。总之这是一个任重而道远的问题，不是一下子可以解决的，需要长期的努力。你提的第二个关于占补平衡的问题，我的意思是说要靠投入来解决这个问题。譬如就土地来说，以前我当农民的时候每亩生产1000斤是高产地，但是现在是2000斤了，再回到历史看，那个时候产量更低。现在我们人均的耕地面积是越来越少，但是我们的生活水平越来越高，这就是说单位土地的生产量在不断提高。我不是赞成"占补平衡"，我的意思是说"占补平衡"行不通，不要怕耕地减少，耕地减少的同时可以通过加大投入，包括科技的投入等等，来解决耕地减少所损失的生产力。这个投入其实还是相当有潜力的。我们做土地资源研究的一个基本的判断是,我们国家的高产田不到 1/3,有 2/3 是中、低产田,那么中、低产田的潜力就很大。加大投入,譬如土地整理,土地整理就是加强农田基本建设,包括水利、灌溉设施等等。总之,就是在农业上加大投资。

学生:这个都是由政府投资的吗?
蔡运龙:应该主要是政府投资。

学生:可是政府这部分钱从哪里来,是国家财政吗?
蔡运龙:是国家财政,我们国家现在已经有这样的实力了。现在国土资源部在做一些试点,土地整理方面的投入是不少的。我国以前的城市化、工业化是靠从农业积累中实现的。资本主义的原始积累是圈地,社会主义的原始积累是靠自我积累,从土地中获得。现在国家、社会都到了这个时候,需要反过来,要反哺农业。现在实际上已经开始在这么做了。

主持人:谢谢大家的提问,也谢谢蔡教授的精彩的回答。由于时间的关系,今天的讲座就到此为止。

(2005 年 12 月 6 日)